Windows 10 Tipps & Tricks

Windows 10

Tipps & Tricks

Philip Kiefer

Dieses Werk einschließlich aller Inhalte ist urheberrechtlich geschützt. Alle Rechte vorbehalten, auch die der Übersetzung, der fotomechanischen Wiedergabe und der Speicherung in elektronischen Medien.

Bei der Erstellung von Texten und Abbildungen wurde mit größter Sorgfalt vorgegangen. Trotzdem sind Fehler nicht völlig auszuschließen. Verlag, Herausgeber und Autoren können für fehlerhafte Angaben und deren Folgen weder eine juristische Verantwortung noch irgendeine Haftung übernehmen. Für Anregungen und Hinweise auf Fehler sind Verlag und Autoren dankbar.

Die Informationen in diesem Werk werden ohne Rücksicht auf einen eventuellen Patentschutz veröffentlicht. Warennamen werden ohne Gewährleistung der freien Verwendbarkeit benutzt. Nahezu alle Hard- und Softwarebezeichnungen sowie weitere Namen und sonstige Angaben, die in diesem Buch wiedergegeben werden, sind als eingetragene Marken geschützt. Da es nicht möglich ist, in allen Fällen zeitnah zu ermitteln, ob ein Markenschutz besteht, wird das ®-Symbol in diesem Buch nicht verwendet.

ISBN 978-3-945384-61-9

© 2015 by Markt+Technik Verlag GmbH
　　　　 Espenpark 1a
　　　　 90559 Burgthann

Produktmanagement Christian Braun, Burkhardt Lühr
Herstellung Jutta Brunemann, j.brunemann@mut.de
Einbandgestaltung David Haberkamp
Coverfoto © Rido – Fotolia.com
Satz Astrid Stähr, Solms
Druck Media-Print, Paderborn
Printed in Germany

Foto: Tanja Binder

Liebe Leserin, lieber Leser,

Neben der Rücknahme der Kacheloberfläche und der Renaissance des Startmenüs wartet Windows 10 mit einer Reihe echter, spannender Neuerungen auf. Dazu zählt die Assistentin Cortana, der Sie entweder durch Sprachbefehle oder durch Tastatureingaben im Taskleisten-Suchfeld die unterschiedlichsten Befehle erteilen. Unter Windows 10 ist es außerdem erstmals möglich, mehrere Desktops anzulegen, Sie erhalten Benachrichtigungen in einem Info-Center, und zum Aufrufen von Webseiten dient unter Windows 10 nicht mehr der Internet Explorer (obwohl er noch vorhanden ist), sondern der neue Microsoft-Webbrowser Edge. Und es gibt noch weitere Neuerungen!

Lernen Sie Windows 10 mithilfe dieses Buches ausführlich kennen und erhalten Sie die besten Tipps und Tricks rund um das perfekte Einrichten und die optimale Nutzung des Microsoft-Betriebssystems. Viel Spaß beim Erarbeiten der Inhalte wünscht Ihnen

Ihr Autor Philip Kiefer

1 Schnellstart mit Windows 10   13

Upgrade per Download-Tool 14
Einrichten mit eigenen Einstellungen. 16
Anmelden mit lokalem Benutzerkonto 18
Anmelden mit Microsoft-Konto 20
Die Bedienoberfläche im Überblick. 22

2 Tipps für die Bedienoberfläche   25

Hintergrund-Diashow auf dem Desktop 26
Neues Windows-Design herunterladen 28
Eigenes Windows-Design erstellen 30
Sperrbildschirm einrichten 32
Startmenü individualisieren 34
Desktop-Symbole einblenden 36
Texte und Symbole größer darstellen 38
Symbole im Infobereich ausblenden 40
Info-Center einrichten 42
Weitere Uhren hinzufügen 44
Taskleiste positionieren 46
Ordner an Taskleiste anheften 48
Bildschirmtastatur verwenden 50

3 Windows 10 individuell einrichten   53

Farben kalibrieren 54
Textoptimierung 56
Anderen Mauszeiger verwenden. 58
Neue Schriftarten installieren 60
Leistung statt Design-Schnickschnack 62
Systemsteuerungselement auf Desktop ziehen. 64
Texte vorlesen lassen. 66
Beliebige Inhalte vergrößern. 68
Mehr Energie sparen 70

4 Mit dem Explorer Dateien verwalten — 73

Elemente verschieben, kopieren, verknüpfen 74
Funktionen in Symbolleiste legen 76
Der perfekte Schnellzugriff. 78
Bibliotheken einblenden. 80
Dateien sortieren und gruppieren 82
Ausblenden und Schreibschutz 84
Dateieigenschaften löschen 86
Ordner-Outfit anpassen. 88
Dateisuche mit Operatoren 90
Suchordner speichern 92
Dateisuche in der Taskleiste 94
Dateien endgültig löschen 96
ISO-Datei brennen. 98
Explorer-Optionen festlegen. 100
Beliebige Explorer-Startseite 102

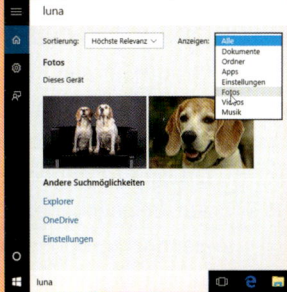

5 Mit Apps und Programmen arbeiten — 105

Fenster ideal positionieren 106
Fenster auf mehrere Desktops verteilen 108
Standard-Apps festlegen 110
Programm per Shortcut starten 112
Programm beim Hochfahren starten. 114
Die Autostarts verwalten 116
Programm nach Zeitplan starten 118
Windows-Funktionen verwalten 120
Als Datei drucken 122
Auf App-Ordner zugreifen 124
Speicher verwalten 126

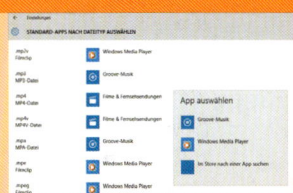

6 Netzwerk und Cloud mit Windows 10   129

Öffentlichen Ordner verwenden. 130
Ordner für alle Benutzer freigeben 132
Erweiterte Freigabeoptionen 134
Erweiterte Berechtigungen 136
Drucker freigeben 138
Auf freigegebenen Drucker zugreifen 140
Heimnetzgruppe einrichten 142
Internetverbindung freigeben 144
Einstellungen synchronisieren 146
OneDrive-Cloudspeicher einrichten 148
Dateien im Webbrowser hochladen 150
Ordner auf OneDrive freigeben 152
Onlinefotoalben erstellen und teilen 154
Office auf OneDrive nutzen 156
Kostenlosen OneDrive-Speicher abgreifen 158

7 Sicherheit und Datenschutz   161

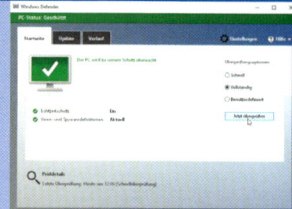

Bildcode für die Anmeldung verwenden 162
Prüfung in zwei Schritten verwenden 164
Benutzerkonto mit Jugendschutz einrichten 166
Jugendschutz-Einstellungen vornehmen 168
Benutzerkonto mit zugewiesenem Zugriff 170
Windows-Firewall einrichten 172
Ausgehenden Datenverkehr blocken 174
Benutzerkontensteuerung konfigurieren 176
Windows Defender clever nutzen 178
Datenschutz unter Windows 10 180
Datenschutz im Microsoft-Konto 182
Datensicherung einrichten 184
Dateiversion wiederherstellen 186
Versteckte Systemabbild-Sicherung nutzen 188
Systemabbild wiederherstellen 190
Laufwerkverschlüsselung mit BitLocker 192

8 Tipps und Tricks zur Assistentin Cortana 195

Cortana in Betrieb nehmen 196
Cortana personalisieren 198
Karten einrichten 200
Cortana-Befehle aufrufen 202
Erinnerung manuell erstellen 204

9 Tipps zum Microsoft-Webbrowser Edge 207

Eigene Startseiten festlegen 208
Webseite der Leseliste hinzufügen 210
Favoritenleiste verwenden 212
Leseansicht verwenden 214
Browserdaten löschen 216
Kennwörter speichern und verwalten 218
Suchanbieter hinzufügen 220
Tabbed Browsing 222
Webseitennotiz erstellen 224
Spaß mit den Entwicklertools 226
Weitere Funktionen im IE nutzen 228

10 Kommunikation und Organisation 231

Erweitertes E-Mail-Setup 232
Automatische Signatur ändern 234
E-Mails formatieren 236
Bilder einfügen 238
Tabellen einfügen 240
Skype einrichten 242
Während eines Chats Dateien senden 244
Kontakte clever verwalten 246
Serientermine erstellen 248

11 Die besten Tipps für Fotos, Musik und Filme — 251

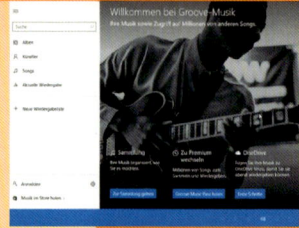

- Bilder in die Fotos-App aufnehmen 252
- Diashow im Explorer starten 254
- Bildbearbeitung in der Fotos-App 256
- Wiedergabeliste erstellen 258
- Audio-CDs im MP3-Format importieren 260
- Eigene Audio-CDs brennen 262
- Titelinfos ergänzen 264
- Mediathek im Netzwerk freigeben 266
- Filme ausleihen 268

12 Weitere nützliche Windows-10-Apps — 271

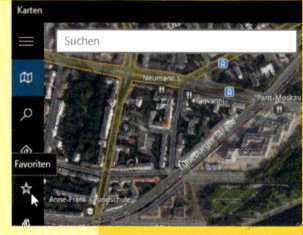

- Kartenansicht anpassen 272
- Lieblingsorte speichern 274
- Nachrichten personalisieren 276
- Bildschirmausschnitte aller Art speichern 278
- Rechnen und konvertieren 280
- Weltzeit in der App Alarm & Uhr 282
- Schrittanleitungen erstellen 284

13 Tipps zu Pflege, Wartung und Profikonfiguration — 287

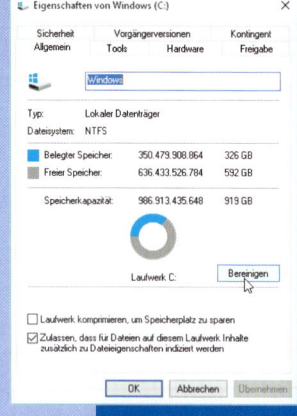

- Laufwerkbereinigung 288
- Defragmentierung konfigurieren 290
- USB-Speicherstick formatieren 292
- ReadyBoost verwenden 294
- Kontingente für neue Benutzer 296
- Kontingente für bestehende Benutzer 298
- Laufwerk partitionieren 300
- Virtuelle Festplatte erstellen 302
- Windows-Installation in VirtualBox 304
- Die Registry im Überblick 306
- Registry-Hack: Kontextmenü erweitern 308
- Registry-Hack: schneller defragmentieren 310
- Registry-Hack: Systemsteuerung im Explorer 312
- Registry-Hack: »Öffnen mit« anpassen 314
- Eingabeaufforderung/PowerShell nutzen 316

14 Tricks zum Umgang mit Windows-Problemen — 319

Performance im Blick behalten. 320
Passwort vergessen?. 322
Kennwortrücksetzdatenträger erstellen 324
Passwort mit Tool zurücksetzen 326
Kompatibilitätsmodus für ältere Programme 328
Gerätetreiber aktualisieren. 330
Wiederherstellungspunkt erstellen 332
Systemwiederherstellung durchführen. 334
Startprobleme beheben. 336
Den PC zurücksetzen. 338

Anhang — 341

Die besten Shortcuts. 342
Die besten Windows-Apps. 346

Stichwortverzeichnis — 351

Schnellstart mit Windows 10

Im ersten Kapitel dieses Buches möchte ich Ihnen zunächst beim Start mit Windows 10 behilflich sein und Ihnen zeigen, wie Sie ein Upgrade mithilfe des offiziellen Download-Tools durchführen, wie Sie beim Einrichten Ihre eigenen Einstellungen vornehmen und wie Sie sich entweder mit einem lokalen Benutzerkonto oder mit einem Microsoft-Konto bei Windows 10 anmelden.

Lernen Sie außerdem in einem ersten Überblick die Bedienoberfläche von Windows 10 kennen – gleich in Kapitel 2 erhalten Sie dann tolle Tipps und Tricks, wie Sie diese entsprechend den eigenen Vorstellungen anpassen.

14 Upgrade per Download-Tool

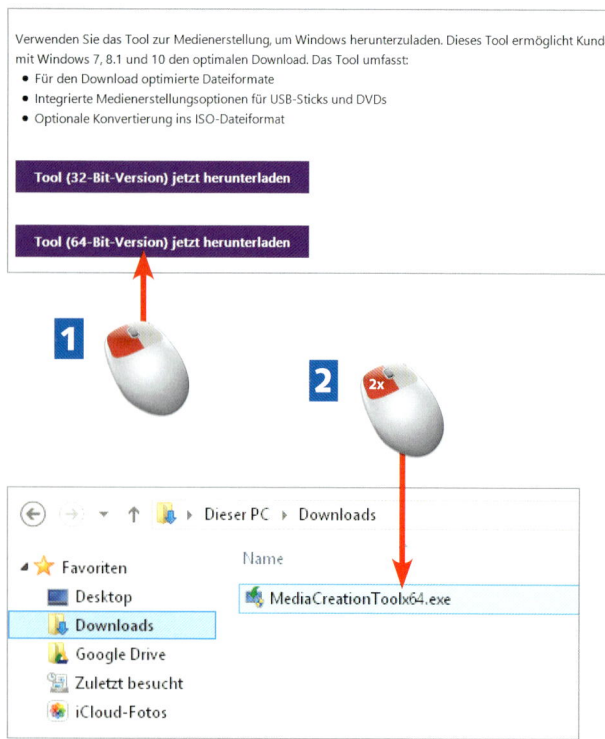

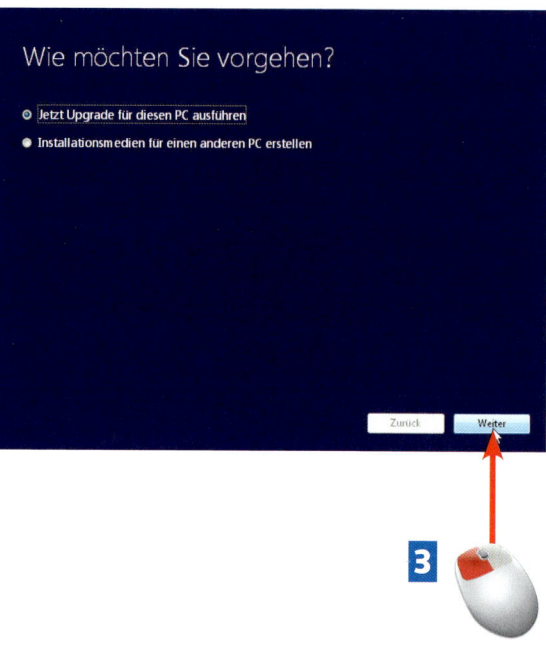

1 Entscheiden Sie sich unter der Webadresse www.microsoft.com/de-de/software-download/windows10 für den Download des passenden Tools (entweder 32-Bit- oder 64-Bit-Version).

2 Führen Sie die heruntergeladene Datei aus. Hier doppelklicke ich dazu im Ordner *Downloads* auf die Datei.

3 Es öffnet sich ein Assistent, in dem Sie die Option *Jetzt Upgrade für diesen PC ausführen* mit *Weiter* bestätigen. Als Alternative wird Ihnen das Erstellen eines Installationsdatenträgers angeboten.

> Wer einen Computer mit Windows 7 (mit Service Pack 1), Windows 8 oder Windows 8.1 sein Eigen nennt, kann kostenlos auf Windows 10 upgraden. Wie Sie dazu das offizielle Download-Tool von Microsoft nutzen, zeige ich Ihnen auf dieser Doppelseite. Die Systemanforderungen von Windows 10 entsprechen denen von Windows 7, 8 und 8.1.

WISSEN

1 Schnellstart mit Windows 10

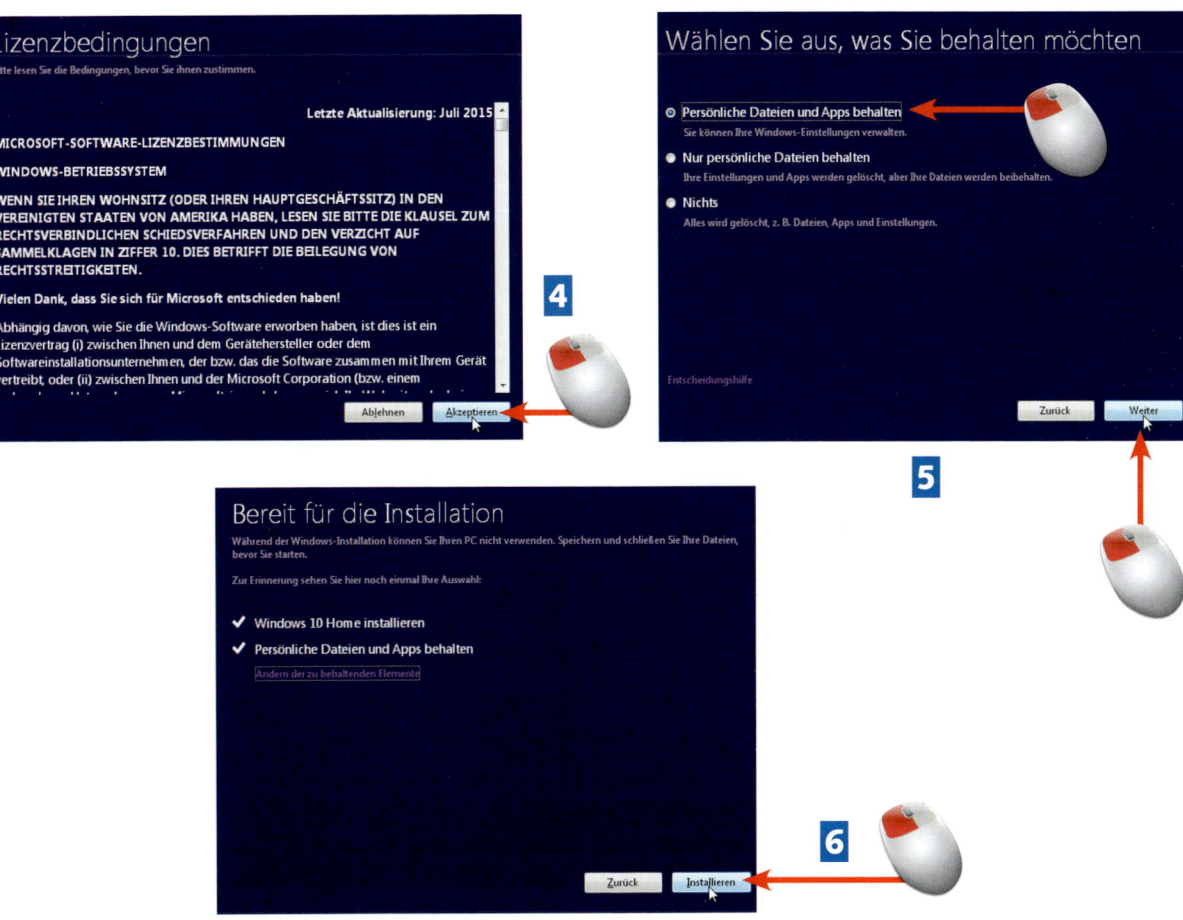

4 Windows 10 wird nun heruntergeladen, was eine ganze Weile dauert. Nachdem das Upgrade vorbereitet wurde, bestätigen Sie die Lizenzbedingungen.

5 Bevor es mit dem Upgrade losgeht, entscheiden Sie per Radio-Button, was mit den bestehenden Dateien und Apps geschehen soll – möchten Sie diese unter Windows 10 weiterverwenden oder wollen Sie Tabula rasa machen?

6 Klicken Sie zum Schluss auf *Installieren*, um das Upgrade durchzuführen.

Ende

HINWEIS

Sie haben unter früheren Windows-Versionen das Windows Media Center genutzt? Dieses steht für Windows 10 leider nicht mehr zur Verfügung. Die Deinstallation des Windows Media Center muss beim Upgrade bestätigt werden.

HINWEIS

Wenn Sie sich statt für ein Upgrade für das Erstellen eines Installationsdatenträgers entschieden haben, booten Sie auf einem PC von diesem Datenträger, um eine Neuinstallation durchzuführen.

16 Einrichten mit eigenen Einstellungen

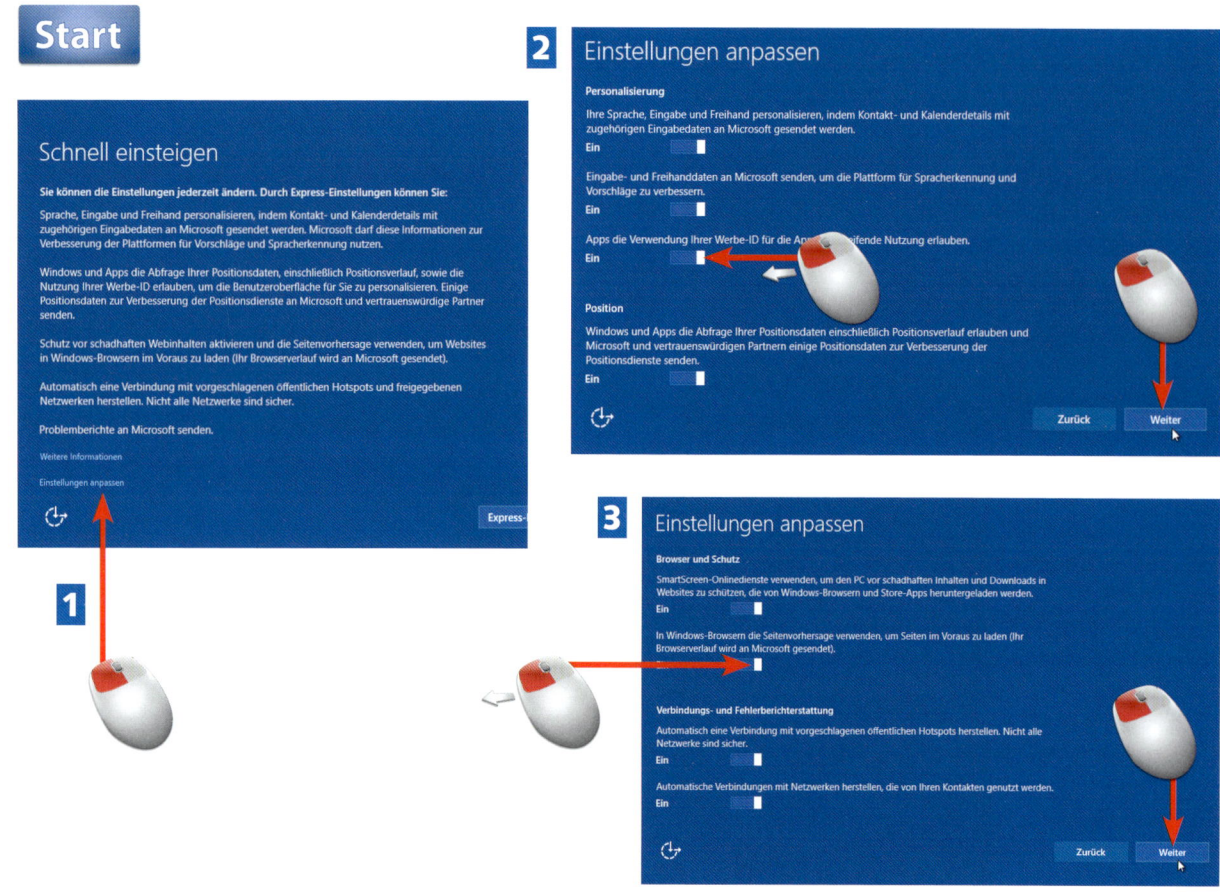

1 Klicken Sie, wenn Ihnen die Express-Einstellungen angeboten werden, auf den kleinen Link *Einstellungen anpassen*.

2 Deaktivieren Sie per Schalter die Funktionen, die nicht Ihrer Vorstellung von Datenschutz entsprechen, etwa die Verwendung einer Werbe-ID für alle Apps. Bestätigen Sie mit *Weiter*.

3 Deaktivieren Sie auch im folgenden Fenster nicht gewünschte Funktionen per Schalter, beispielsweise die „Seitenvorhersage", bei der Ihr Browserverlauf an Microsoft geschickt wird. Bestätigen Sie erneut mit *Weiter*.

Beim Einrichten von Windows 10 sollten Sie als fortgeschrittener Nutzer nicht einfach auf die Schaltfläche *Express-Einstellungen verwenden* klicken. Denn die Einstellungen, die Sie schon beim Einrichten des Betriebssystems vornehmen, haben es im Hinblick auf den Datenschutz durchaus in sich!

WISSEN

1 Schnellstart mit Windows 10

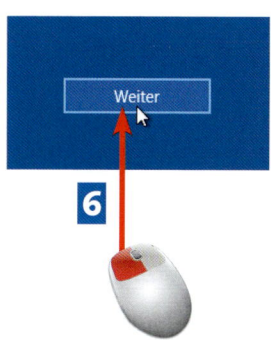

4 Ihre Einstellungen werden übernommen, was einen kurzen Moment dauert.

5 Bestimmen Sie nun noch, ob Sie Windows 10 auf einem Firmenrechner (Option *Meiner Firma*) oder auf einem Privat-PC (Option *Mir*) verwenden.

6 Bestätigen Sie mit *Weiter*, um sich im nächsten Schritt mit einem Benutzerkonto anzumelden.

Ende

Bereits während des Einrichtens von Windows 10 können Sie auf verschiedene Bedienungshilfen, z. B. eine Bildschirmtastatur, zugreifen. Dazu klicken Sie auf das Symbol .

Windows 10 möchte, wie Sie bereits beim Einrichten feststellen, sehr viele Ihrer Daten ins Internet senden. Sorgen Sie von Anfang an dafür, den Wissensdurst Microsofts so weit wie möglich einzuschränken!

HINWEIS   **TIPP**

18 Anmelden mit lokalem Benutzerkonto

1. Klicken Sie, wenn Sie zur Anmeldung mit einem Microsoft-Konto aufgefordert werden, auf den kleinen Link *Diesen Schritt überspringen*.

2. Geben Sie in das erste Feld einen Benutzernamen für Ihr Benutzerkonto ein, im Normalfall Ihren eigenen Namen.

3. Geben Sie zweimal Ihr Wunschkennwort für das Benutzerkonto ein. Falls Sie kein Kennwort verwenden möchten (nicht empfohlen), lassen Sie die Kennwortfelder einfach frei.

> Wenn Sie unter Windows 10 den Store und seine Apps verwenden möchten, ist die Anmeldung mit einem (Online-)Microsoft-Konto Pflicht. Doch Windows 10 lässt sich auch, wenn Sie dies bevorzugen, auf herkömmliche Weise mit einem lokalen Benutzerkonto verwenden. Wie Sie sich mit einem lokalen Benutzerkonto anmelden, zeige ich Ihnen auf dieser Doppelseite.

WISSEN

1 Schnellstart mit Windows 10

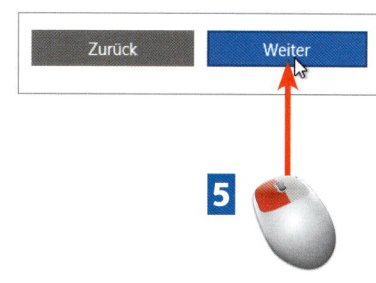

4 Nachdem Sie ein Kennwort eingegeben haben, tippen Sie auch noch einen Kennworthinweis ein, der Ihnen auf die Sprünge hilft, falls Sie das Kennwort mal vergessen sollten.

5 Bestätigen Sie das Erstellen des lokalen Benutzerkontos mit *Weiter*.

6 Nachdem Sie Ihr Benutzerkonto erstellt haben (entweder ein lokales Benutzerkonto oder ein Microsoft-Konto), wird die Bedienoberfläche von Windows 10 für Sie vorbereitet und steht kurze Zeit später zur Verfügung.

Ende

Der Kennworthinweis aus Schritt 4 wird Ihnen automatisch angezeigt, wenn Sie bei der Anmeldung ein falsches Kennwort eingeben.

Das erste Benutzerkonto, das Sie unter Windows 10 einrichten, ist automatisch ein Administrator-Benutzerkonto mit erweiterten Rechten. Später können Sie noch weitere Benutzerkonten (Administrator- oder Standard-Benutzerkonten) hinzufügen.

Ohne Internetverbindung wird Ihnen automatisch das Anmelden mit einem lokalen Benutzerkonto angeboten.

TIPP **HINWEIS** **TIPP**

Anmelden mit Microsoft-Konto

Start

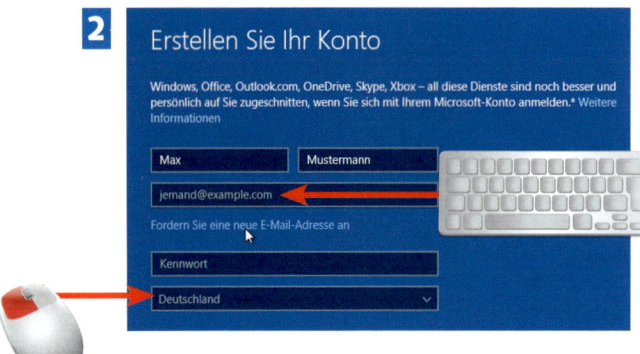

1 Falls Sie bereits über ein Microsoft-Konto verfügen sollten, geben Sie während des Einrichtungsprozesses Ihre Benutzerdaten ein und bestätigen mit *Anmelden*. Um ein neues Microsoft-Konto anzulegen, klicken Sie auf den Link *Erstellen Sie ein Konto*.

2 Geben Sie Ihren Namen ein. Entscheiden Sie dann, ob Sie eine bestehende E-Mail-Adresse für Ihr Konto verwenden möchten oder nicht. Hier wähle ich den Link *Fordern Sie eine neue E-Mail-Adresse an*.

3 Geben Sie die gewünschte E-Mail-Adresse sowie ein Passwort dazu ein, am besten eine Kombination von Groß- und Kleinbuchstaben, Ziffern und Sonderzeichen.

> Wenn Sie Windows 10 in vollem Umfang nutzen möchten, benötigen Sie ein Microsoft-Konto. Dieses wird im Internet erstellt, was gleichzeitig bedeutet, dass eine Menge Daten über Sie bei Microsoft gespeichert werden. Wie Sie ein neues Microsoft-Konto während des Einrichtens von Windows 10 erstellen, lesen Sie hier.

WISSEN

1 Schnellstart mit Windows 10

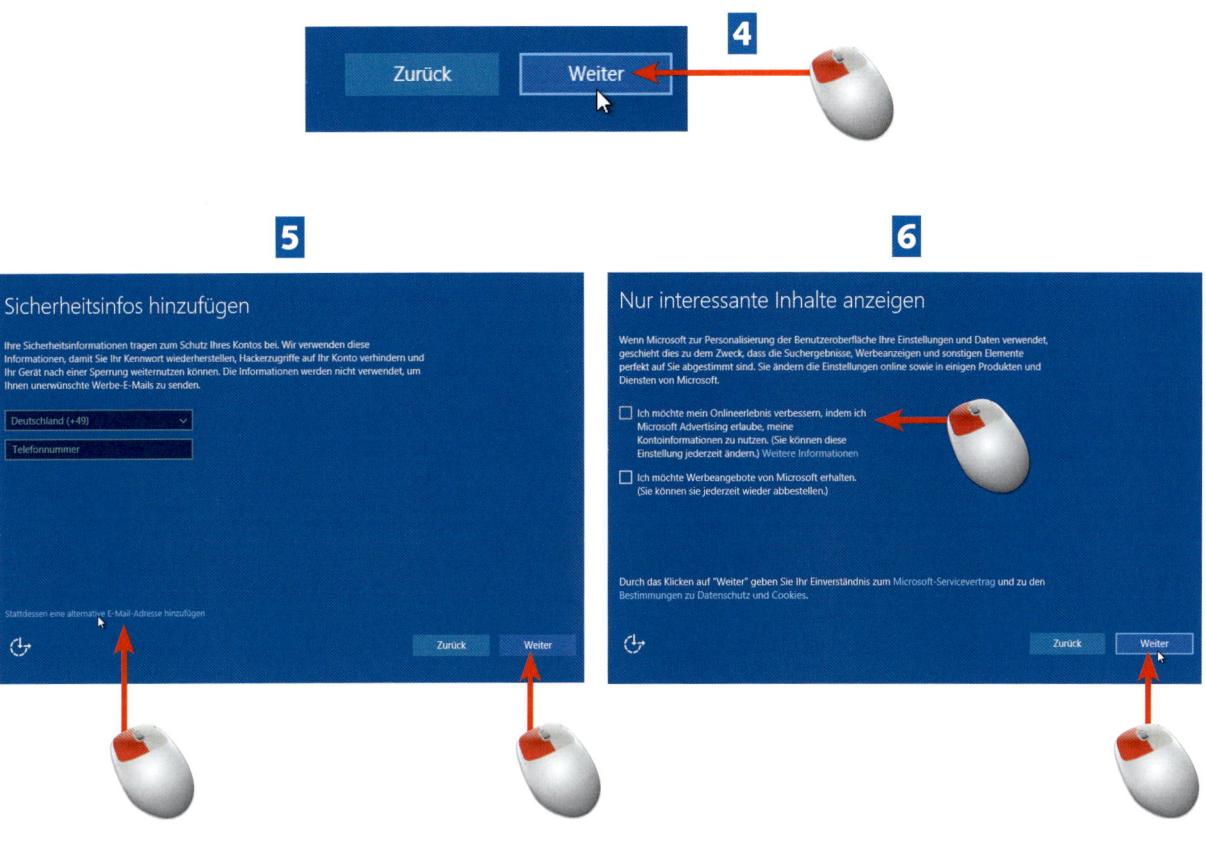

4 Bestätigen Sie Ihre bisherigen Einstellungen zum Microsoft-Konto mit *Weiter*.

5 Nun wird eine Sicherheitsinfo gefordert. Sie können Ihre Rufnummer eingeben, doch das werden viele Nutzer nicht wünschen. Wenn das bei Ihnen ebenso ist, klicken Sie auf den Link *Stattdessen eine alternative E-Mail-Adresse hinzufügen*. Machen Sie Ihre Angaben und bestätigen Sie mit *Weiter*.

6 Achten Sie darauf, dass die beiden Kontrollkästchen bezüglich Werbung deaktiviert sind, bevor Sie das Erstellen des Microsoft-Kontos mit *Weiter* abschließen.

TIPP	HINWEIS	TIPP
Nähere Infos zum Microsoft-Konto und eine Möglichkeit, dieses alternativ in einem Webbrowser zu erstellen, finden Sie hier: *www.microsoft.com/de-de/account*.	Die Sicherheitsinfo aus Schritt 5 ist nicht ganz unwichtig, denn sie dient dazu, Ihr Microsoft-Konto im Notfall wiederherzustellen. Microsoft verspricht, die hinterlegten Daten nicht für Werbung zu verwenden.	Klicken Sie ruhig mal auf den Link *Bestimmungen zu Datenschutz und Cookies*, damit Sie wissen, worauf Sie sich bei der Verwendung eines Microsoft-Kontos einlassen.

22 Die Bedienoberfläche im Überblick

Start

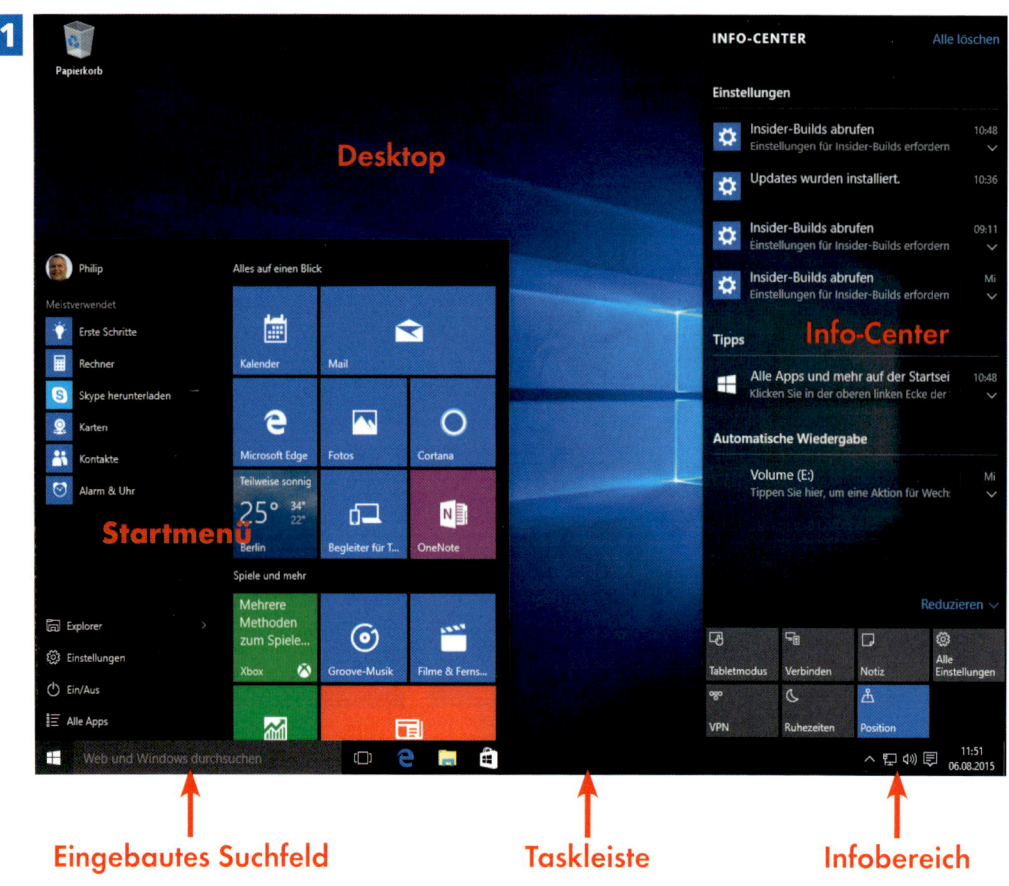

1 Gegenüber früheren Windows-Versionen hat sich die Bedienoberfläche von Windows 10 gar nicht großartig verändert. Den größten Teil der Bedienoberfläche nimmt weiterhin der Desktop ein, auf dem Symbole abgelegt und Fenster geöffnet werden. Unterhalb des Desktops finden Sie die Taskleiste, in der Sie per Klick auf das Windows-Logo ▦ das Startmenü öffnen. Neu in Windows 10 ist das in die Taskleiste eingebaute Suchfeld. Im Infobereich rechts in der Taskleiste lässt sich außerdem per Symbol ▤ ein Info-Center mit Benachrichtigungen und verschiedenen Optionen aufrufen – unter anderem finden Sie die Schaltfläche *Tabletmodus*, um die Bedienoberfläche in eine für Touchscreens optimierte Form umzuschalten.

> Wer bereits einmal mit einer früheren Windows-Version gearbeitet hat, wird sich auch unter Windows 10 schnell zurechtfinden. Zwar hat sich im Startmenü und in der Taskleiste einiges getan, doch die wesentliche Bedienoberfläche ist die gleiche geblieben.

WISSEN

1 Schnellstart mit Windows 10

2 Wenn Sie in Windows 10 den Tablet-Modus aktivieren (bzw. wenn der Tablet-Modus auf einem Tablet-PC automatisch aktiviert wird), fühlen Sie sich vielleicht an die Startseite von Windows 8 bzw. Windows 8.1 erinnert. Die im Tablet-Modus angezeigte Kacheloberfläche ist einfacher strukturiert und für die Nutzung auf dem Touchscreen optimiert. Neben den Kacheln zum Öffnen der einzelnen Apps finden Sie links einen Navigationsbereich, in dem Sie beispielsweise alle installierten Apps aufrufen, sowie rechts unten den bereits von der Standardoberfläche bekannten Infobereich.
Auf der Standardoberfläche wurden die Kacheln ins Startmenü integriert. **Ende**

TIPP
Auf vielen Kacheln – den Live-Kacheln – werden aktuelle Informationen angezeigt, etwa auf der Kachel der App *Nachrichten* eine aktuelle News etc.

FACHWORT
Task ist das englische Wort für „Aufgabe". Der Hauptzweck der Taskleiste besteht darin, die Symbole geöffneter Programme anzuzeigen.

TIPP
Ein abgespecktes Startmenü öffnen Sie im Tablet-Modus mit dem Symbol ☰ links oben auf der Bedienoberfläche. Zur Ansicht *Alle Apps* gelangen Sie mit dem Symbol links unten.

Tipps für die Bedienoberfläche 2

Windows 10 lässt sich genauso einfach bedienen wie die früheren Windows-Versionen, aber es gibt ein paar neue Funktionen, die Sie in diesem Kapitel kennenlernen. Erhalten Sie außerdem eine Menge Tipps und Tricks, mit denen Sie die Windows-Bedienoberfläche individuell einrichten: Lassen Sie beispielsweise als Desktophintergrund eine Diashow mit eigenen Bildern ablaufen, heften Sie beliebige Ordner an die Taskleiste an oder erstellen Sie zusätzliche Windows-Uhren, damit Sie jederzeit wissen, wie spät es gerade in New York City und Mumbai ist.

26 Hintergrund-Diashow auf dem Desktop

Start

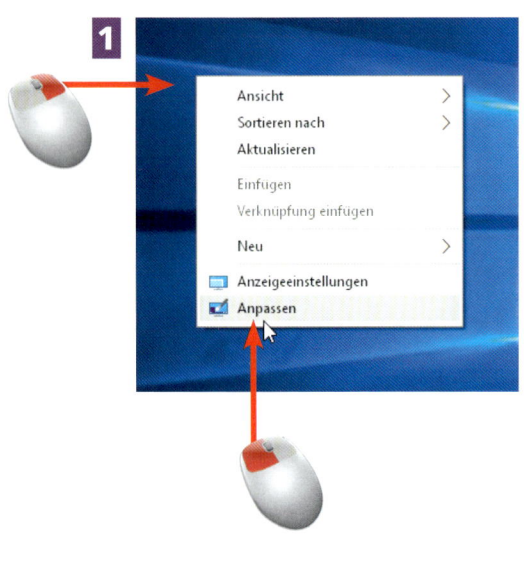

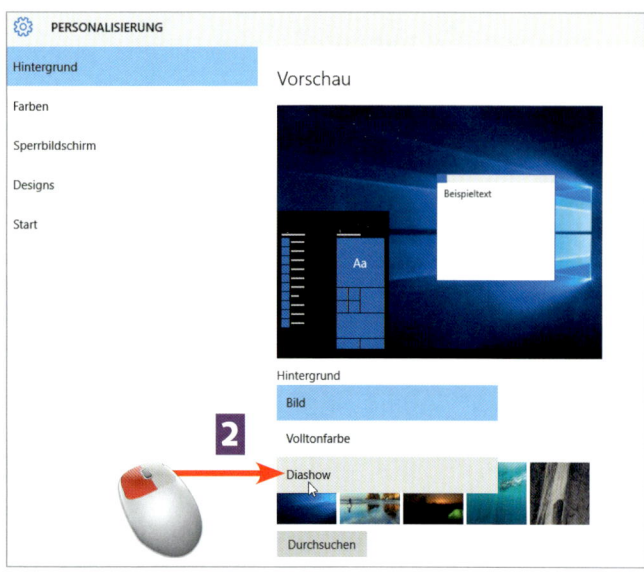

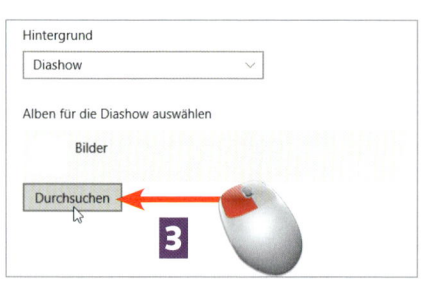

1 Klicken Sie mit der rechten Maustaste auf eine freie Fläche des Desktops. Im sich öffnenden Kontextmenü wählen Sie den Eintrag *Anpassen*.

2 Die entsprechenden Einstellungen werden geöffnet. Dort wählen Sie im Drop-down-Menü *Hintergrund* den Eintrag *Diashow* aus.

3 Nun müssen Sie noch den Ordner bestimmen, in dem sich die Bilder für die Diashow befinden. Klicken Sie dazu auf die Schaltfläche *Durchsuchen*.

Ein ständig gleicher Desktophintergrund ist Ihnen zu langweilig? Dann sorgen Sie doch für einen regelmäßigen Tapetenwechsel, indem Sie auf dem Desktop eine Diashow mit eigenen Bildern ablaufen lassen. Wie das unter Windows 10 funktioniert, erfahren Sie auf dieser Doppelseite.

WISSEN

2 Tipps für die Bedienoberfläche 27

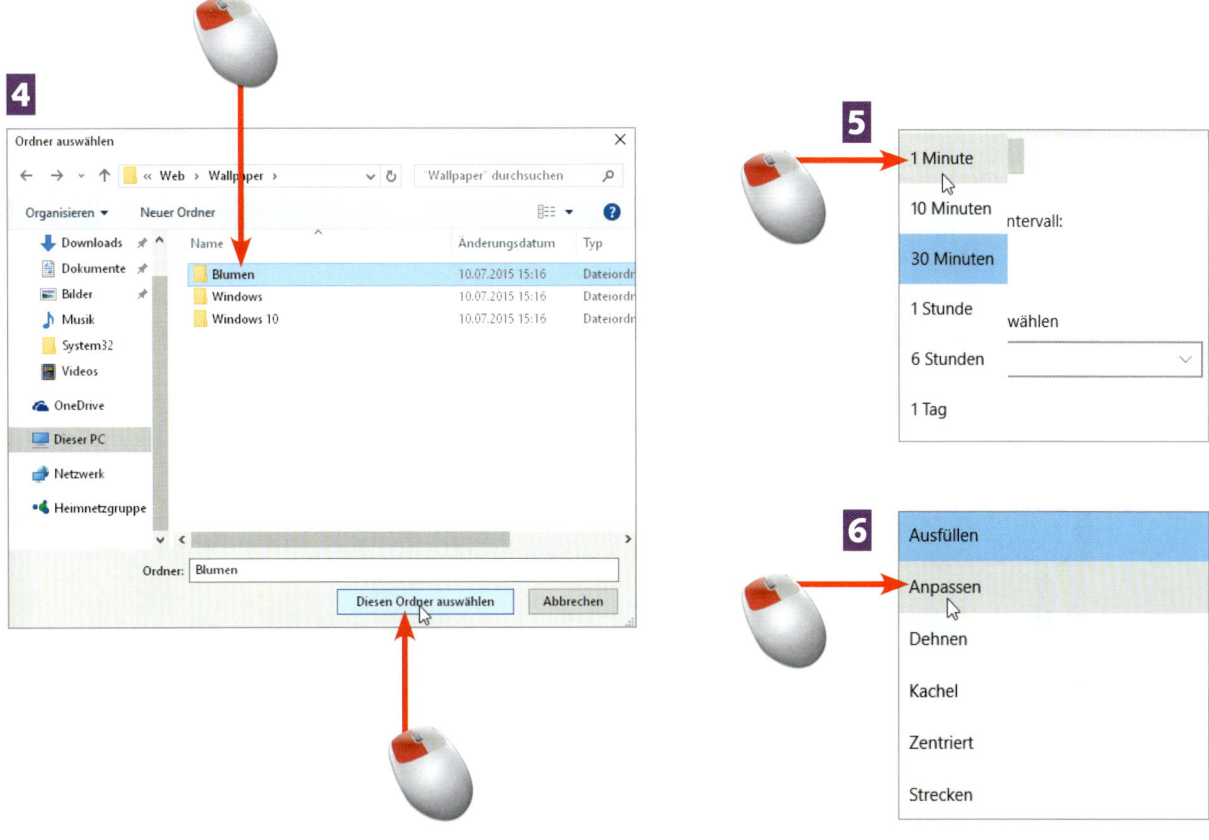

4 Wählen Sie den Ordner aus und bestätigen Sie mit *Diesen Ordner auswählen*.

5 Bestimmen Sie jetzt noch – wieder per Drop-down-Menü –, in welchem Intervall der Bildwechsel erfolgen soll. Standardmäßig ist ein Bildwechsel alle halbe Stunde eingestellt, dieser lässt sich aber beschleunigen oder verlangsamen.

6 Für Desktophintergründe empfiehlt sich grundsätzlich eine der Bildschirmauflösung entsprechende Auflösung. In einem weiteren Drop-down-Menü lässt sich aber auch festlegen, wie mit nicht passenden Bildern verfahren werden sollen.

Ende

Die Akzentfarben werden automatisch dem jeweiligen Desktophintergrund entnommen. Für eigene Farbeinstellungen wählen Sie links in den Personalisierungseinstellungen *Farben* und dann *Farbe auswählen*.	Sie wünschen sich statt eines Bildes eine einheitliche Farbe als Desktophintergrund? Dazu wählen Sie im Drop-down-Menü aus Schritt 2 den Eintrag *Volltonfarbe*.	Desktophintergrund manuell wechseln: Hierzu klicken Sie mit der rechten Maustaste auf eine freie Fläche des Desktops und wählen *Nächster Desktophintergrund*.
HINWEIS	**TIPP**	**HINWEIS**

Neues Windows-Design herunterladen

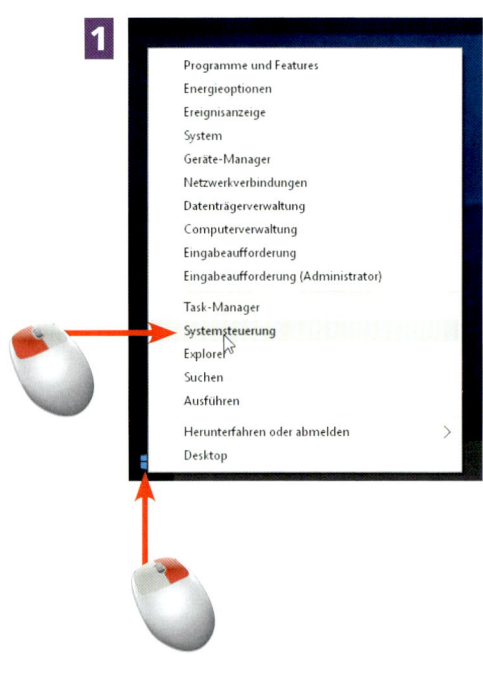

1 Klicken Sie mit der rechten Maustaste auf das Windows-Logo ⊞ links unten auf der Bedienoberfläche. Entscheiden Sie sich im Kontextmenü für den Eintrag *Systemsteuerung*.

2 Klicken Sie in der Systemsteuerung unter der Kategorie *Darstellung und Anpassung* auf den Eintrag *Design ändern*.

3 Sie können nun per Mausklick eines der angebotenen Designs auswählen. Um ein neues Design herunterzuladen, klicken Sie auf den Link *Weitere Designs online beziehen*.

Neben dem Desktophintergrund lässt sich auch das komplette Windows-Design Ihrem Geschmack anpassen. Dies ermöglichen die Design-Pakete, von denen aber nur wenige an Bord sind. Kein Problem: Weitere Designs lassen sich kostenlos aus dem Internet beziehen. Wie es gemacht wird, verrät diese Doppelseite.

WISSEN

2 Tipps für die Bedienoberfläche

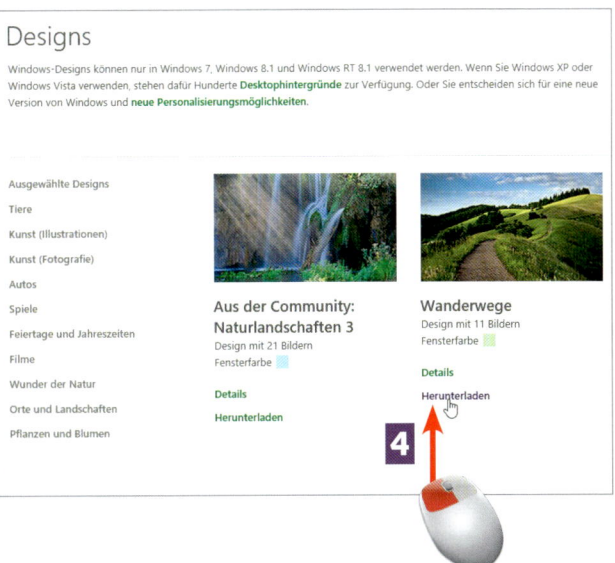

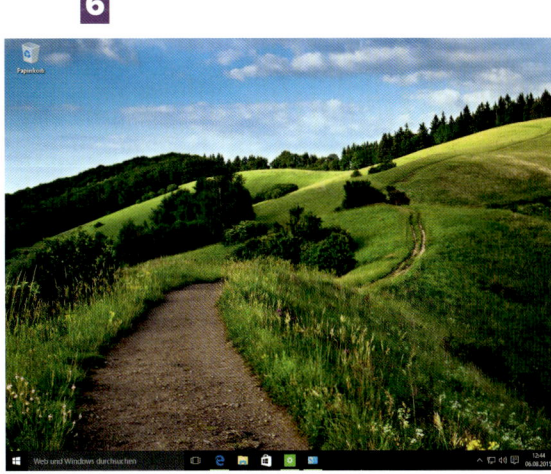

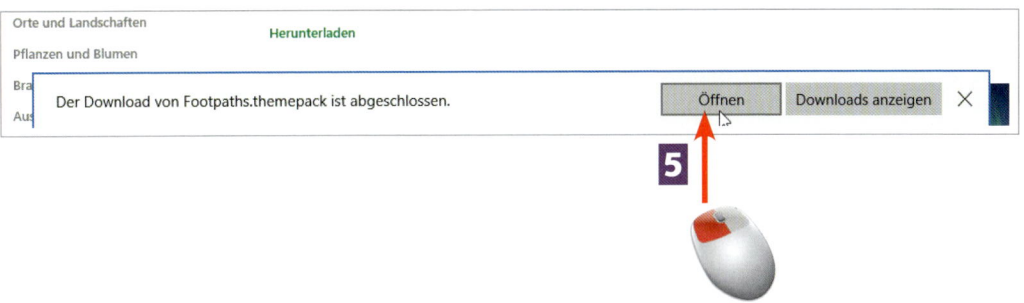

4 Es öffnet sich eine Webseite, auf der Sie nach Ihrem Wunschdesign stöbern. Wenn Sie es gefunden haben, klicken Sie auf den zugehörigen Downloadlink *Herunterladen*.

5 Nachdem der Download – standardmäßig im Webbrowser Edge – beendet ist, klicken Sie auf die Schaltfläche *Öffnen*.

6 Das Design wird nun in die Design-Übersicht übernommen und automatisch auf der Bedienoberfläche eingerichtet.

Ende

Sie möchten ein heruntergeladenes Design wieder entfernen? Dazu klicken Sie es in der Design-Übersicht mit der rechten Maustaste an und wählen dann *Design löschen*. Das Design darf dabei nicht ausgewählt sein.

Falls Sie von einer älteren Windows-Version umsteigen: Auch unter Windows 10 gibt es noch einen Mix aus neuen Einstellungen und alter Systemsteuerung. Die Systemsteuerung könnte aber mittelfristig komplett abgeschafft werden.

TIPP   **HINWEIS**

Eigenes Windows-Design erstellen

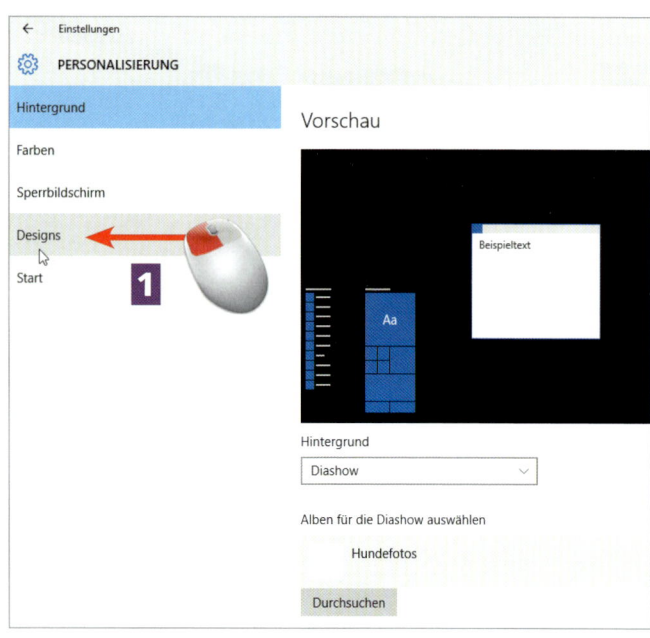

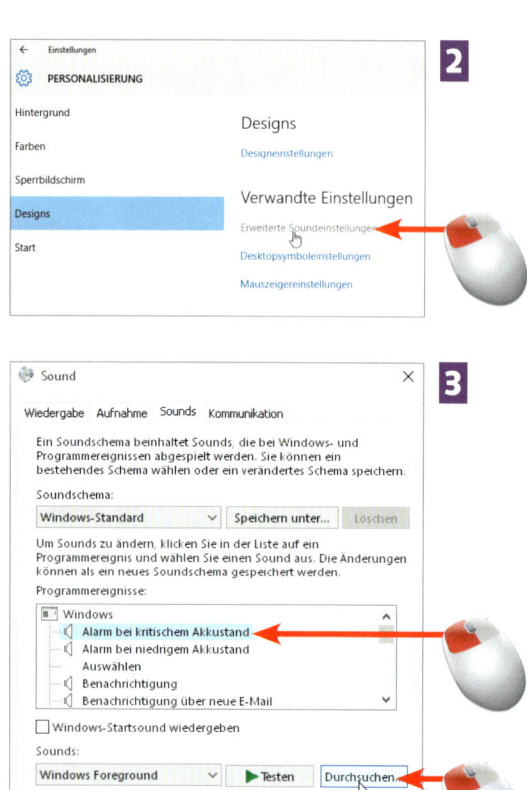

1 Wählen Sie in den Personalisierungseinstellungen zunächst, wie bereits kennengelernt, den gewünschten Desktophintergrund aus und klicken Sie dann in der Leiste links auf *Designs*.

2 Um die Windows-Sounds anpassen zu können, klicken Sie im Abschnitt *Verwandte Einstellungen* auf *Erweiterte Soundeinstellungen*.

3 Wählen Sie ein Ereignis aus und klicken Sie auf *Durchsuchen*, um eine eigene Sounddatei (im WAV-Format) zu verwenden. Bestätigen Sie mit *Übernehmen*, um weitere Sounds einzurichten, bzw. zum Schluss mit *OK*, um die Einstellungen zu übernehmen.

Ein Windows-Design beinhaltet nicht nur den Desktophintergrund und die Akzentfarbe, sondern auch Sounds sowie den – eher nicht benötigten – Bildschirmschoner. Wie Sie ein eigenes Design nicht nur einrichten, sondern abspeichern, zeige ich Ihnen hier.

WISSEN

2 Tipps für die Bedienoberfläche   31

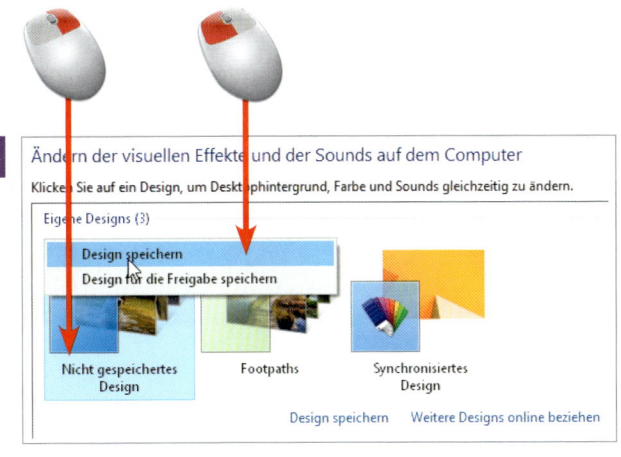

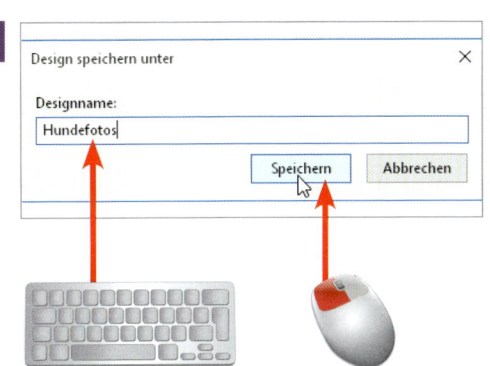

4 Ihr Design wird in der Design-Übersicht als *Nicht gespeichertes Design* geführt. Klicken Sie es mit der rechten Maustaste an und wählen Sie – für die Verwendung nur auf Ihrem eigenen Computer – *Design speichern*.

5 Geben Sie dem Design eine schlüssige Bezeichnung und klicken Sie auf *Speichern*.

6 Auch dieses Design kann nun jederzeit in der Design-Übersicht aufgerufen werden – in diesem Fall ein Design mit Hundebildern der Fotografin Tanja Binder. **Ende**

Möchten Sie Ihr Design – Urheberrechte auf Bilder und Sounds vorausgesetzt – auch an andere Personen weiterreichen? Dann wählen Sie im Kontextmenü aus Schritt 4 *Design für die Freigabe speichern*.

Ein für die Freigabe bestimmtes Design wird im Packformat *.deskthemepack* gespeichert. Ein Doppelklick auf diese Datei installiert das entsprechende Design.

TIPP   **HINWEIS**

32 Sperrbildschirm einrichten

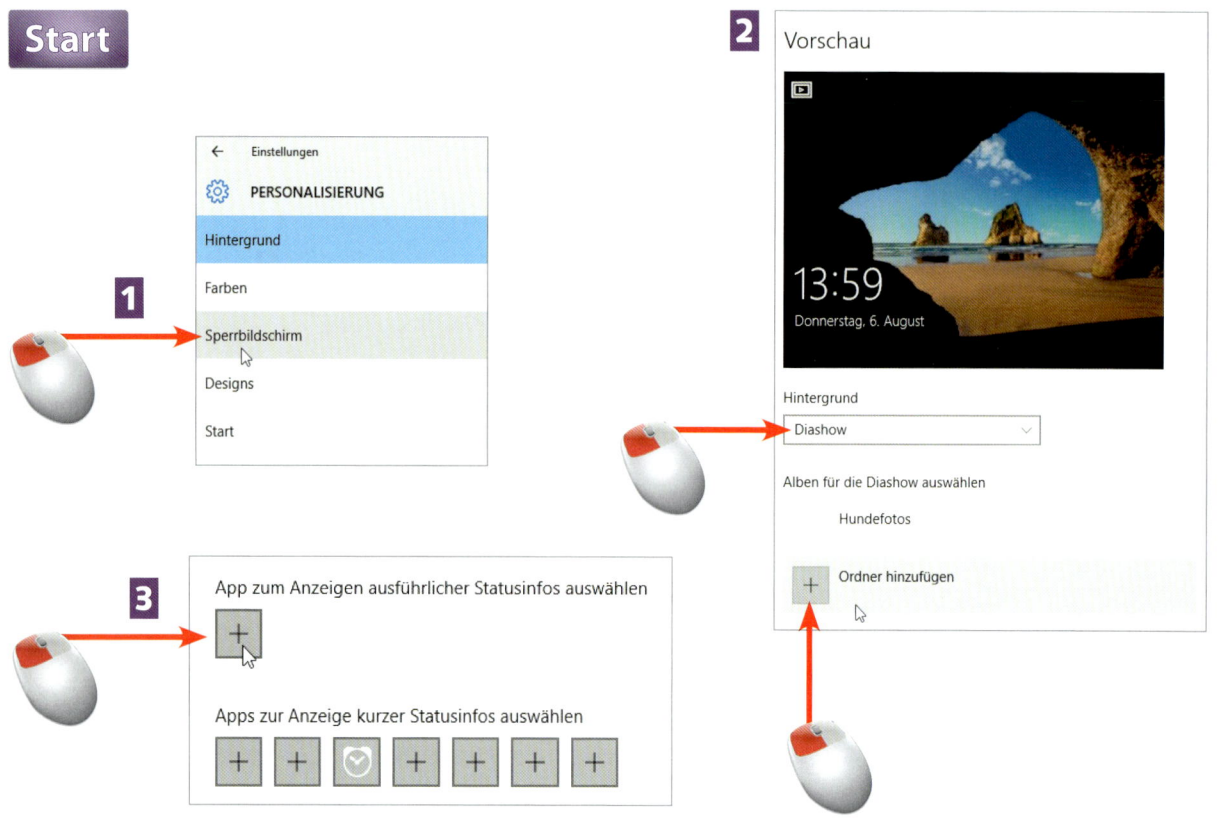

1 Um den Sperrbildschirm einzurichten, klicken Sie in den Personalisierungseinstellungen auf den Eintrag *Sperrbildschirm*.

2 Auch auf dem Sperrbildschirm lässt sich eine Diashow einrichten, indem Sie im Drop-down-Menü die entsprechende Option auswählen und den oder die Ordner für die Diashow bestimmen.

3 Zusätzlich lassen sich auf dem Sperrbildschirm Infos einzelner Apps anzeigen. Für ausführliche Infos einer App klicken Sie auf das Symbol + im Abschnitt *App zum Anzeigen ausführlicher Statusinfos auswählen*.

Wenn Sie Ihren Computer mit Windows 10 hochfahren – bzw. den Bildschirm sperren –, wird Ihnen zunächst mal der Sperrbildschirm angezeigt. Auch dieser lässt sich mit einem eigenen Hintergrund sowie weiteren Infos versehen. Wie Sie den Sperrbildschirm individuell einrichten, lesen Sie auf dieser Doppelseite.

WISSEN

2 Tipps für die Bedienoberfläche   33

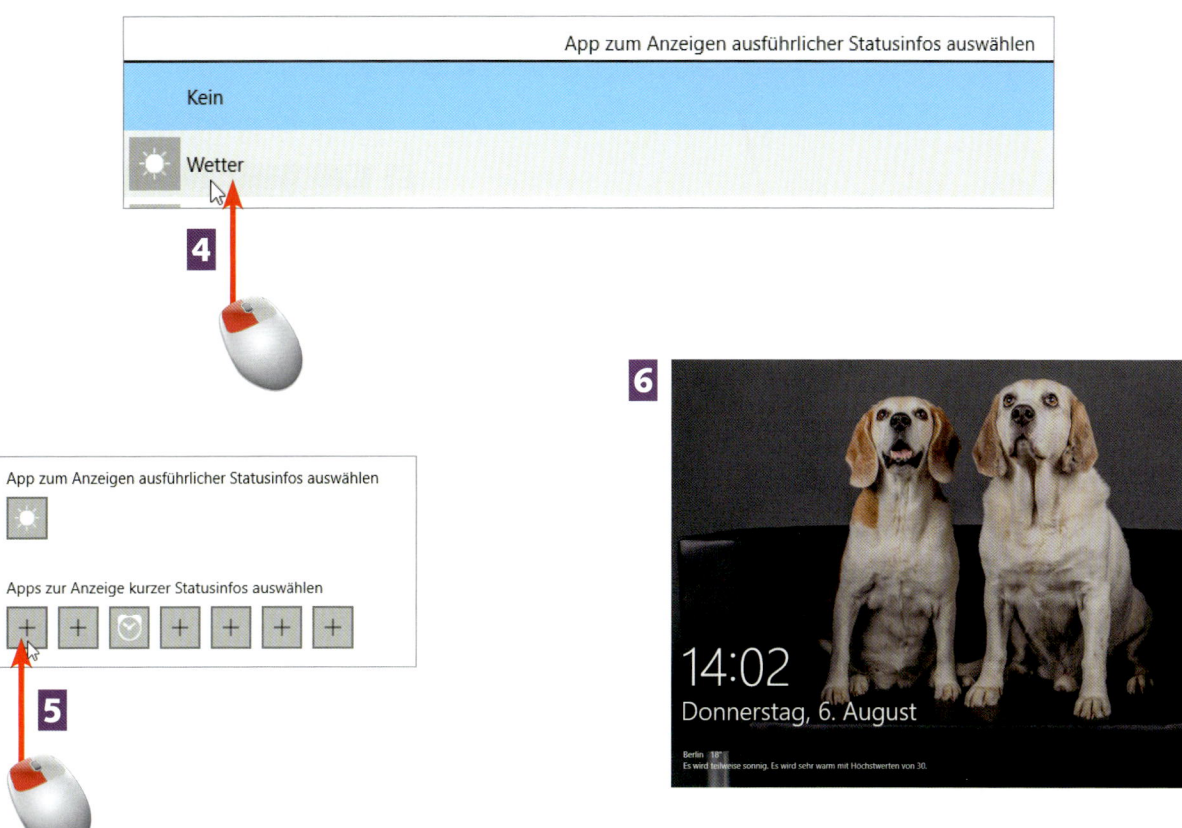

4 Wählen Sie im folgenden Menü eine App aus, die ausführliche Infos anbietet.

5 Andere Apps bieten kurze Infos an. Um diese auszuwählen, klicken Sie im Abschnitt *Apps zur Anzeige kurzer Statusinfos auswählen* wiederum auf ein Symbol ⊞ und wählen anschließend die App aus.

6 Die entsprechenden Infos werden Ihnen auf dem Sperrbildschirm angezeigt – solange Sie auf den Sperrbildschirm klicken, um zum Anmeldebildschirm zu wechseln.

Ende

TIPP

Den Windows-Bildschirm schneller sperren: Verwenden Sie dazu den Shortcut ⊞+L.

HINWEIS

Sie möchten doch einen Bildschirmschoner verwenden, wenn Sie den Computer eine Weile lang nicht nutzen? Um diesen einzurichten, klicken Sie ganz unten im Abschnitt *Sperrbildschirm* auf *Einstellungen für Bildschirmschoner*.

34 Startmenü individualisieren

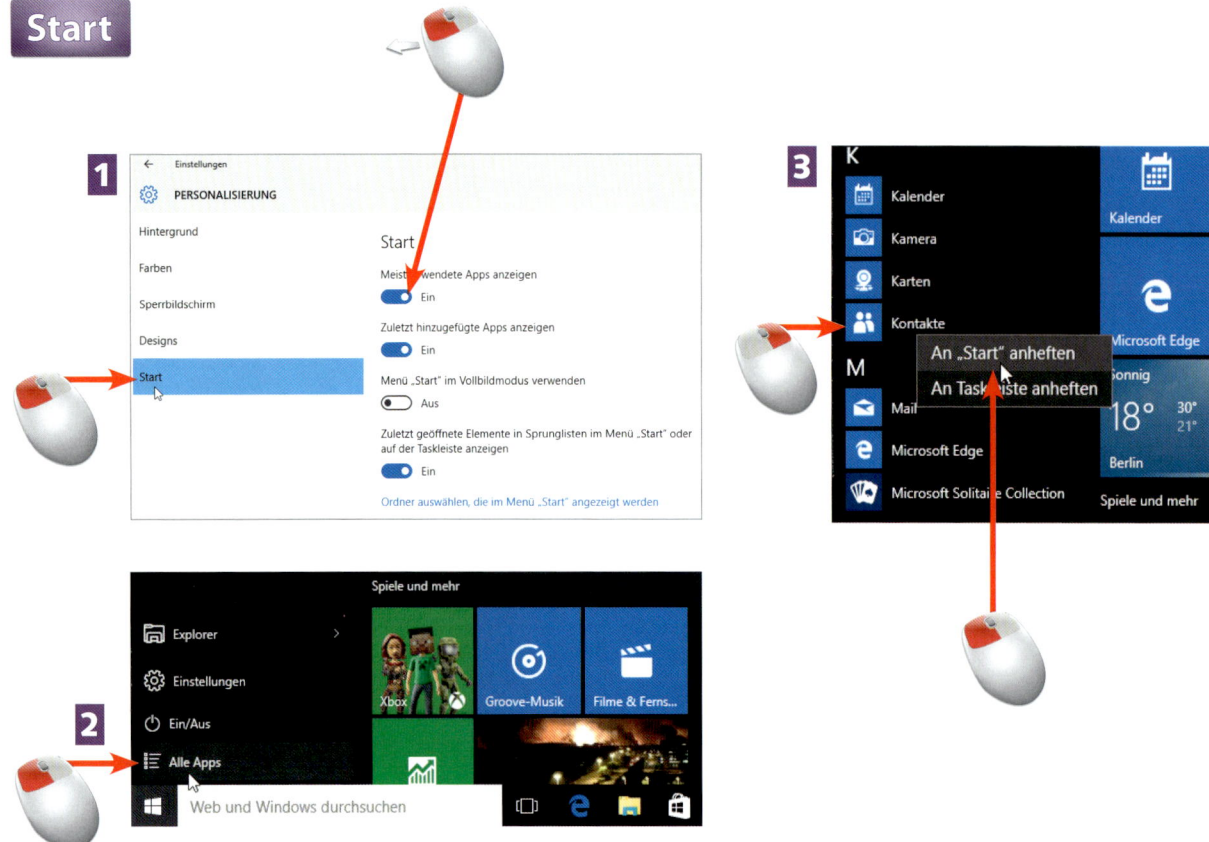

1 Klicken Sie in den Personalisierungseinstellungen auf den Eintrag *Start* und bestimmen Sie per Schalter unter anderem, welche Elemente im Startmenü angezeigt werden sollen und welche nicht.

2 Um weitere Kacheln ans Startmenü anzuheften, lassen Sie sich zunächst unter *Alle Apps* die installierten Apps und Programme anzeigen.

3 Klicken Sie eine App oder auch ein Desktop-Programm mit der rechten Maustaste an und wählen Sie im Kontextmenü den Eintrag *An „Start" anheften*.

Die von Windows 8 bzw. Windows 8.1 gewohnten Kacheln finden Sie unter Windows 10 im Startmenü wieder. Wie Sie das Startmenü insgesamt und die Kacheln im Speziellen einrichten, lesen Sie auf dieser Doppelseite.

WISSEN

2 Tipps für die Bedienoberfläche 35

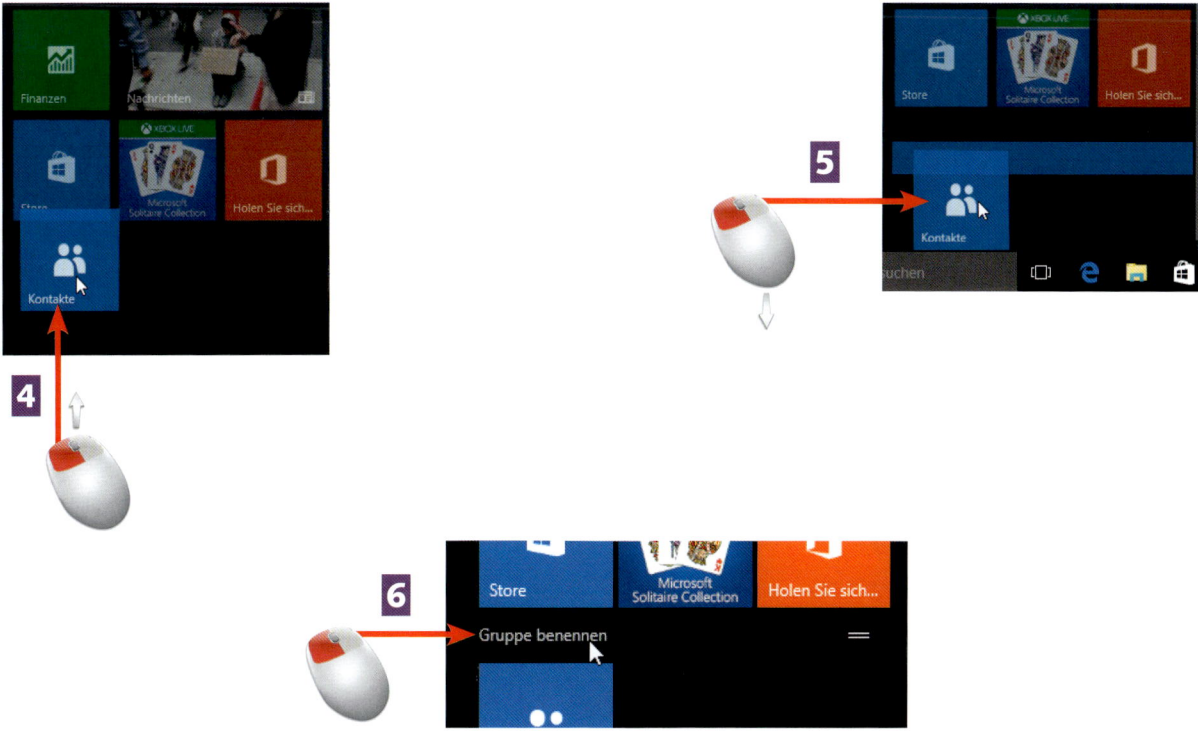

4 Eine Kachel lässt sich innerhalb eines Kachelblocks bei gedrückter Maustaste in die gewünschte Position ziehen.

5 Um einen neuen Kachelblock zu erstellen, ziehen Sie die Kachel aus einem Kachelblock heraus auf den beim Herausziehen erscheinenden Balken.

6 Der Kachelblock lässt sich benennen. Dazu bewegen Sie den Mauszeiger auf die noch unsichtbare Titelleiste des Kachelblocks, klicken die auf diese Weise eingeblendete Titelleiste an und geben die gewünschte Bezeichnung ein.

Ende

Möchten Sie das Startmenü vergrößern? Bewegen Sie dazu den Mauszeiger an den rechten bzw. oberen Rand und ziehen Sie es bei gedrückter Maustaste größer. Das Startmenü lässt sich auch jederzeit durch Drücken der ⊞-Taste öffnen und wieder schließen.

Kachelblöcke lassen sich verschieben: Klicken Sie in die Titelleiste eines Kachelblocks und ziehen ihn bei gedrückter Maustaste in die gewünschte Position. Um eine Kachel aus dem Startmenü zu entfernen, klicken Sie diese mit der rechten Maustaste an und wählen im Kontextmenü *Von „Start" lösen*.

TIPP **HINWEIS**

Desktop-Symbole einblenden

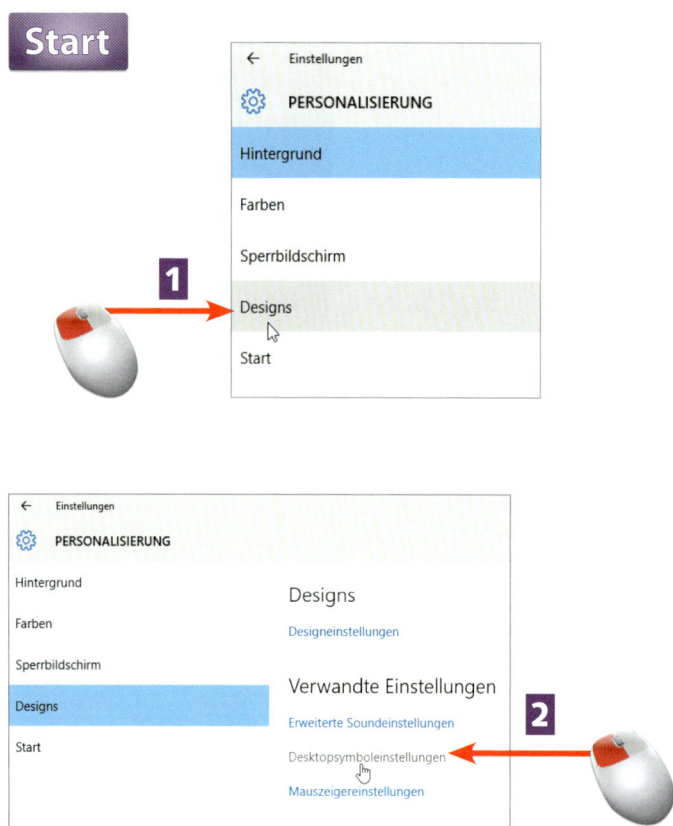
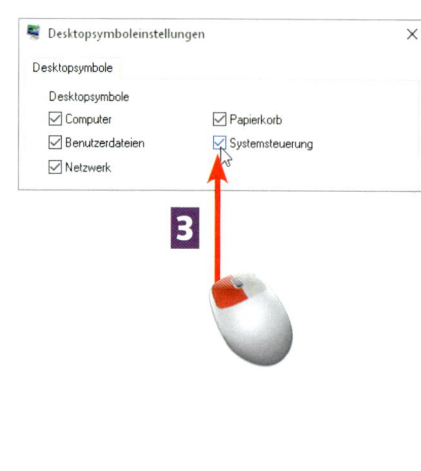

1. Entscheiden Sie sich in den Personalisierungseinstellungen (Sie erinnern sich: Rechtsklick auf den Desktop und Menüwahl *Anpassen*) für den Eintrag *Designs*.

2. Klicken Sie im Abschnitt *Verwandte Einstellungen* auf *Desktopsymboleinstellungen*.

3. Bestimmen Sie nun einfach per Kontrollkästchen, welche Desktop-Symbole eingeblendet werden sollen und welche nicht. Neben dem Papierkorb stehen Symbole für den Computer (*Dieser PC*), Ihren Benutzerordner, das Netzwerk sowie die Systemsteuerung zur Verfügung.

Auf dem Desktop wird standardmäßig nur das Symbol des Papierkorbs eingeblendet. Doch es lassen sich noch weitere Symbole für den schnellen Zugriff auf wichtige Windows-Funktionen einblenden. Und diese Symbole lassen sich sogar, wenn gewünscht, durch eigene Icons individualisieren. Hier lesen Sie, wie es gemacht wird.

WISSEN

2 Tipps für die Bedienoberfläche 37

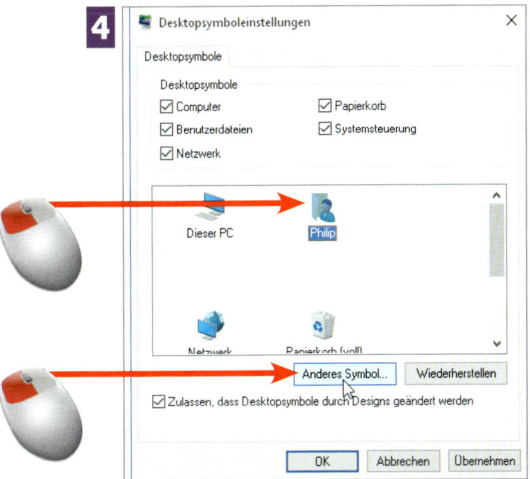
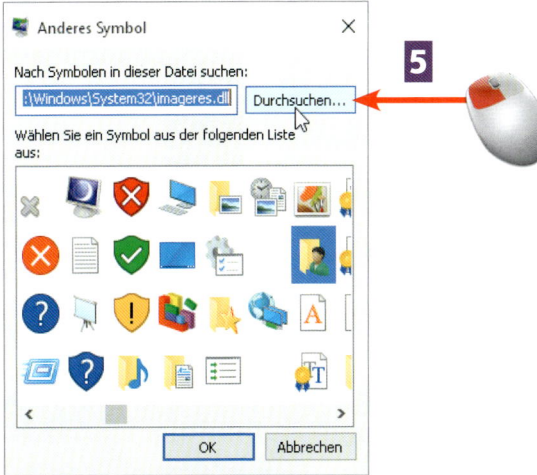
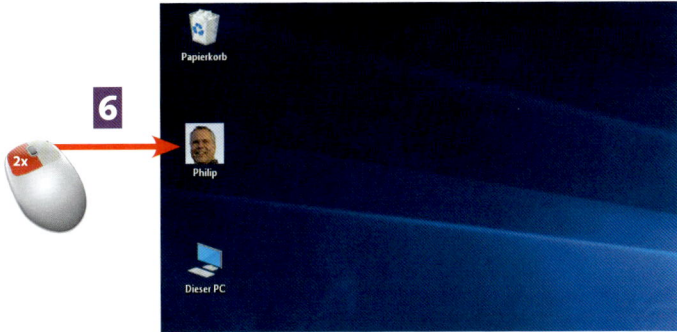

4 Möchten Sie ein Desktop-Symbol durch ein eigenes Icon austauschen? Dazu wählen Sie ein Symbol aus und klicken dann auf *Anderes Symbol*.

5 Wählen Sie das gewünschte Symbol aus der Liste aus oder klicken Sie auf *Durchsuchen*, um den Pfad zu einem eigenen Icon anzugeben.

6 Nachdem Sie Ihre Einstellungen mit *OK* bestätigt haben, stehen die Symbole auf dem Desktop zur Verfügung. Das Öffnen auf dem Desktop erfolgt per Doppelklick.

Ende

Die Symbole von Verknüpfungen auf dem Desktop lassen sich ebenfalls anpassen: Klicken Sie eine Desktop-Verknüpfung hierzu mit der rechten Maustaste an und wählen Sie *Eigenschaften*. Im sich öffnenden Fenster klicken Sie auf *Anderes Symbol*.

Icons online erstellen: Das erledigen Sie mit wenigen Handgriffen auf der Webseite *www.xiconeditor.com*.

TIPP | **HINWEIS**

Texte und Symbole größer darstellen

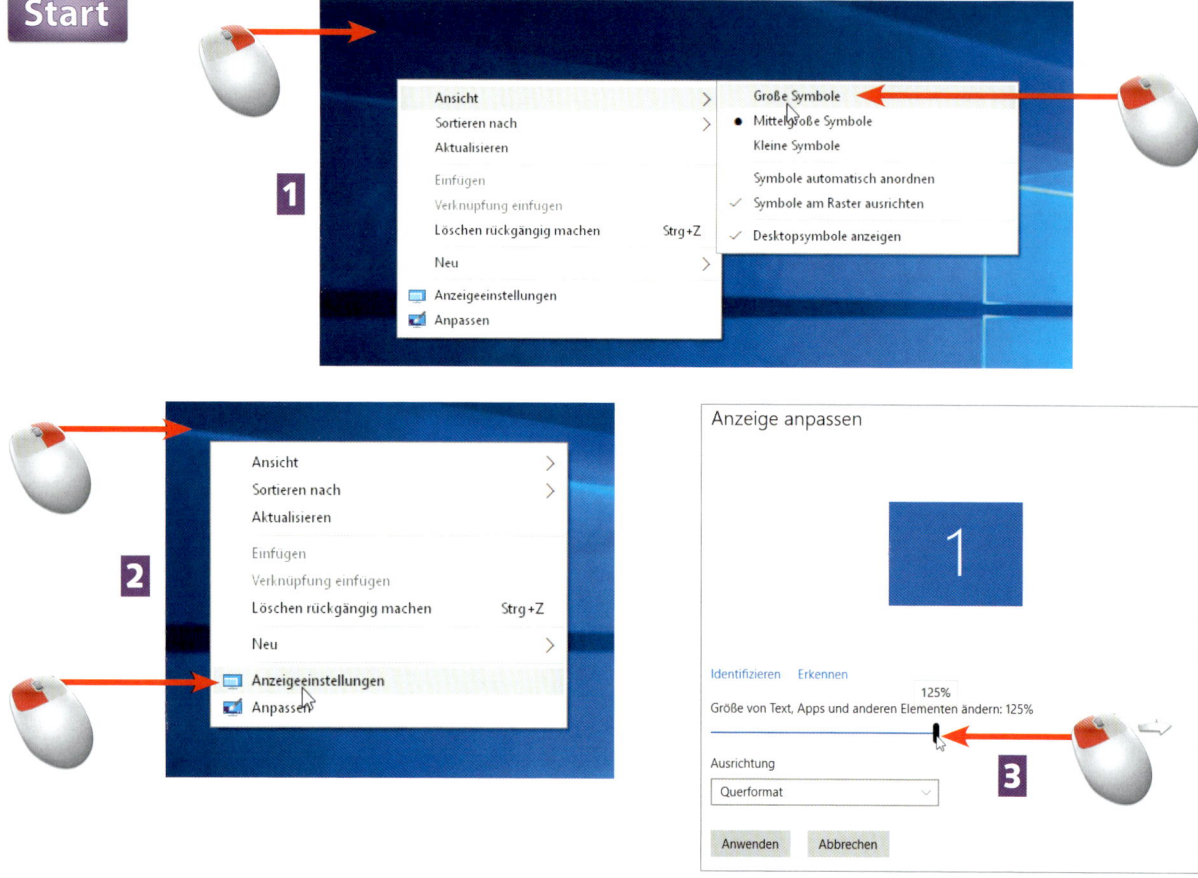

1 Zunächst das Einfachste: Um die Symbole auf dem Desktop zu vergrößern, klicken Sie mit der rechten Maustaste auf eine freie Fläche des Desktops, bewegen den Mauszeiger im Kontextmenü auf *Ansicht* und wählen dann *Große Symbole*.

2 Um Texte zu vergrößern, klicken Sie erneut mit der rechten Maustaste auf eine freie Fläche des Desktops und wählen im Kontextmenü diesmal den Eintrag *Anzeigeeinstellungen*.

3 Für eine generelle Vergrößerung ziehen Sie einfach den Schieberegler nach rechts.

Wenn die Symbole und Texte auf dem Bildschirm für Ihren Geschmack zu klein geraten sind, halte ich auf dieser Doppelseite einige Lösungen für Sie parat, die Sie zusätzlich zu den unter Windows 10 verfügbaren Bedienungshilfen anwenden können.

WISSEN

2 Tipps für die Bedienoberfläche 39

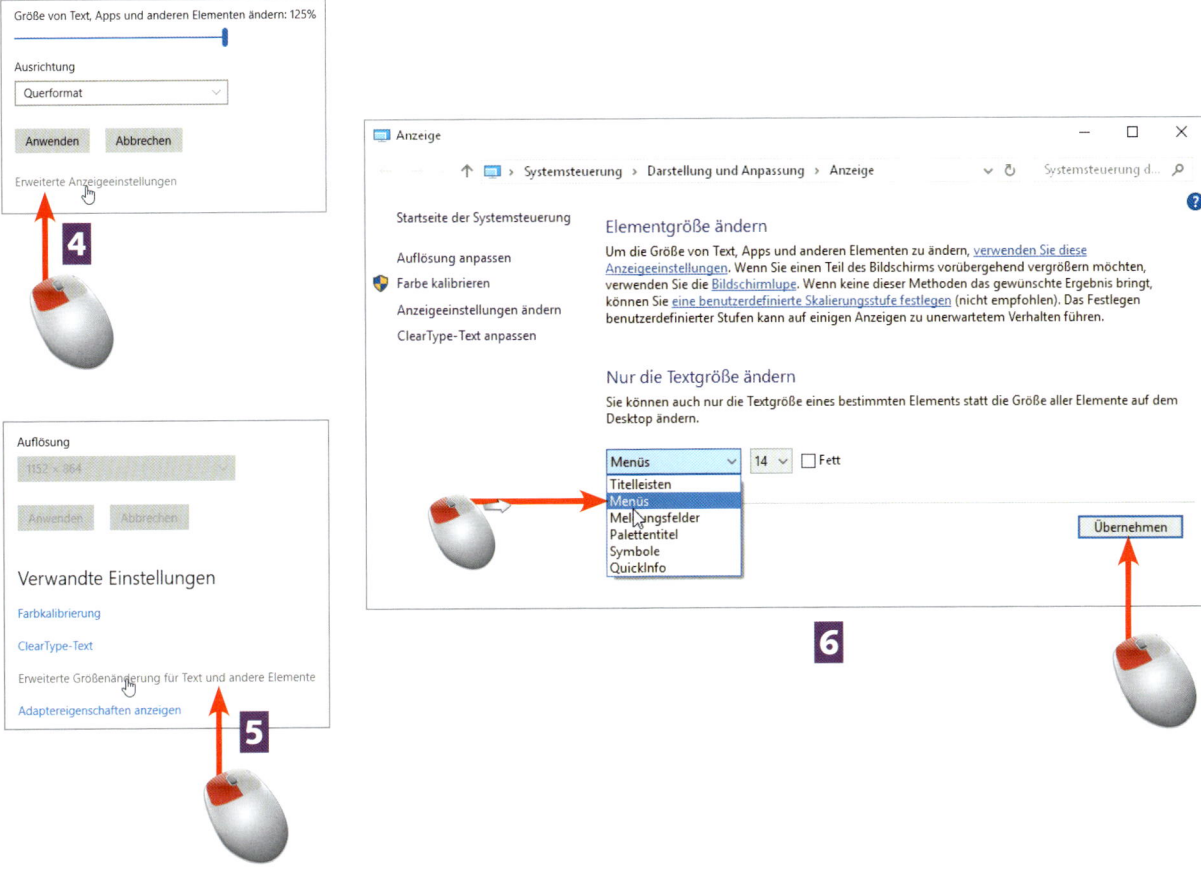

4 Oder möchten Sie nur bestimmte Elemente auf dem Desktop vergrößern? Dann klicken Sie unten auf *Erweiterte Anzeigeeinstellungen*.

5 Entscheiden Sie sich anschließend im Abschnitt *Verwandte Einstellungen* für *Erweiterte Größenänderung für Text und andere Elemente*.

6 Ihnen werden verschiedene Vergrößerungsoptionen angeboten. Hier entscheide ich mich für größere Texte in Menüs und bestätige mit *Übernehmen*.

Ende

TIPP

Eine vergrößerte Darstellung der Inhalte lässt sich auch durch eine Verringerung der Bildschirmauflösung erreichen. Legen Sie die gewünschte Bildschirmauflösung per Menü im Fenster aus Schritt 5 fest.

HINWEIS

Im Kontextmenü aus Schritt 1 finden Sie auch nützliche Optionen, um die Desktop-Symbole zu sortieren und automatisch auszurichten.

HINWEIS

Nur für Tablet-Nutzer interessant: Im Fenster aus Schritt 4 finden Sie ein Menü zum Anpassen der Bildschirmausrichtung.

Symbole im Infobereich ausblenden

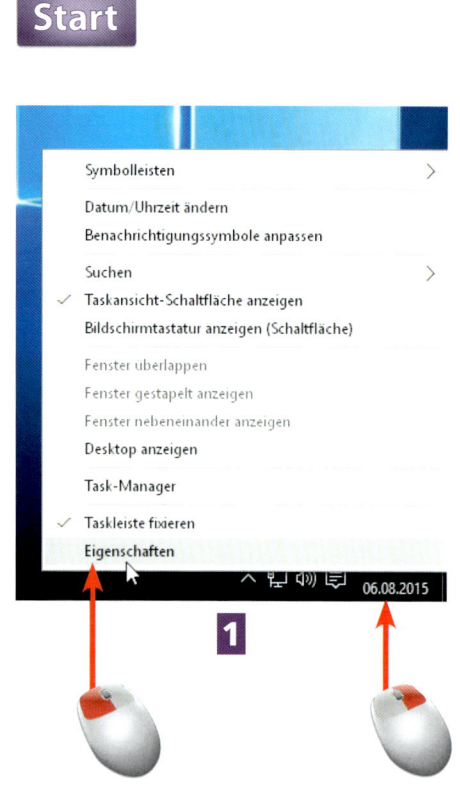
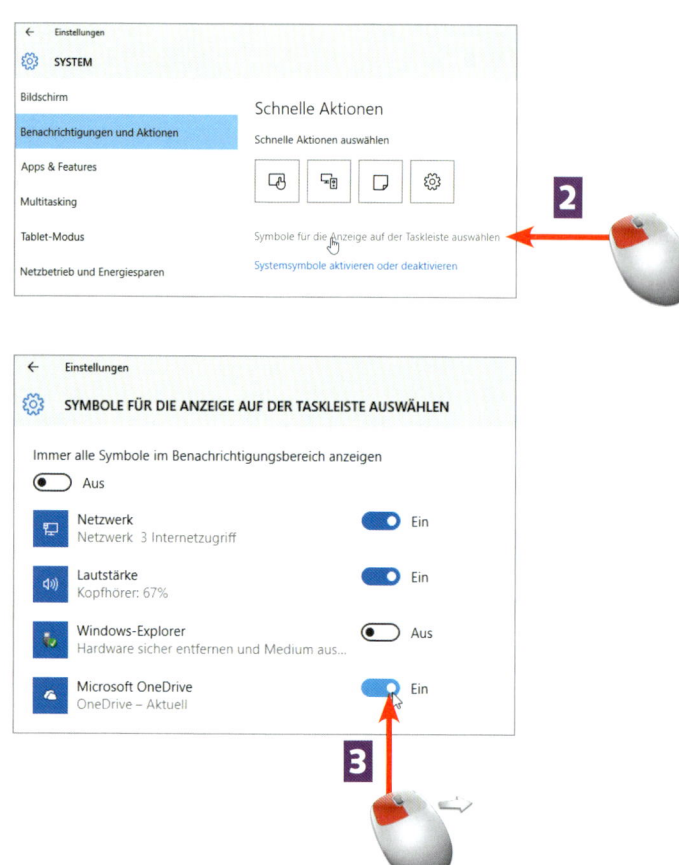

1 Klicken Sie mit der rechten Maustaste auf die im Infobereich angezeigte Uhr und wählen Sie im Kontextmenü *Eigenschaften* (oder alternativ *Benachrichtigungssymbole anpassen*).

2 Klicken Sie in den sich öffnenden Systemeinstellungen zunächst auf *Symbole für die Anzeige auf der Taskleiste auswählen*.

3 Entscheiden Sie per Schalter, welche Symbole ein- bzw. ausgeblendet werden sollen. Auf ausgeblendete Symbole haben Sie weiterhin Zugriff, indem Sie im Infobereich auf den nach oben weisenden Pfeil ⌃ klicken.

Im Infobereich rechts unten auf der Windows-Bedienoberfläche finden Sie, wie bereits erwähnt, verschiedene Systemsymbole sowie gegebenenfalls auch Programmsymbole. Auch der Infobereich lässt sich ganz Ihren Bedürfnissen entsprechend anpassen. Wie Sie dazu vorgehen, erfahren Sie hier.

WISSEN

2 Tipps für die Bedienoberfläche   41

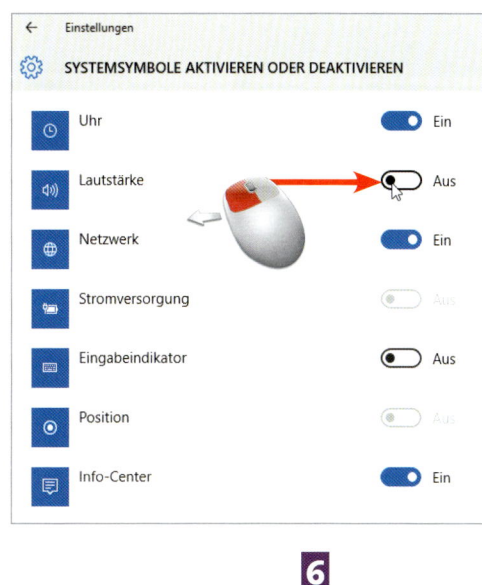

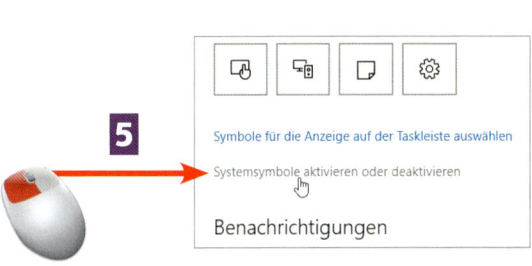

4 Wechseln Sie per Mausklick auf das Pfeilsymbol ← links oben im Fenster zurück zu den Systemeinstellungen.

5 Klicken Sie jetzt auf *Systemsymbole aktivieren oder deaktivieren*.

6 Wieder bestimmen Sie per Schalter, was im Infobereich angezeigt werden soll und was nicht. Achtung: Ausgeblendete Systemsymbole sind im Infobereich nicht unter dem nach oben weisenden Pfeil ⌃ erreichbar.

Ende

Sicher haben Sie es schon bemerkt: Rechts neben dem Infobereich gibt es noch einen schmalen Streifen der Taskleiste. Wenn Sie diesen anklicken, werden alle geöffneten Fenster minimiert und der Desktop wird angezeigt. Das Ein- bzw. Ausblenden des Desktops kann auch mit dem Shortcut ⊞+D erfolgen.

TIPP

Soll der Desktop nur vorübergehend eingeblendet werden? Dazu drücken Sie die Tastenkombination ⊞+,. Der Desktop bleibt in diesem Fall nur so lange eingeblendet, wie Sie die ⊞-Taste gedrückt halten.

TIPP

Info-Center einrichten

Start

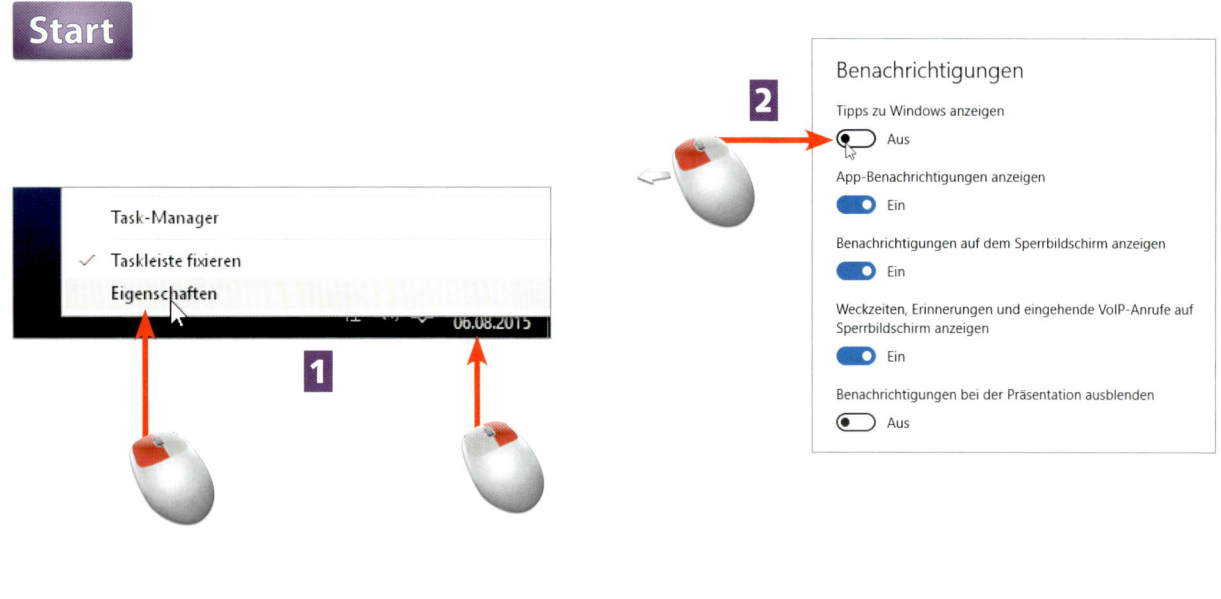

1 Klicken Sie erneut mit der rechten Maustaste auf die im Infobereich angezeigte Uhr und wählen Sie im Kontextmenü den Eintrag *Eigenschaften*.

2 Entscheiden Sie im Abschnitt *Benachrichtigungen* per Schalter, welche Benachrichtigungen Sie erhalten möchten und welche nicht. Die Benachrichtigungen werden sowohl in einem kleinen Fenster oberhalb des Infobereichs angezeigt als auch im Info-Center.

3 Wenn Sie die Benachrichtigungen durch Apps generell erlaubt haben, können Sie im Abschnitt *Benachrichtigungen dieser Apps anzeigen* noch per Schalter festlegen, von welchen Apps Sie Benachrichtigungen wünschen und von welchen nicht.

Das Info-Center ist unter Windows 10 neu hinzugekommen. Es dient in erster Linie dazu, Ihnen Benachrichtigungen des Systems sowie verschiedener Apps anzuzeigen. Sie erhalten im Info-Center aber auch raschen Zugriff auf einige wichtige Funktionen, wie beispielsweise das Umschalten in den Tablet-Modus. Diese Doppelseite erklärt, wie Sie das Info-Center individuell einrichten.

WISSEN

2 Tipps für die Bedienoberfläche 43

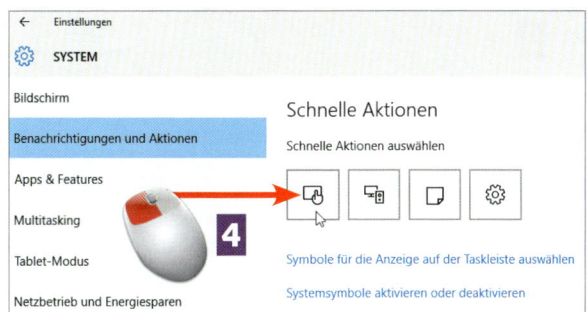

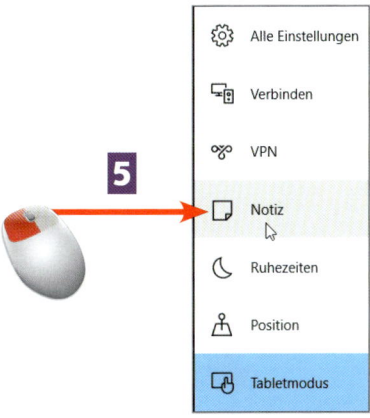

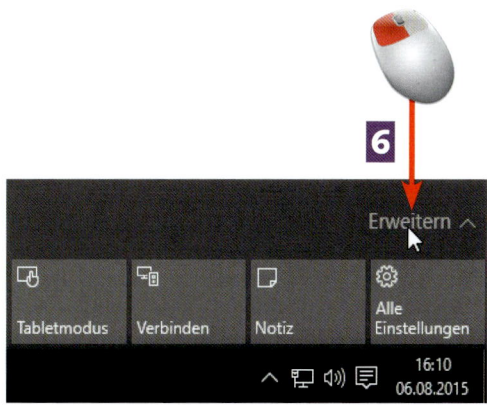

4 Nun bestimmen Sie noch, auf welche Funktionen Sie im Info-Center besonders häufig zugreifen. Klicken Sie dazu im Abschnitt *Schnelle Aktionen* auf eines der vier Symbole.

5 Wählen Sie dann die gewünschte Funktion aus und wiederholen Sie den Vorgang mit den anderen drei Symbolen.

6 Die „schnellen Aktionen" sind im Info-Center auch im reduzierten Zustand sichtbar; mit einem Klick auf *Erweitern* machen Sie auch die anderen Funktionen sichtbar.

Ende

Möchten Sie durch eingehende Benachrichtigungen des Info-Centers nicht gestört werden? Dann klicken Sie im Info-Center auf die Schaltfläche *Ruhezeiten*, um einen Nicht-stören-Modus einzuschalten.

Ruhezeiten aktivieren, ohne das Info-Center zu öffnen: Klicken Sie mit der rechten Maustaste auf das Symbol 📧 und wählen Sie im Kontextmenü den Eintrag *Ruhezeiten aktivieren*.

TIPP **HINWEIS**

44 Weitere Uhren hinzufügen

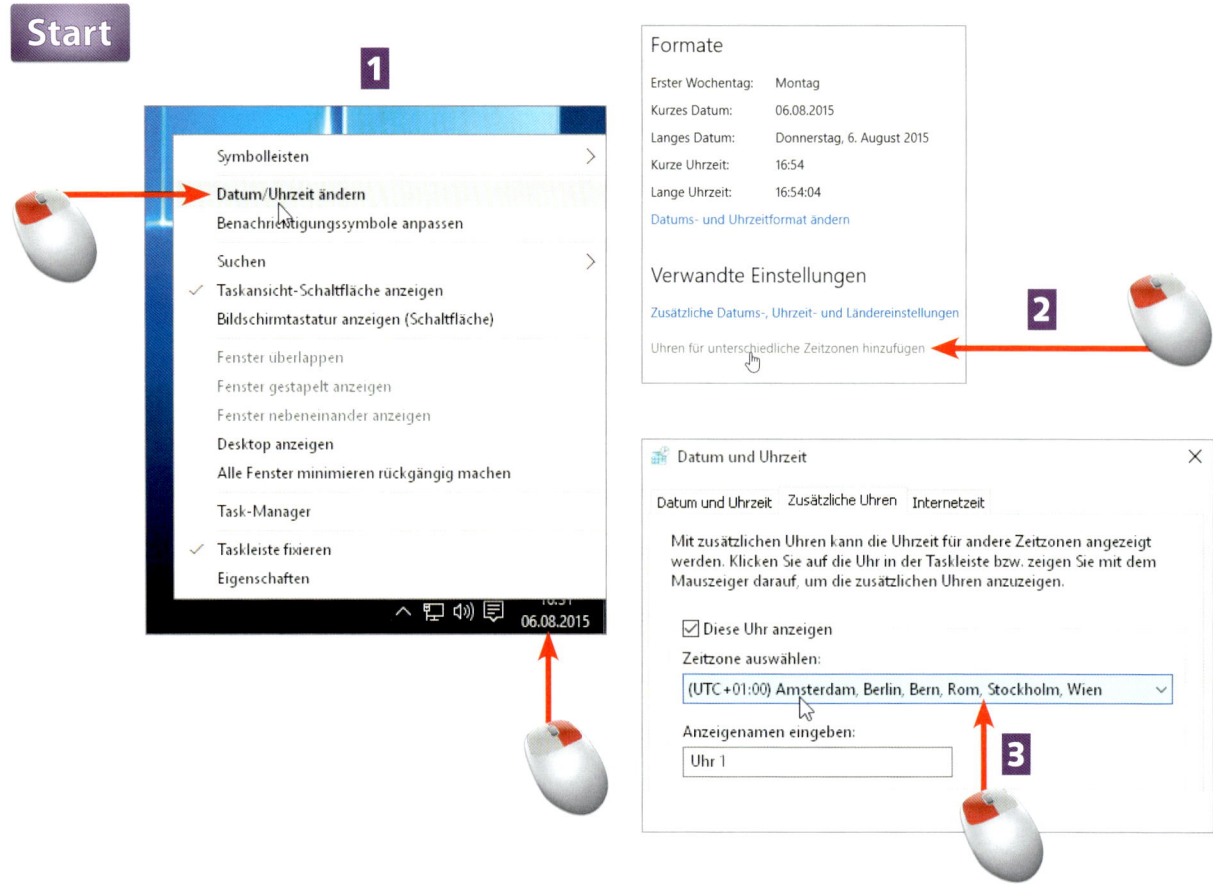

1. Klicken Sie mit der rechten Maustaste auf die im Infobereich angezeigte Uhr und wählen Sie im Kontextmenü den Eintrag *Datum/Uhrzeit ändern*.

2. Ihnen werden verschiedene Einstellungen für die Hauptuhr angeboten. Wählen Sie im Abschnitt *Verwandte Einstellungen* den Link *Uhren für unterschiedliche Zeitzonen hinzufügen*.

3. Im sich öffnenden Fenster soll das Kontrollkästchen *Diese Uhr anzeigen* aktiviert sein. Klicken Sie auf das Drop-down-Menü *Zeitzone auswählen*.

Wenn Ihre Tochter in den USA studiert oder Sie einen Geschäftspartner in China haben, möchten Sie wissen, wie spät es gerade an dem anderen Ort ist. Richten Sie unter Windows 10 bis zu zwei zusätzliche Uhren ein. Das ist eine Sache nur weniger Schritte, wie auf dieser Doppelseite gezeigt wird.

WISSEN

2 Tipps für die Bedienoberfläche

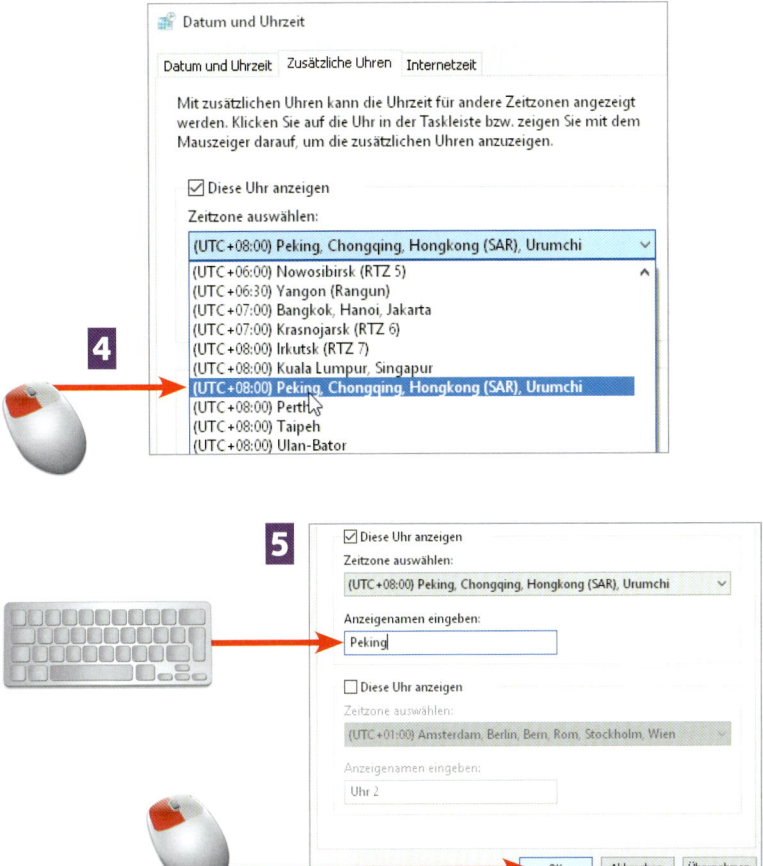

4 Wählen Sie im Menü die gewünschte Zeitzone aus, in diesem Fall entscheide ich mich für die Pekinger Zeit.

5 Geben Sie der zusätzlichen Uhr eine schlüssige Bezeichnung – am besten verwenden Sie den Ortsnamen oder bei kleineren Staaten den Ländernamen – und bestätigen Sie mit *OK*.

6 Wenn Sie die Uhr im Infobereich anklicken, wird Ihnen oberhalb der Hauptuhr die zusätzliche Uhr angezeigt.

Ende

TIPP

Für die schnelle Info: Bewegen Sie den Mauszeiger auf die Uhr im Infobereich, um die Uhrzeiten aller eingerichteten Uhren in einem Infotext einzublenden.

HINWEIS

Die Windows-Uhr wird standardmäßig automatisch mit einem Internetserver synchronisiert. Wenn Sie sich im Fenster aus Schritt 4 für den Reiter *Internetzeit* entscheiden und dann auf *Einstellungen ändern* klicken, können Sie die automatische Synchronisierung per Kontrollkästchen abschalten.

Taskleiste positionieren

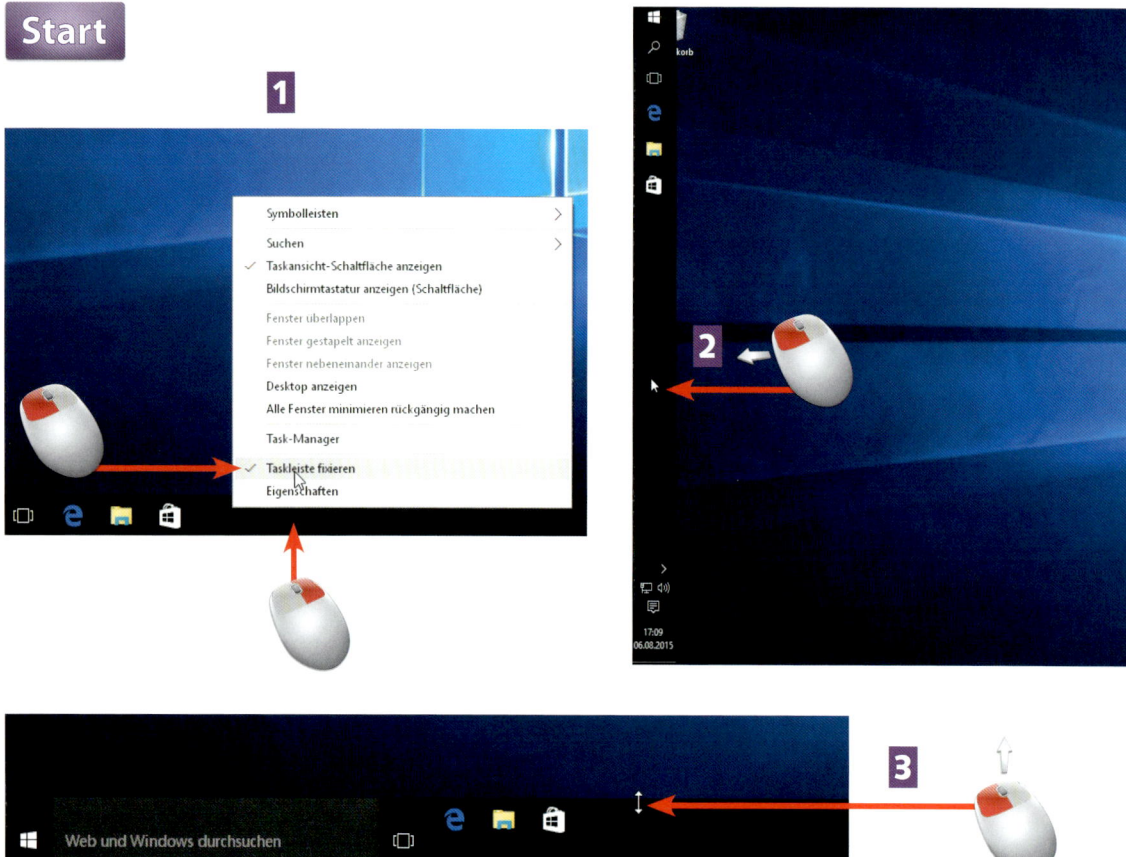

1 Um die Taskleiste anders positionieren zu können, klicken Sie zunächst mit der rechten Maustaste auf eine freie Fläche der Taskleiste. Im Kontextmenü klicken Sie auf *Taskleiste fixieren*, um das Häkchen vor diesem Eintrag zu entfernen.

2 Klicken Sie nun auf die Taskleiste und ziehen Sie diese bei gedrückter Maustaste in die gewünschte Position. Hier wähle ich beispielsweise den linken Bildschirmrand.

3 Oder möchten Sie die Taskleiste vergrößern? Dazu klicken Sie auf den oberen Rand der nicht fixierten Taskleiste und ziehen sie bei gedrückter Maustaste größer.

Die Taskleiste wird im PC-Alltag oft gebraucht. Nehmen Sie sich deshalb ein paar Minuten Zeit, um auch diese den eigenen Bedürfnissen optimal anzupassen: Verändern Sie die Position der Taskleiste, vergrößern Sie diese oder blenden Sie sie nur bei Bedarf ein.

WISSEN

2 Tipps für die Bedienoberfläche 47

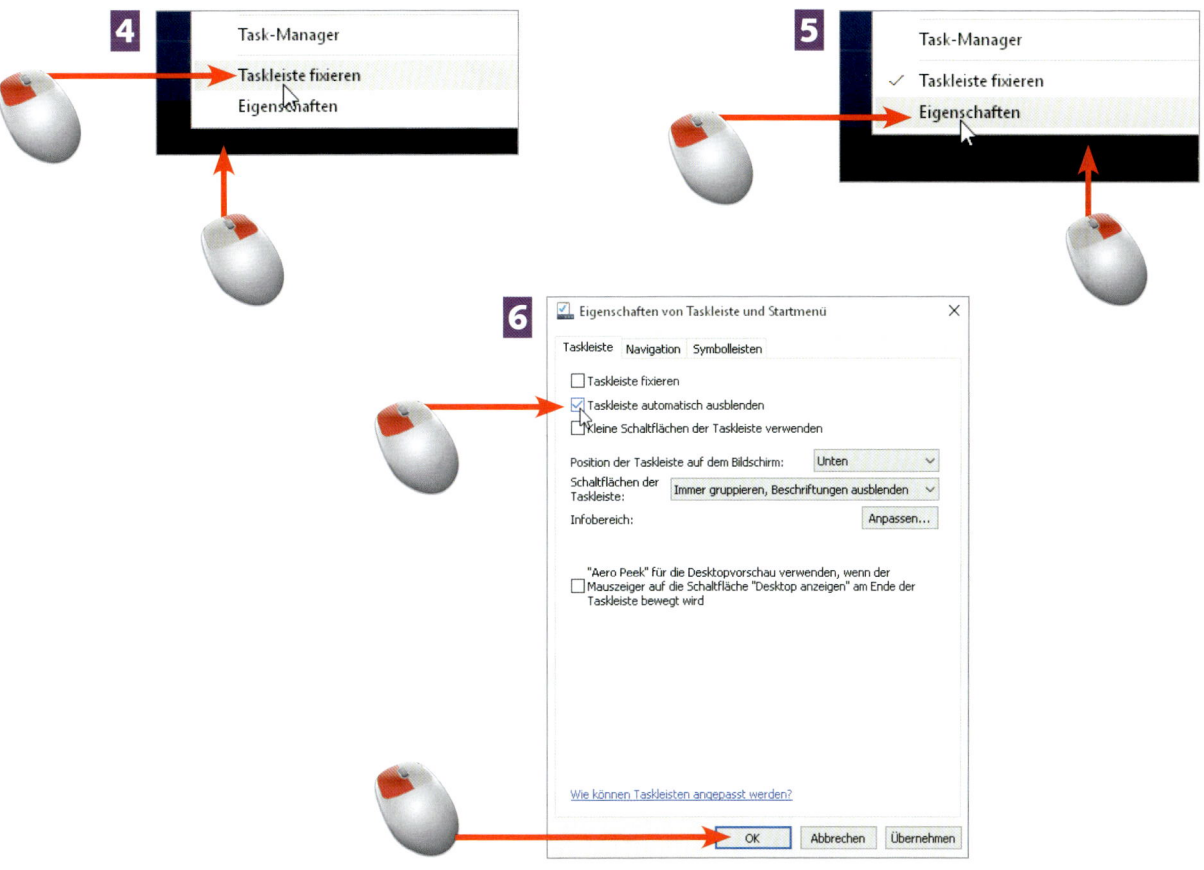

4 Vergessen Sie nicht, die Taskleiste wieder zu fixieren, damit Sie sie nicht mal versehentlich verschieben. Klicken Sie erneut mit der rechten Maustaste auf eine freie Fläche des Desktops und setzen Sie per Mausklick ein Häkchen bei *Taskleiste fixieren*.

5 Die Taskleiste nur bei Bedarf einblenden: Klicken Sie dazu erneut mit der rechten Maustaste auf eine freie Fläche der Taskleiste und wählen Sie *Eigenschaften*.

6 Aktivieren Sie im folgenden Fenster das Kontrollkästchen *Taskleiste automatisch ausblenden* und bestätigen Sie diese Einstellung mit *OK*.

Ende

Um mehr Taskleistenplatz für die App-Symbole zu erhalten, können Sie die Symbole auch verkleinern. Aktivieren Sie dazu im Fenster aus Schritt 6 das Kontrollkästchen *Kleine Schaltflächen der Taskleiste verwenden* – aber nur, wenn Sie gute Augen haben!

Normalerweise werden mehrere Fenster eines Programms auf der Taskleiste gruppiert angezeigt. Wenn Sie eine Positionierung nebeneinander wünschen, wählen Sie im Drop-down-Menü *Schaltflächen der Taskleiste* den Eintrag *Nie gruppieren*.

TIPP   **HINWEIS**

48 Ordner an Taskleiste anheften

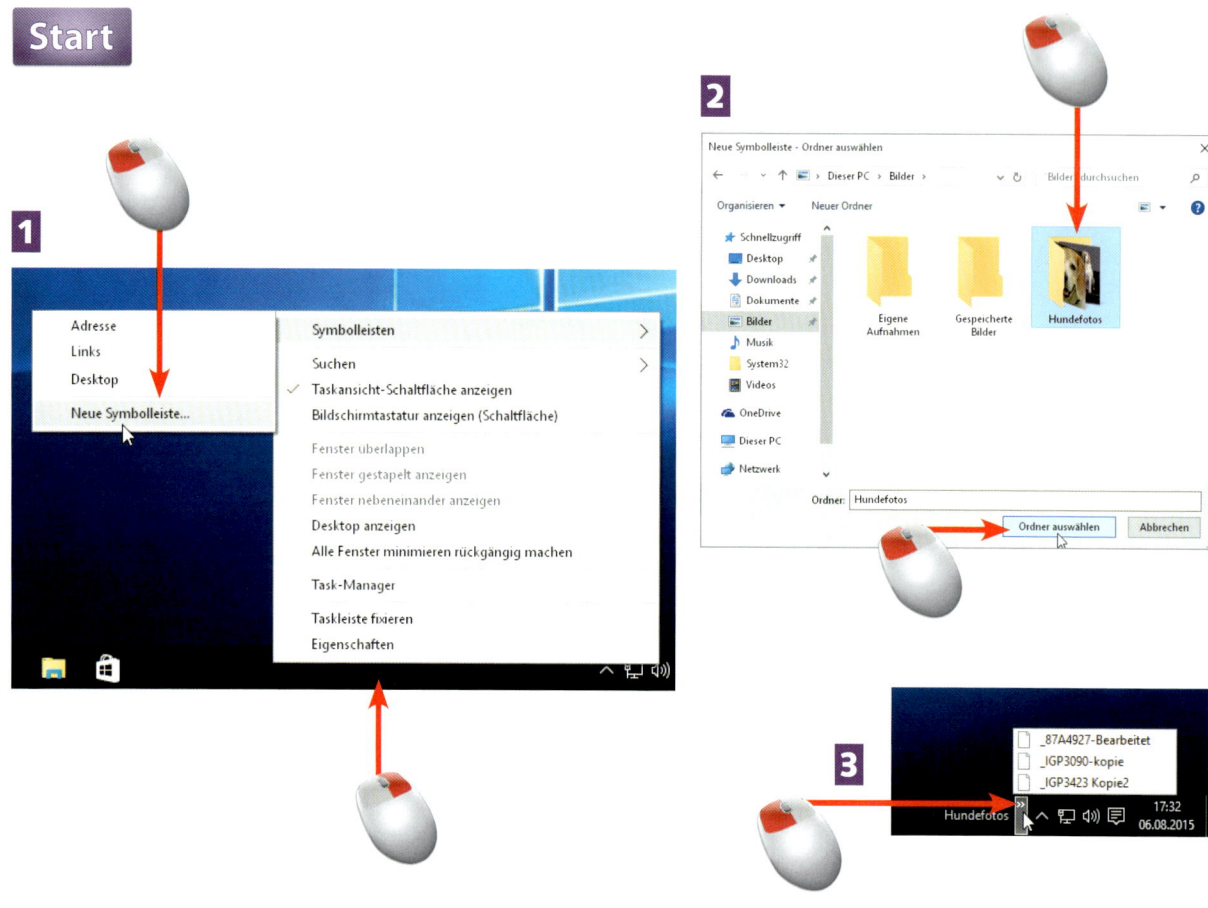

1 Klicken Sie auf eine freie Fläche der Taskleiste, bewegen Sie den Mauszeiger im Kontextmenü auf den Eintrag *Symbolleisten* und wählen Sie *Neue Symbolleiste*.

2 Entscheiden Sie sich für den Ordner, den Sie der Taskleiste hinzufügen möchten, und bestätigen Sie mit *Ordner auswählen*.

3 Doppelklicken Sie auf den Ordner, um ihn in der Taskleiste „auszuklappen", bzw. klicken Sie auf das zugehörige Pfeilsymbol ⏵, um auf die enthaltenen Dateien in einem Menü Zugriff zu erhalten.

Wenn Sie einen Ordner häufig benötigen, können Sie beispielsweise per Sprungliste (Rechtsklick auf das Explorer-Symbol in der Taskleiste) darauf zugreifen. Oder Sie legen den Ordner direkt in die Taskleiste. Wie Sie dazu vorgehen, zeige ich Ihnen Schritt für Schritt auf dieser Doppelseite.

WISSEN

2 Tipps für die Bedienoberfläche   49

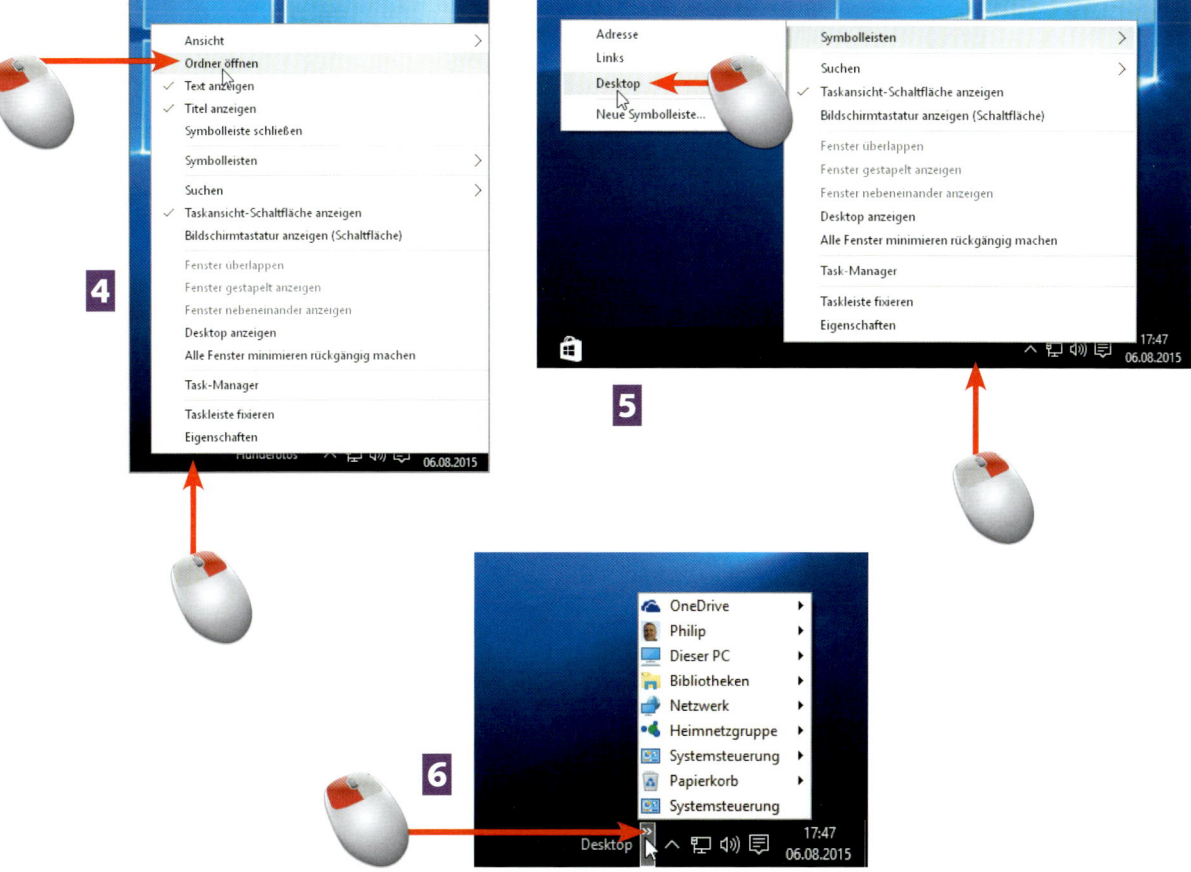

4 Möchten Sie den Ordner im Explorer aufrufen? Dann klicken Sie ihn in der Taskleiste mit der rechten Maustaste an und wählen Sie im Kontextmenü den Eintrag *Ordner öffnen*.

5 Der Desktop lässt sich sogar noch einfacher an die Taskleiste anheften: Klicken Sie dazu mit der rechten Maustaste auf eine freie Fläche der Taskleiste, bewegen Sie den Mauszeiger auf *Symbolleisten* und klicken Sie auf den Eintrag *Desktop*.

6 Unter dem zugehörigen Pfeilsymbol » erhalten Sie Zugriff auf Ihre Desktop-Verknüpfungen und wichtige Desktop-Funktionen.

Ende

Um einen nicht mehr benötigten Ordner wieder aus der Symbolleiste zu entfernen, klicken Sie ihn mit der rechten Maustaste an und wählen im Kontextmenü den Eintrag *Symbolleiste schließen*. Bestätigen Sie den folgenden Hinweis mit *OK*.

HINWEIS

Sogar Webadressen lassen sich direkt in der Taskleiste aufrufen: Um ein entsprechendes Adressfeld in der Taskleiste einzublenden, setzen Sie im Kontextmenü aus Schritt 5 ein Häkchen bei *Adresse*.

TIPP

50 Bildschirmtastatur verwenden

Start

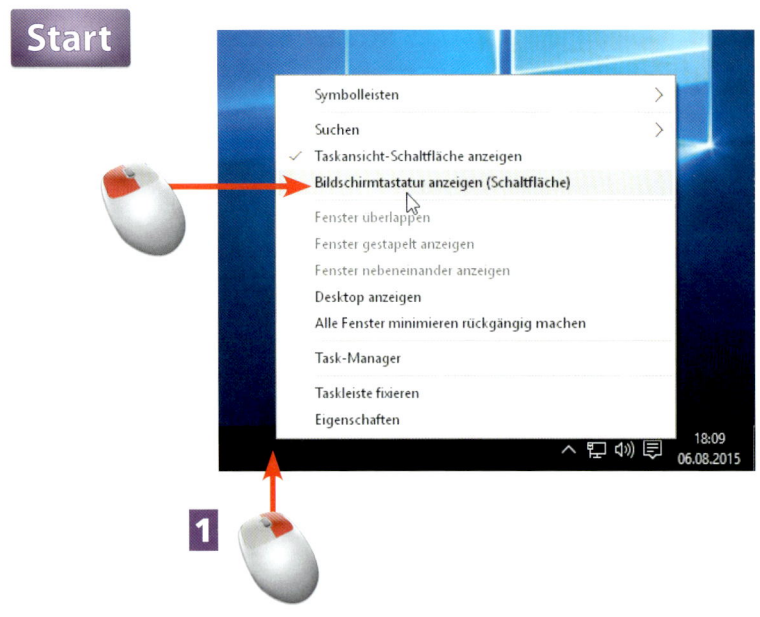
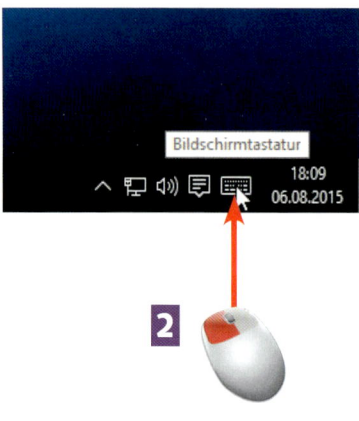
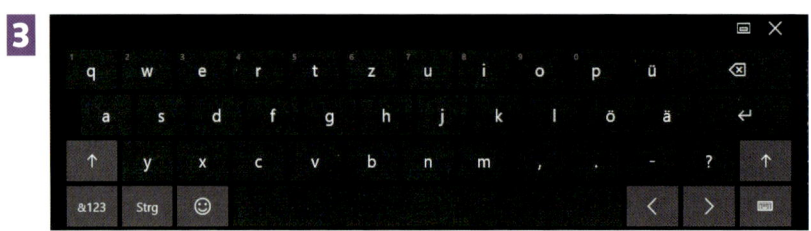

1 Klicken Sie mit der rechten Maustaste auf eine freie Fläche der Taskleiste und wählen Sie im Kontextmenü den Eintrag *Bildschirmtastatur anzeigen (Schaltfläche)*.

2 Um die Bildschirmtastatur aufzurufen, brauchen Sie nur auf das Symbol ⌨ im Infobereich zu klicken. (Auf einem Tablet-PC wird die Bildschirmtastatur bei Bedarf automatisch geöffnet, wenn Sie in ein Eingabefeld tippen.)

3 Die Bildschirmtastatur gliedert sich in mehrere Ebenen. Zunächst wird Ihnen die Buchstabenebene angezeigt. Klicken Sie einen Buchstaben an, um ihn einzufügen. Zum Einfügen eines Großbuchstabens klicken Sie zuerst auf die ⇧-Taste und dann auf den Buchstaben.

Windows 10 bietet Ihnen zwei Bildschirmtastaturen an. Das Abbild einer normalen Tastatur in den Bedienungshilfen sowie eine eigentlich für Touchscreens gedachte Tastatur, die sich aber ebenso auf Desktop-PCs und Notebooks einsetzen lässt.

WISSEN

2 Tipps für die Bedienoberfläche

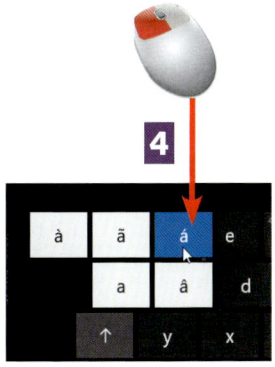

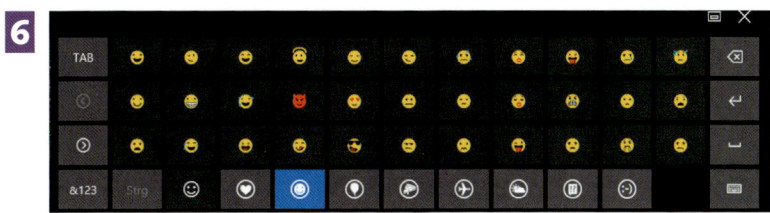

4 Bestimmte Buchstabenvariationen, etwa einen Vokal mit Akzent, rufen Sie auf, indem Sie den entsprechenden Buchstaben auf der Tastatur anklicken und gedrückt halten.

5 Zur Ebene mit den Ziffern und Sonderzeichen wechseln Sie per Klick auf die Taste *&123*. Wenn Sie die Taste erneut anklicken, gelangen Sie zurück zur Buchstabenebene.

6 Schließlich bietet die Bildschirmtastatur noch eine nicht uninteressante Smiley-Ebene, die Sie per Smiley-Taste aufrufen. Damit lassen sich auf einfache Weise Smileys und andere Symbole in Ihre Texte einbinden.

Ende

Die Bildschirmtastatur wird normalerweise am unteren Bildschirmrand angezeigt. Um sie von dort zu lösen und frei zu positionieren, klicken Sie rechts oben in der Bildschirmtastatur auf das Symbol ▭.

TIPP

Spracheinstellungen vornehmen, die Tastatur teilen oder Text frei eingeben: Diese Optionen finden Sie unter der Taste ▭ ganz rechts unten auf der Bildschirmtastatur.

HINWEIS

Per Doppelklick auf die ⇧-Taste lässt sich die Großschreibung feststellen. Ein erneuter Klick auf die ⇧-Taste löst die Feststellung wieder.

TIPP

Windows 10 individuell einrichten 3

Nachdem Sie in Kapitel 2 eine ganze Reihe von Tipps und Tricks zum Einrichten der Windows-Bedienoberfläche erhalten haben, geht es in Kapitel 3 mit weiteren Tipps zum Einrichten von Windows weiter.

Vielleicht möchten Sie einen anderen Mauszeiger verwenden oder bei der Nutzung Ihres Windows-Computers deutlich mehr Energie sparen als bisher? Wie Sie bei dieser und weiteren Aktionen vorgehen, lesen Sie auf den folgenden Seiten.

54 Farben kalibrieren

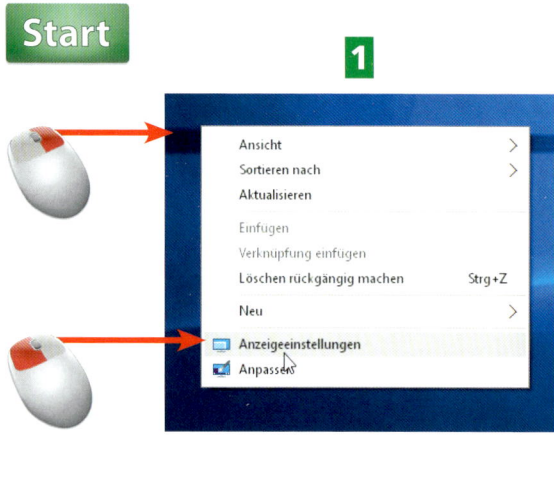

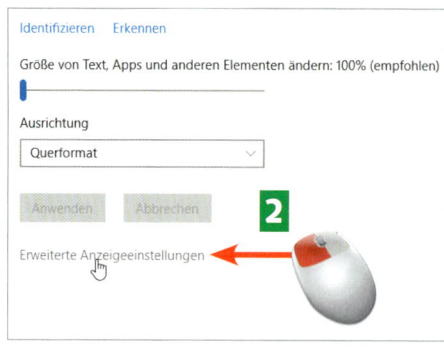

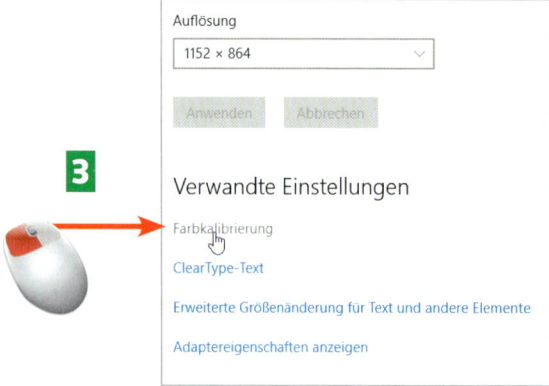

1 Klicken Sie mit der rechten Maustaste auf eine freie Fläche des Desktops und wählen Sie im Kontextmenü den Eintrag *Anzeigeeinstellungen*.

2 Klicken Sie in den geöffneten Einstellungen auf *Erweiterte Anzeigeeinstellungen*.

3 Nun entscheiden Sie sich im Abschnitt *Verwandte Einstellungen* für den Link *Farbkalibrierung*.

4 Im Assistenten müssen Sie jeweils nur auf *Weiter* klicken, nachdem Sie die Einstellungen am Monitor vorgenommen haben.

Bleiben wir noch ein wenig bei der Bedienoberfläche von Windows 10. Auf dieser Doppelseite möchte ich Ihnen einen Assistenten vorstellen, der Ihnen bei der Farbkalibrierung behilflich ist, wobei Sie die Einstellungen in diesem Fall nicht direkt unter Windows, sondern an Ihrem Monitor vornehmen.

WISSEN

3 Windows 10 individuell einrichten 55

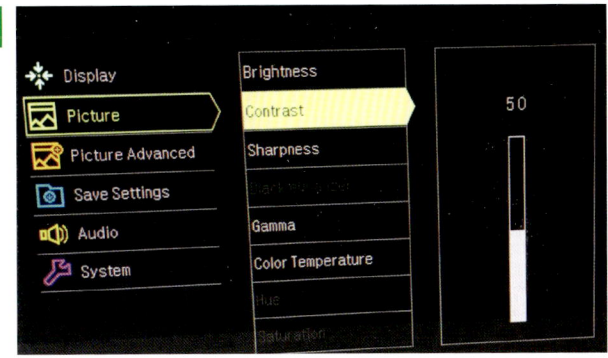

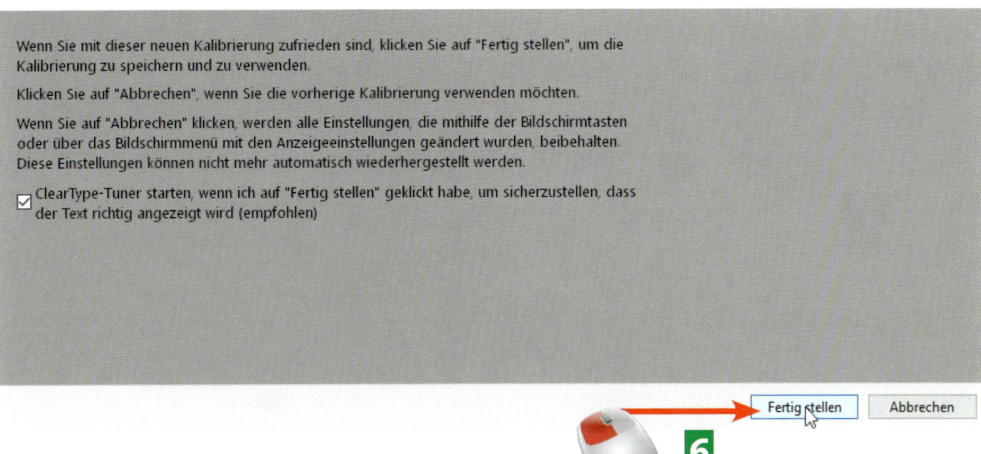

 Die Einstellungen unterscheiden sich je nach Monitor. Bei meinem eigenen Monitor muss ich eine Menütaste drücken, um das Menü zu öffnen, und kann mich dann durch weitere Tasten in diesem Menü bewegen und eine Auswahl treffen.

 Bestätigen Sie zum Schluss mit *Fertig stellen*. Standardmäßig wird als Nächstes die ClearType-Anpassung gestartet. Wenn Sie dies nicht wünschen, deaktivieren Sie das entsprechende Kontrollkästchen.

Ende

Einstellungen zu Monitor, Grafikkarte und Farbverwaltung aufrufen: Dazu klicken Sie im Fenster aus Schritt 3 auf *Adaptereigenschaften anzeigen*.

Lassen Sie den Bildschirm grundsätzlich nicht zu hell strahlen – das spart Strom! Passen Sie die Bildschirmhelligkeit grundsätzlich an das Umgebungslicht an.

TIPP   **HINWEIS**

56 Textoptimierung

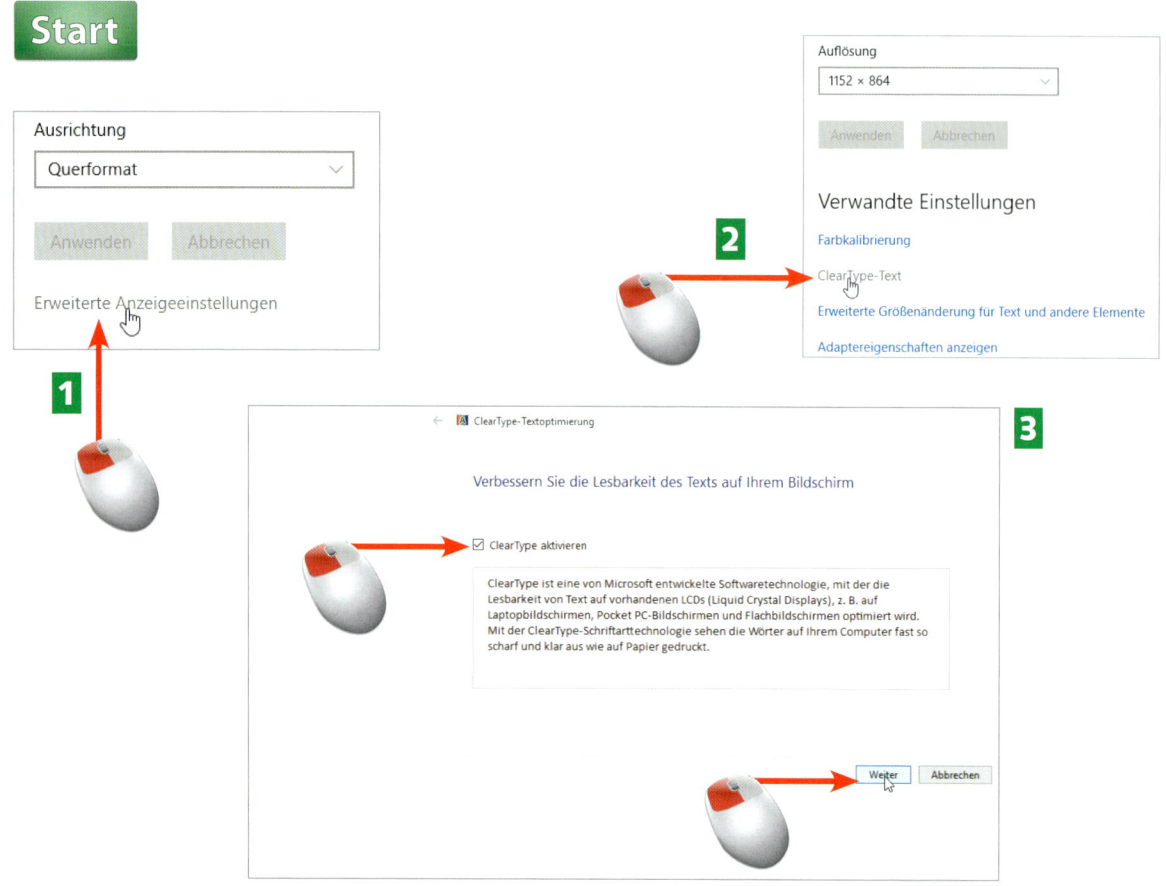

1. Entscheiden Sie sich in den Anzeigeeinstellungen (Rechtsklick auf den Desktop und Menüwahl *Anzeigeeinstellungen*) für *Erweiterte Anzeigeeinstellungen*.

2. Klicken Sie im Abschnitt *Verwandte Einstellungen* auf den Link *ClearType-Text*.

3. Entscheiden Sie per Kontrollkästchen, ob Sie ClearType verwenden möchten oder nicht. Bestätigen Sie Ihre Auswahl mit *Weiter*.

Nicht nur die Anzeige der Farben lässt sich optimieren, sondern auch die Anzeige des Textes. Die *ClearType-Text*-Einstellungen nehmen Sie entweder direkt im Anschluss an die Farbkalibrierung vor oder bringen diese – wie ich es auf dieser Doppelseite zeige – manuell in Gang. Nehmen Sie sich einen Moment Zeit, um die bestmögliche Textdarstellung auf dem Bildschirm zu erhalten.

WISSEN

3 Windows 10 individuell einrichten

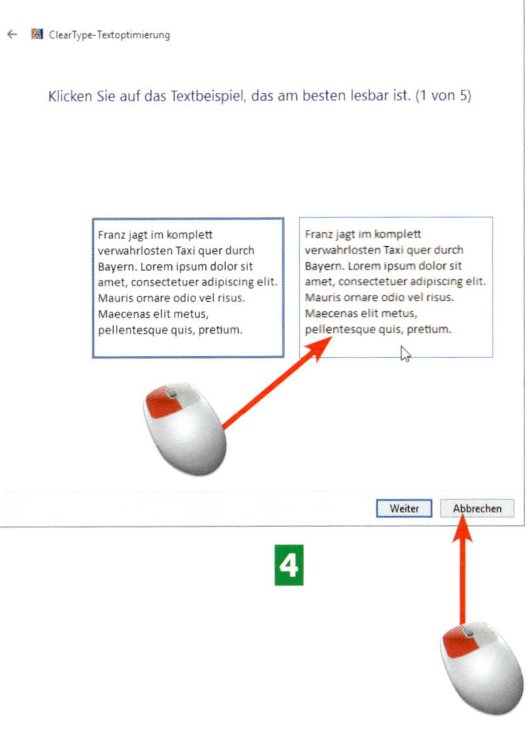

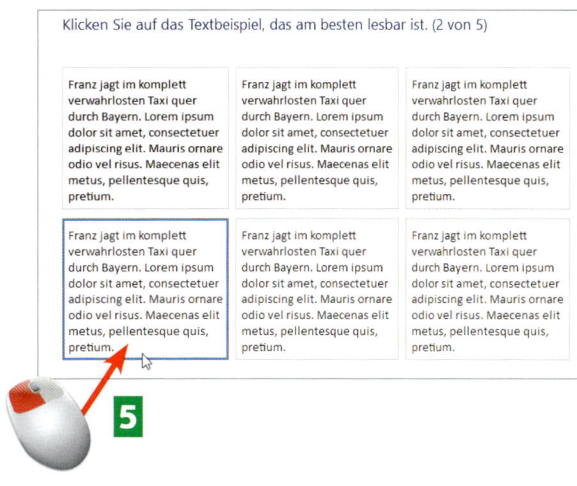

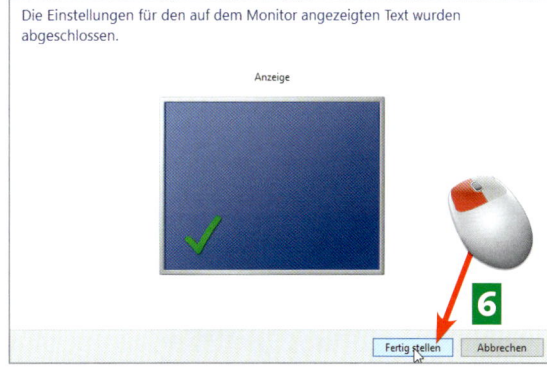

4 Im folgenden Assistenten werden Ihnen jeweils verschiedene Versionen des gleichen Textes angezeigt. Wählen Sie die beste Version aus und bestätigen Sie mit *Weiter*.

5 Das geht insgesamt fünfmal so. Nehmen Sie sich aber wirklich die Zeit, die jeweils beste Version auszuwählen.

6 Bestätigen Sie zum Schluss mit *Fertig stellen*. Zukünftig werden Texte auf dem Bildschirm in der optimierten Form dargestellt.

Ende

Noch mehr ClearType gewünscht? Dann verwenden Sie den Online-tuner, den Sie (allerdings in englischer Sprache) unter der Webadresse *www.microsoft.com/typography* finden.

ClearType ist eine von Microsoft entwickelte Technologie, um Texte mit geglätteten Kanten darzustellen, die Darstellung auf dem Bildschirm wird dadurch detaillierter. **Achtung:** Wenn ein Screenshot für den Ausdruck bestimmt sein soll, empfehle ich, zuvor ClearType zu deaktivieren, um eine bessere Druckqualität zu erzielen.

HINWEIS   **TIPP**

58 Anderen Mauszeiger verwenden

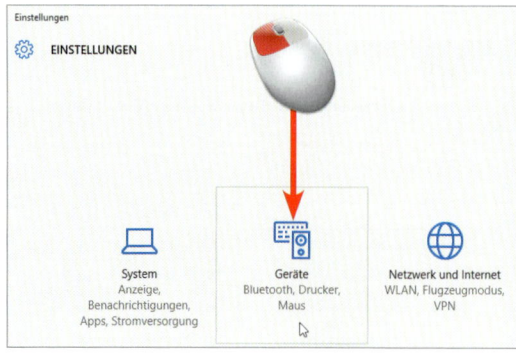

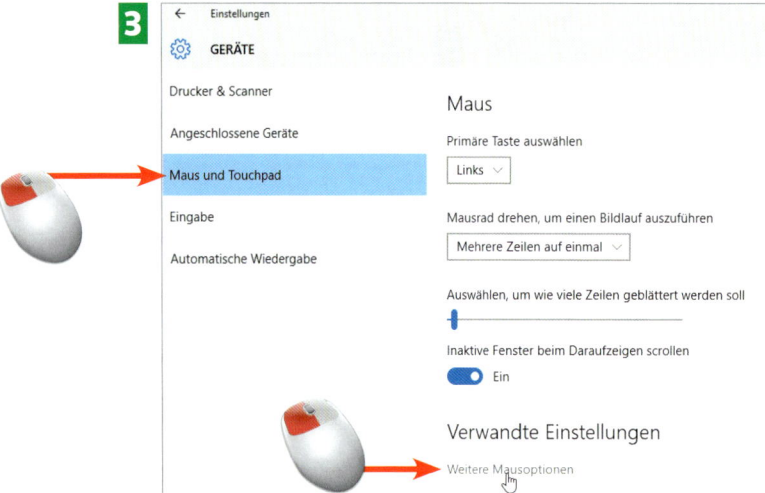

1. Öffnen Sie das Startmenü und entscheiden Sie sich dort für das Öffnen der *Einstellungen*.

2. Wählen Sie in den *Einstellungen* die Kategorie *Geräte*.

3. Klicken Sie in der Leiste links auf den Eintrag *Maus und Touchpad*, um einige Einstellungsmöglichkeiten für die Maus zu erhalten. Wählen Sie im Abschnitt *Verwandte Einstellungen* den Link *Weitere Mausoptionen*.

Rund um die Maus gibt es eine Menge Konfigurationsmöglichkeiten: Sie können bei Linkshändigkeit die linke und rechte Maustaste vertauschen, eine Mausspur einblenden oder die Zeigergeschwindigkeit erhöhen bzw. verlangsamen. Oder wollen Sie statt des 08/15-Mauszeigers einen anderen Mauszeiger verwenden? Auch dies ist möglich – auf dieser Doppelseite lesen Sie, wie es geht.

WISSEN

3 Windows 10 individuell einrichten 59

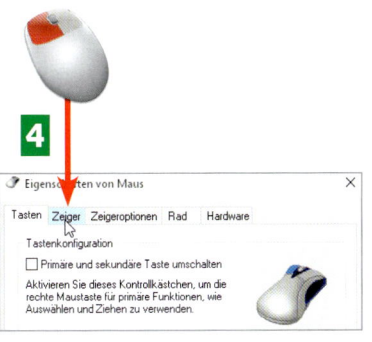

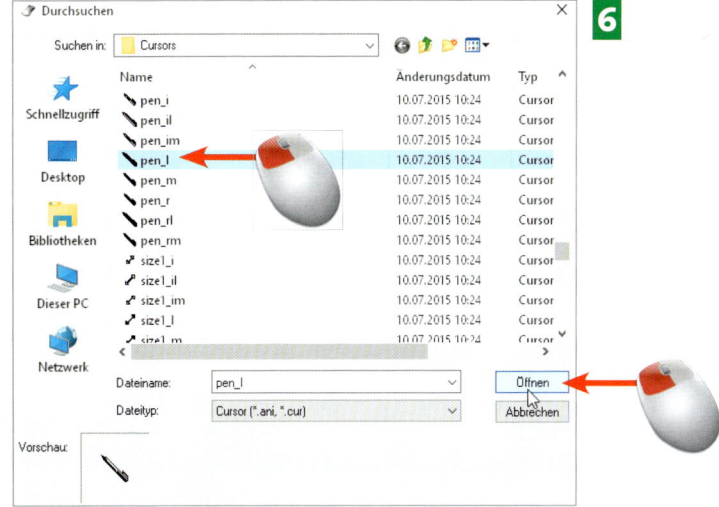

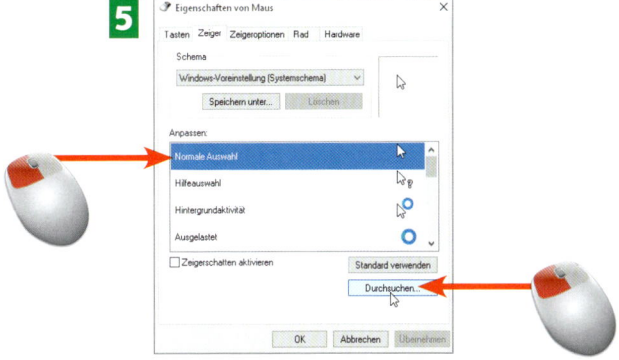

4 Klicken Sie im folgenden Fenster auf den Reiter *Zeiger*. Im geöffneten Fenster bieten sich Ihnen neben dem Ändern des Mauszeigers noch viele weitere Optionen zum Einrichten der Maus.

5 Klicken Sie den Mauszeiger an, den Sie ändern möchten. Entscheiden Sie sich anschließend für die Schaltfläche *Durchsuchen*.

6 Sie erhalten eine Standardauswahl an Mauszeigern. Wählen Sie den gewünschten aus und bestätigen Sie mit *Öffnen*.

Ende

Eigene Mauszeiger kreieren: Dies ist z. B. mit dem Online-editor unter der Webadresse www.cursor.cc möglich.

Den Mauszeiger vergrößern: Diese Option finden Sie in den *Einstellungen* in der Kategorie *Erleichterte Bedienung* und dort unter dem Eintrag *Maus*.

TIPP **TIPP**

Neue Schriftarten installieren

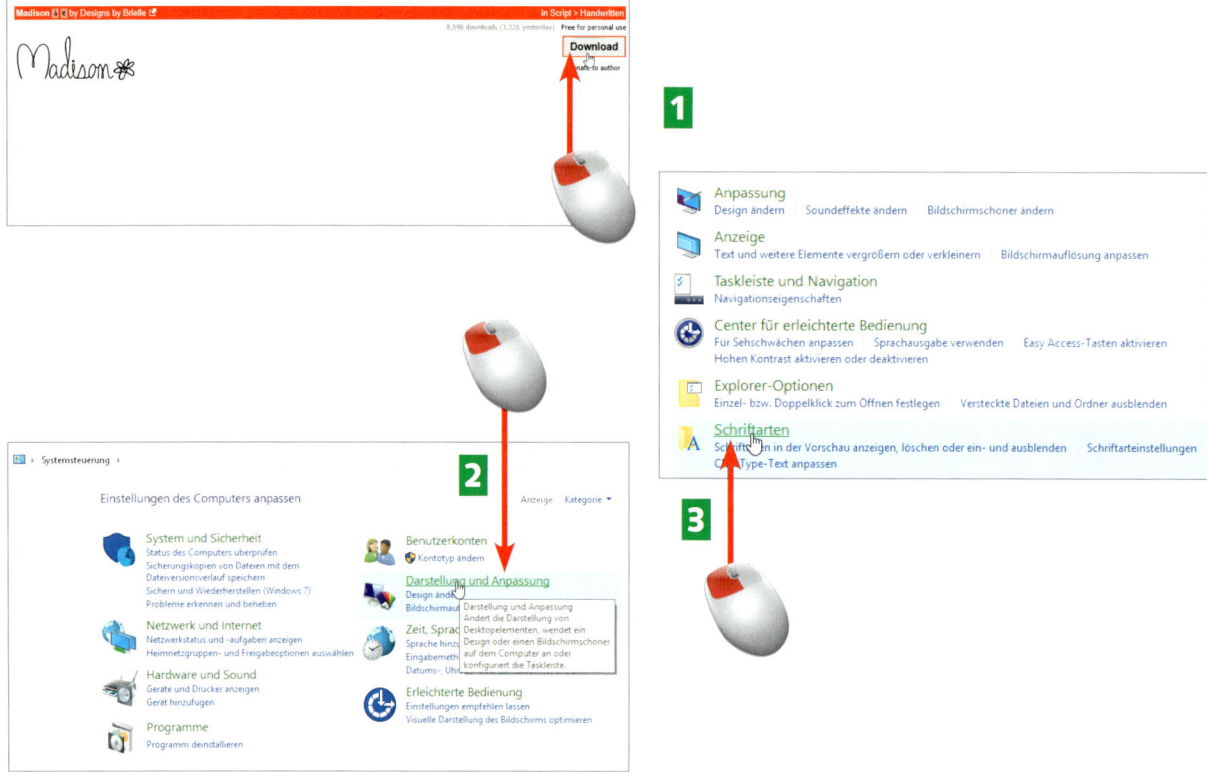

1 Zunächst benötigen Sie die gewünschte neue Schriftart. Hier lade ich eine solche unter der Webadresse www.dafont.com/de auf meinen Computer.

2 Öffnen Sie die Systemsteuerung und entscheiden Sie sich für die Kategorie *Darstellung und Anpassung*.

3 In der folgenden Liste wählen Sie den Eintrag *Schriftarten*, um eine Übersicht der bereits installierten Schriftarten zu erhalten.

Unter Windows 10 sind bereits zahlreiche Schriftarten (englisch: Fonts) mit an Bord. Aber vielleicht benötigen Sie für bestimmte Zwecke noch weitere Schriftarten? Wie Sie zum Installieren von Schriftarten vorgehen, die Sie aus dem Internet heruntergeladen haben, erfahren Sie auf dieser Doppelseite.

WISSEN

3 Windows 10 individuell einrichten

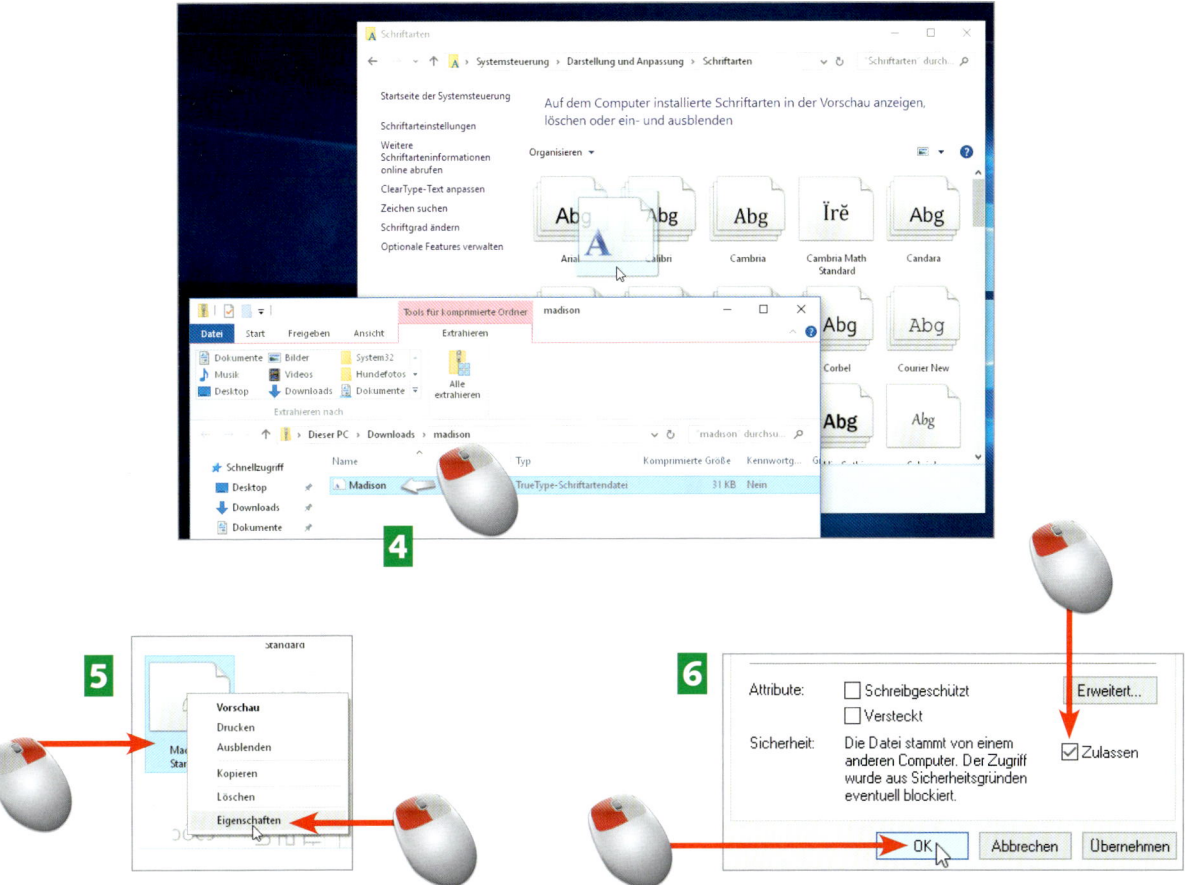

4 Ziehen Sie die heruntergeladene Schriftart bei gedrückter Maustaste in die Übersicht bereits vorhandener Schriftarten.

5 Die Schriftart steht anschließend in der Übersicht zur Verfügung. Klicken Sie die Schriftart nun noch mit der rechten Maustaste an und wählen Sie *Eigenschaften*.

6 Aktivieren Sie im Abschnitt *Sicherheit* das Kontrollkästchen *Zulassen* und bestätigen Sie mit *OK*. Bestätigen Sie anschließend als Administrator mit *Fortsetzen*.

Ende

HINWEIS
Um eine Schriftart zu installieren, können Sie alternativ auch auf die entsprechende Datei doppelklicken und dann *Installieren* wählen.

HINWEIS
Aufgepasst:
Auch auf Schriftarten gibt es ein Urheberrecht – die meisten angebotenen Schriftarten sind nur für den privaten Gebrauch kostenlos.

TIPP
Oder möchten Sie eine eigene Schriftart kreieren? Mit der entsprechenden Software kein Problem, beispielsweise mit FontForge (Download unter der Webadresse *fontforge.github.io*).

Leistung statt Design-Schnickschnack

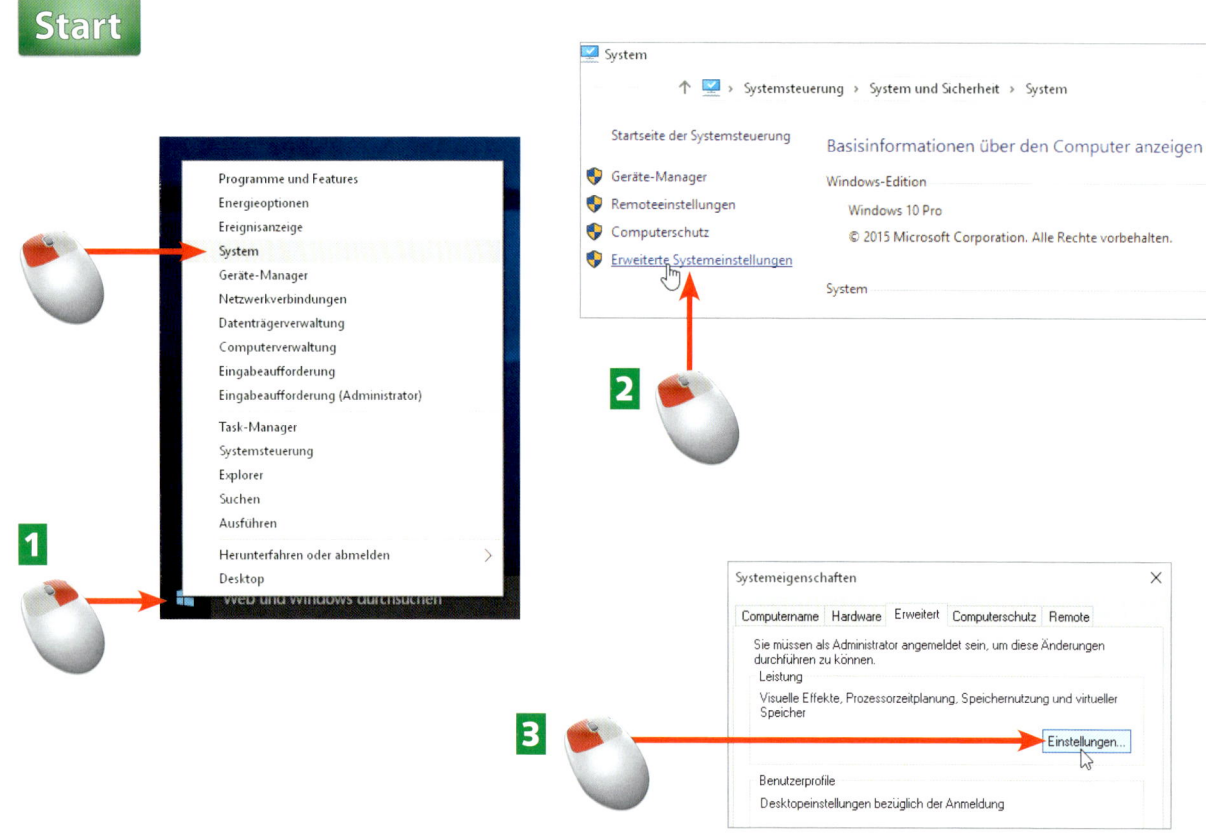

1 Klicken Sie mit der rechten Maustaste auf das Windows-Logo ⊞ und entscheiden Sie sich im Kontextmenü für den Eintrag *System*. Die Systemeigenschaften lassen sich alternativ auch mit dem Tastenkürzel ⊞+Pause aufrufen.

2 Klicken Sie links in den Systemeigenschaften auf den Eintrag *Erweiterte Systemeinstellungen*.

3 In den erweiterten Systemeigenschaften klicken Sie unter dem Reiter *Erweitert* im Abschnitt *Leistung* auf die Schaltfläche *Einstellungen*.

Sie wollen noch ein wenig mehr Leistung aus Ihrem Computer herauskitzeln und sind bereit, dafür auf den einen oder anderen Design-Schnickschnack zu verzichten. Wie Sie die entsprechenden Einstellungen vornehmen, zeige ich Ihnen hier.

WISSEN

3 Windows 10 individuell einrichten 63

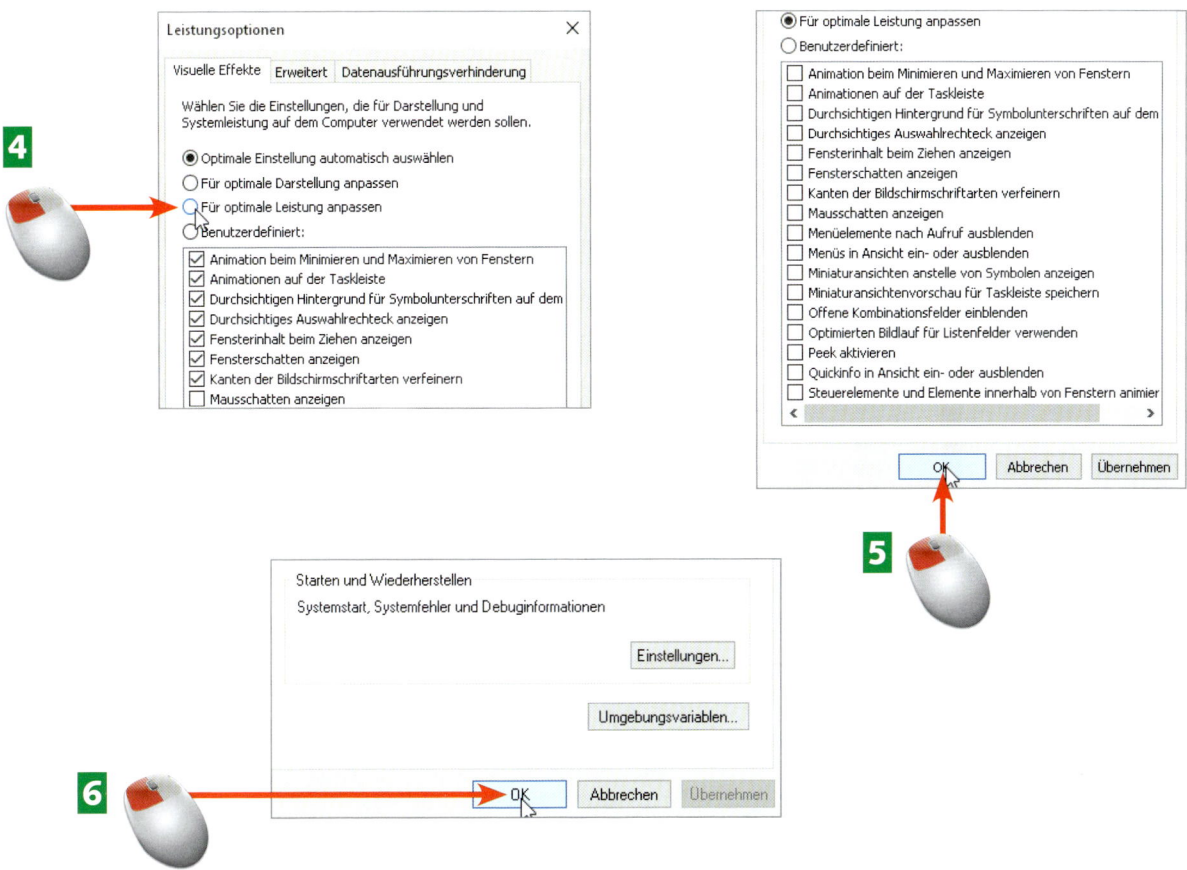

4 Um die Leistung zu optimieren, aktivieren Sie die Option *Für optimale Leistung anpassen*. Sie können aber auch die Option *Benutzerdefiniert* wählen und dann per Kontrollkästchen bestimmen, welche visuellen Effekte Sie verwenden möchten und welche nicht.

5 Wenn Sie sich für die optimale Leistung entschieden haben, werden automatisch alle Kontrollkästchen deaktiviert. Bestätigen Sie mit *OK*.

6 Schließen Sie dann noch die erweiterten Systemeinstellungen mit *OK*.

Ende

Die erweiterten Systemeinstellungen lassen sich auch durch Ausführen von *sysdm.cpl* öffnen. Die Dateiendung steht übrigens für Control Panel – Systemsteuerung.

TIPP

Sie möchten den Computernamen ändern, der z. B. im Netzwerk angezeigt wird? Dies erfolgt in den erweiterten Systemeigenschaften unter dem Reiter *Computername*.

HINWEIS

64 Systemsteuerungselement auf Desktop ziehen

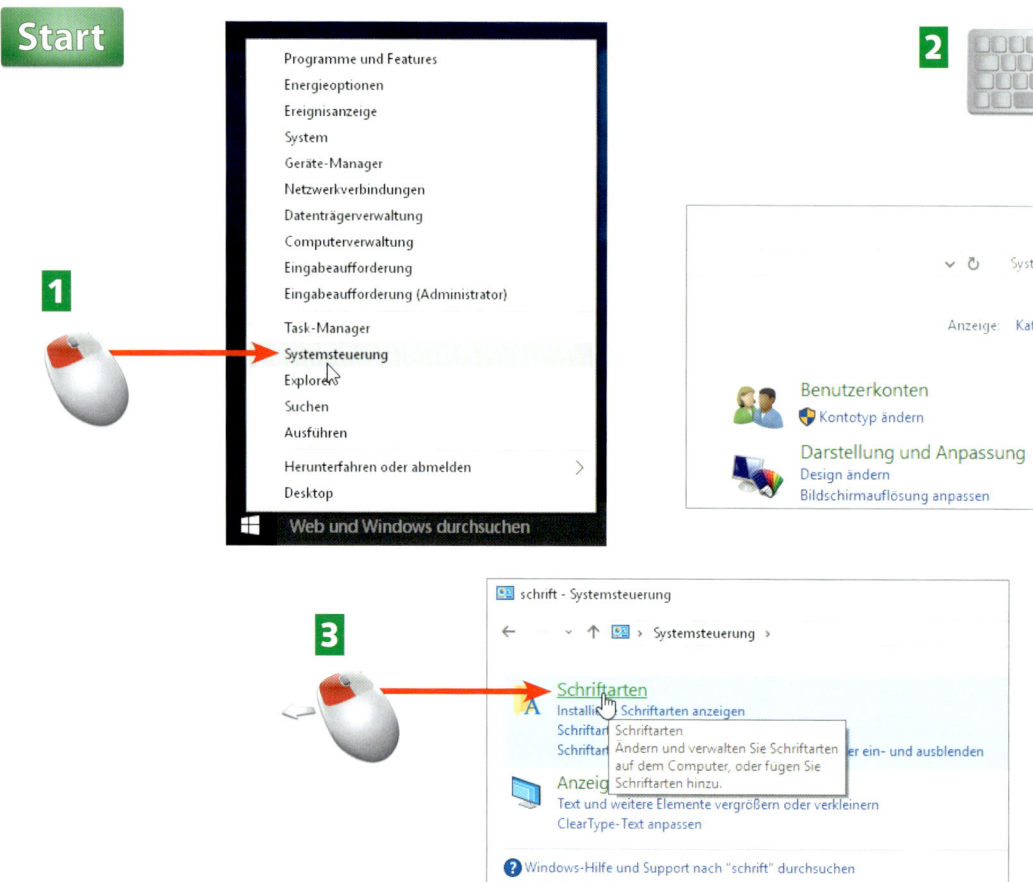

1 Öffnen Sie die Systemsteuerung, z. B. per Rechtsklick auf das Windows-Logo ⊞ und die Menüwahl *Systemsteuerung*.

2 Wenn Sie das Systemsteuerungsfenster öffnen, ist automatisch das Suchfeld aktiv. Tippen Sie einfach ein, welches Systemsteuerungselement Sie suchen.

3 Klicken Sie einen Eintrag in der Systemsteuerung an und halten Sie ihn gedrückt, um ihn anschließend bei gedrückter Maustaste auf den Desktop zu ziehen.

Nach besonders häufig benötigten Systemsteuerungselementen möchten Sie nicht immer lange suchen. Erstellen Sie zu diesen Elementen doch einfach Desktop-Verknüpfungen (die Verknüpfungen lassen sich natürlich auch in einem anderen Ordner ablegen), um jederzeit schnell darauf zugreifen zu können.

WISSEN

3 Windows 10 individuell einrichten

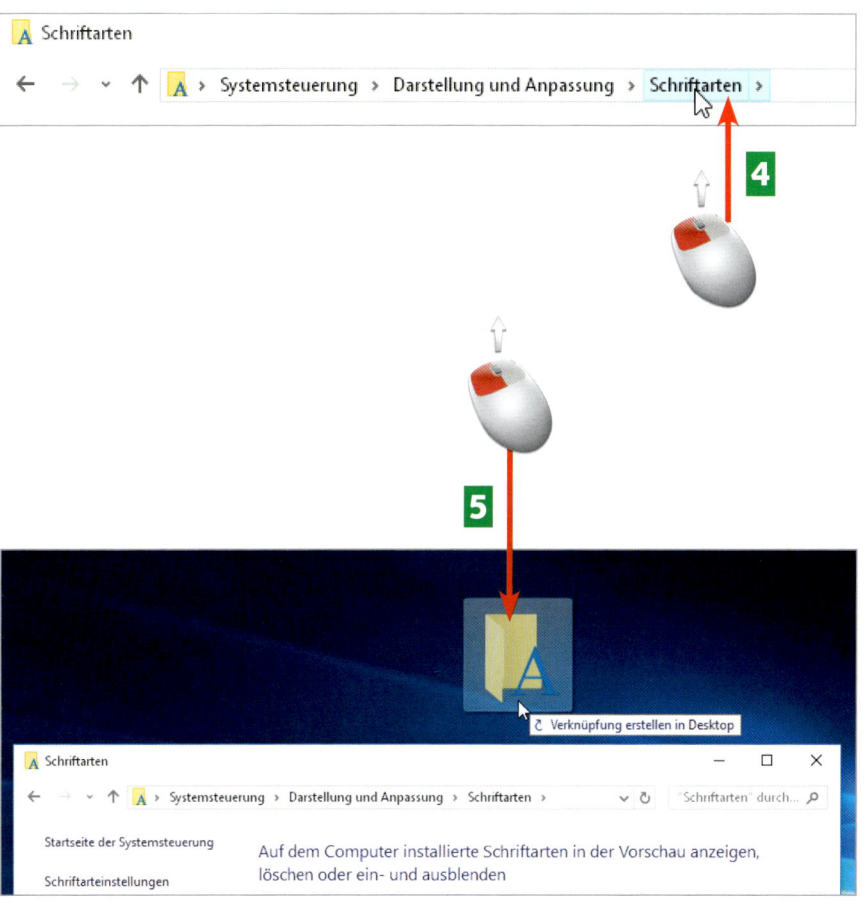

4 Alternativ klicken Sie auf einen Eintrag in der Adressleiste der Systemsteuerung und halten diesen gedrückt, um ihn anschließend bei gedrückter Maustaste auf den Desktop zu ziehen.

5 Das Systemsteuerungsfenster muss logischerweise verkleinert sein, damit Sie den Eintrag auf den Desktop ziehen können.

6 Um das Systemsteuerungselement zu öffnen, brauchen Sie zukünftig nur auf die entsprechende Desktop-Verknüpfung doppelzuklicken.

Ende

Auch Elemente aus dem Explorer lassen sich bei gedrückter Maustaste auf den Desktop ziehen, um eine Verknüpfung zu erstellen.

Im Menü *Anzeige* rechts oben im Systemsteuerungsfenster können Sie sich statt der Kategorien auch eine Liste von Systemsteuerungsfunktionen (Symbole) anzeigen lassen.

Um eine Verknüpfung zu Dateien oder Ordnern aus dem Anzeigebereich des Explorers auf dem Desktop zu erstellen, ziehen Sie diese bei gedrückter Alt-Taste auf den Desktop.

TIPP   **HINWEIS**   **TIPP**

66 Texte vorlesen lassen

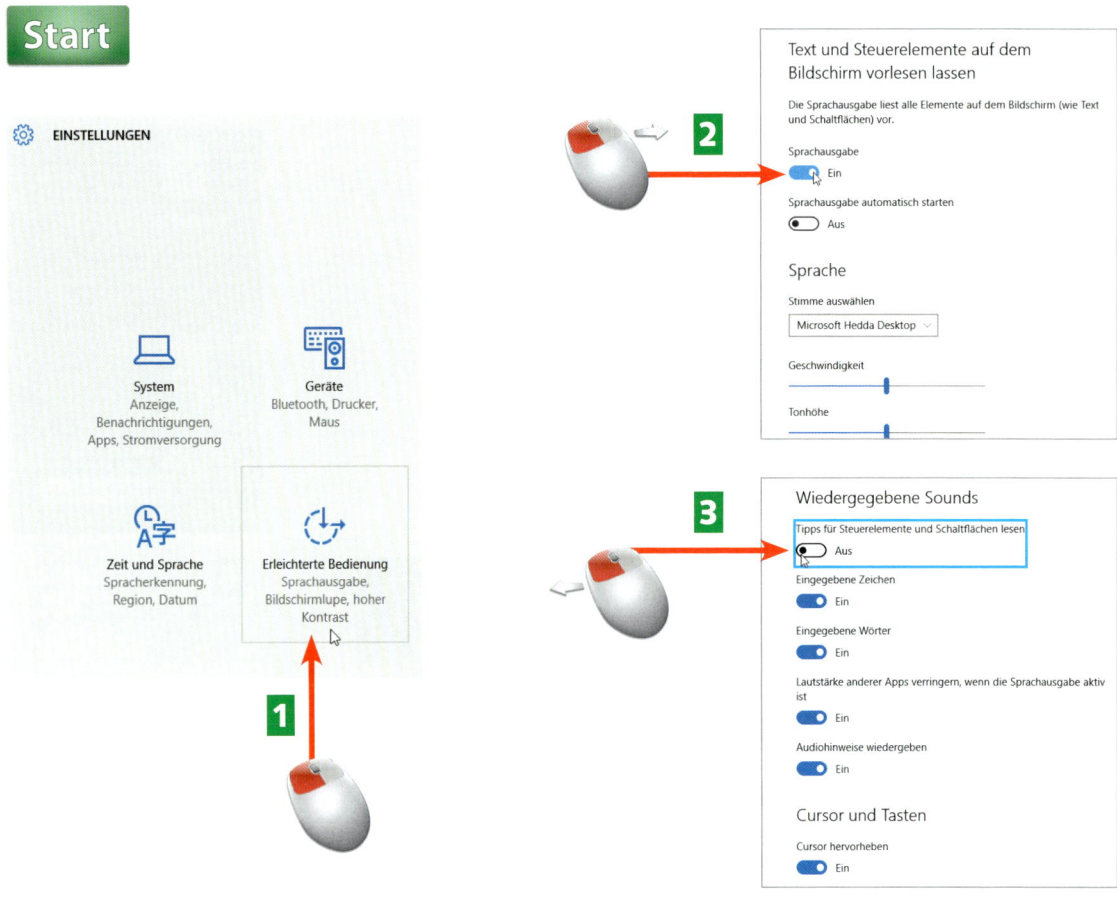

1 Öffnen Sie, z. B. im Startmenü, die *Einstellungen* und wählen Sie die Kategorie *Erleichterte Bedienung*.

2 Schalten Sie die Option *Sprachausgabe* auf *Ein* und nehmen Sie erste Einstellungen dazu vor, etwa was die Sprecherstimme oder die Sprechgeschwindigkeit anbelangt.

3 Der Cursor der Sprachausgabe wird durch einen blauen Rahmen dargestellt – alles, was sich innerhalb dieses Rahmens befindet, wird vorgelesen. Im Abschnitt *Wiedergegebene Sounds* lassen sich weitere Elemente der Sprachausgabe abschalten, etwa das Vorlesen von Infotexten.

> Eigentlich für Windows-Nutzer mit erheblichen Sehproblemen gedacht, kann die integrierte Sprachausgabe tatsächlich für jeden Nutzer ein Segen sein, um sich zwischendurch mal Texte vorlesen zu lassen und die Augen zu entspannen. Die Computerstimme hat zwar nicht die Talente eines Hörbuchsprechers, aber immerhin!

WISSEN

3 Windows 10 individuell einrichten

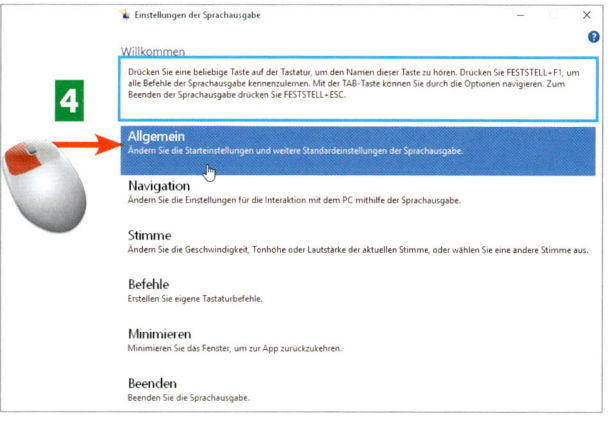
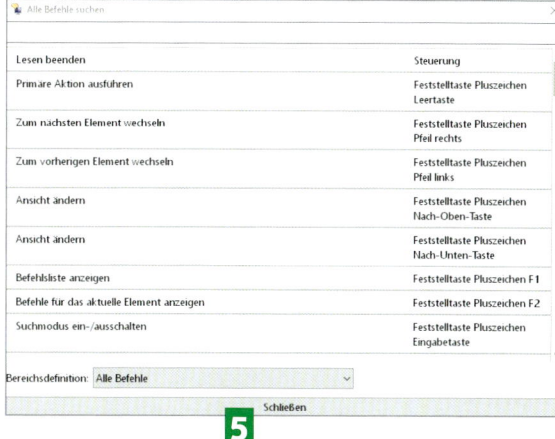

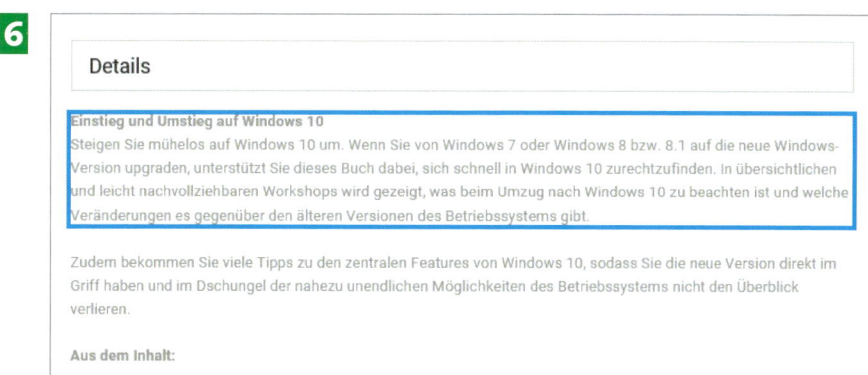

4 Wenn Sie die Sprachausgabe aktivieren, wird – im minimierten Zustand – ein weiteres Fenster geöffnet, in dem sich zusätzliche Einstellungen vornehmen lassen.

5 Drücken Sie die Tastenkombination ⬇+F1, um eine Übersicht der Shortcuts zu erhalten, die für die Sprachausgabe zur Verfügung stehen – das sind eine ganze Menge!

6 Die Sprachausgabe lässt sich in allen Apps und Programmen anwenden. Hier lasse ich mir beispielsweise Text auf einer Webseite vorlesen.

Ende

Auch das Center für erleichterte Bedienung ist unter Windows 10 weiterhin vorhanden. Sie öffnen es in der Systemsteuerung bzw. mit der Tastenkombination ⊞+U.

TIPP

Die Sprachausgabe lässt sich auch mit diesem Shortcut aktivieren bzw. deaktivieren: ⊞+↵.

TIPP

68 Beliebige Inhalte vergrößern

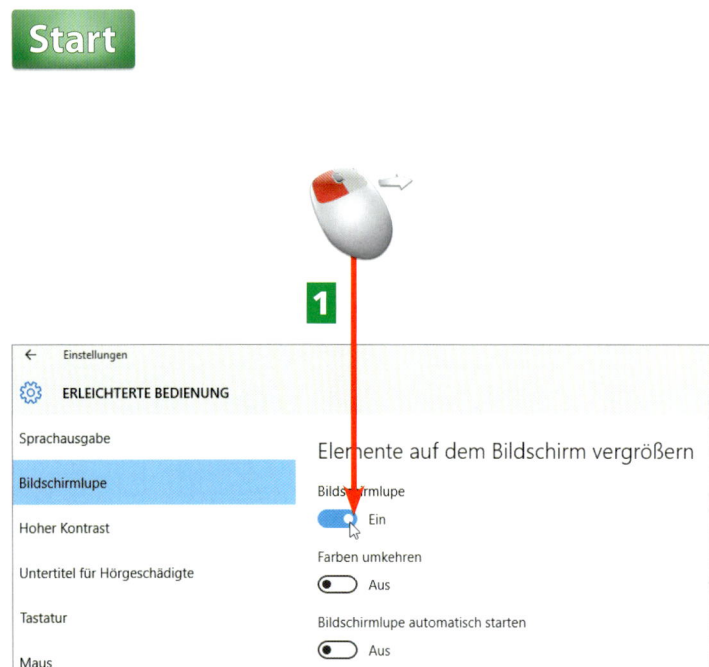

1 Entscheiden Sie sich in den *Einstellungen* für die Kategorie *Erleichterte Bedienung*, wählen Sie den Eintrag *Bildschirmlupe* und aktivieren Sie die gleichlautende Option.

2 Klicken Sie auf die angezeigte Lupe, um das zugehörige Optionsfenster zu öffnen.

3 Klicken Sie auf das Symbol ⊕, um die Anzeige schrittweise zu vergrößern, bzw. auf das Symbol ⊖, um diese wieder zu verkleinern.

Eine weitere spannende Bedienungshilfe ist die Bildschirmlupe, mit der Sie beispielsweise Kleingedrucktes in einem Vertrag auf die Schnelle näher ranholen. Wie Sie die Bildschirmlupe mit ihren unterschiedlichen Ansichten zum Vergrößern beliebiger Inhalte clever nutzen, erfahren Sie hier.

WISSEN

3 Windows 10 individuell einrichten

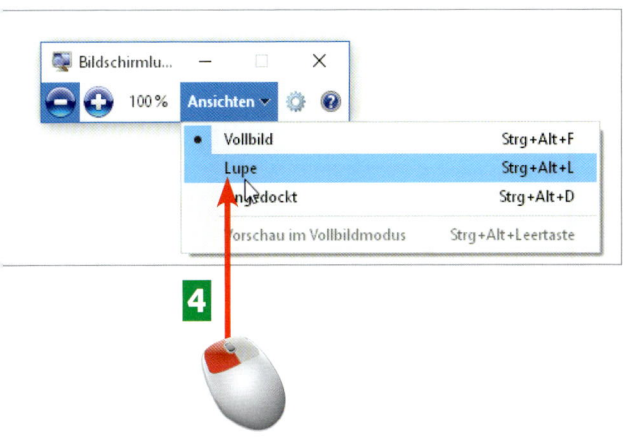

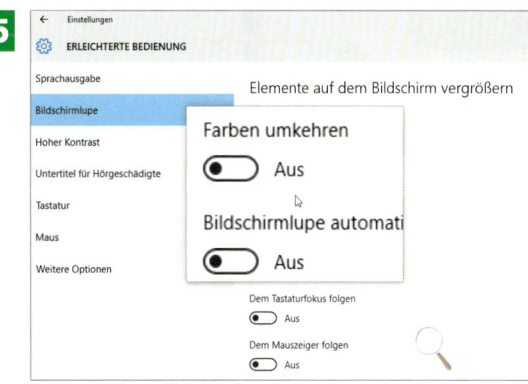

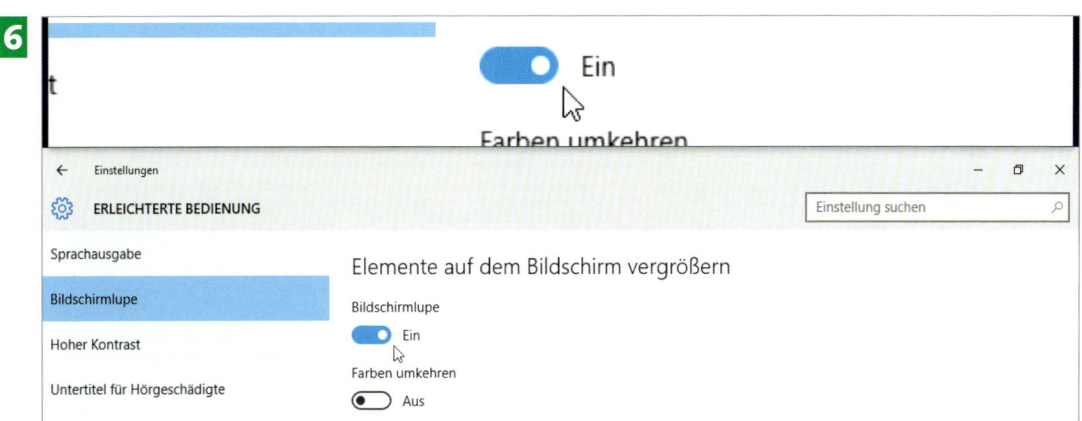

4 Standardmäßig gilt die gewählte Vergrößerungsstufe für den gesamten Bildschirm (Option *Vollbild*). Sie können sich jedoch – unter *Ansichten* – auch für die Option *Lupe* oder *Angedockt* entscheiden.

5 Die Lupe folgt dem Mauszeiger und zeigt in einem Lupenfenster den vergrößerten Ausschnitt an. Die Größe der Lupe lässt sich unter dem Symbol ⚙ anpassen.

6 Mit *Angedockt* wird der obere Bildschirmbereich für ein Lupenfenster reserviert. Dort wird vergrößert dargestellt, was Sie gerade mit dem Mauszeiger anvisieren.

Ende

Die Vergrößerungsstufe per Tastenkombination anpassen: Dazu dienen die Shortcuts ⊞+➕ sowie ⊞+➖.	Die Bildschirmlupe lässt sich alternativ auch mit dem Shortcut ⊞+➕ aktivieren und mit ⊞+Esc wieder ausschalten.	Zum Umschalten zwischen den Ansichten der Bildschirmlupe können Sie ebenfalls Tastenkürzel einsetzen: Strg+Alt+F (Vollbildlupe), Strg+Alt+L (Lupenfenster) und Strg+Alt+D (Angedockte Lupe).
TIPP	**HINWEIS**	**TIPP**

70 Mehr Energie sparen

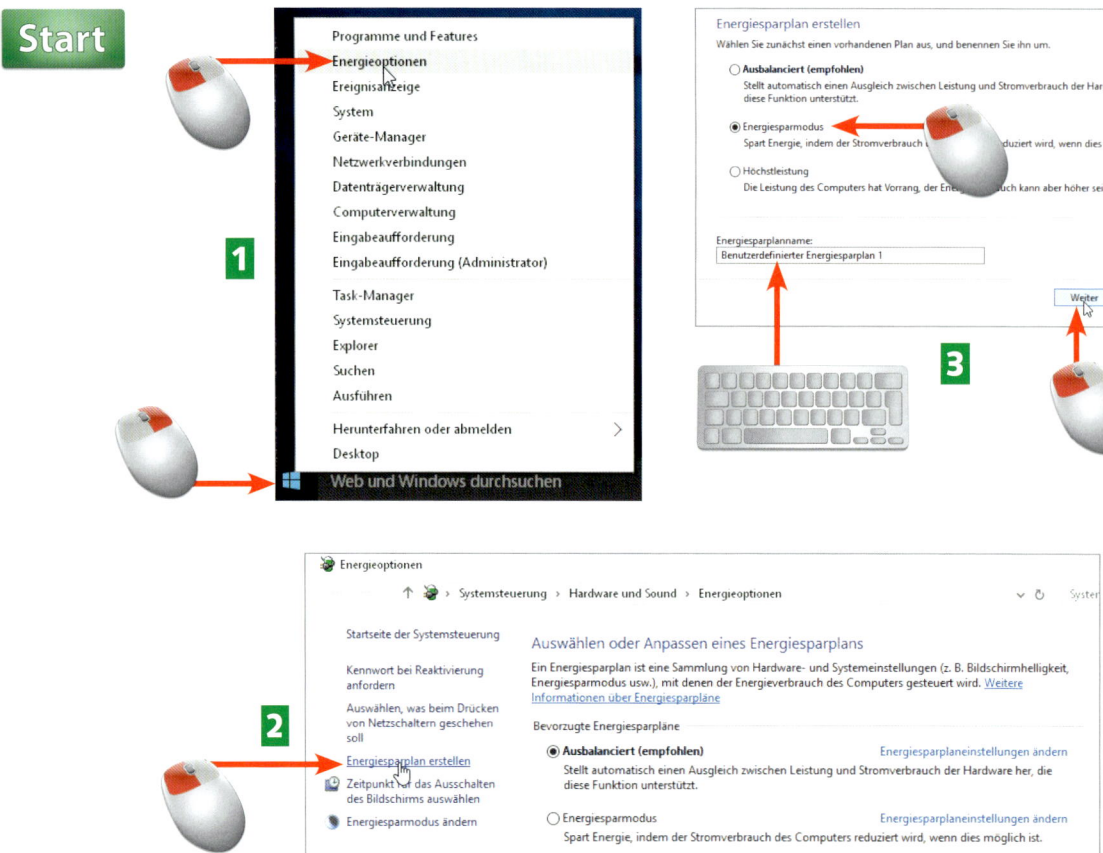

1 Klicken Sie mit der rechten Maustaste auf das Windows-Logo und entscheiden Sie sich im Kontextmenü für den Eintrag *Energieoptionen*.

2 Sie können nun einen bereits vorhandenen Energiesparplan auswählen oder einen neuen erstellen. In diesem Fall entscheide ich mich für letztere Option, indem ich in der Leiste links auf *Energiesparplan erstellen* klicke.

3 Wählen Sie einen bestehenden Energiesparplan aus, auf dem der neue Plan basieren soll, geben Sie diesem eine schlüssige Bezeichnung und klicken Sie auf *Weiter*.

> Energie ist kostbar, und gerade leistungsstarke Computer fressen einiges an Strom. Wie Sie – Ihren Bedürfnissen angepasst – mehr Stromersparnis aus dem Computer herauskitzeln, zeige ich Ihnen auf dieser Doppelseite. Als Faustregel gilt dabei, dass das Stromsparen immer zulasten einer gewissen Leistung geht.

WISSEN

3 Windows 10 individuell einrichten 71

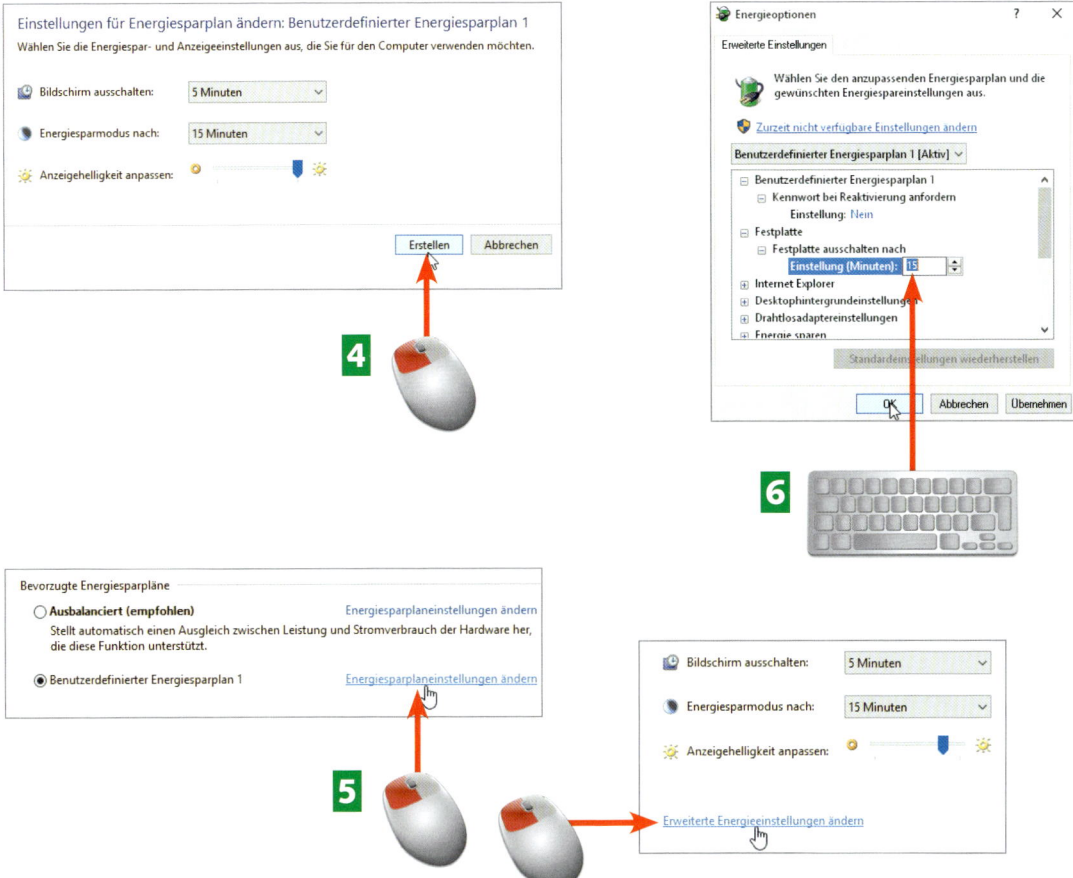

4 Bestimmen Sie, nach wie vielen Minuten der Nichtnutzung der Bildschirm ausgeschaltet oder der Energiesparmodus aktiviert werden soll; passen Sie außerdem per Schieberegler die Anzeigehelligkeit an, bevor Sie auf *Erstellen* klicken.

5 Das war's noch nicht. Klicken Sie beim erstellten Energiesparplan auf *Energiesparplaneinstellungen ändern* und wählen Sie als Nächstes *Erweiterte Energieeinstellungen ändern*.

6 Machen Sie im folgenden Fenster weitere Energiesparangaben – diese richten sich wie gesagt nach den eigenen Bedürfnissen.

Ende

TIPP

Passwortabfrage abschalten: Dazu wählen Sie *Kennwort bei Reaktivierung anfordern*, klicken auf *Einige Einstellungen sind momentan nicht verfügbar* und treffen dann im Abschnitt *Kennworteingabe bei Reaktivierung* Ihre Auswahl.

HINWEIS

Soll der Computer in den Ruhezustand versetzt werden, wenn Sie den Ein-/Ausschalter betätigen? Diese Einstellung nehmen Sie unter *Auswählen, was beim Drücken von Netzschaltern geschehen soll* vor.

Mit dem Explorer Dateien verwalten

4

Auch unter Windows 10 dient der Explorer (Datei-Explorer, Windows-Explorer) der Verwaltung Ihrer Dateien. Lernen Sie in diesem Kapitel nützliche Tipps und Tricks für die Verwendung des Explorers kennen:

Egal, ob Sie Dateien in einem Ordner verstecken möchten, die Dateieigenschaften vor dem Versenden einer Datei entfernen wollen oder durchgeführte Suchen in einer Art „intelligentem Ordner" speichern möchten – diese und weitere Tricks erarbeiten Sie sich Schritt für Schritt auf den nächsten Seiten.

Elemente verschieben, kopieren, verknüpfen

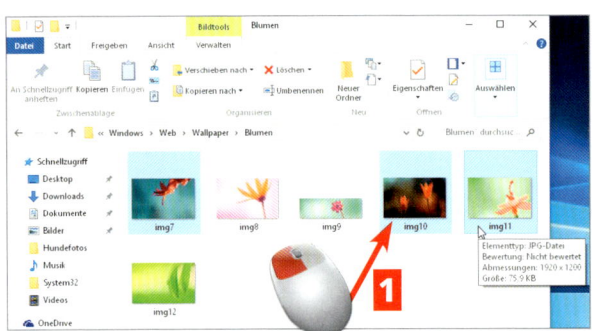

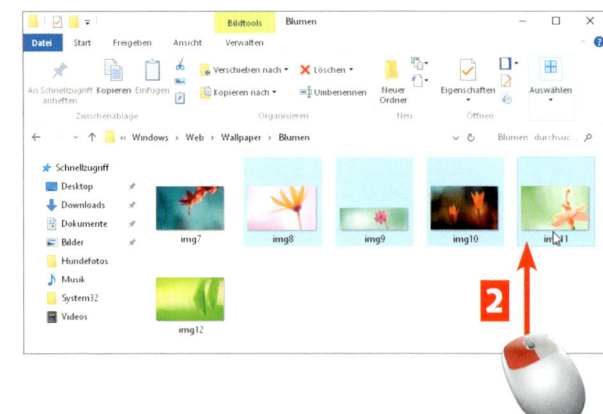

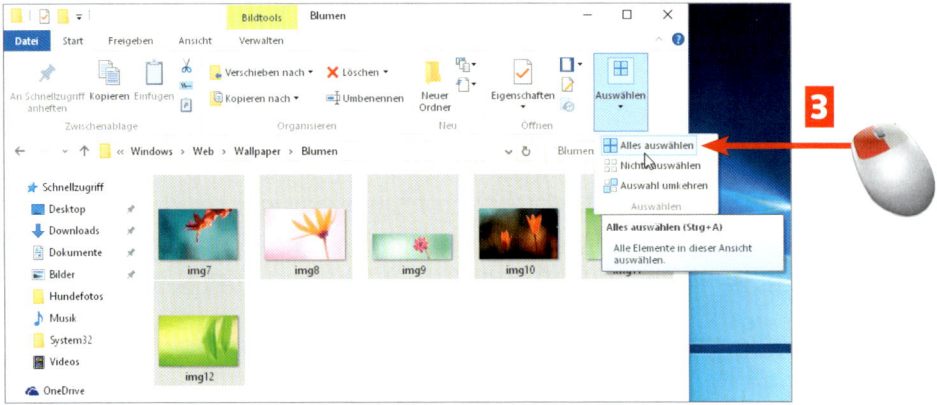

1 Ein einzelnes Element wählen Sie im Explorer aus. Um mehrere Elemente zu markieren, halten Sie beim Anklicken die ⌈Strg⌋-Taste gedrückt.

2 Möchten Sie mehrere Elemente in einer Reihe markieren? Dazu klicken Sie zunächst das erste Element in der Reihe an. Halten Sie dann die ⌈⇧⌋-Taste gedrückt und klicken Sie das letzte Element in der Reihe an.

3 Um sämtliche Elemente in einem Ordner zu markieren, drücken Sie ⌈Strg⌋+⌈A⌋. Sie finden die Option auch im Menüband des Explorers unter *Start* und dort im Bereich *Auswählen*.

Beginnen Sie mit ein paar Basics, nämlich dem Auswählen von Elementen im Explorer und dem Drag-and-drop – dem Verschieben oder Kopieren der markierten Elemente mit der Maus.

WISSEN

4 Mit dem Explorer Dateien verwalten

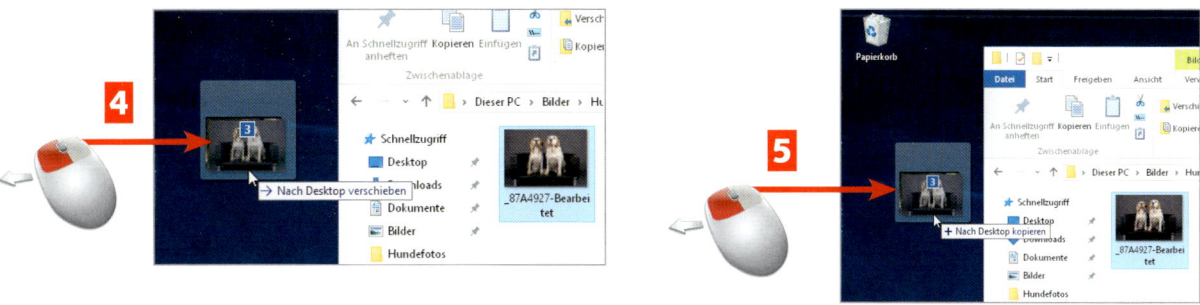

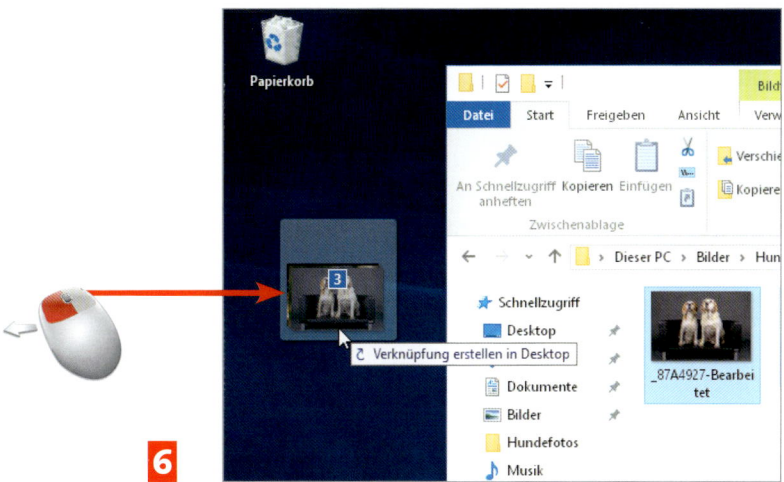

4 Zum Verschieben der Elemente ziehen Sie diese einfach bei gedrückter Maustaste an den neuen Speicherort.

5 Wollen Sie die Originalelemente am ursprünglichen Speicherort beibehalten?
Zum Kopieren der markierten Elemente halten Sie beim Ziehen mit gedrückter Maustaste die [Strg]-Taste gedrückt.

6 Oder möchten Sie eine Verknüpfung erstellen? Dazu ziehen Sie die Elemente bei gedrückter [Alt]-Taste an den neuen Speicherort.

Ende

Als Alternative zum Drag-and-drop dient Copy-and-paste. Klicken Sie die markierten Elemente mit der rechten Maustaste an, um im Kontextmenü Optionen zum *Kopieren, Ausschneiden* und *Einfügen* zu erhalten.

Ausgewählte Elemente direkt an einen bestimmten Speicherort kopieren oder verschieben: Im Menüband unter *Start* finden Sie dazu die Schaltflächen *Kopieren nach* sowie *Verschieben nach*.

Copy-and-paste per Shortcut: Verwenden Sie [Strg]+[C] zum Kopieren, [Strg]+[X] zum Ausschneiden und [Strg]+[V] zum Einfügen.

TIPP **HINWEIS** **TIPP**

Funktionen in Symbolleiste legen

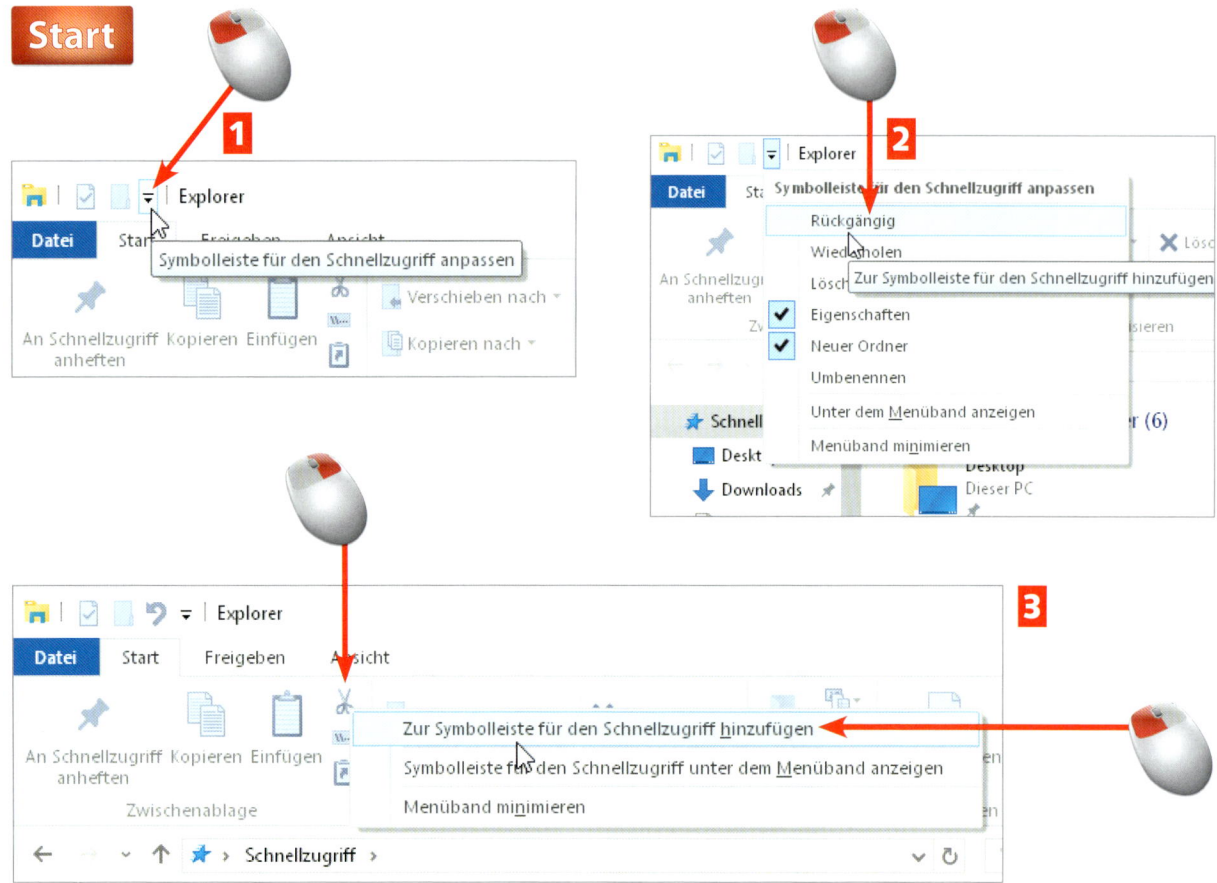

1 Um der Symbolleiste für den Schnellzugriff ein Standardsymbol hinzuzufügen, klicken Sie in der Symbolleiste auf das Pfeilsymbol.

2 Setzen Sie per Mausklick ein Häkchen bei der gewünschten Funktion – sie steht anschließend in der Symbolleiste zur Verfügung.

3 Auch Funktionen aus dem Menüband lassen sich der Symbolleiste für den Schnellzugriff hinzufügen. Dazu klicken Sie eine Funktion im Menüband mit der rechten Maustaste an und wählen den Eintrag *Zur Symbolleiste für den Schnellzugriff hinzufügen*.

In der Symbolleiste für den Schnellzugriff links oben im Explorer legen Sie die am häufigsten benötigten Funktionen ab, um besonders schnell darauf zugreifen zu können.

WISSEN

4 Mit dem Explorer Dateien verwalten

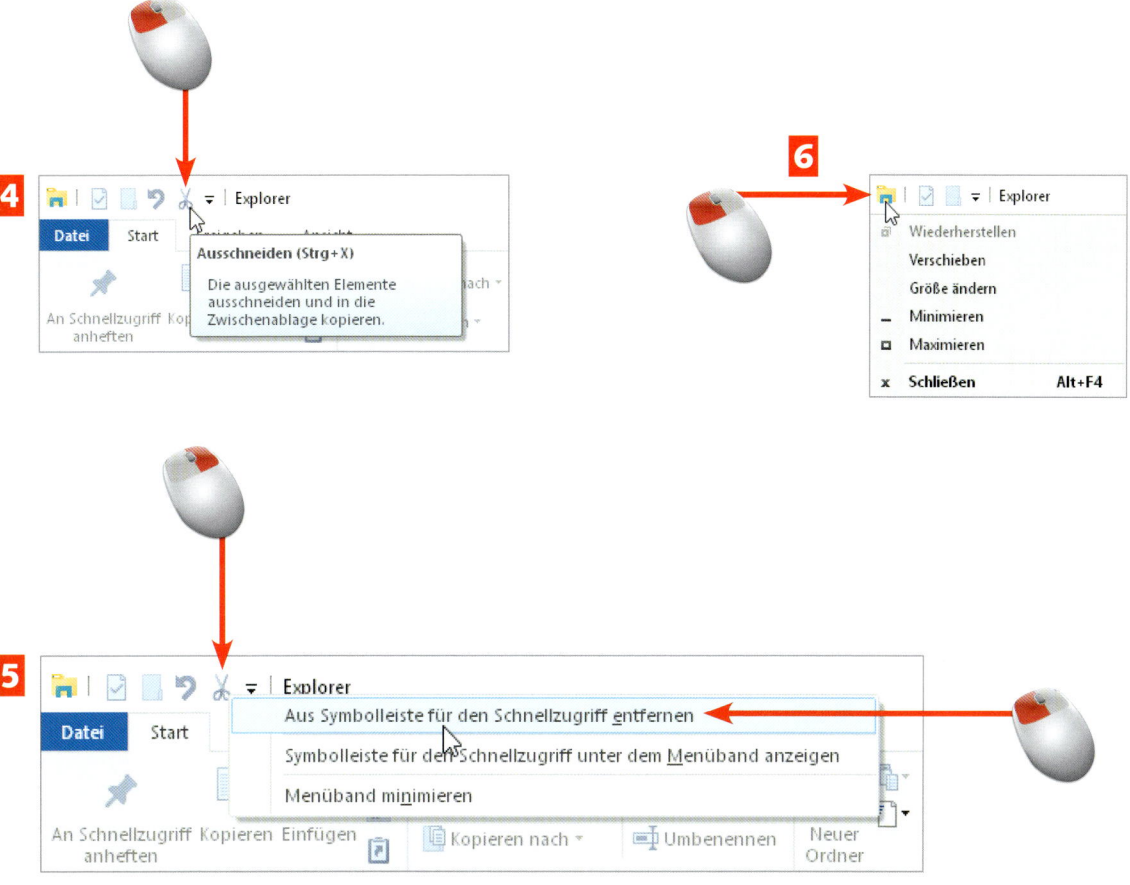

4 Sie brauchen ein Symbol in der Symbolleiste für den Schnellzugriff bloß anzuklicken, um die entsprechende Funktion aufzurufen.

5 Möchten Sie ein Symbol aus der Symbolleiste wieder entfernen, klicken Sie es mit der rechten Maustaste an und wählen *Aus Symbolleiste für den Schnellzugriff entfernen*.

6 Nicht entfernen lässt sich das Programmsymbol ganz links in der Titelleiste. Wenn Sie es anklicken, öffnen Sie ein Menü mit den verschiedenen Fensterfunktionen.

Ende

Sie möchten die Symbolleiste für den Schnellzugriff lieber unterhalb des Menübands ansiedeln? Dann entscheiden Sie sich unter dem Pfeilsymbol ▼ für den Eintrag *Unter dem Menüband anzeigen*.

Das Menüband ist ausgeblendet und nur die Menüleiste wird angezeigt? Klicken Sie rechts oben im Explorer auf den nach unten weisenden Pfeil ▼, um das Menüband einzublenden.

Die Symbolleiste für den Schnellzugriff finden Sie in vielen weiteren Microsoft-Programmen, z. B. auch in den Zubehörprogrammen Paint und WordPad.

TIPP   **HINWEIS**   **HINWEIS**

Der perfekte Schnellzugriff

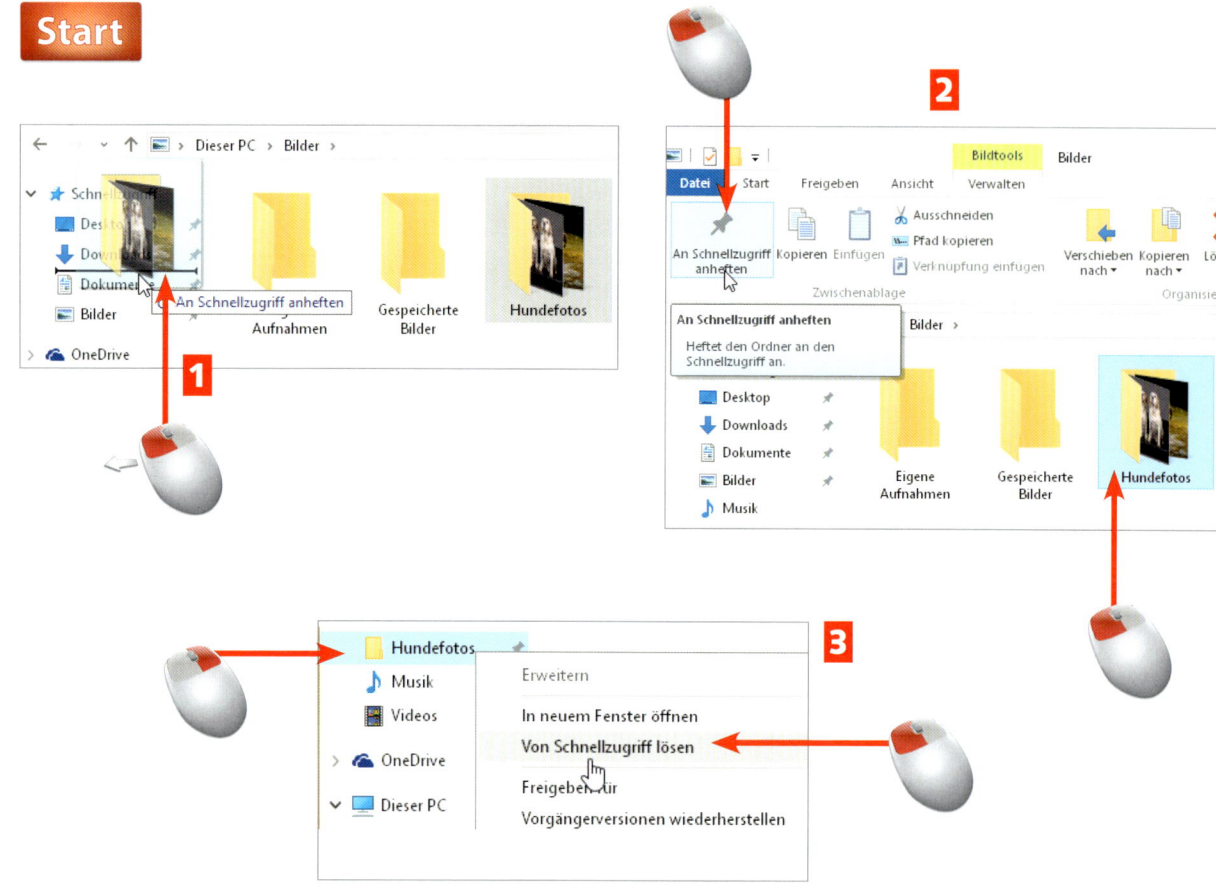

1. Um dem Schnellzugriff einen Speicherort hinzuzufügen, können Sie diesen einfach per Drag-and-drop in den Schnellzugriff ziehen, um dort eine Verknüpfung zu erstellen.

2. Alternativ wählen Sie einen Speicherort im Anzeigebereich oder auch im Navigationsbereich des Explorers aus. Klicken Sie dann im Menüband unter *Start* auf die Schaltfläche *An Schnellzugriff anheften*.

3. Um einen Speicherort wieder aus dem Schnellzugriff zu entfernen, klicken Sie diesen mit der rechten Maustaste an und wählen den Eintrag *Von Schnellzugriff lösen*.

Microsoft hat den Favoriten im Navigationsbereich des Explorers unter Windows 10 die Bezeichnung *Schnellzugriff* verpasst. Dort finden sich jetzt nicht mehr nur die Speicherorte, die Sie hinzufügen, sondern standardmäßig auch häufig verwendete Elemente. Wie Sie den Schnellzugriff persönlich einrichten, zeige ich Ihnen hier.

WISSEN

4 Mit dem Explorer Dateien verwalten

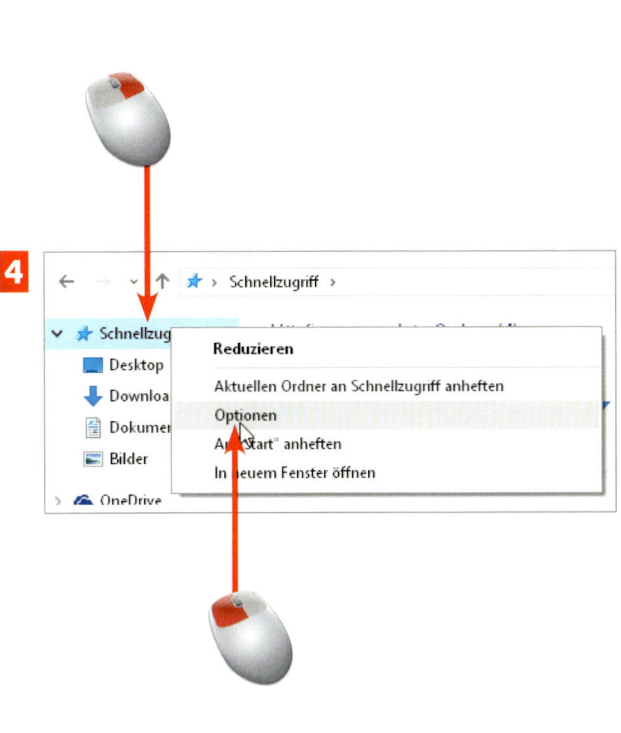
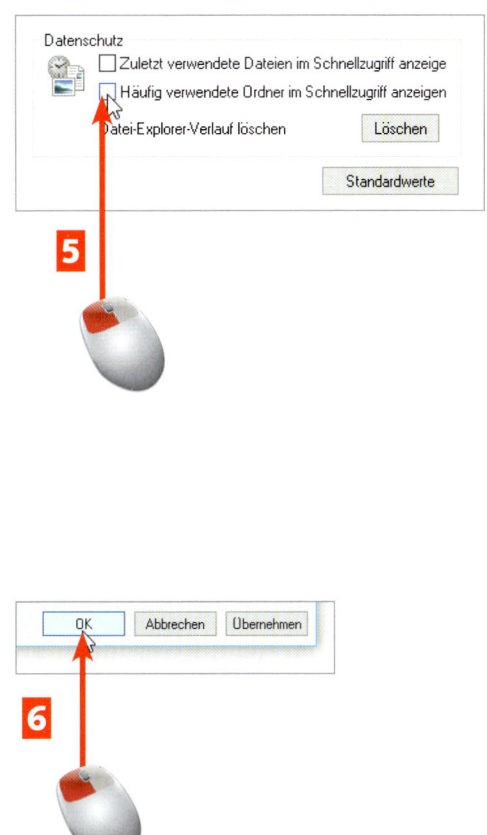

4 Dem Schnellzugriff häufig verwendete Elemente automatisch anheften: Klicken Sie im Navigationsbereich den Eintrag *Schnellzugriff* mit der rechten Maustaste an und wählen *Optionen*.

5 Deaktivieren Sie im Abschnitt *Datenschutz* die Kontrollkästchen. Per Schaltfläche *Löschen* lässt sich hier auch der bisherige Explorer-Verlauf bereinigen.

6 Bestätigen Sie Ihre Einstellungen mit *OK*. Der Schnellzugriff enthält anschließend nur noch die Standardelemente sowie diejenigen Speicherorte, die Sie selbst hinzugefügt haben.

Ende

HINWEIS

Der Schnellzugriff funktioniert im Prinzip wie die Bibliotheken, die auf der folgenden Doppelseite Thema sein werden: Er sammelt Inhalte von verschiedenen Speicherorten, ohne deren ursprünglichen Speicherort zu ändern.

TIPP

Auch der Schnellzugriff lässt sich ans Startmenü anheften: Klicken Sie dazu den Eintrag *Schnellzugriff* mit der rechten Maustaste an und wählen Sie im Kontextmenü *An „Start" anheften*.

Bibliotheken einblenden

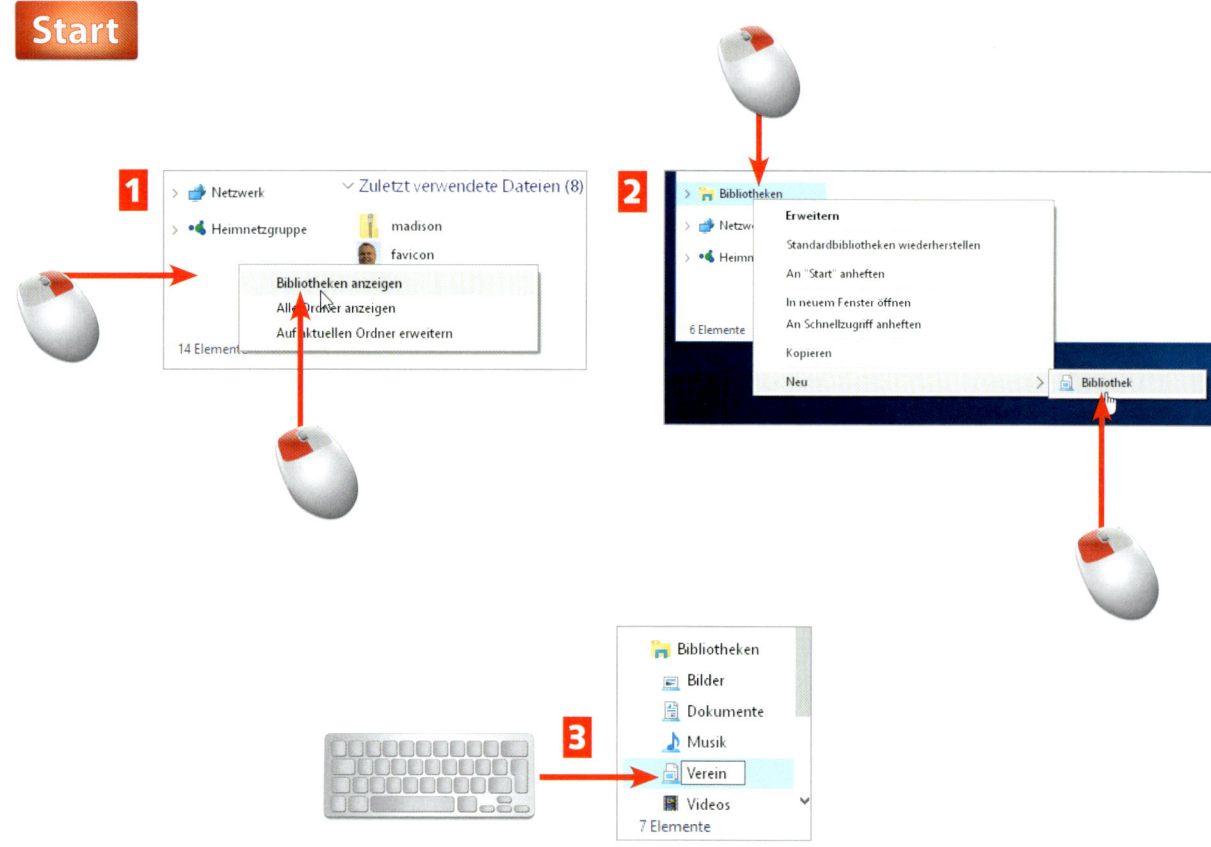

1 Klicken Sie im Explorer mit der rechten Maustaste auf eine freie Fläche des Navigationsbereichs und wählen Sie im Kontextmenü den Eintrag *Bibliotheken anzeigen*.

2 Die bekannten Standard-Bibliotheken für Musik, Dokumente etc. stehen bereits zur Verfügung. Um eine neue Bibliothek zu erstellen, klicken Sie mit der rechten Maustaste auf den zuvor eingeblendeten Eintrag *Bibliotheken*. Wählen Sie im Kontextmenü *Neu/Bibliothek*.

3 Tippen Sie eine schlüssige Bezeichnung für die neue Bibliothek ein und bestätigen Sie mit der ⏎-Taste.

> Falls Sie die Bibliotheken in Windows 7 lieb gewonnen haben und sie nun unter Windows 10 vermissen: Mit wenigen Handgriffen lassen sich die Bibliotheken wieder einblenden. Wie Sie zum Einblenden der Bibliotheken vorgehen und auch gleich noch eine neue Bibliothek erstellen, zeige ich Ihnen hier Schritt für Schritt.

WISSEN

4 Mit dem Explorer Dateien verwalten

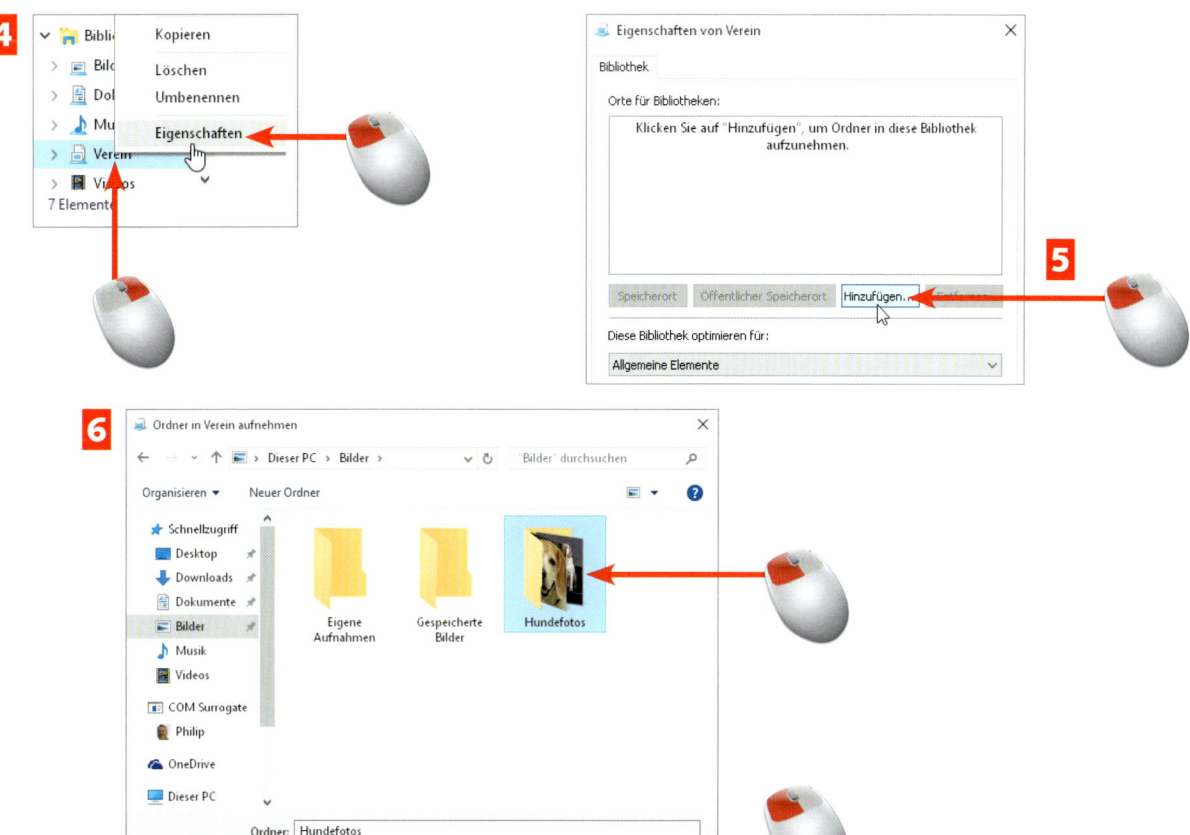

4 Im nächsten Schritt möchten Sie der Bibliothek Ordner zuweisen. Hierzu klicken Sie die Bibliothek im Navigationsbereich mit der rechten Maustaste an und wählen im Kontextmenü *Eigenschaften*.

5 Klicken Sie im sich öffnenden Fenster auf *Hinzufügen*. Später wird Ihnen in dem Feld eine Liste der hinzugefügten Ordner angezeigt.

6 Wählen Sie den gewünschten Ordner aus und bestätigen Sie mit *Ordner aufnehmen*.

Ende

HINWEIS

Ausgewählte Ordner in eine Bibliothek aufnehmen: Dazu können Sie auch im *Menüband* unter *Start* auf das Symbol klicken und die Bibliothek unter *In Bibliothek aufnehmen* auswählen.

TIPP

Wird eine Bibliothek wieder gelöscht, bleiben die darin enthaltenen Ordner am ursprünglichen Speicherort erhalten.

HINWEIS

Die Option zum Einblenden der Bibliotheken finden Sie auch im Menüband unter *Ansicht* und dort unter der Schaltfläche *Navigationsbereich*.

82 Dateien sortieren und gruppieren

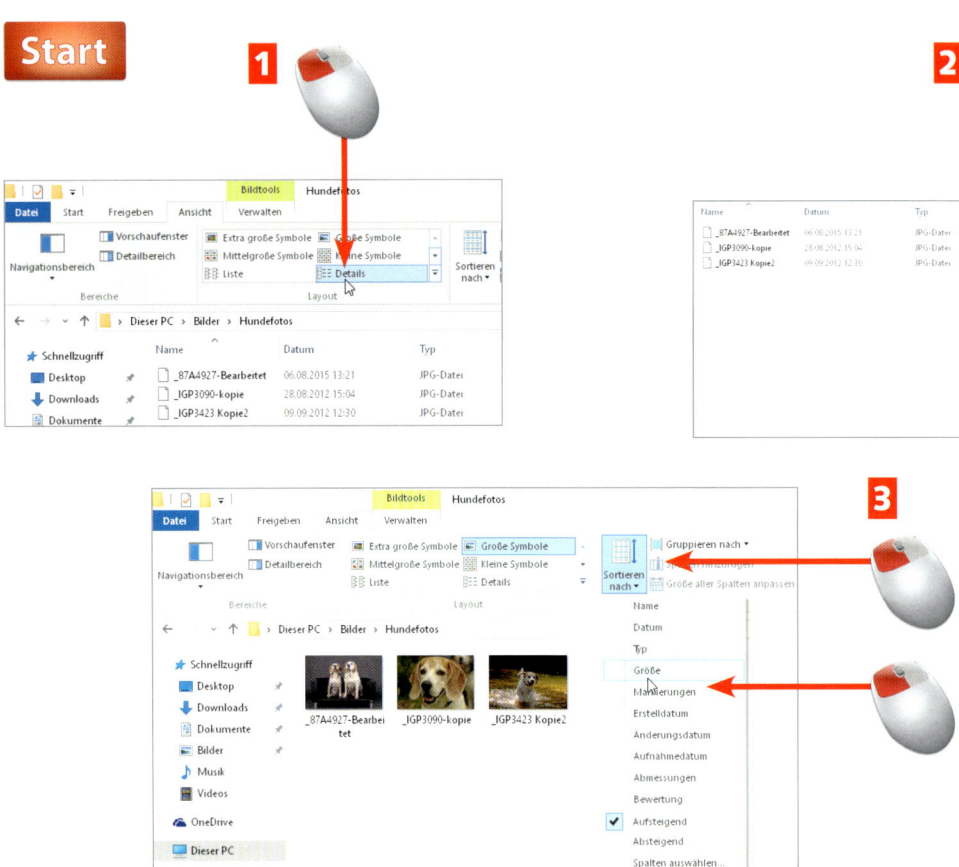

1 Um zum Sortieren der Elemente in einem Ordner eine Sortierleiste einzublenden, entscheiden Sie sich im Startmenü unter *Ansicht* für die Ansichtsoption *Details*.

2 Klicken Sie auf einen Eintrag in der Sortierleiste, um eine entsprechende Sortierung durchzuführen. Falls Ihnen Kategorien fehlen, klicken Sie mit der rechten Maustaste in die Sortierleiste, um die fehlende Kategorie per Kontextmenü hinzuzufügen.

3 Zum Sortieren der Elemente in einer anderen Ansicht klicken Sie im Menüband unter *Ansicht* auf die Schaltfläche *Sortieren nach* und wählen im Menü das gewünschte Sortierkriterium aus.

Um in einem Ordner auch bei vielen enthaltenen Elementen stets den Überblick zu behalten, bietet der Explorer Ihnen Optionen zum Sortieren und Gruppieren.

WISSEN

4 Mit dem Explorer Dateien verwalten

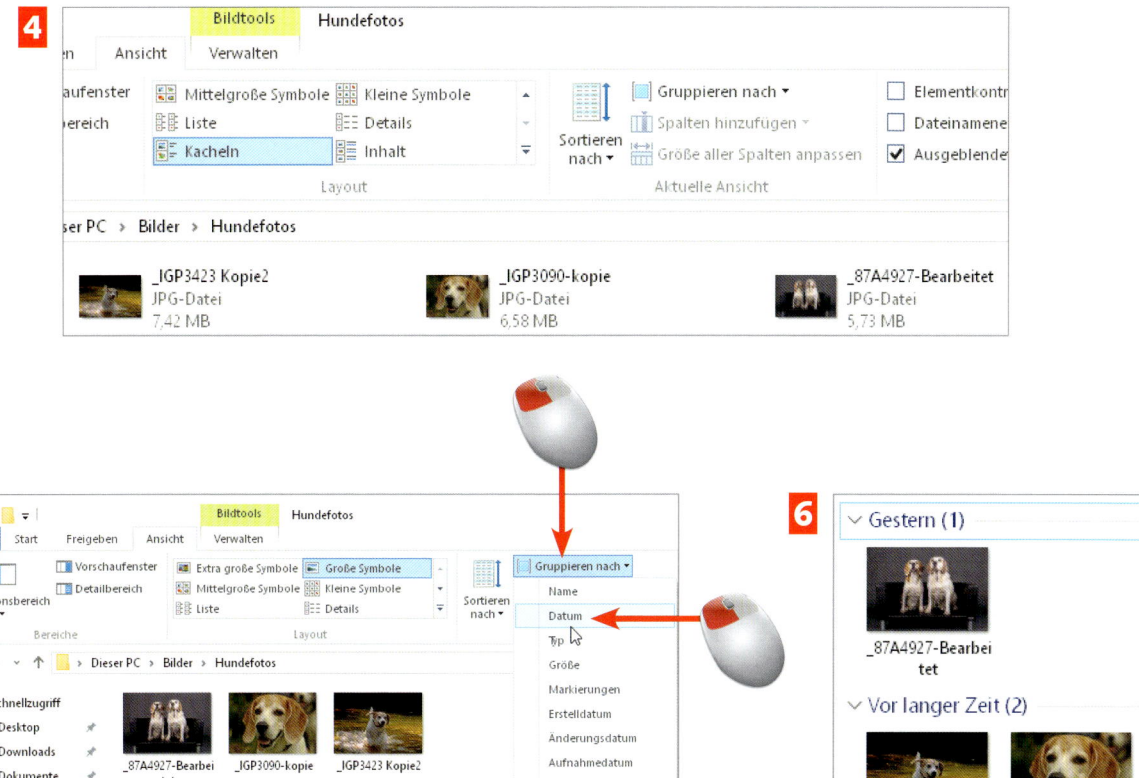

4 Das Sortieren nach Dateigröße hat geklappt, wie der Wechsel zur Ansicht *Kacheln* (die eine Größenangabe beinhaltet) beweist.

5 Beim Gruppieren werden die Elemente ebenfalls nach einem bestimmten Kriterium sortiert und gleichzeitig in entsprechenden Gruppen zusammengefasst. Dazu wählen Sie im Menüband unter *Ansicht* die Schaltfläche *Gruppieren nach* und klicken auf das gewünschte Gruppierkriterium.

6 Hier wurden die im Ordner enthaltenen Dateien nach ihrer Größe gruppiert.

Ende

TIPP
Die jeweilige Ansicht im Explorer lässt sich auch per Tastenkürzel ändern: Dazu drücken Sie die Tasten [Strg]+[⇧] sowie eine Taste von [1]–[8].

HINWEIS
Um eine Gruppierung wieder zu beenden, wählen Sie unter der Schaltfläche *Gruppieren nach* den Eintrag *(Keine)*. Der Eintrag wird nur angezeigt, wenn eine Gruppierung vorliegt.

TIPP
Wenn Sie auf die Überschrift einer Gruppe klicken, lässt sich diese für mehr Übersicht reduzieren bzw. auf gleiche Weise wieder erweitern.

84 Ausblenden und Schreibschutz

Start

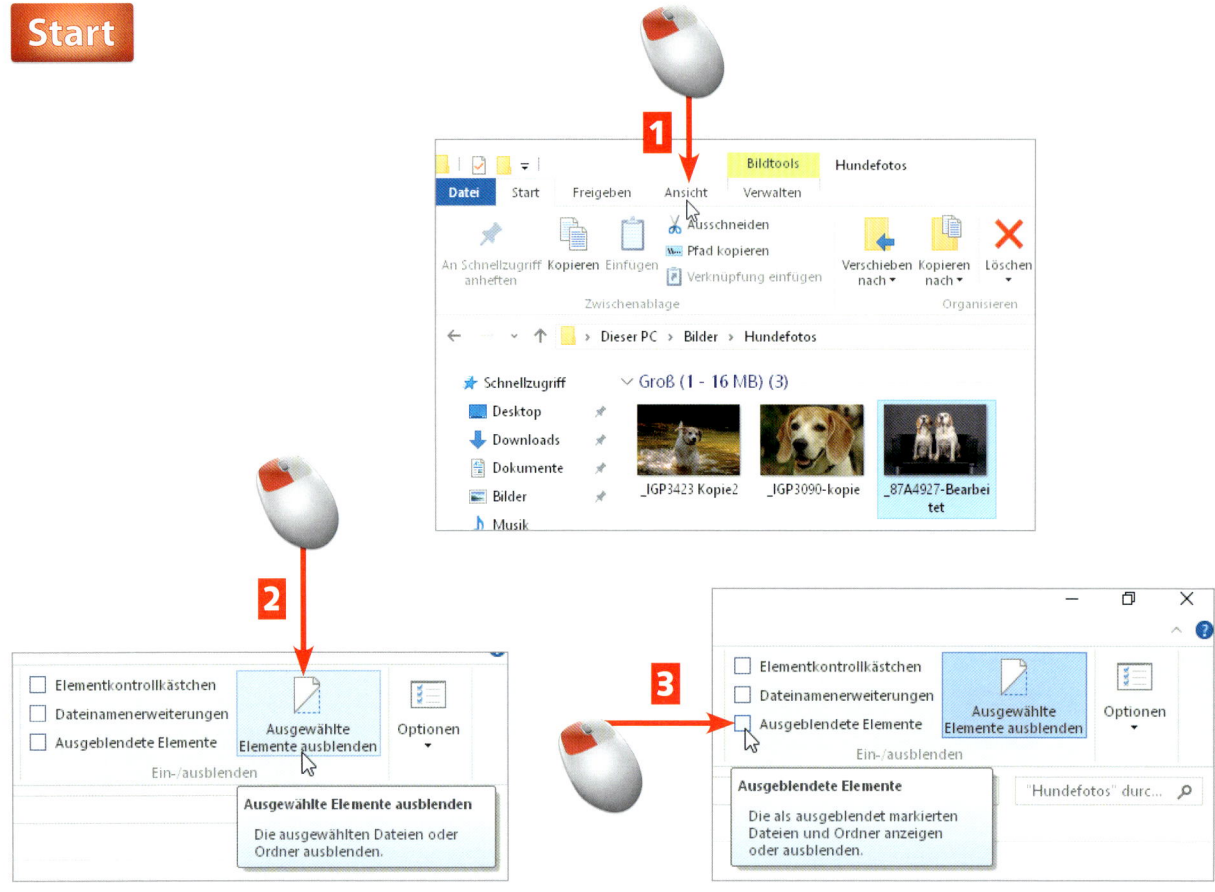

1 Um ein Element im Explorer auszublenden, wählen Sie dieses zunächst an und klicken dann im Menüband auf den Reiter *Ansicht*.

2 Entscheiden Sie sich anschließend – ebenfalls unter *Ansicht* – für die Schaltfläche *Ausgewählte Elemente ausblenden*.

3 Das Element ist nicht mehr sichtbar. Um auch die ausgeblendeten Elemente anzuzeigen, aktivieren Sie – wiederum unter *Ansicht* – das Kontrollkästchen *Ausgeblendete Elemente*.

Soll eine Datei nicht auf Anhieb sichtbar sein, wenn Ihnen jemand über die Schulter blickt? Oder möchten Sie Änderungen an einer Datei verhindern? Wie einfach Sie Dateien ausblenden bzw. mit einem Schreibschutz versehen, zeige ich Ihnen hier.

WISSEN

4 Mit dem Explorer Dateien verwalten 85

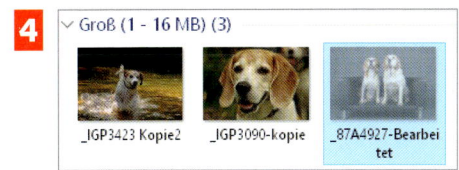

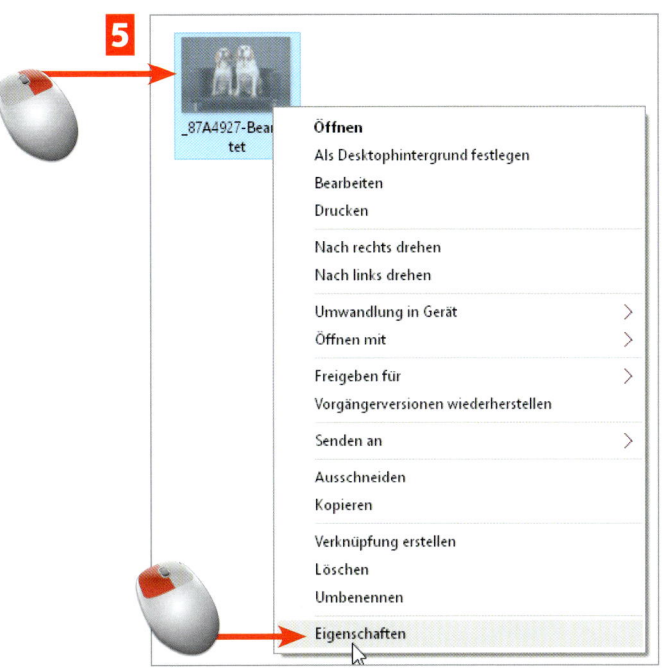

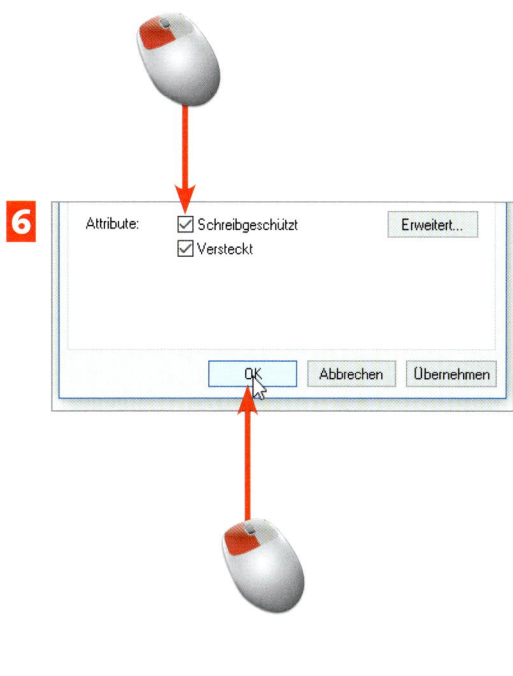

4 Sie stellen fest, dass nun auch das ausgeblendete Element wieder im Ordner sichtbar ist.

5 Es soll ein Element mit einem Schreibschutz versehen werden, sodass in der Datei keine Änderungen gespeichert werden können. Klicken Sie das Element dazu im Explorer mit der rechten Maustaste an und wählen Sie im Kontextmenü den Eintrag *Eigenschaften*.

6 Aktivieren Sie das Kontrollkästchen *Schreibgeschützt* und bestätigen Sie mit *OK*. (Das darunter befindliche Kontrollkästchen *Versteckt* bietet eine alternative Möglichkeit zum Aus- bzw. erneuten Einblenden.)

Manchmal möchten Sie Änderungen an der Dateiendung vornehmen. Die Dateiendungen sind standardmäßig ausgeblendet, doch mit dem Kontrollkästchen *Dateinamenerweiterungen* unter *Ansicht* lassen sie sich jederzeit einblenden.

Geschützte Systemdateien einblenden: Um das zu bewerkstelligen, klicken Sie unter *Ansicht* auf die Schaltfläche *Optionen* und wählen *Ordner- und Suchoptionen ändern*. Klicken Sie im sich öffnenden Fenster auf den Reiter *Ansicht* und deaktivieren Sie das Kontrollkästchen *Geschützte Systemdateien ausblenden*.

TIPP **HINWEIS**

86 Dateieigenschaften löschen

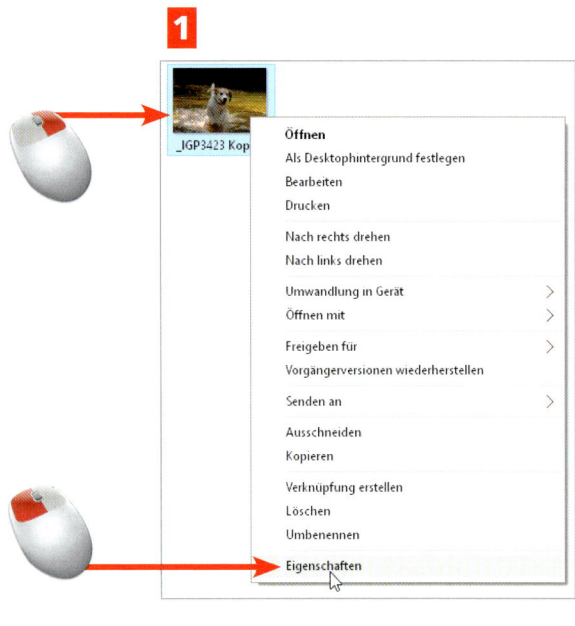

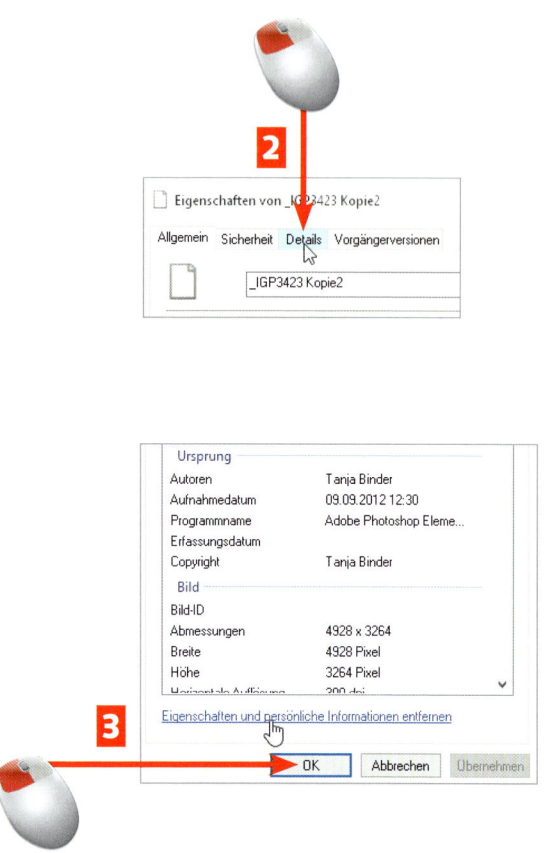

1 Klicken Sie eine Datei, deren Eigenschaften Sie bearbeiten möchten, mit der rechten Maustaste an und wählen Sie im Kontextmenü den Eintrag *Eigenschaften*.

2 Entscheiden Sie sich im folgenden Fenster für den Reiter *Details*.

3 Ihnen wird eine Liste mit Dateidetails angezeigt. Klicken Sie unterhalb dieser Liste auf *Eigenschaften und persönliche Informationen entfernen*.

Besonders dann, wenn Sie eine Datei an andere Personen weiterreichen möchten, könnten Sie sich wünschen, bestimmte Eigenschaften aus der Datei zu entfernen. Wie Sie dazu vorgehen, erklärt Ihnen diese Doppelseite.

WISSEN

4 Mit dem Explorer Dateien verwalten

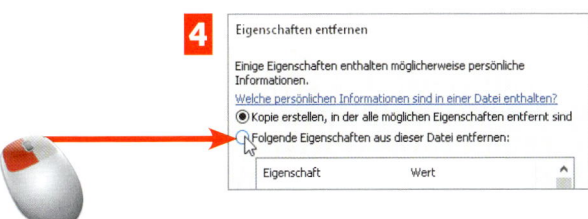

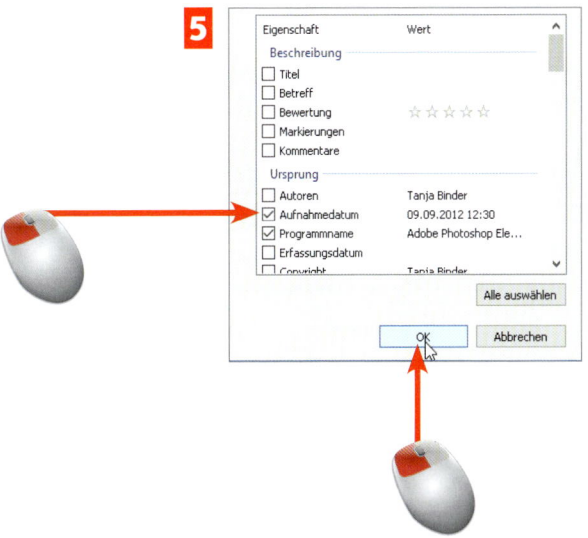

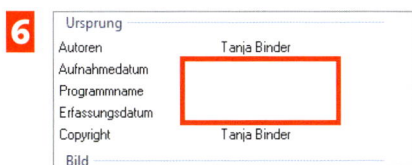

4 Sie können sich nun entscheiden, eine Kopie der Datei zu erstellen, in der alle möglichen Eigenschaften gelöscht werden. Oder Sie wählen – wie hier im Beispiel zu sehen – die Option *Folgende Eigenschaften aus dieser Datei entfernen*.

5 Wählen Sie die zu löschenden Eigenschaften durch Aktivieren der entsprechenden Kontrollkästchen aus und bestätigen Sie mit *OK*.

6 Wenn Sie erneut einen Blick in die Dateidetails werfen, stellen Sie fest, dass die ausgewählten Eigenschaften entfernt wurden.

> Die Angaben über eine Datei bezeichnet man übrigens auch als Metadaten, da sie sich nicht direkt auf den Dateiinhalt beziehen, sondern auf die Datei an sich.
>
> **HINWEIS**

> Details anpassen: Dazu klicken Sie im *Eigenschaften*-Fenster einer Datei unter *Details* in das Feld neben der Eigenschaftenbezeichnung. Bei vielen, aber nicht bei allen Eigenschaften lassen sich eigene Angaben machen und per ⏎-Taste bestätigen.
>
> **TIPP**

88 Ordner-Outfit anpassen

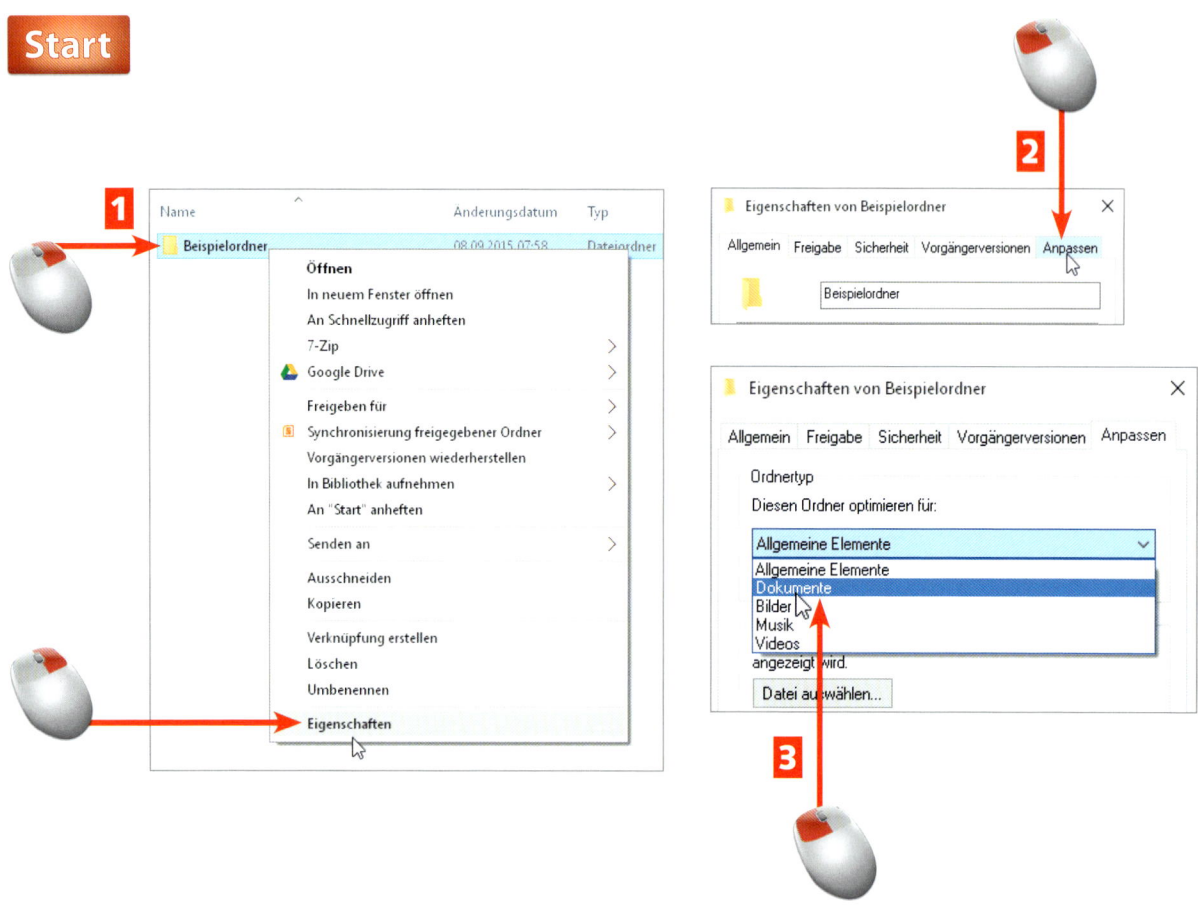

1 Klicken Sie einen Ordner im Explorer mit der rechten Maustaste an und wählen Sie im Kontextmenü den Eintrag *Eigenschaften*.

2 Entscheiden Sie sich im folgenden Fenster für den Reiter *Anpassen*.

3 Zunächst mal können Sie die Ordner per Drop-down-Menü für unterschiedliche Inhalte optimieren. Wählen Sie beispielsweise *Bilder*, werden Ihnen beim Auswählen des Ordners die *Bildtools* angezeigt etc.

Ordner lassen sich für bestimmte Dateiarten optimieren, aber auch mit eigenen Bildern oder Symbolen versehen. Wie Sie das Ordner-Outfit Ihren Wünschen entsprechend anpassen, erkläre ich auf dieser Doppelseite.

WISSEN

4 Mit dem Explorer Dateien verwalten   89

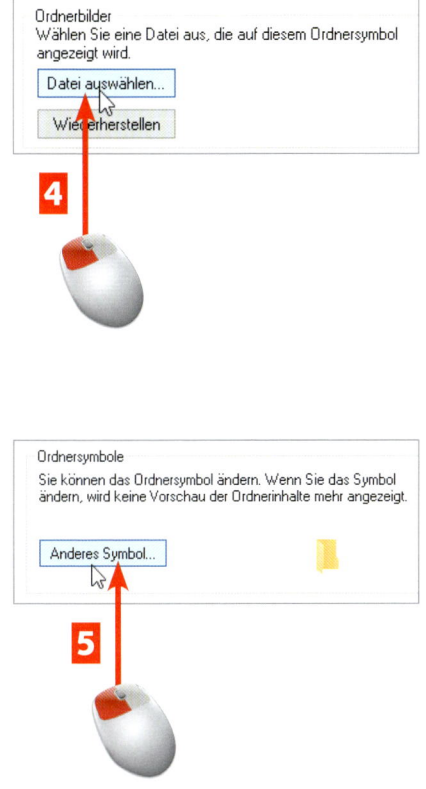

4 Wenn es sich um einen Bilderordner handelt, legen Sie selbst fest, welches der Bilder auf dem Ordner angezeigt werden soll. Dazu klicken Sie auf *Datei auswählen* und entscheiden sich anschließend für das gewünschte Bild.

5 Schließlich lässt sich auch das Symbol des Ordners individuell anpassen. Hierzu klicken Sie auf die Schaltfläche *Anderes Symbol*.

6 Wählen Sie im folgenden Fenster ein Symbol aus bzw. geben Sie unter *Durchsuchen* den Pfad zu einem eigenen Icon an.

Ende

Sollen gar keine Bilder auf den Ordnern angezeigt werden? Dann klicken Sie im Menüband des Explorers unter *Ansicht* auf die Schaltfläche *Optionen*, wählen im folgenden Fenster den Reiter *Ansicht* und aktivieren das Kontrollkästchen *Immer Symbole statt Miniaturansichten anzeigen*.

HINWEIS

Dateisuche mit Operatoren

Start

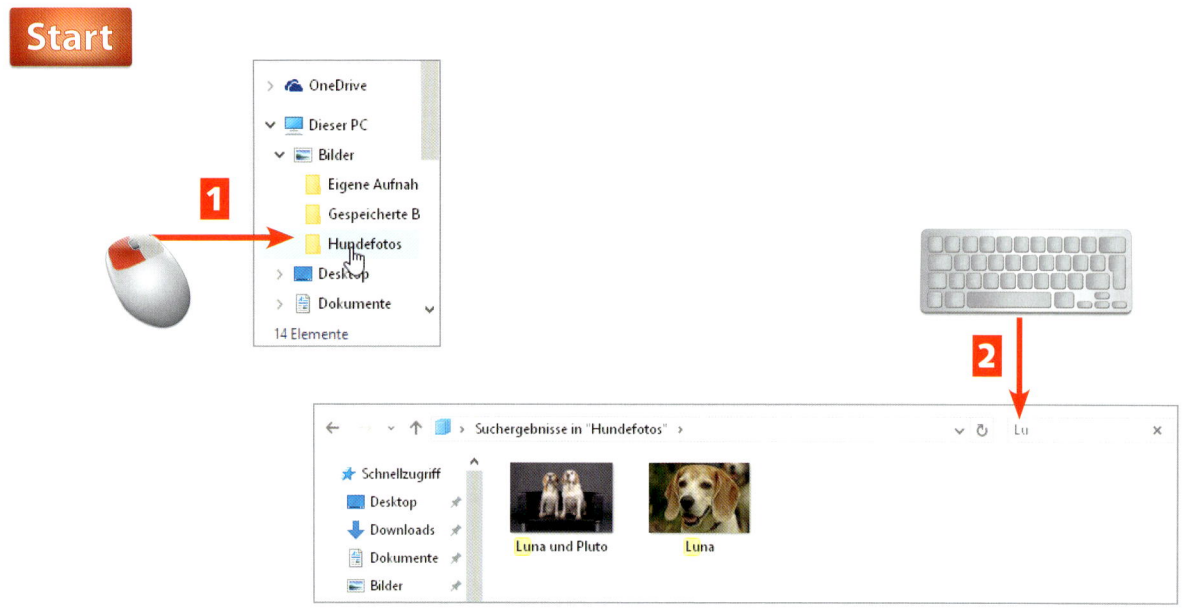

1 Zunächst wählen Sie in der Navigationsleiste des Explorers den Speicherort aus, an dem Sie die Dateisuche durchführen möchten – das kann ein einzelner Ordner sein oder der gesamte PC.

2 Wenn Sie einen Suchbegriff in das Suchfeld rechts oben im Explorer eintippen, werden Ihnen bereits während der Eingabe passende Treffer angezeigt.

3 Um mehrere Begriffe durch ein unsichtbares UND zu verknüpfen, werden diese durch ein Leerzeichen voneinander getrennt.

Wenn Sie im Explorer in das Suchfeld klicken, werden Ihnen im Menüband verschiedene „Suchtools" zum Verfeinern Ihrer Dateisuche angeboten. Doch Sie können auch – ähnlich wie bei einer Websuche – Operatoren direkt im Suchfeld anwenden. Besonders wichtige Suchfunktionen stelle ich Ihnen auf dieser Doppelseite vor.

WISSEN

4 Mit dem Explorer Dateien verwalten

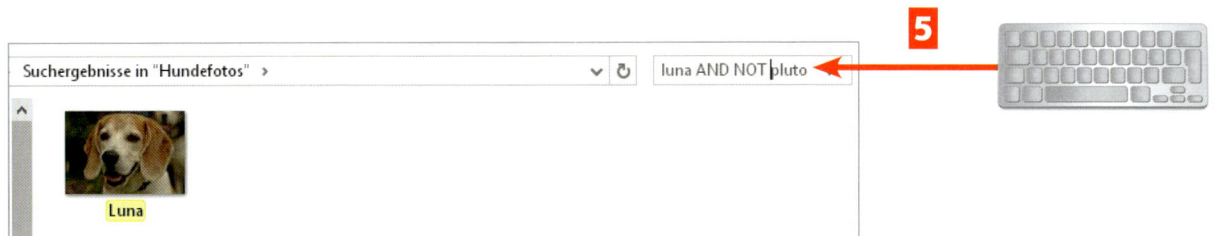

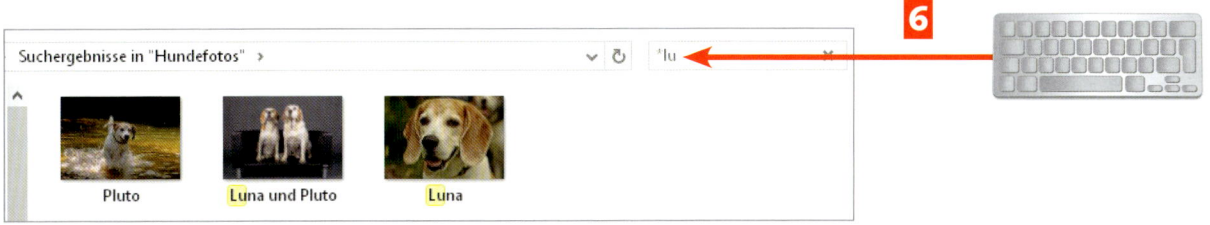

4 Soll entweder der eine oder der andere Suchbegriff in den Suchergebnissen enthalten sein? Für eine Oder-Suche verknüpfen Sie die Begriffe durch den Operator *OR*.

5 Oder möchten Sie bei zu vielen Treffern bestimmte Begriffe von der Suche ausschließen? Dies gelingt mit dem Operator *AND NOT*.

6 Wenn Sie schließlich nach einer Zeichenfolge innerhalb eines Wortes suchen, stellen Sie der Zeichenfolge das Zeichen * voran. Man spricht in diesem Zusammenhang auch von einer Wildcard, einem Platzhalter.

Ende

Sie können Operatoren auch verknüpfen. So liefert die Suche nach haus OR villa AND NOT palast Ergebnisse, in denen entweder das Wort „Haus" oder „Villa" vorkommt, nicht jedoch das Wort „Palast".

TIPP

Groß- oder Kleinschreibung spielt auch bei den Suchbegriffen keine Rolle, wobei die Operatoren OR sowie AND NOT aber jeweils großgeschrieben werden müssen.

HINWEIS

Windows 10 versteht auch Deutsch. Statt der gängigen englischen Operatoren lassen sich auch deutsche Operatoren einsetzen: ODER statt OR, UND NICHT statt AND NOT etc.

TIPP

92 Suchordner speichern

Start

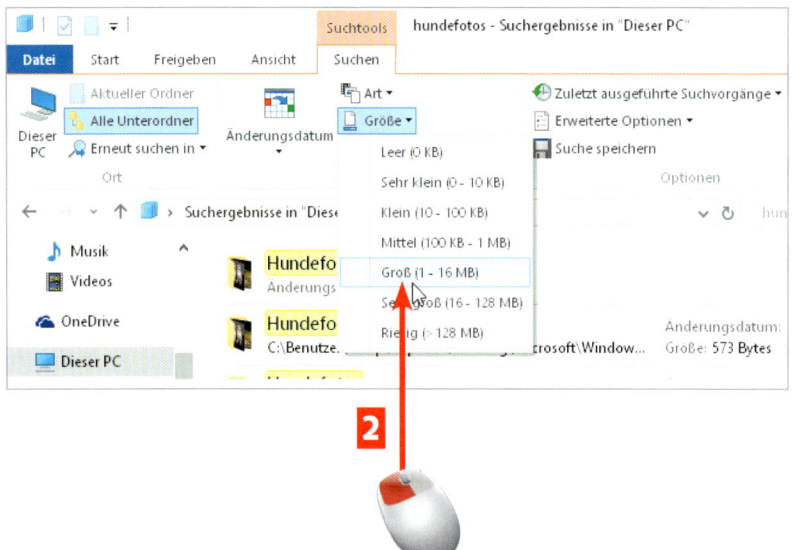

1 Bestimmen Sie in der Navigationsleiste des Explorers wieder, an welchem Speicherort Sie Ihre Suche durchführen möchten, und geben Sie den bzw. die Suchbegriffe ein, um mit der Suche loszulegen.

2 Passen Sie die Suche durch Operatoren bzw. – wie hier in der Abbildung zu sehen – durch die in den *Suchtools* im Menüband angebotenen Filter individuell an.

3 Wenn die Suche Ihren Wünschen entspricht, klicken Sie in den *Suchtools* auf die Schaltfläche *Suche speichern*.

Wenn Sie im Explorer eine Suche durchführen, können Sie diese auch abspeichern – daraus resultiert eine Art intelligente Bibliothek, die automatisch Elemente aufnimmt, die Ihrer Suche entsprechen. Wie Sie zum Speichern der Suche vorgehen, lesen Sie hier.

WISSEN

4 Mit dem Explorer Dateien verwalten

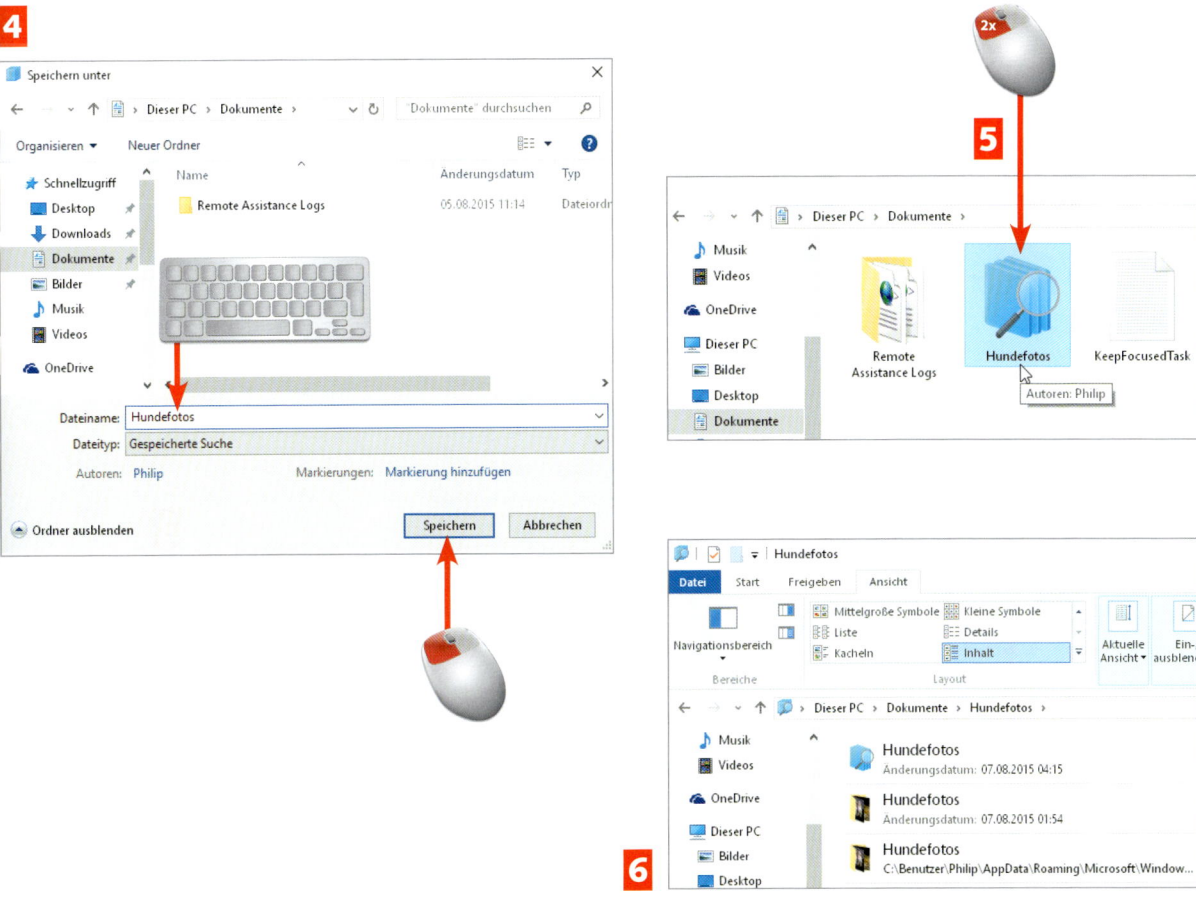

4 Wählen Sie den Speicherort für die Suche aus, ändern Sie gegebenenfalls die Bezeichnung und klicken Sie auf *Speichern*, um die Suche am gewählten Speicherort abzulegen.

5 Die Suche wird am Speicherort wie ein Ordner oder eine Bibliothek aufgerufen, in diesem Fall per Doppelklick darauf. (Die Suche wird auch im Navigationsbereich angezeigt.)

6 Die Suche wird Ihren Kriterien entsprechend erneut durchgeführt und die passenden Ergebnisse werden Ihnen nach durchgeführter Suche angezeigt.

Ende

HINWEIS
Für eine schnellere Suche werden von Windows bestimmte Speicherorte indiziert. Um festzulegen, welche Speicherorte in diesen Index aufgenommen werden sollen, klicken Sie in den *Suchtools* auf *Erweiterte Optionen* und wählen dann *Indizierte Orte ändern*.

HINWEIS
Auf Ihre zuletzt durchgeführten Suchen können Sie auch jederzeit in den *Suchtools* unter *Zuletzt ausgeführte Suchvorgänge* erneut zugreifen.

Dateisuche in der Taskleiste

Start

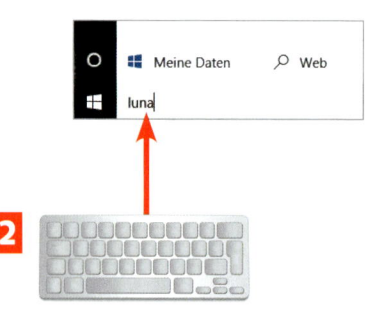

1 Klicken Sie mit der Maus in das in die Taskleiste integrierte Suchfeld.

2 Geben Sie Ihren Suchbegriff ein – bereits während des Eintippens werden Ihnen passende Vorschläge angeboten.

3 Klicken Sie eine gefundene Datei mit der Maus an, um sie mit der dafür vorgesehenen App zu öffnen. Der ganz oben gelistete Eintrag kann auch durch Drücken der ⏎-Taste geöffnet werden.

> Für die Suche nach Dateien, aber auch nach Einstellungen oder Begriffen lässt sich das in die Taskleiste eingebaute Suchfeld einsetzen. Wenn das Suchfeld in der Taskleiste zu viel Platz beansprucht, ersetzen Sie es durch ein Symbol: Klicken Sie mit der rechten Maustaste auf eine freie Fläche der Taskleiste und wählen Sie *Suchen/Suchsymbol anzeigen* bzw. bei aktivierter Cortana *Cortana/Cortana-Symbol anzeigen*.

WISSEN

4 Mit dem Explorer Dateien verwalten

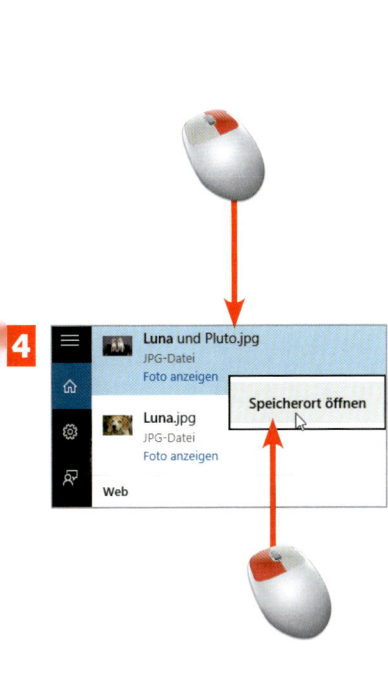
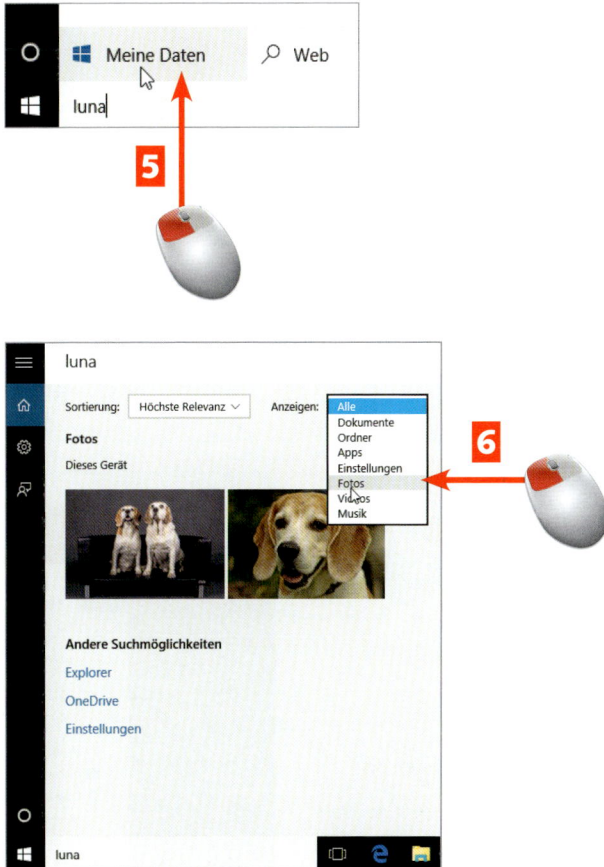

4 Möchten Sie die Datei nicht öffnen, sondern diese im Explorer anzeigen lassen? Dazu klicken Sie sie mit der rechten Maustaste an und wählen *Speicherort öffnen*.

5 Mehrere Begriffe werden durch ein unsichtbares UND verknüpft, die weiteren aus dem Explorer bekannten Operatoren stehen im Taskleisten-Suchfeld nicht zur Verfügung. Um Filteroptionen zu erhalten, klicken Sie auf *Meine Daten*.

6 Hier beschränke ich die Suche per Drop-down-Menü beispielsweise auf die Anzeige von Fotos.

Ende

| Im Fenster aus Schritt 6 können Sie im Abschnitt *Andere Suchmöglichkeiten* zur Suche im Explorer oder in den Einstellungen wechseln. | Programme starten oder Ordner öffnen: Auch unter Windows 10 steht das Fenster *Ausführen* zur Verfügung, das Sie mit dem Shortcut ⊞+R aufrufen. |

HINWEIS **TIPP**

96 Dateien endgültig löschen

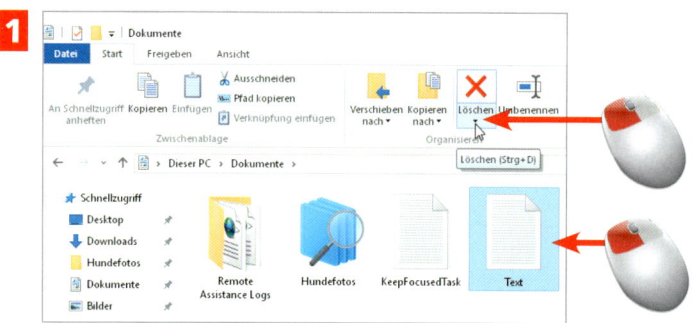

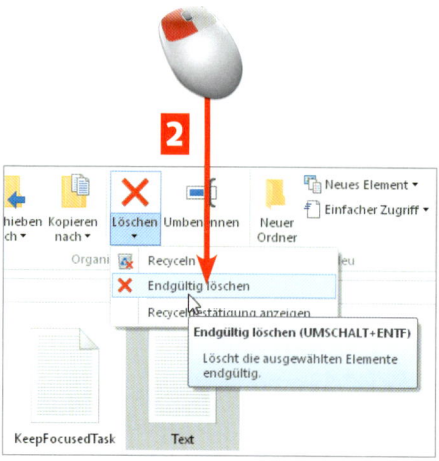

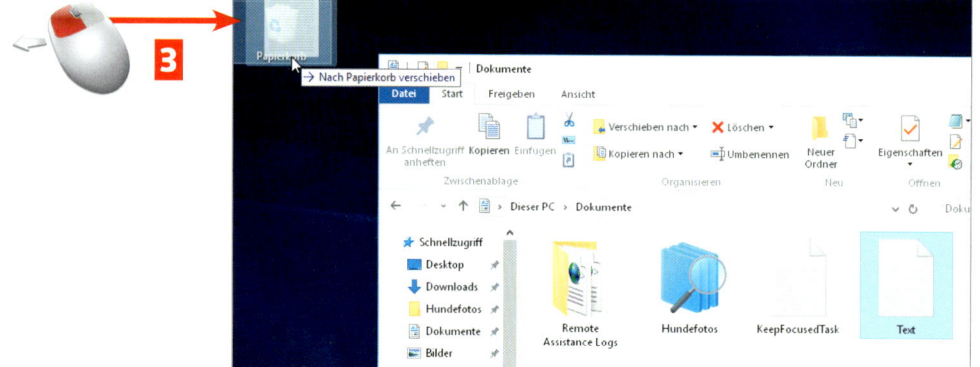

1 Wählen Sie die endgültig zu löschende Datei aus und klicken Sie im Menüband auf den unteren Teil der Schaltfläche *Löschen*.

2 Entscheiden Sie sich im sich öffnenden Menü für den Eintrag *Endgültig löschen*.

3 So geht's auch: Ziehen Sie eine Datei bei gedrückter ⇧- und Maustaste auf das Papierkorbsymbol auf dem Desktop, um diese endgültig zu löschen.

Wenn Sie eine Datei oder ein anderes Element löschen, wird dieses standardmäßig erst mal in den Papierkorb verschoben und kann dort bis zum endgültigen Löschen bei Bedarf wiederhergestellt werden. Wie Sie zum endgültigen Löschen einer Datei vorgehen, erfahren Sie hier.

WISSEN

4 Mit dem Explorer Dateien verwalten

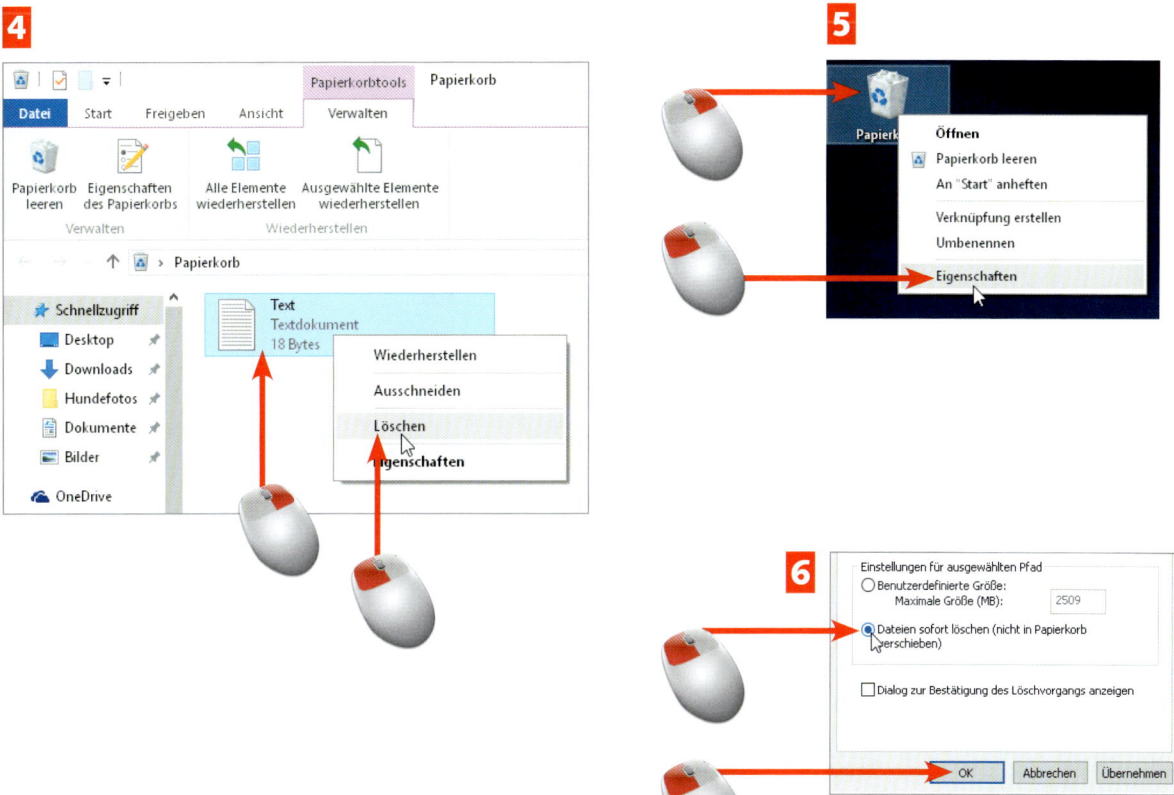

4 Eine im Papierkorb befindliche Datei endgültig löschen? Doppelklicken Sie auf das Papierkorbsymbol, um den Papierkorb zu öffnen. Klicken Sie die Datei mit der rechten Maustaste an und wählen Sie *Löschen*. Alternativ markieren Sie die Datei und drücken die [Entf]-Taste.

5 Sollen Dateien stets endgültig gelöscht werden? Um das einzurichten, klicken Sie mit der rechten Maustaste auf das Papierkorbsymbol und wählen *Eigenschaften*.

6 Aktivieren Sie im folgenden Fenster die Option *Dateien sofort löschen* und bestätigen Sie mit *OK*.

Ende

TIPP

Auch so lässt sich eine Datei endgültig löschen: Markieren Sie die Datei und drücken Sie das Tastenkürzel [⇧]+[Entf].

HINWEIS

Selbst „endgültig" gelöschte Dateien lassen sich unter Umständen wiederherstellen. NSA, Steuerfahndung, Kriminalpolizei und Co. verfügen selbstverständlich über entsprechende Software.

TIPP

Soll der Papierkorb auf Ihrem Computer „Mülleimer" heißen? Auch der Papierkorb lässt sich umbenennen, indem Sie ihn markieren und die [F2]-Taste drücken.

98 ISO-Datei brennen

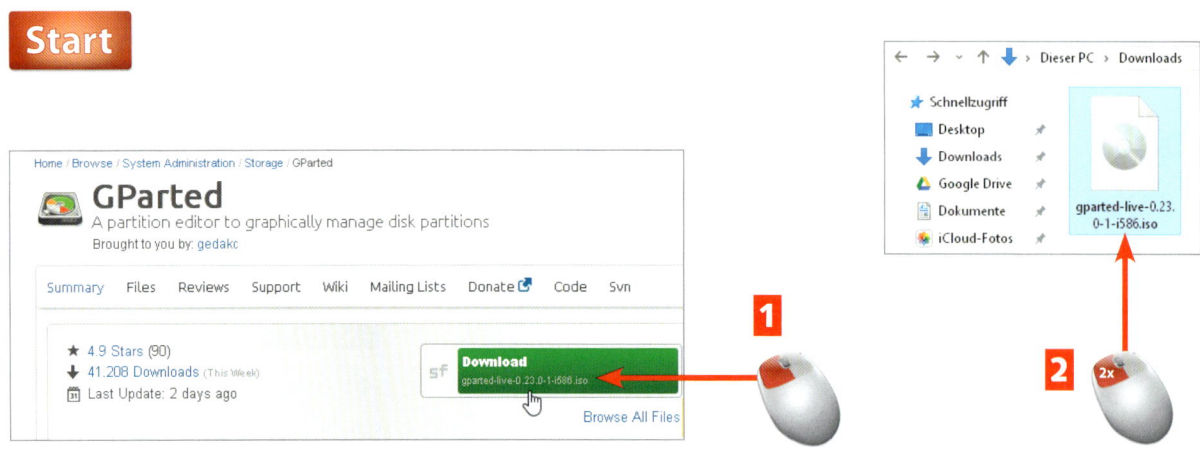

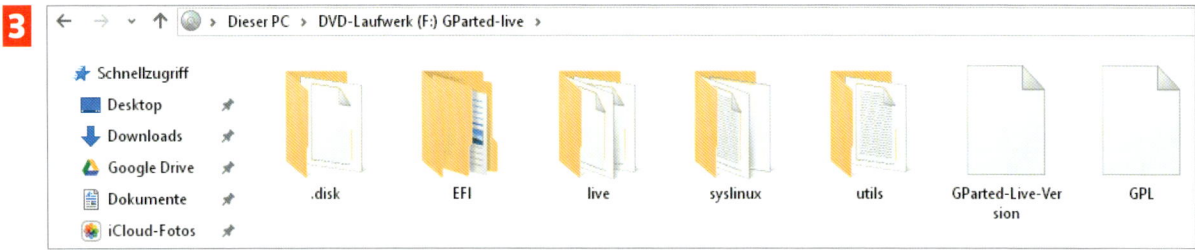

1 Zunächst benötigen Sie die ISO-Datei. Hier lade ich den Partitionseditor GParted unter der Webadresse sourceforge.net/projects/gparted aus dem Internet.

2 Eine ISO-Datei lässt sich unter Windows 10 direkt öffnen, indem Sie einfach darauf doppelklicken.

3 Schon haben Sie Zugriff auf die in der ISO-Datei enthaltenen Dateien. In diesem Fall bringt das aber nicht viel, da eine Live-CD gebrannt werden soll.

ISO-Dateien lassen sich unter Windows 10 wirklich kinderleicht brennen. Wie es funktioniert, zeige ich Ihnen auf dieser Doppelseite am Beispiel des Partitionierungseditors GParted, der auf eine CD gebrannt wird, von der dann als Live-CD gebootet wird.

WISSEN

4 Mit dem Explorer Dateien verwalten

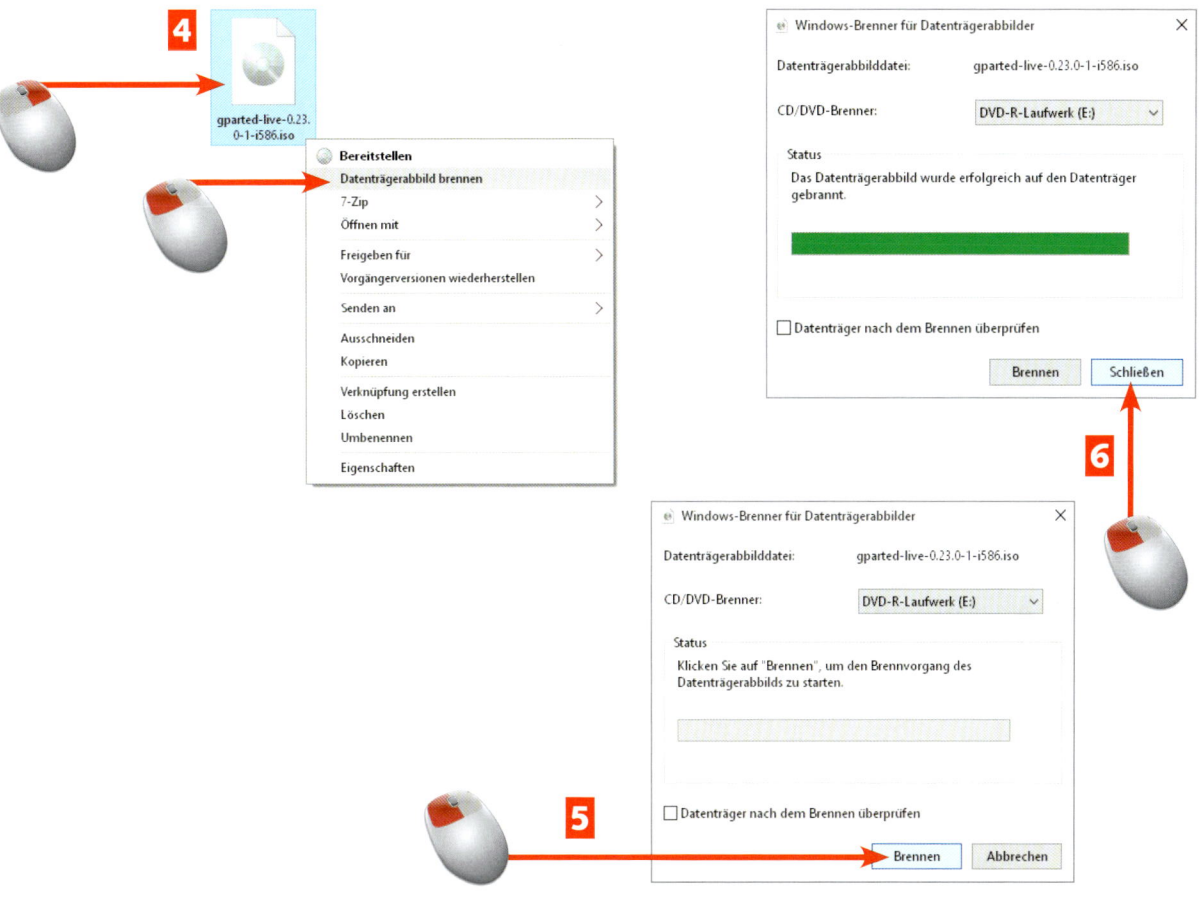

4 Um die ISO-Datei zu brennen, klicken Sie sie mit der rechten Maustaste an und wählen im Kontextmenü *Datenträgerabbild brennen*.

5 Legen Sie einen beschreibbaren Datenträger ins Laufwerk ein und klicken Sie auf *Brennen*.

6 Ein grüner Balken informiert Sie über den Brennfortschritt. Nachdem das Brennen abgeschlossen ist, beenden Sie den Vorgang mit *Schließen*.

Ende

Die ISO-Datei wie ein Laufwerk verwenden: Klicken Sie sie hierzu mit der rechten Maustaste an und wählen Sie im Kontextmenü *Bereitstellen*.

TIPP

Eine ISO-Datei ist das Abbild einer CD oder DVD. Die Bezeichnung stammt von der Norm ISO 9660, die sich auf das Dateisystem optischer Datenträger bezieht.

WISSEN

Möchten Sie das Bereitstellen wieder beenden, klicken Sie das „Laufwerk" mit der rechten Maustaste an und wählen im Kontextmenü *Auswerfen*.

TIPP

Explorer-Optionen festlegen

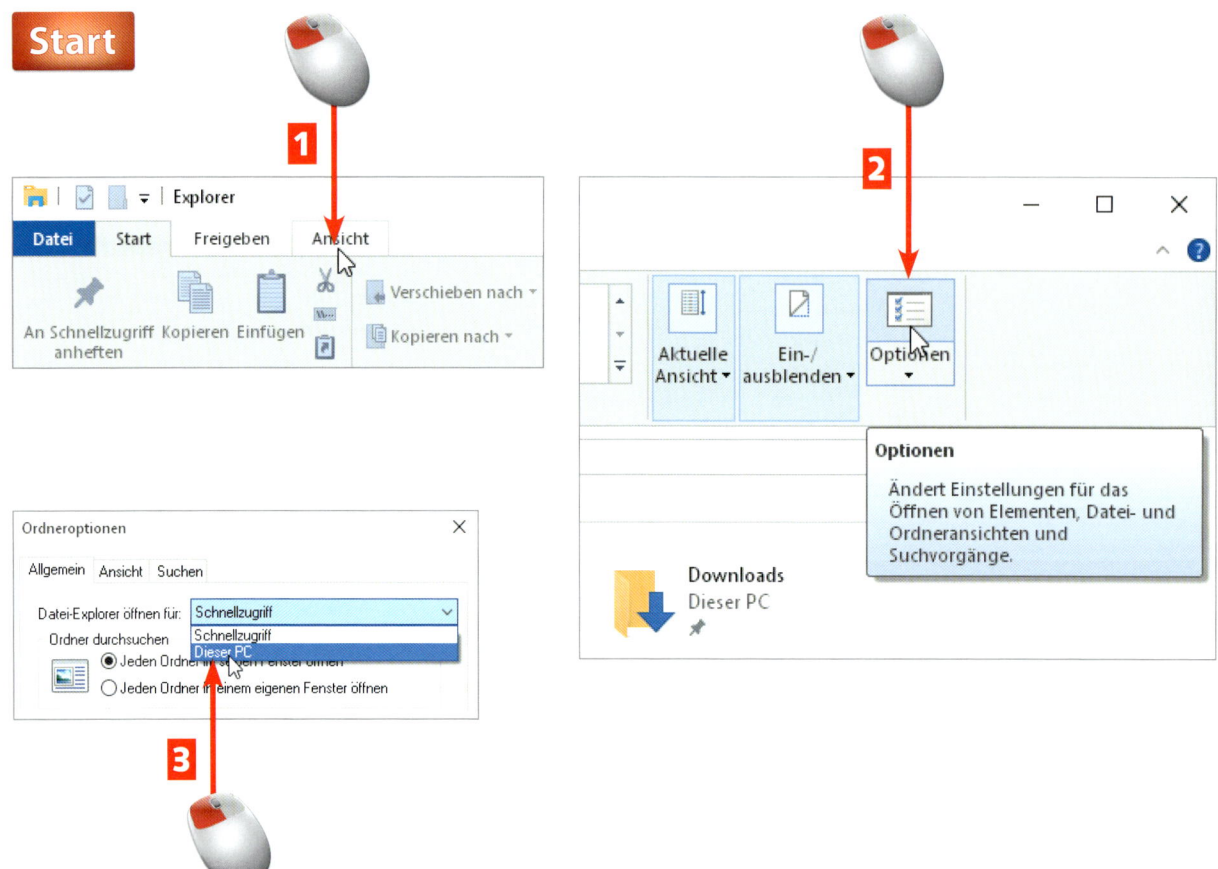

1 Entscheiden Sie sich im Menüband des Explorers für den Reiter *Ansicht*.

2 Klicken Sie auf den oberen Teil der Schaltfläche *Optionen*.

3 Wählen Sie im Drop-down-Menü *Datei-Explorer öffnen für* die Startansicht aus. Standardmäßig wird der *Schnellzugriff* angezeigt, Sie können jedoch auch die Ansicht *Dieser PC* auswählen.

Der Explorer bietet ein paar Optionen, die nicht jeder kennt – die aber jeder kennen sollte. Lassen Sie mich Ihnen zum Abschluss des Kapitels besonders wichtige Optionen vorstellen: das Ändern der Startansicht sowie die Auswahl durch einfachen Mausklick.

WISSEN

4 Mit dem Explorer Dateien verwalten

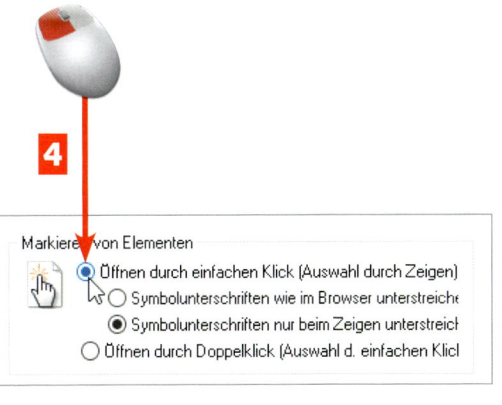

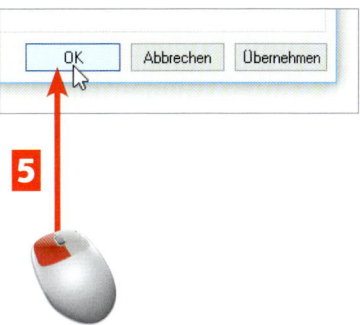

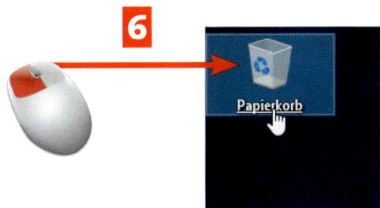

4 Soll das Öffnen von Elementen im Ansichtsbereich des Explorers oder auf dem Desktop zukünftig mit einem einfachen Mausklick statt mit einem Doppelklick erfolgen? Dazu aktivieren Sie im Abschnitt *Markieren von Elementen* die Option *Öffnen durch einfachen Klick*.

5 Bestätigen Sie Ihre Einstellungen mit *OK*.

6 Die Elemente werden nun wie bei einem Link auf einer Webseite unterstrichen dargestellt, wenn Sie den Mauszeiger darauf bewegen. Das Öffnen erfolgt durch einfachen Mausklick.

Ende

Im Fenster aus den Schritten 3–5 finden Sie unter dem Reiter *Ansicht* noch einige weitere Optionen wie etwa das Ausblenden von Laufwerkbuchstaben, das Einblenden vollständiger Dateipfade etc.

Zum Öffnen des Explorers mit der gewählten Startansicht lässt sich auch der Shortcut ⊞+E einsetzen.

HINWEIS **TIPP**

102 Beliebige Explorer-Startseite

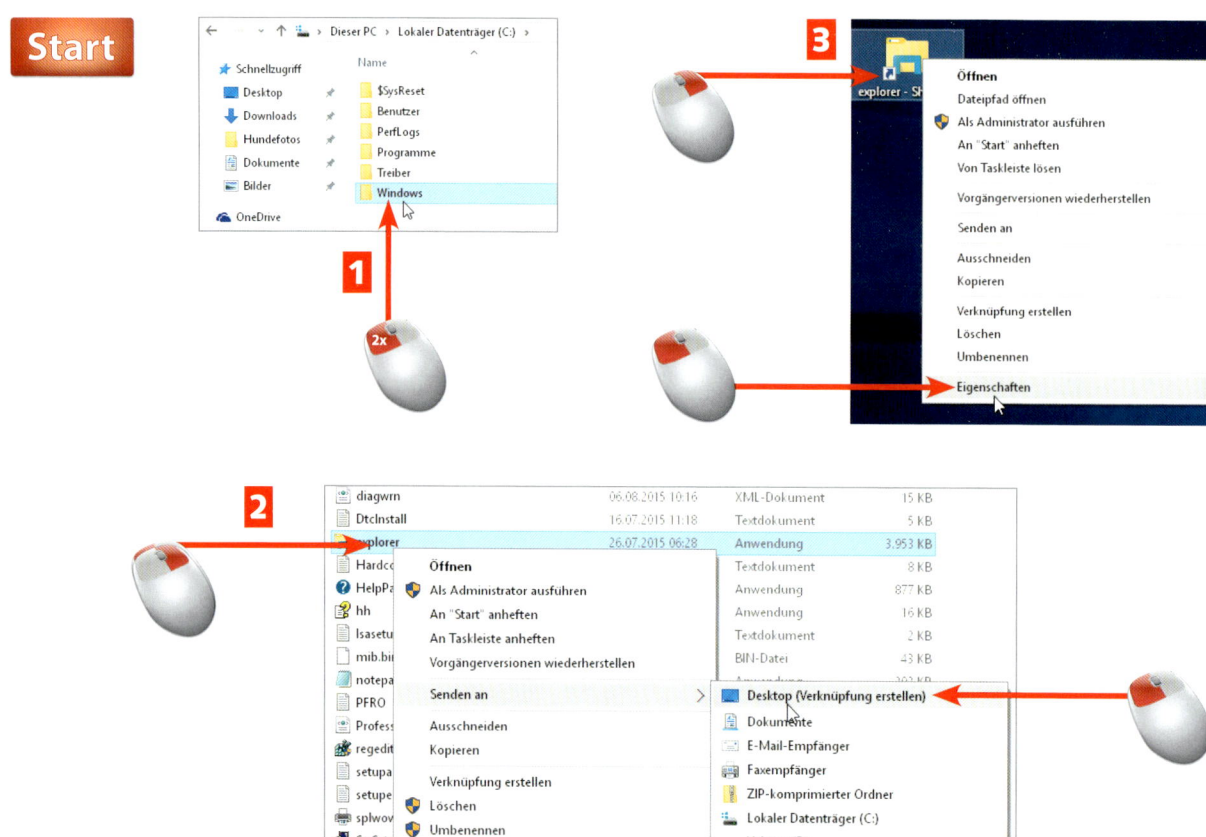

1. Öffnen Sie im Explorer auf dem lokalen Datenträger (meistens *C:*) den Ordner *Windows*.

2. Klicken Sie mit der rechten Maustaste auf die Datei *explorer.exe* und wählen Sie im Kontextmenü *Senden an/Desktop (Verknüpfung erstellen)*.

3. Klicken Sie nun mit der rechten Maustaste auf die erstellte Desktop-Verknüpfung und entscheiden Sie sich im Kontextmenü für den Eintrag *Eigenschaften*.

Sie möchten den Explorer per Taskleistensymbol direkt mit einem beliebigen Ordner öffnen. Dies ist durch einen kleinen Trick möglich, den ich Ihnen hier vorstelle.

WISSEN

4 Mit dem Explorer Dateien verwalten 103

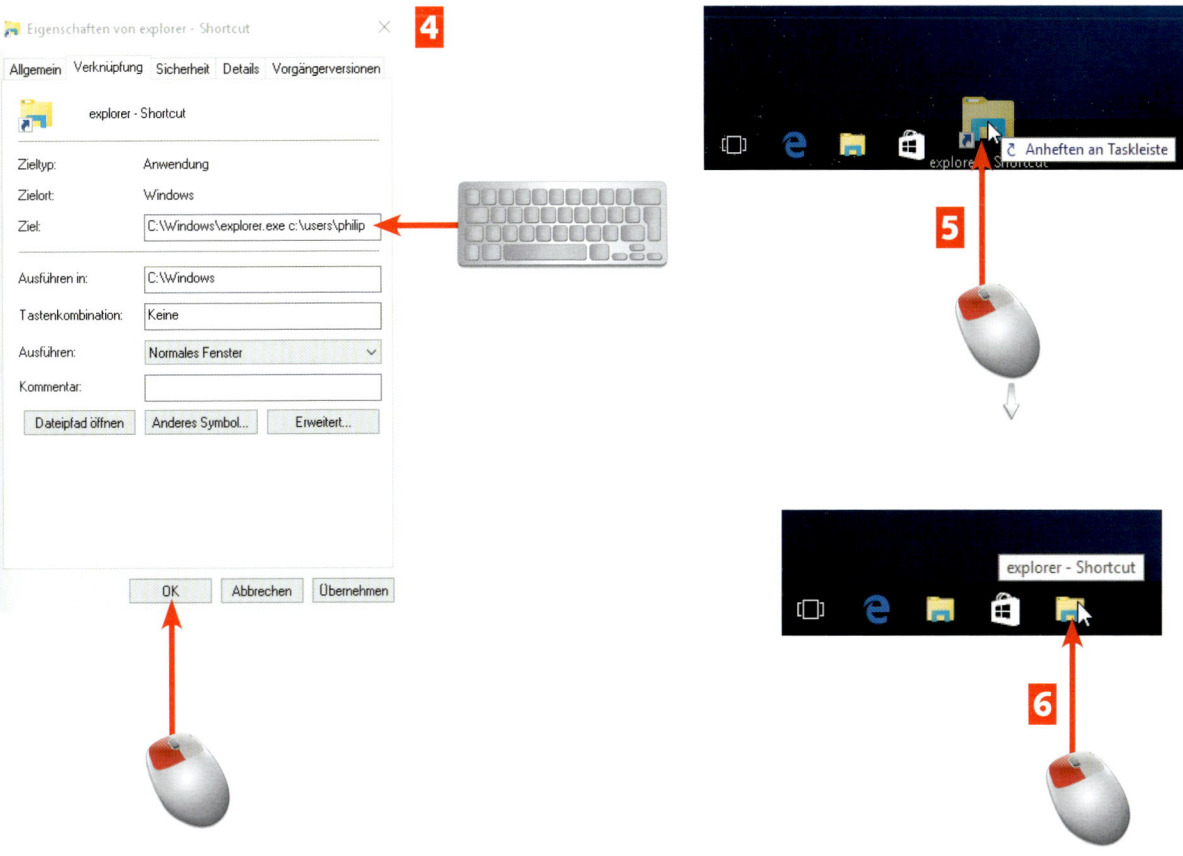

4 Im Feld *Ziel* ergänzen Sie den Eintrag durch *c:\users\philip*, wobei Sie statt *c:\users\philip* natürlich den eigenen gewünschten Ordnerpfad verwenden.

5 Ziehen Sie die Desktop-Verknüpfung bei gedrückter Maustaste in die Taskleiste, um sie dort anzuheften. Dass bereits ein Explorer-Symbol vorhanden ist, stört überhaupt nicht.

6 Klicken Sie auf das neue Symbol, um den Explorer mit der gewünschten Startansicht aufzurufen. (Wenn Sie auf das bereits vorhandene Symbol klicken, wird der Explorer weiterhin mit der Standardansicht geöffnet.)

Ende

Einen Ordnerpfad ermitteln: Klicken Sie einen Ordner mit der rechten Maustaste an und wählen Sie *Eigenschaften*. Unter *Ort* wird Ihnen der Pfad angezeigt. Im Explorer können Sie auch einfach in das Adressfeld doppelklicken.

Wenn Sie in Schritt 4 statt des Ordnerpfads ein beliebiges Zeichen anhängen, wird automatisch der Benutzerordner *Dokumente* als Startansicht verwendet.

HINWEIS **TIPP**

Mit Apps und Programmen arbeiten

5

In diesem Kapitel halte ich spannende Tipps und Tricks rund um den Umgang mit Apps und Programmen für Sie auf Lager. Gerne zeige ich Ihnen Schritt für Schritt, wie Sie Programme per selbst erstelltem Shortcut oder völlig automatisch starten – entweder direkt nach dem Hochfahren des Computers oder nach Zeitplan.

Lesen Sie außerdem, wie Sie Dokumente als Datei „drucken", in welchem Ordner Sie auf die installierten Apps zugreifen und noch so einiges Nützliche mehr.

106 Fenster ideal positionieren

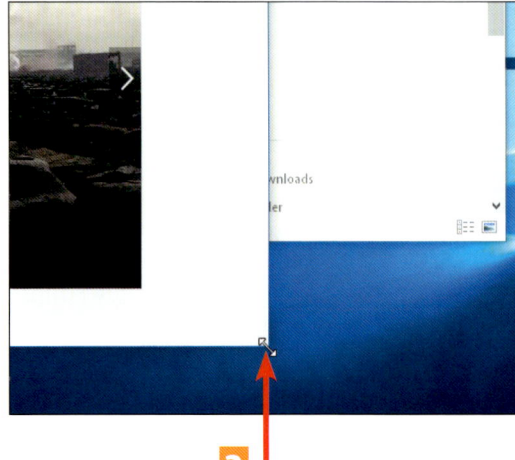
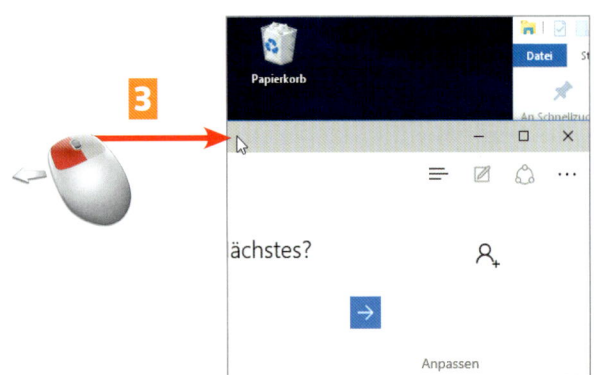

1 Um die Größe eines Fensters manuell zu verändern, müssen Sie ein maximiertes Fenster gegebenenfalls zunächst verkleinern. Am schnellsten gelingt der Wechsel zwischen maximiertem und verkleinertem Fenster per Doppelklick in die Titelleiste.

2 Bewegen Sie den Mauszeiger an einen Rand oder in eine Ecke des Fensters und ziehen Sie es bei gedrückter Maustaste größer oder kleiner.

3 Zum Verschieben eines Fensters klicken Sie in die Titelleiste und ziehen es in die gewünschte Position. Zum Platzieren auf einer Bildschirmhälfte ziehen Sie es zum Bildschirmrand.

Ein Fenster auf einer Bildschirmhälfte zu platzieren, war schon in früheren Windows-Versionen möglich, aber unter Windows 10 lässt sich recht bequem eine Bildschirmhälfte noch weiter unterteilen. Die wichtigsten Funktionen zum idealen Platzieren Ihrer Fenster stelle ich Ihnen auf dieser Doppelseite vor.

WISSEN

5 Mit Apps und Programmen arbeiten

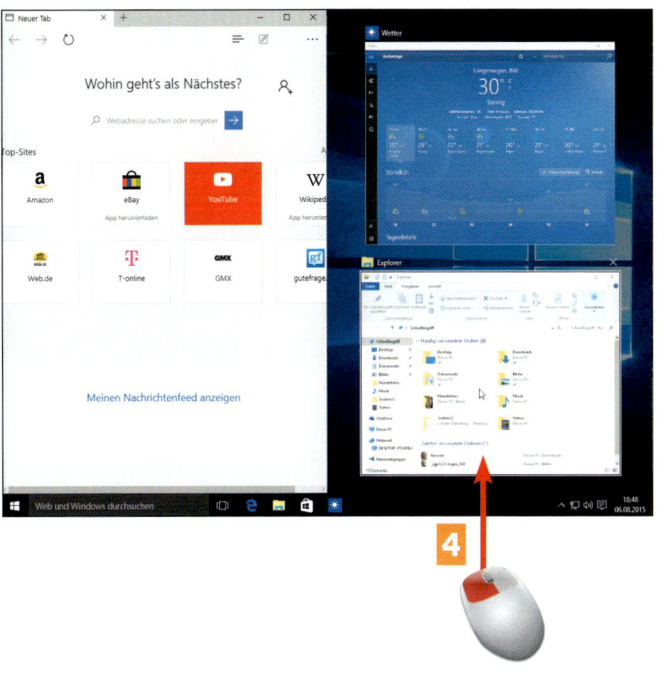
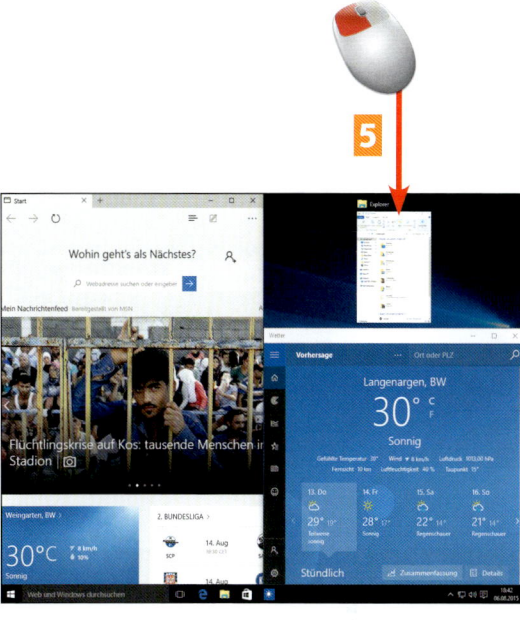
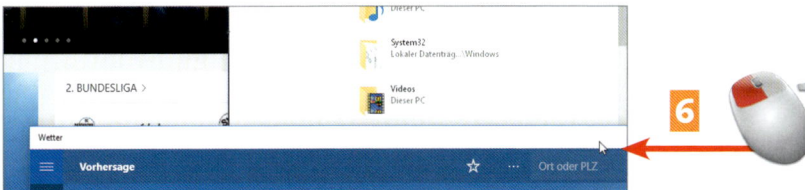

4 Das ausgewählte Fenster befindet sich auf der linken Bildschirmhälfte. Klicken Sie nun das Fenster an, das auf der rechten Bildschirmhälfte platziert werden soll.

5 Nun wollen Sie ein weiteres Fenster auf der rechten Bildschirmhälfte platzieren. Ziehen Sie dieses Fenster bei gedrückter Maustaste in eine der rechten Ecken.

6 In diesem Fall habe ich das Fenster auf der rechten Bildschirmhälfte unten positioniert. Per Mausklick auf das angebotene Fenster platziere ich dieses oben auf der Bildschirmhälfte.

Ende

HINWEIS

Die Einstellungen zum „Andocken" lassen sich anpassen, und zwar in den *Einstellungen* (Sie öffnen diese z. B. per Eintrag im Startmenü) unter *System/Multitasking*.

TIPP

Das Platzieren eines Fensters auf einer Bildschirmhälfte kann auch mit den Shortcuts ⊞+← und ⊞+→ bzw. ⊞+↑ und ⊞+↓ erfolgen.

108 Fenster auf mehrere Desktops verteilen

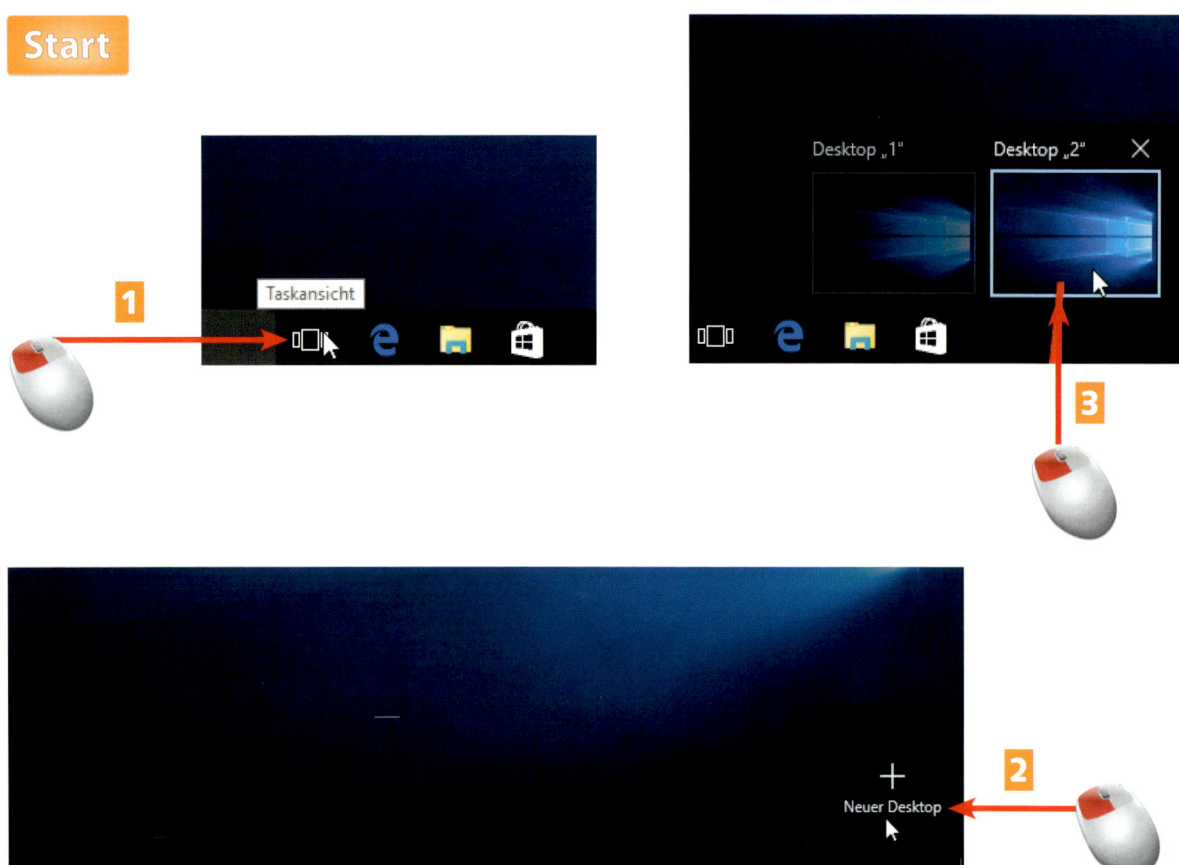

1. Zunächst mal legen Sie weitere Desktops an. Dazu klicken Sie in der Taskleiste auf das Symbol ▢ (Taskansicht).

2. Klicken Sie oberhalb des Infobereichs auf die Schaltfläche *Neuer Desktop*.

3. Der neue Desktop wird erstellt. Die Taskansicht dient nun auch zum Umschalten zwischen den von Ihnen erstellten Desktops.

Ein spannendes neues Feature von Windows 10 ist die Möglichkeit, mehrere „virtuelle" Desktops anzulegen und auf diesen Desktops unterschiedliche Fenster zu öffnen. Das kann beispielsweise praktisch sein, wenn Sie geschäftliche und private Fenster trennen wollen.

WISSEN

5 Mit Apps und Programmen arbeiten 109

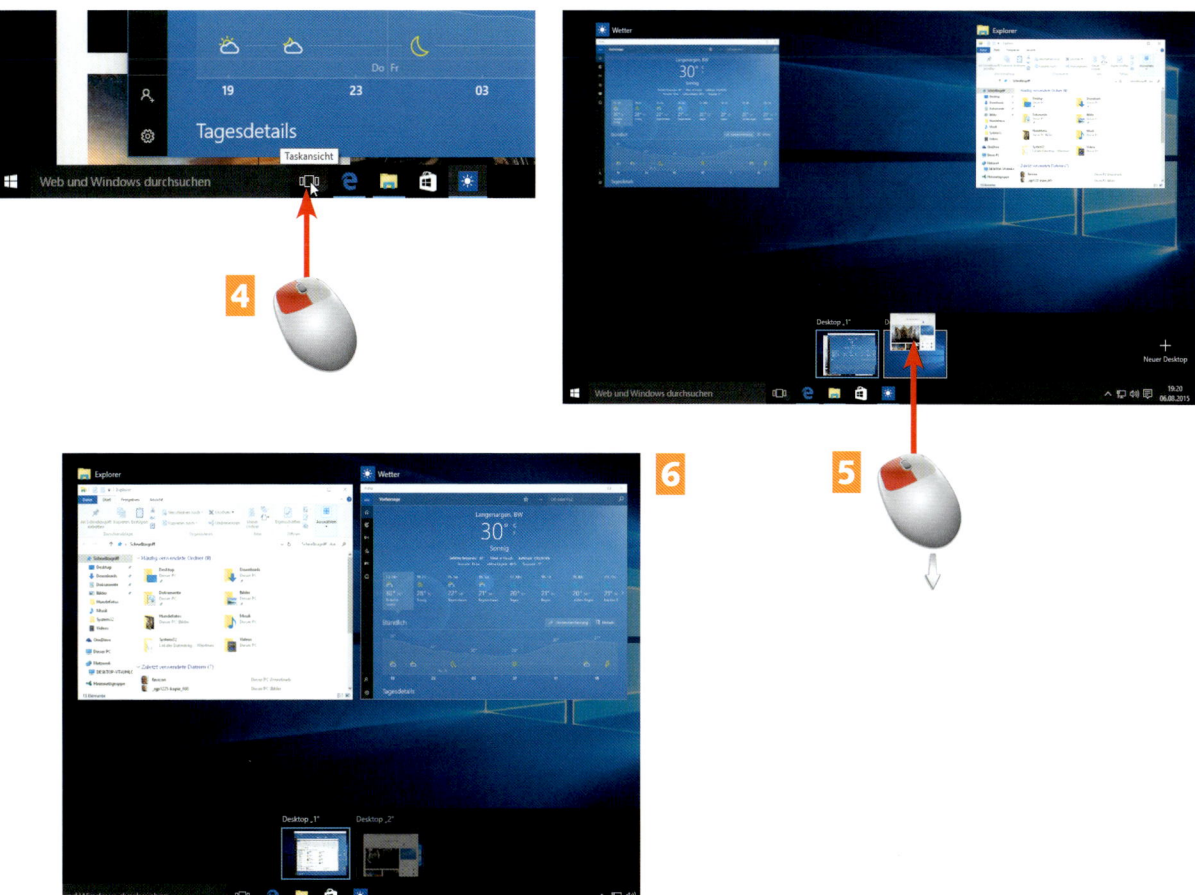

[4] Um eines oder mehrere Fenster auf dem neuen Desktop zu platzieren, klicken Sie in der Taskleiste erneut auf das Symbol.

[5] Ihnen werden Miniaturversionen der geöffneten Fenster angezeigt. Ziehen Sie das Fenster bei gedrückter Maustaste auf den gewünschten Desktop.

[6] Das entsprechende Fenster wurde auf dem anderen Desktop platziert. Wiederholen Sie den Vorgang gegebenenfalls mit weiteren Fenstern.

Ende

Ein neuer Desktop lässt sich auch mit dem Shortcut ⊞+Strg+D anlegen.

TIPP

Wenn Sie ein Fenster in der Taskansicht auf die Schaltfläche *Neuer Desktop* ziehen, wird ein neuer Desktop mit diesem Fenster erstellt.

HINWEIS

Die Taskansicht öffnen und schließen gelingt noch schneller mit dem Shortcut ⊞+Tab. Die geöffneten Fenster durchblättern können Sie auch mit dem Shortcut Alt+Tab bzw. per Minivorschau in der Taskleiste per Shortcut ⊞+T.

TIPP

Standard-Apps festlegen

Start

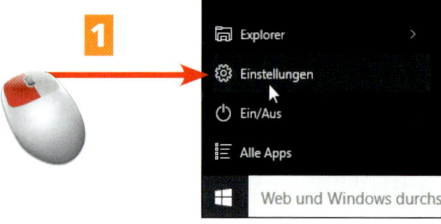

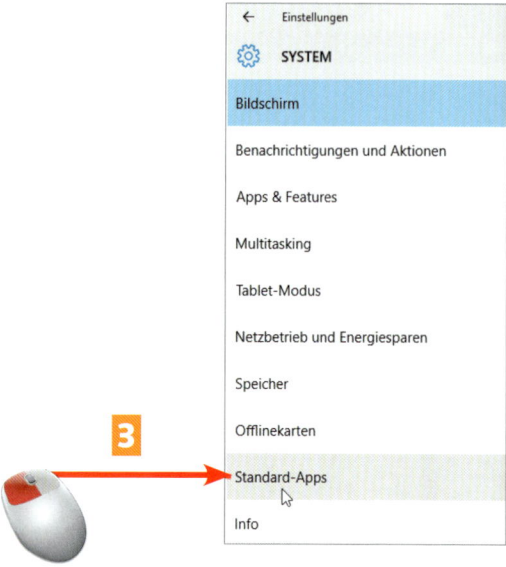

1 Öffnen Sie das Startmenü und klicken Sie auf den Eintrag *Einstellungen*.

2 Wählen Sie in den so geöffneten *Einstellungen* die Kategorie *System*.

3 Klicken Sie in der Leiste links auf *Standard-Apps*.

WISSEN

Welche Apps sollen standardmäßig zum Öffnen bestimmter Dateien verwendet werden, also etwa für Ihre Fotos oder Ihre Musik? Wie Sie das einstellen – sofern Sie mehrere passende Apps installiert haben –, zeige ich Ihnen auf dieser Doppelseite.

5 Mit Apps und Programmen arbeiten

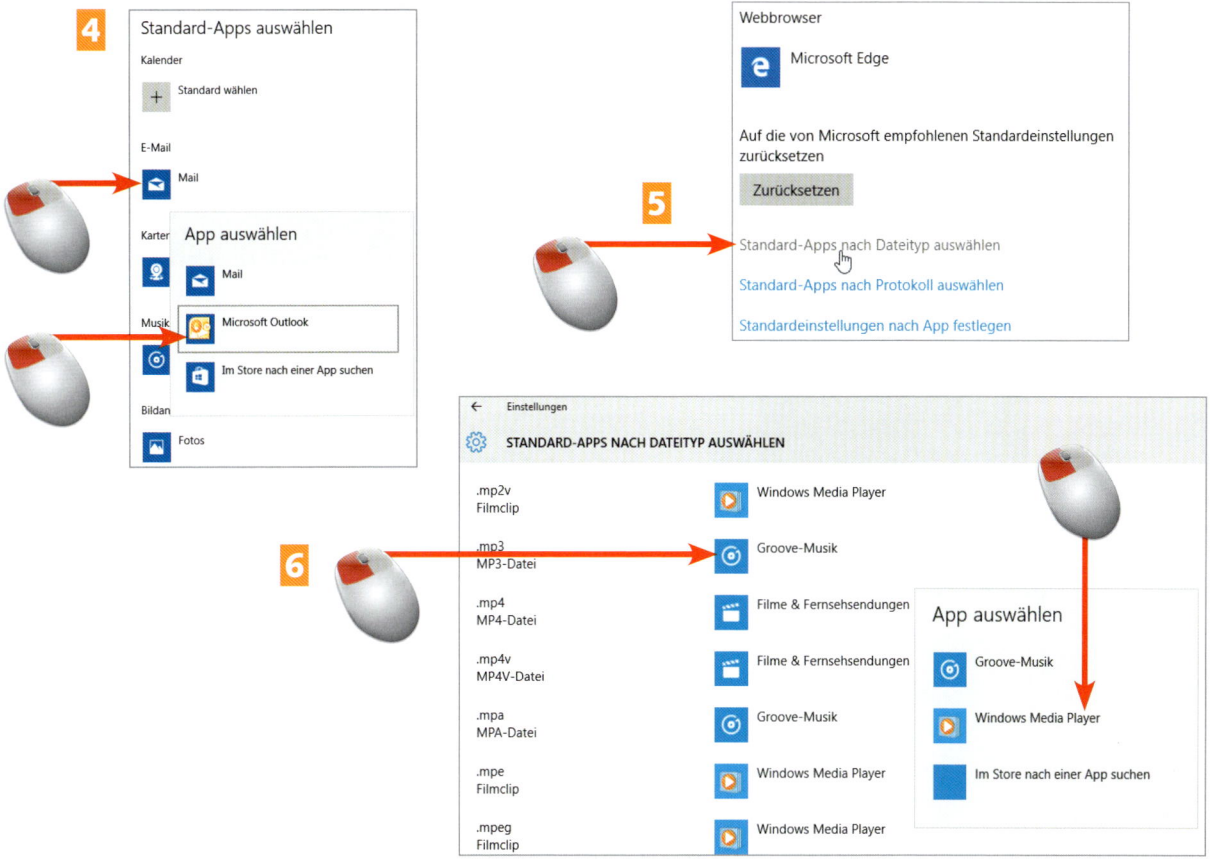

4 Um eine App für alle unterstützten Dateitypen auszuwählen, klicken Sie diese im Abschnitt *Standard-Apps auswählen* an und bestimmen im Menü die gewünschte Standard-App.

5 Oder soll einem bestimmten Dateityp eine App zugewiesen werden? Dazu klicken Sie unterhalb der Standard-Apps auf den Link *Standard-Apps nach Dateityp auswählen*.

6 Scrollen Sie zum Dateityp, klicken Sie auf die dort angezeigte App und wählen Sie im Menü eine andere App aus.

Ende

HINWEIS

Auch unter Windows 10 gibt es noch die Systemsteuerungsfunktion *Standardprogramme festlegen*. Sie öffnen diese, indem Sie im Fenster aus Schritt 5 auf *Standardeinstellungen nach App festlegen* klicken.

TIPP

So geht's auch: Klicken Sie eine Datei mit der rechten Maustaste an und wählen Sie die gewünschte App unter *Öffnen mit* aus.

Programm per Shortcut starten

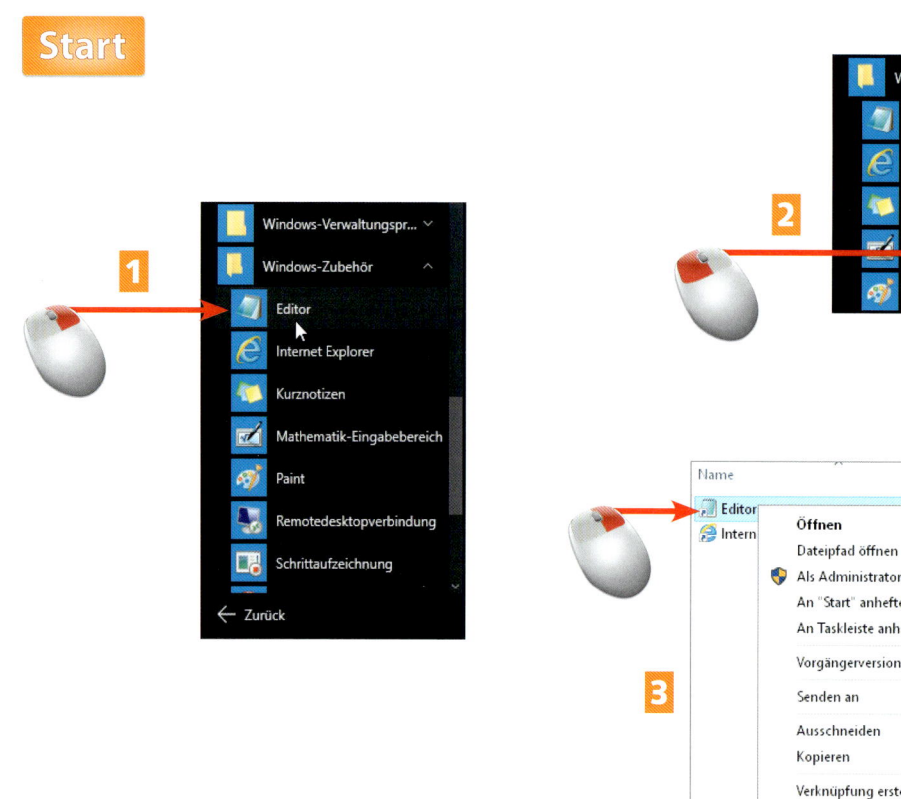

1. Klicken Sie das Programm, für das Sie eine Tastenkombination erstellen möchten, im Startmenü unter *Alle Apps* mit der rechten Maustaste an.

2. Entscheiden Sie sich im Kontextmenü für den Eintrag *Dateipfad öffnen*. Alternativ ziehen Sie einen Eintrag einfach bei gedrückter Maustaste aus dem Startmenü auf den Desktop.

3. Klicken Sie die Programmverknüpfung im Explorer mit der rechten Maustaste an und wählen Sie *Eigenschaften*.

Falls Sie keine Lust haben, bestimmte Programme im Startmenü herauszusuchen, um diese zu öffnen, erstellen Sie zum schnellen Öffnen eine Tastenkombination. Dazu sind nur wenige Schritte erforderlich, wie Ihnen die Anleitung auf dieser Doppelseite zeigt.

WISSEN

5 Mit Apps und Programmen arbeiten 113

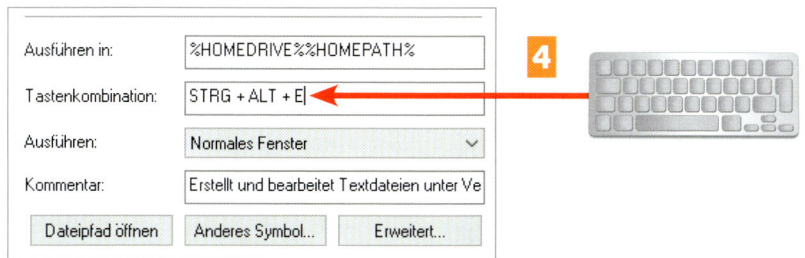

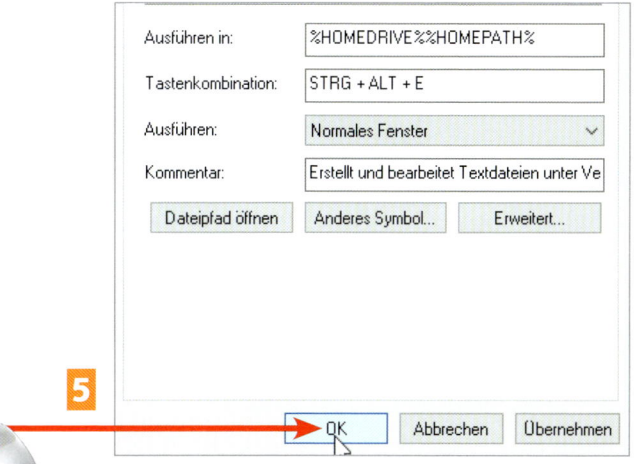

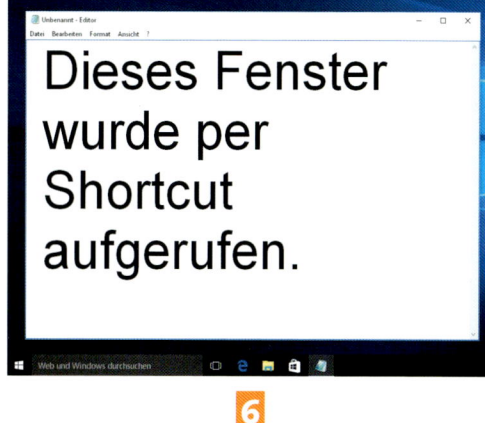

4 Klicken Sie in das Feld *Tastenkombination* und geben Sie ein Zeichen ein, sinnvollerweise den Anfangsbuchstaben des Programms. Die weiteren Tasten [Strg]+[Alt] werden automatisch eingefügt.

5 Bestätigen Sie das Erstellen des Shortcuts mit *OK*.

6 Schon lässt sich das Programm mit der entsprechenden Tastenkombination starten, hier beispielsweise das Zubehörprogramm Editor.

Ende

Für die Programme und Apps, die Sie der Taskleiste hinzugefügt haben, stehen Shortcuts bereits zur Verfügung: ⊞+[1] für die erste App, ⊞+[2] für die zweite App etc.

TIPP

Manche Tastaturen bieten Sondertasten zum Öffnen bestimmter Programme, etwa des Webbrowsers oder des E-Mail-Programms. Vielleicht ja auch Ihre Tastatur?

HINWEIS

Sogar die Maus lässt sich per Tastatur bedienen: Aktivieren Sie dazu im Center für erleichterte Bedienung (das starten Sie mit ⊞+[U]) unter *Bedienung der Tastatur erleichtern* die Option *Maustasten aktivieren*.

TIPP

Programm beim Hochfahren starten

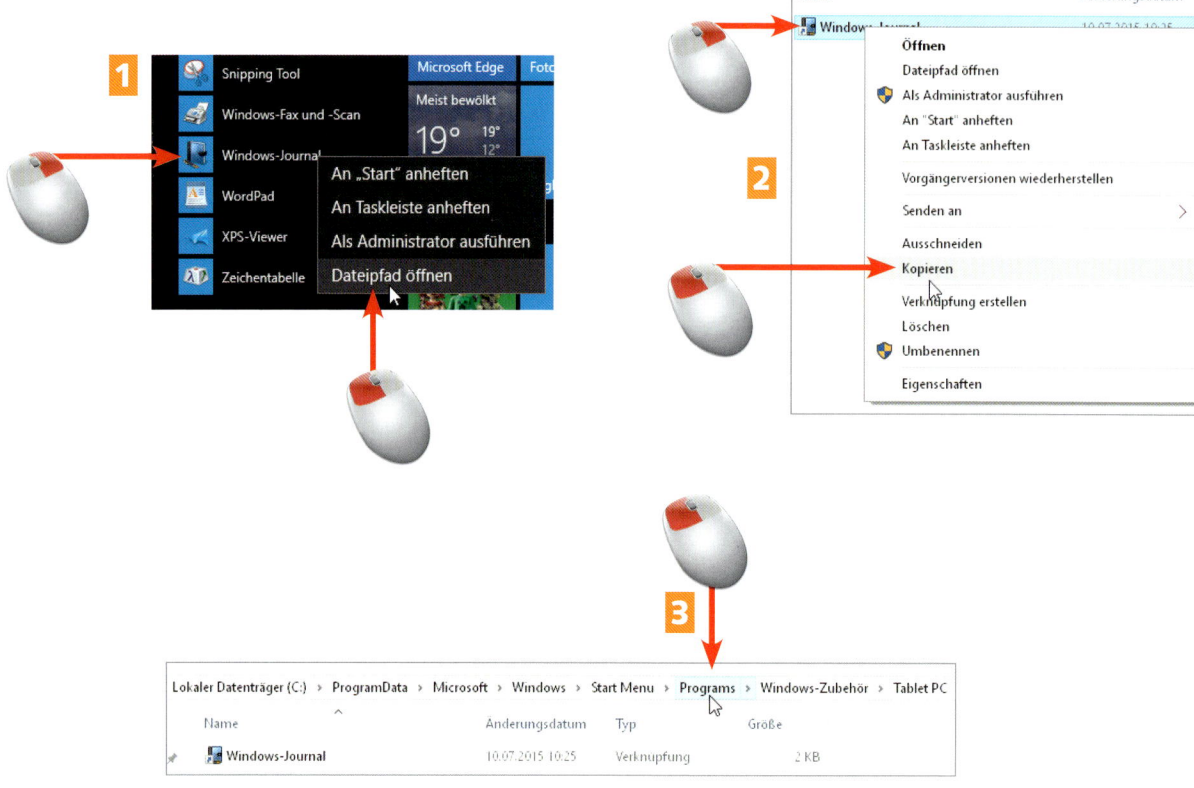

1 Klicken Sie im Startmenü unter *Alle Apps* mit der rechten Maustaste auf das Programm, das Sie dem Autostart hinzufügen möchten, und wählen Sie im Kontextmenü *Dateipfad öffnen* (nur bei Desktop-Programmen möglich, nicht bei Store-Apps).

2 Klicken Sie die Programmverknüpfung im folgenden Fenster mit der rechten Maustaste an und entscheiden Sie sich im Kontextmenü für den Eintrag *Kopieren*.

3 Als Nächstes klicken Sie in der Adressleiste des Explorers auf den *Programs*-Eintrag.

Sie benötigen ein bestimmtes Programm regelmäßig nach dem Start Ihres Computers? Um es zukünftig nicht mehr manuell öffnen zu müssen, legen Sie eine Programmverknüpfung in den *Autostart*-Ordner. Wie Sie dazu am besten vorgehen, erfahren Sie hier.

WISSEN

5 Mit Apps und Programmen arbeiten 115

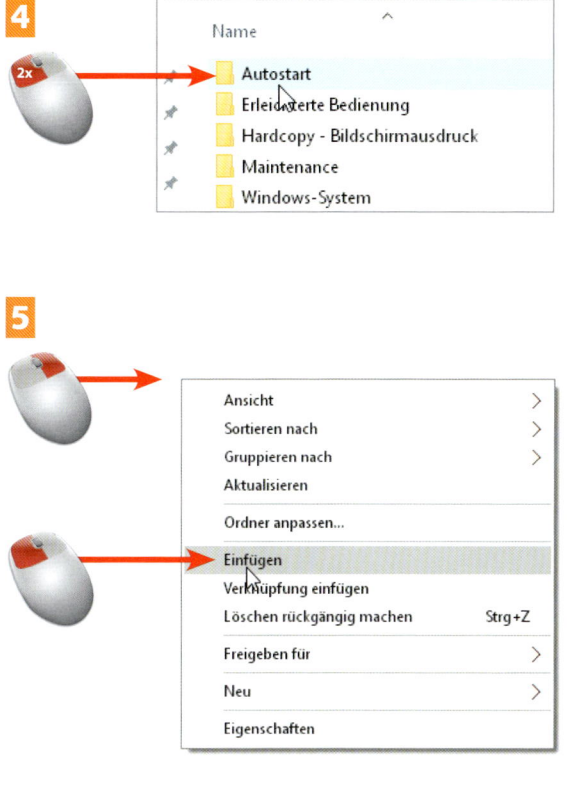
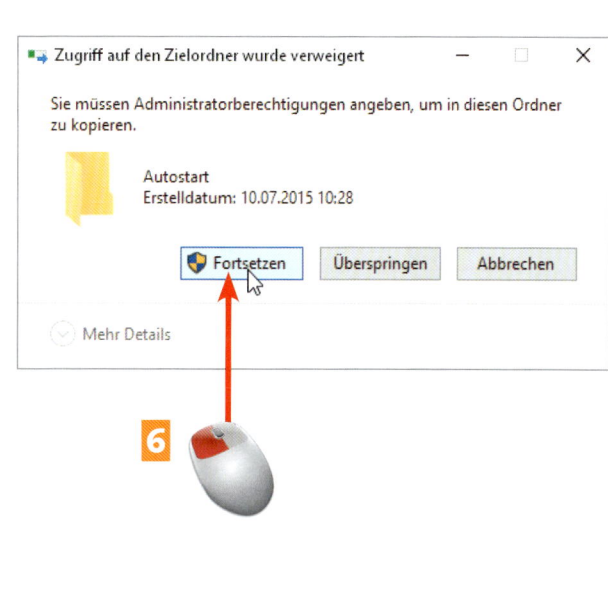

4 Öffnen Sie den Ordner *Autostart*.

5 Klicken Sie mit der rechten Maustaste auf eine freie Fläche des Anzeigebereichs und wählen Sie im Kontextmenü *Einfügen*.

6 Bestätigen Sie das Einfügen der Verknüpfung als Administrator mit *Fortsetzen*. Das Programm wird ab sofort zusammen mit Windows 10 gestartet.

Ende

Auch eine beliebige Dateiverknüpfung lässt sich in den Autostart legen, um die Datei mit dem dafür vorgesehenen Programm bzw. der entsprechenden App automatisch aufzurufen.

Wenn Sie eine Verknüpfung aus dem *Autostart*-Ordner löschen, wird auch der entsprechende Autostart beendet. Ziehen Sie den *Autostart*-Ordner am besten in den Schnellzugriff, um ihn schneller verfügbar zu machen.

Legen Sie wirklich nur die immer benötigten Programme in den Autostart, um den Windows-Start nicht unnötig zu verlangsamen!

TIPP   **HINWEIS**   **TIPP**

116 Die Autostarts verwalten

Start

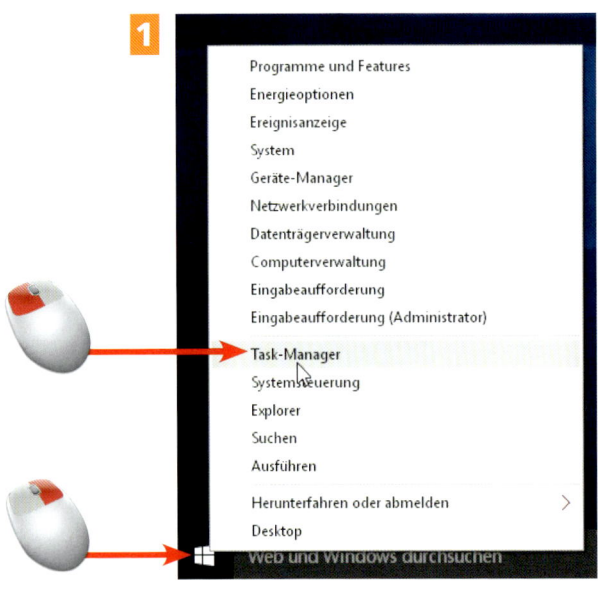
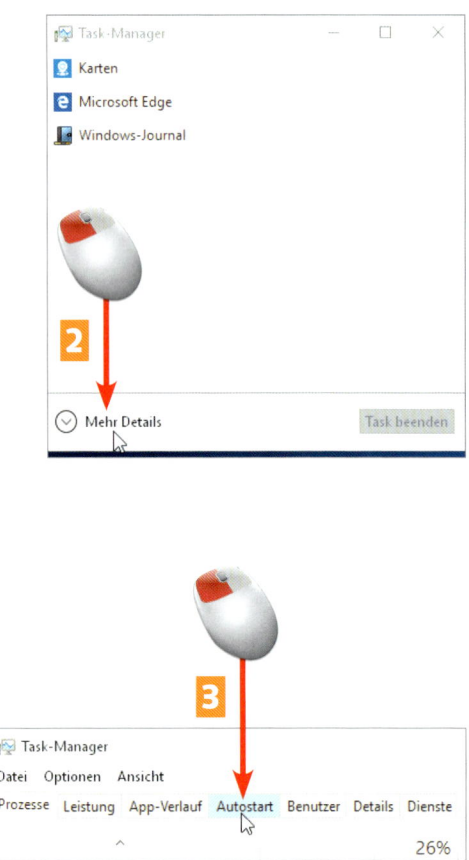

1 Klicken Sie mit der rechten Maustaste auf das Windows-Logo ⊞ und wählen Sie im Kontextmenü den Eintrag *Task-Manager*. Alternativ verwenden Sie zum Starten des Task-Managers den Shortcut [Strg]+[⇧]+[Esc].

2 Wenn Ihnen im Task-Manager zunächst die reduzierte Ansicht angezeigt wird, klicken Sie links unten im Fenster auf *Mehr Details*.

3 Entscheiden Sie sich nun oben im Task-Manager für den Reiter *Autostart*.

Nicht jeder Autostart ist gewünscht. Wenn Sie ein neues Programm installieren, kann es durchaus sein, dass dieses Einträge für den Autostart erzeugt, etwa um das Programm automatisch zu aktualisieren. Die Autostarts lassen sich kinderleicht im Task-Manager verwalten, wie ich es Ihnen hier zeige.

WISSEN

5 Mit Apps und Programmen arbeiten 117

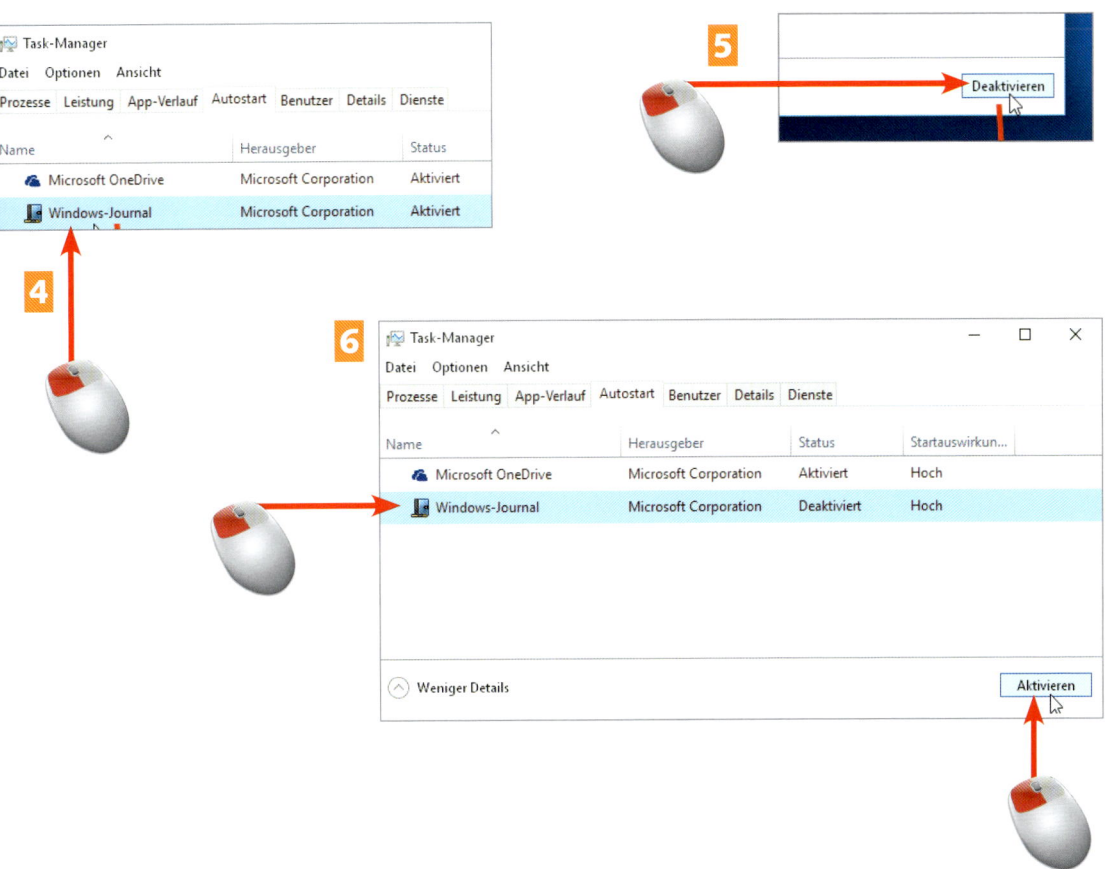

4 Ihnen werden die Programme mit einem Autostart-Eintrag angezeigt, und zwar jeweils mit der Information, ob der Autostart für das Programm aktiviert oder deaktiviert ist. Um den Autostart für ein Programm zu deaktivieren, klicken Sie es in der Liste an.

5 Entscheiden Sie sich dann rechts unten im Fenster für die Schaltfläche *Deaktivieren*.

6 Genauso lassen sich deaktivierte Autostarts auch wieder aktivieren: Klicken Sie ein Programm an und wählen Sie rechts unten die Schaltfläche *Aktivieren*.

Ende

Auch der automatische Start von Diensten lässt sich bei Bedarf unterbinden: Klicken Sie im Task-Manager auf den Reiter *Dienste* und wählen Sie *Dienste öffnen*. Klicken Sie nun einen Dienst mit der rechten Maustaste an und wählen Sie *Eigenschaften*. Treffen Sie im Drop-down-Menü *Starttyp* Ihre Auswahl.

So lassen sich die Dienste ebenfalls öffnen: Klicken Sie mit der rechten Maustaste auf das Windows-Logo ⊞ und öffnen Sie die *Computerverwaltung*. Klicken Sie links in der Computerverwaltung auf *Dienste und Anwendungen* und wählen Sie *Dienste*.

HINWEIS **TIPP**

118 Programm nach Zeitplan starten

Start

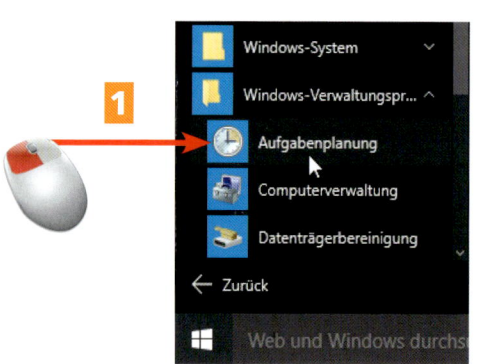

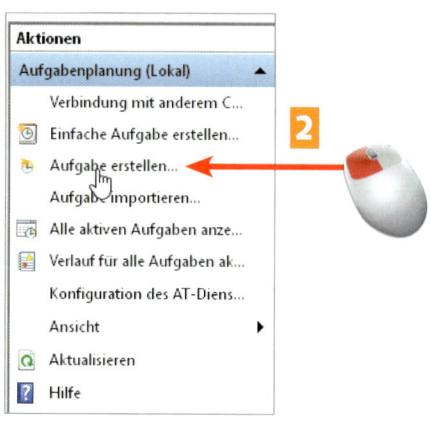

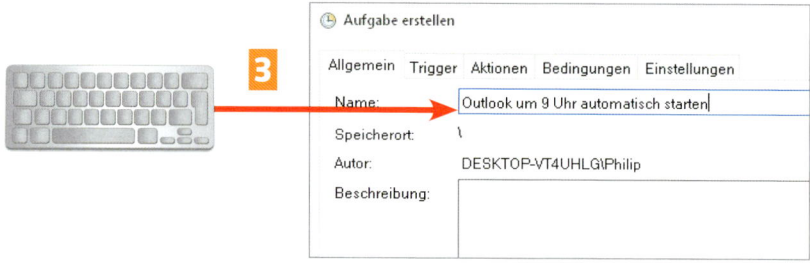

1 Entscheiden Sie sich im Startmenü unter *Alle Apps* und dort im Ordner *Windows-Verwaltungsprogramme* für das Öffnen der *Aufgabenplanung*.

2 Klicken Sie in der Aktionsleiste der Aufgabenplanung auf den Eintrag *Aufgabe erstellen*.

3 Geben Sie der Aufgabe eine schlüssige Bezeichnung, hier gebe ich beispielsweise „Outlook um 9 Uhr automatisch starten" ein.

Möchten Sie vor 9 Uhr ungestört arbeiten und erst dann Ihre E-Mails abrufen? Erstellen Sie eine Aufgabe, die dafür sorgt, dass das E-Mail-Programm um Punkt 9 Uhr gestartet wird. Auf dieser Doppelseite zeige ich Ihnen, wie Sie das genannte Beispiel mithilfe der Aufgabenplanung umsetzen.

WISSEN

5 Mit Apps und Programmen arbeiten   119

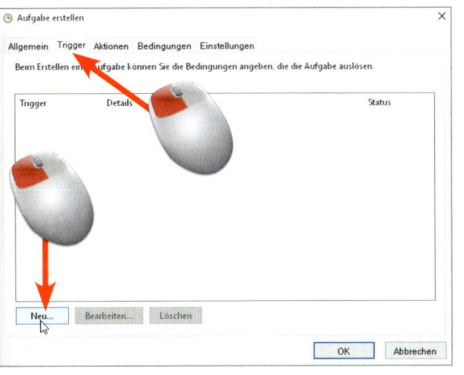

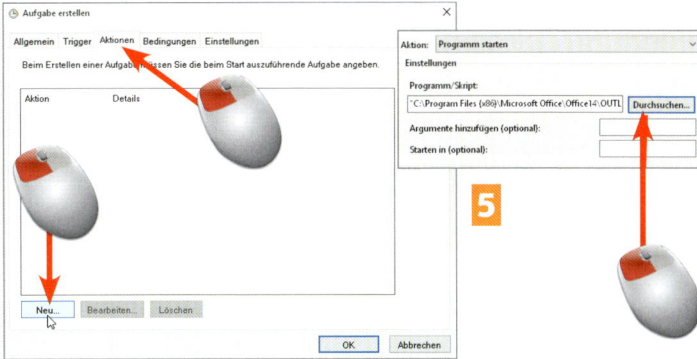

4️⃣ Klicken Sie auf den Reiter *Trigger* und dann auf *Neu*. Geben Sie den Zeitpunkt an, zu dem das Programm automatisch gestartet werden soll. Bestimmen Sie außerdem das Wiederholungsintervall.

5️⃣ Im nächsten Schritt klicken Sie unter dem Reiter *Aktionen* auf *Neu*. Wählen Sie mit *Durchsuchen* das Programm aus, das automatisch gestartet werden soll.

6️⃣ Machen Sie, wenn gewünscht, noch weitere Angaben zur Aufgabe, etwa ob diese auch im Akkubetrieb ausgeführt werden soll oder nicht. Bestätigen Sie zum Schluss mit *OK*.

Ende

HINWEIS

Eine Aufgabe lässt sich nachträglich jederzeit ändern. Wählen Sie dazu links in der Aufgabenplanung den Eintrag *Aufgabenplanungsbibliothek* und doppelklicken Sie auf eine Aufgabe, um diese zu bearbeiten.

TIPP

In der Aufgabenplanungsbibliothek finden Sie auch solche Aufgaben, die von diversen Programmen hinzugefügt wurden. Auch diese Aufgaben lassen sich anpassen, um beispielsweise die Suche nach Updates nur noch wöchentlich statt täglich durchzuführen.

Windows-Funktionen verwalten

Start

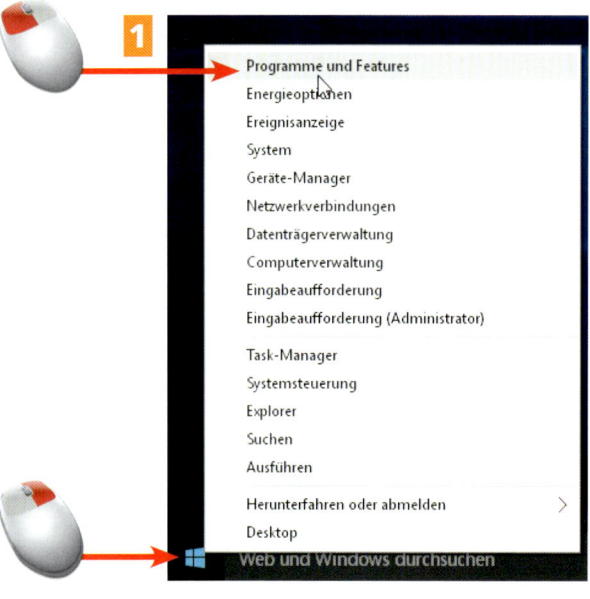
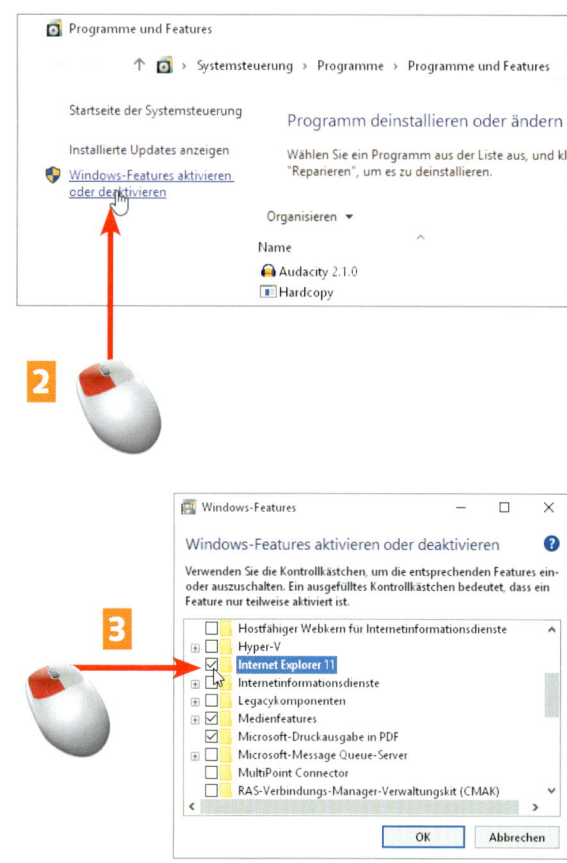

1 Klicken Sie mit der rechten Maustaste auf das Windows-Logo ⊞ und wählen Sie im Kontextmenü den Eintrag *Programme und Features*.

2 Sie öffnen das Fenster, in dem Sie auch installierte Programme deinstallieren. Klicken Sie dort links auf *Windows-Features aktivieren oder deaktivieren*.

3 Bestimmen Sie per Kontrollkästchen, welche Windows-Features Sie verwenden möchten und welche nicht. In diesem Fall deaktiviere ich das Kontrollkästchen *Internet Explorer 11*.

WISSEN

Nicht alle installierten Windows-Funktionen werden von Ihnen tatsächlich benötigt, auf der anderen Seite werden Sie einzelne Windows-Funktionen nachträglich installieren wollen. Wie Sie zum Aktivieren bzw. Deaktivieren von Windows-Funktionen vorgehen, erkläre ich Ihnen auf dieser Doppelseite am Beispiel des Internet Explorer 11.

5 Mit Apps und Programmen arbeiten

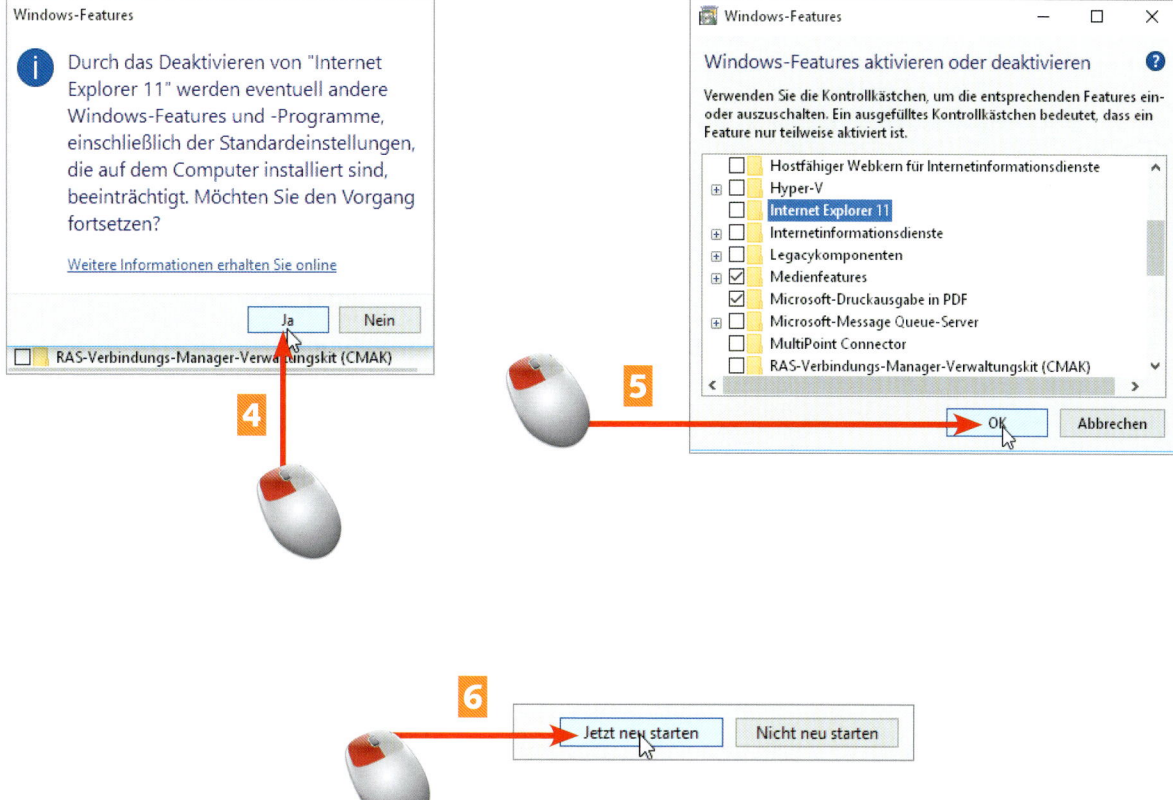

4 Lesen Sie den folgenden Warnhinweis durch und bestätigen Sie ihn mit *Ja*.

5 Bestätigen Sie die gewählten Windows-Features mit *OK*.

6 Die Änderungen werden vorgenommen. Starten Sie zum Schluss den Computer neu.

Ende

HINWEIS

Der Webbrowser Internet Explorer war seit Mitte der 1990er Jahre Bestandteil von Windows, mit Windows 10 wurde jedoch der neue Webbrowser Microsoft Edge eingeführt. Der IE wird nicht weiterentwickelt.

TIPP

Sind ein paar Softwaregeschenke von Microsoft gefällig? Hier finden Sie die kostenlosen Windows Essentials: *windows.microsoft.com/de-de/windows-live/essentials*.

122 Als Datei drucken

Start

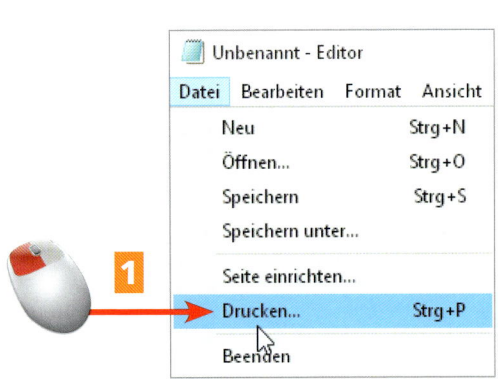

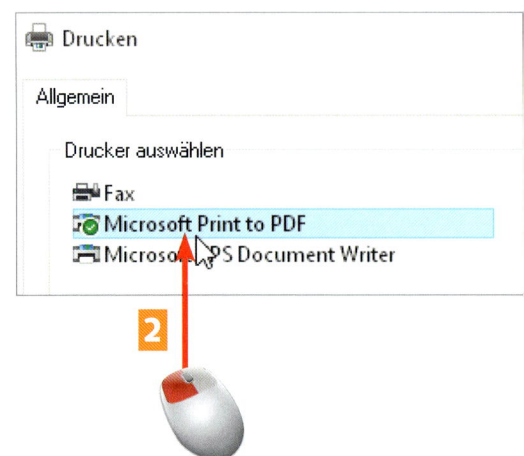

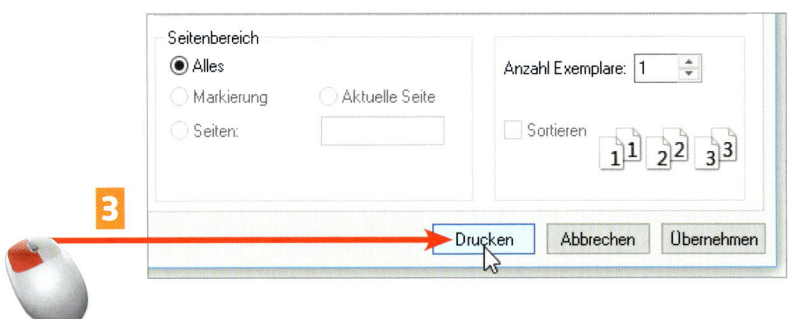

1 Entscheiden Sie sich in einem Programm für die Druckfunktion. Hier wähle ich z. B. im Editor *Datei/Drucken*.

2 Entscheiden Sie sich nun für den bereits vorhandenen „Drucker" *Microsoft Print to PDF*.

3 Nehmen Sie gegebenenfalls noch weitere Einstellungen zum Ausdruck vor, bevor Sie mit *Drucken* bestätigen.

Heutzutage muss man nicht mehr alles zu Papier bringen. Unter anderem ist das gut für die Umwelt und es spart Geld. Wie Sie eine Datei im gängigen PDF-Format „drucken", zeige ich Ihnen auf dieser Doppelseite.

WISSEN

5 Mit Apps und Programmen arbeiten   123

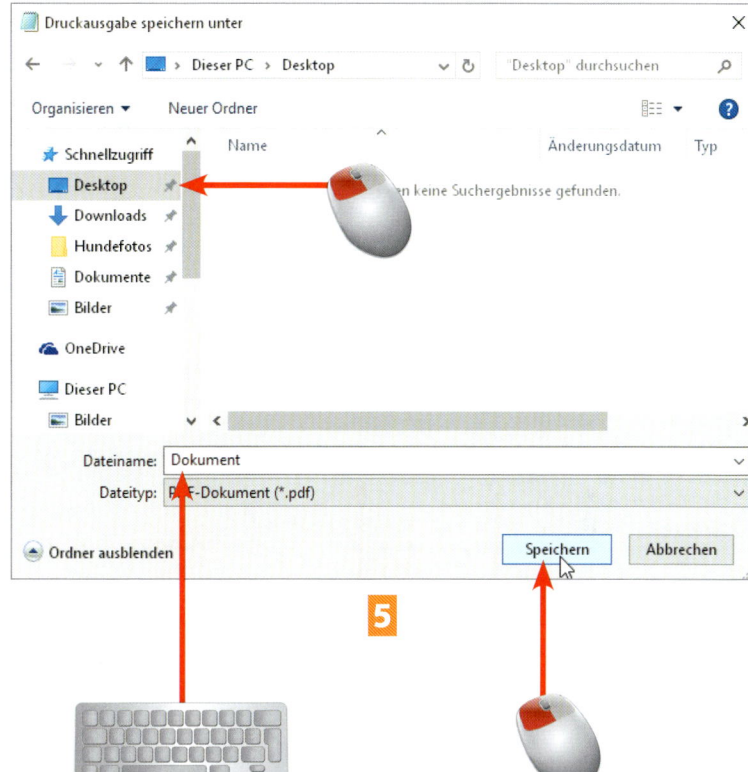

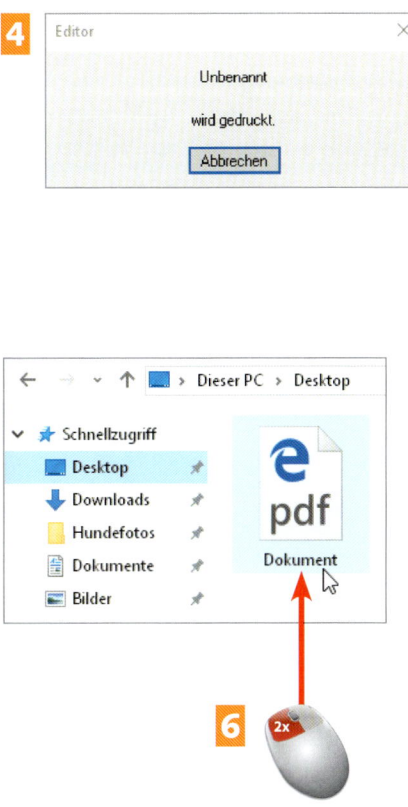

4 Es öffnet sich das Druckfenster, doch es wird in diesem Fall kein Ausdruck durchgeführt.

5 Wählen Sie einen Speicherort für die Datei aus, geben Sie dieser eine schlüssige Bezeichnung und klicken Sie auf *Speichern*.

6 Die PDF-Datei kann anschließend am gewählten Speicherort geöffnet werden.

Ende

Eine Alternative zum PDF-Format bietet das weniger gängige XPS-Format. Um dieses zu verwenden, wählen Sie in Schritt 2 den Drucker *Microsoft XPS Document Writer*.	Den Standarddrucker festlegen? Wählen Sie in der Systemsteuerung *Geräte und Drucker anzeigen*. Klicken Sie einen Drucker mit der rechten Maustaste an und wählen Sie *Als Standarddrucker festlegen*.	Einen Ausdruck als Datei speichern: Dazu aktivieren Sie im Fenster aus den Schritten 2 und 3 das Kontrollkästchen *Ausgabe in Datei umleiten*.
HINWEIS	**TIPP**	**HINWEIS**

124 Auf App-Ordner zugreifen

Start

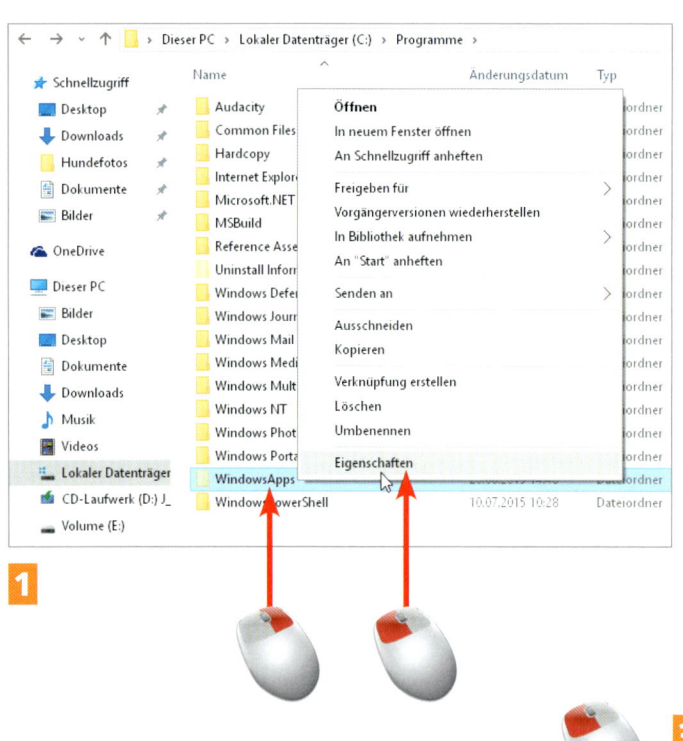

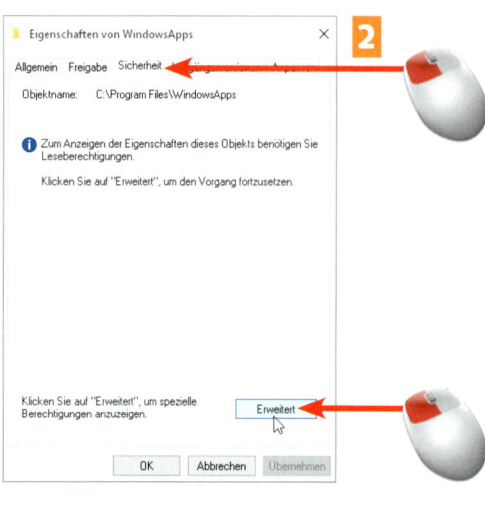

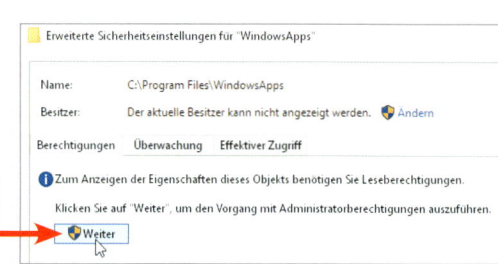

1. Achten Sie darauf, dass im Explorer unter *Ansicht* das Kontrollkästchen *Ausgeblendete Elemente* aktiviert ist. Öffnen Sie dann auf dem lokalen Datenträger (meistens *C:*) den Ordner *Programme*. Klicken Sie mit der rechten Maustaste auf den darin befindlichen Ordner *WindowsApps*. Wählen Sie im Kontextmenü *Eigenschaften*.

2. Im folgenden Fenster klicken Sie unter dem Reiter *Sicherheit* auf die Schaltfläche *Erweitert*.

3. Bestätigen Sie im nächsten Schritt mit der Schaltfläche *Weiter*.

Falls Sie sich fragen, wo überhaupt die Store-Apps auf dem Computer gespeichert werden: Zum Abschluss dieses Kapitels möchte ich Ihnen zeigen, wie Sie diese finden und auf den entsprechenden Ordner zugreifen, was ein paar Spezialitäten beinhaltet.

WISSEN

5 Mit Apps und Programmen arbeiten

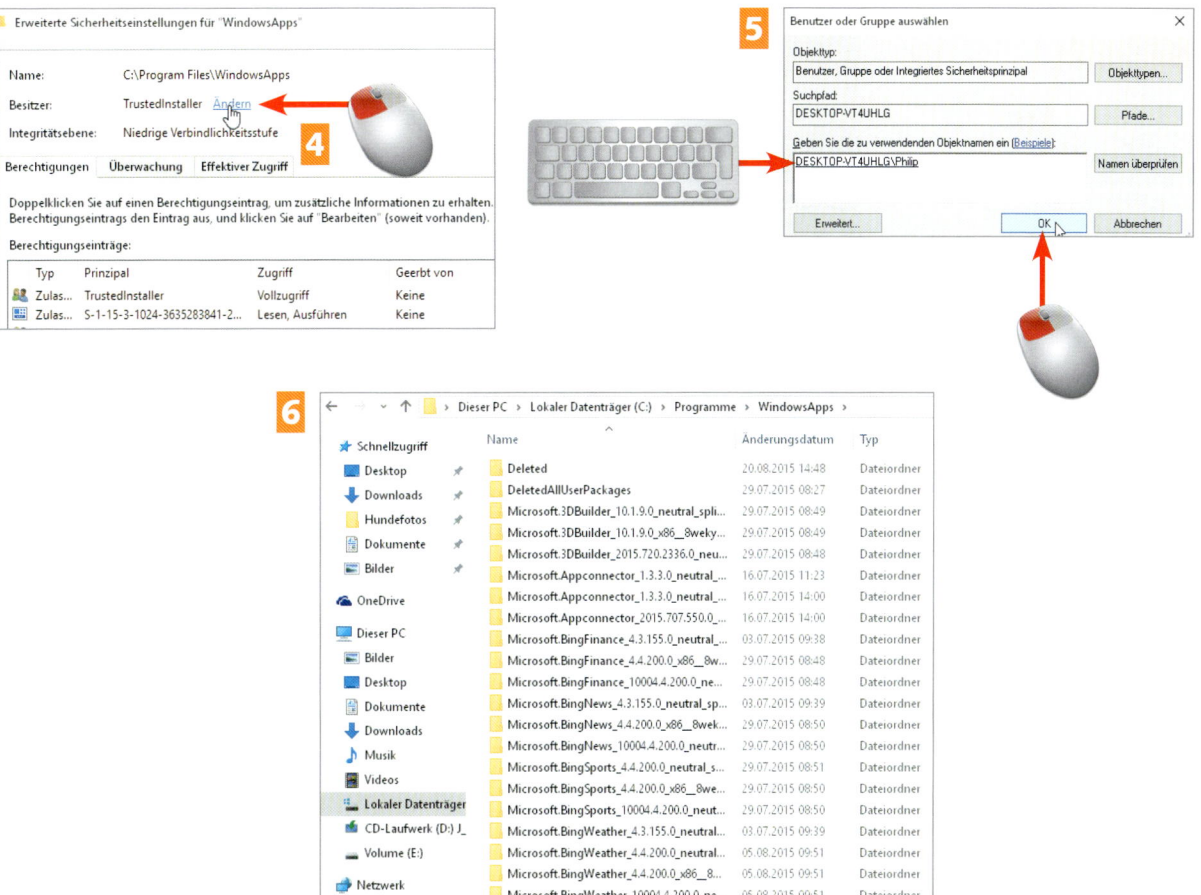

4 Klicken Sie bei *Besitzer* auf den Link *Ändern*.

5 Geben Sie Ihren Benutzernamen ein und klicken Sie auf *Namen überprüfen*. Der Computername wird automatisch ergänzt. Bestätigen Sie mit OK.

6 Schließen Sie auch die erweiterten Sicherheitseinstellungen mit OK. Der Ordner *WindowsApps* lässt sich nun öffnen.

Ende

> Die Zugriffsrechte lassen sich auch für einzelne Dateien ändern. Klicken Sie die Datei mit der rechten Maustaste an und wählen Sie *Eigenschaften*. Nehmen Sie dann unter dem Reiter *Sicherheit* Ihre Auswahl vor.
>
> **HINWEIS**

> Wichtig zu wissen: Zwar stehen auch für die Apps EXE-Dateien zur Verfügung, jedoch lassen sich diese nicht direkt öffnen – beim Versuch kommt die Meldung, dass das Öffnen nur im Kontext eines App-Containers möglich ist.
>
> **HINWEIS**

126 Speicher verwalten

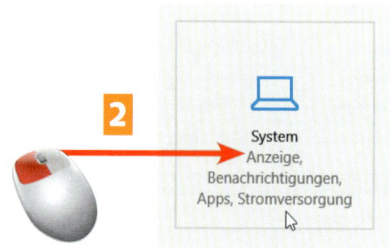
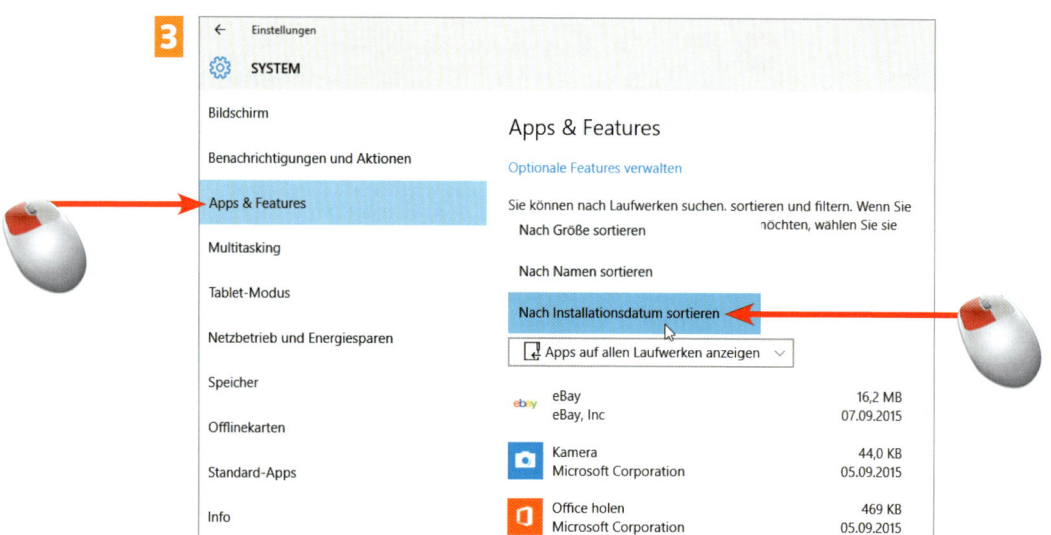

1. Öffnen Sie die *Einstellungen*.

2. Wählen Sie in den *Einstellungen* die Kategorie *System*.

3. Klicken Sie links auf *Apps & Features*, um eine Übersicht über den Speicherhunger der einzelnen Apps zu erhalten. Die Apps lassen sich per Drop-down-Menü nach unterschiedlichen Kriterien sortieren.

Bei modernen Rechnern müssen Sie sich über die Speicherbelegung in der Regel keine Sorgen machen, aber es schadet doch nicht, besonders speicherhungrige Elemente zu entlarven. Wie Sie den Speicher unter Windows 10 verwalten, zeige ich Ihnen auf dieser Doppelseite.

WISSEN

5 Mit Apps und Programmen arbeiten   127

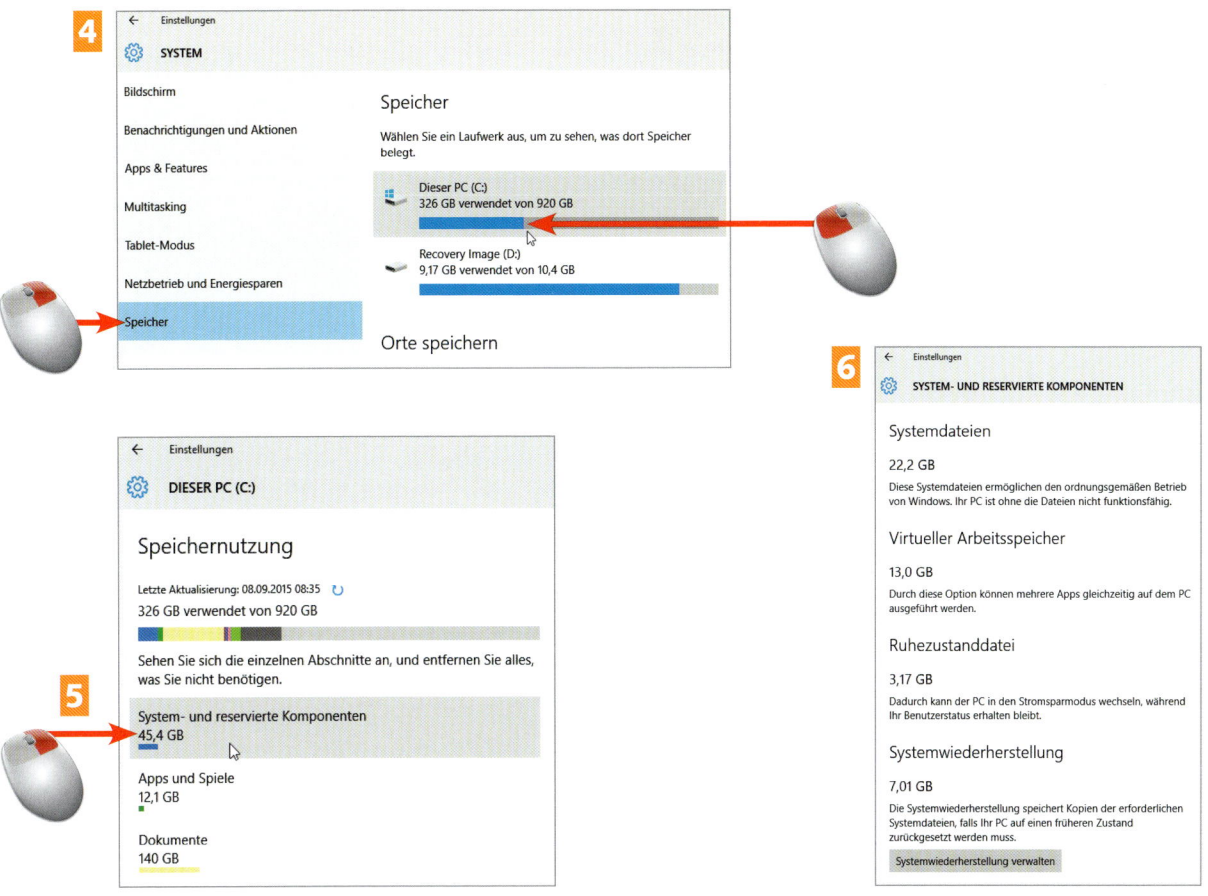

4 Für einen Überblick über den Gesamtspeicher klicken Sie links auf den Eintrag *Speicher*. Wählen Sie in der folgenden Übersicht ein Laufwerk aus.

5 Sie erhalten Angaben zur Speichernutzung. Für Detailinformationen klicken Sie einen Eintrag an.

6 In diesem Fall wird beispielsweise der Speicherbedarf des Systems aufgeschlüsselt.

Ende

Wenn Sie in der Speicherübersicht auf *Temporäre Dateien* klicken, lassen sich nicht nur temporäre Dateien und der Papierkorb löschen, sondern auch die vorherige Windows-Version, die sonst noch einen Monat nach dem Upgrade auf Windows 10 verfügbar ist.

TIPP

Interessant ist auch der Eintrag *Weitere* ganz unten in der Speicherübersicht. Hier greifen Sie auf Cloud-Ordner und sonstige nicht zugeordnete Speicherorte zu.

TIPP

Netzwerk und Cloud mit Windows 10

6

Möchten Sie in einem Heimnetzwerk Dateien austauschen oder einen Drucker gemeinsam verwenden? Die besten Tipps und Tricks zum Thema Netzwerk erhalten Sie in diesem Kapitel. Dabei kommt auch das Thema Cloud nicht zu kurz – das Speichern und Austauschen von Dateien im Internet.

Unter Windows 10 ist hierfür Microsofts Cloud-Speicherdienst OneDrive bereits mit an Bord und mit einem Microsoft-Konto bereits einsatzbereit. Wie Sie das Beste aus Netzwerk und Cloud herausholen, lesen Sie auf den folgenden Seiten.

130 Öffentlichen Ordner verwenden

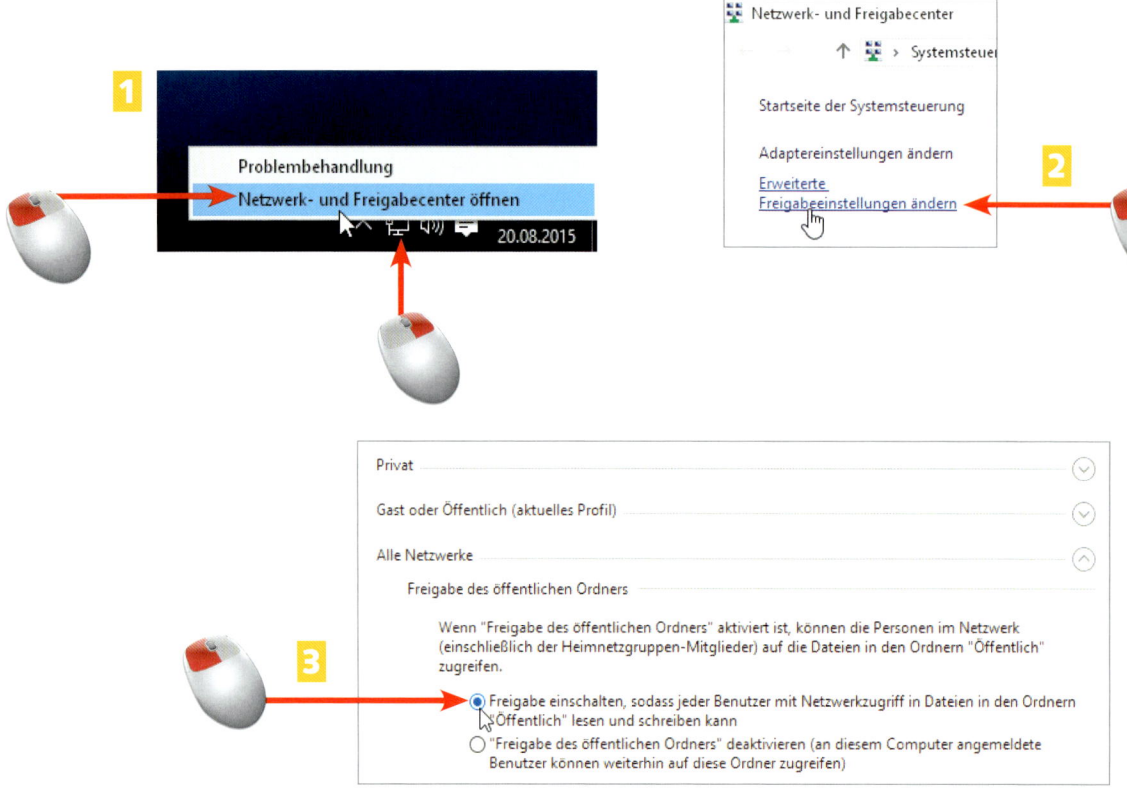

1. Klicken Sie mit der rechten Maustaste auf das Netzwerksymbol im Infobereich (bei einem LAN, bei einem WLAN) und wählen Sie im Kontextmenü *Netzwerk- und Freigabecenter öffnen*.

2. Klicken Sie links im Netzwerk- und Freigabecenter auf *Erweiterte Freigabeeinstellungen ändern*.

3. Achten Sie darauf, dass nebst der Netzwerkerkennung sowie der Datei- und Druckerfreigabe – unter *Alle Netzwerke* – auch die *Freigabe des öffentlichen Ordners* eingeschaltet ist.

Für den unkomplizierten Dateiaustausch mit anderen Personen bzw. für die gemeinsame Verwendung von Dateien steht auch unter Windows 10 ein öffentlicher Ordner mit diversen Unterordnern bereits zur Verfügung. Auf dieser Doppelseite zeige ich Ihnen, wie in einem Netzwerk auf den öffentlichen Ordner zugegriffen werden kann.

WISSEN

6 Netzwerk und Cloud mit Windows 10   131

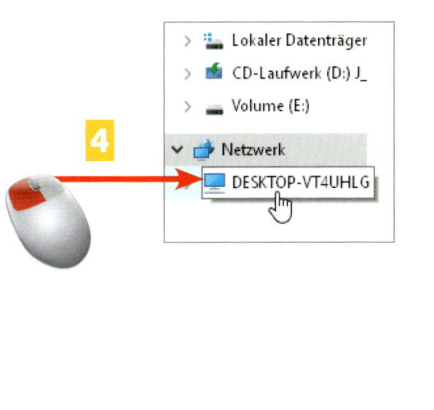

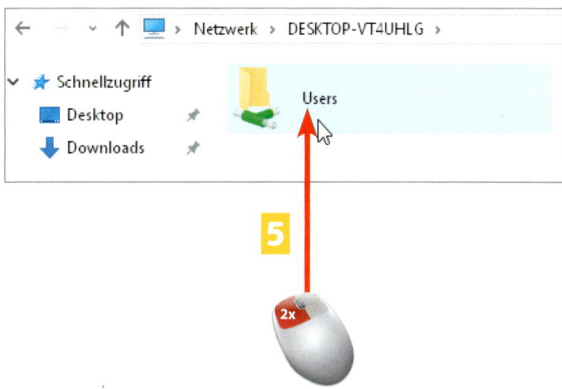

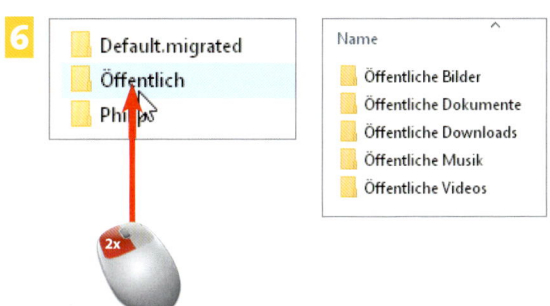

4 Um auf den öffentlichen Ordner im Netzwerk zuzugreifen, wählen Sie den Netzwerkrechner in der Navigationsleiste des Explorers aus.

5 Öffnen Sie den Netzwerkordner *Users*.

6 Öffnen Sie schließlich den Ordner *Öffentlich*, um auf die enthaltenen Unterordner und deren Inhalte zuzugreifen.

Ende

TIPP	HINWEIS	TIPP
Den öffentlichen Ordner können Sie unter diesem Pfad öffnen: *C:\Benutzer\Öffentlich* bzw. *C:\Users\Public*.	Ein Netzwerk wird in der Regel mit einem Router hergestellt, an den alle Computer angeschlossen werden, meistens drahtlos in einem WLAN.	Die Netzwerkerkennung sowie die Datei- und Druckerfreigabe sollten Sie nur für private Netzwerke aktivieren.

132 Ordner für alle Benutzer freigeben

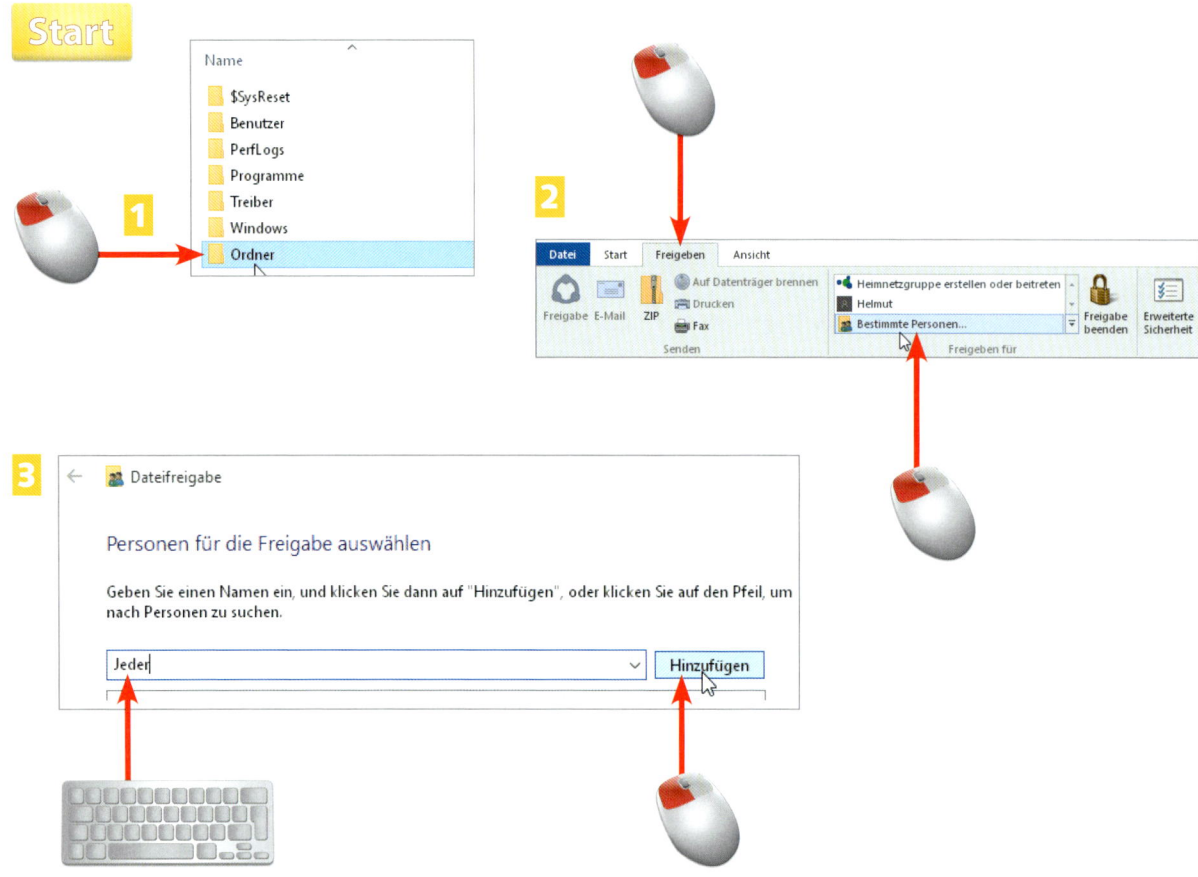

1. Wählen Sie im Explorer den Ordner aus, den Sie im Netzwerk freigeben möchten.

2. Entscheiden Sie sich im Menüband unter *Freigeben* für die Freigabe an *Bestimmte Personen*.

3. Geben Sie als Benutzernamen *Jeder* ein und bestätigen Sie mit *Hinzufügen*.

Im Netzwerk lassen sich beliebige Ordner freigeben – und das für beliebige Benutzer. Wie Sie eine Ordnerfreigabe für alle Benutzer des Netzwerks vornehmen, erkläre ich auf dieser Doppelseite.

WISSEN

6   Netzwerk und Cloud mit Windows 10

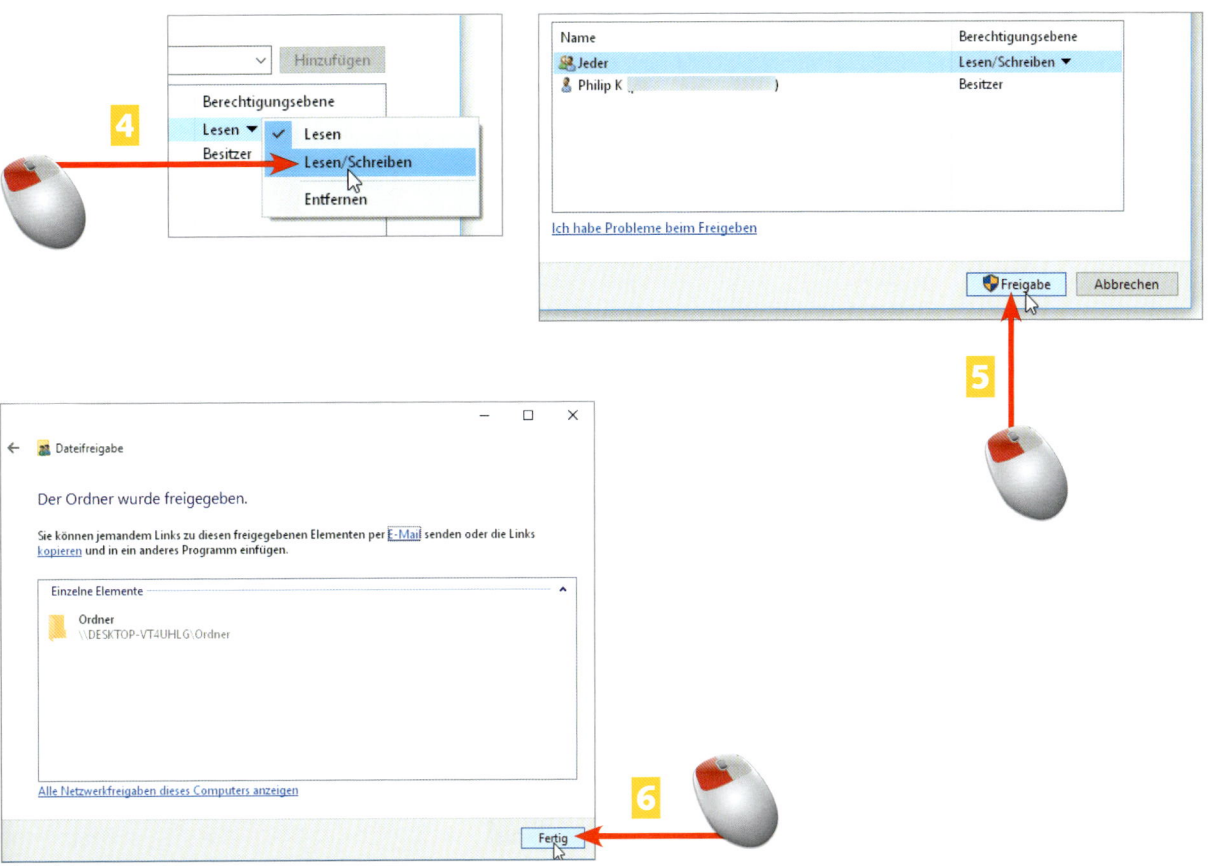

4   Standardmäßig werden für den freigegebenen Ordner nur Leserechte vergeben. Damit andere Benutzer die Inhalte des Ordners auch verändern können, entscheiden Sie sich für die Berechtigungsebene *Lesen/Schreiben*.

5   Bestätigen Sie das Freigeben des Ordners, indem Sie auf die Schaltfläche *Freigabe* klicken.

6   Ihnen wird der Ordnerpfad angezeigt, wobei Sie unter Windows auch wieder im Explorer unter *Netzwerk* auf den Netzwerkcomputer bzw. auf die freigegebenen Ordner zugreifen können. Bestätigen Sie mit *Fertig*.

Ende

HINWEIS

Standardmäßig ist unter Windows 10 das kennwortgeschützte Freigeben aktiviert, das nur Personen mit Benutzerkonto den Zugriff auf freigegebene Ordner ermöglicht. Das Ausschalten erfolgt im Netzwerk- und Freigabecenter unter *Erweiterte Freigabeeinstellungen ändern* und dort unter *Alle Netzwerke*.

TIPP

Geben Sie immer nur so viele Ordner im Netzwerk frei, wie unbedingt notwendig ist, um nicht den Überblick zu verlieren! Um eine Freigabe wieder zu beenden, wählen Sie den Ordner im Explorer aus und klicken unter *Freigeben* auf die Schaltfläche *Freigabe beenden*.

134 Erweiterte Freigabeoptionen

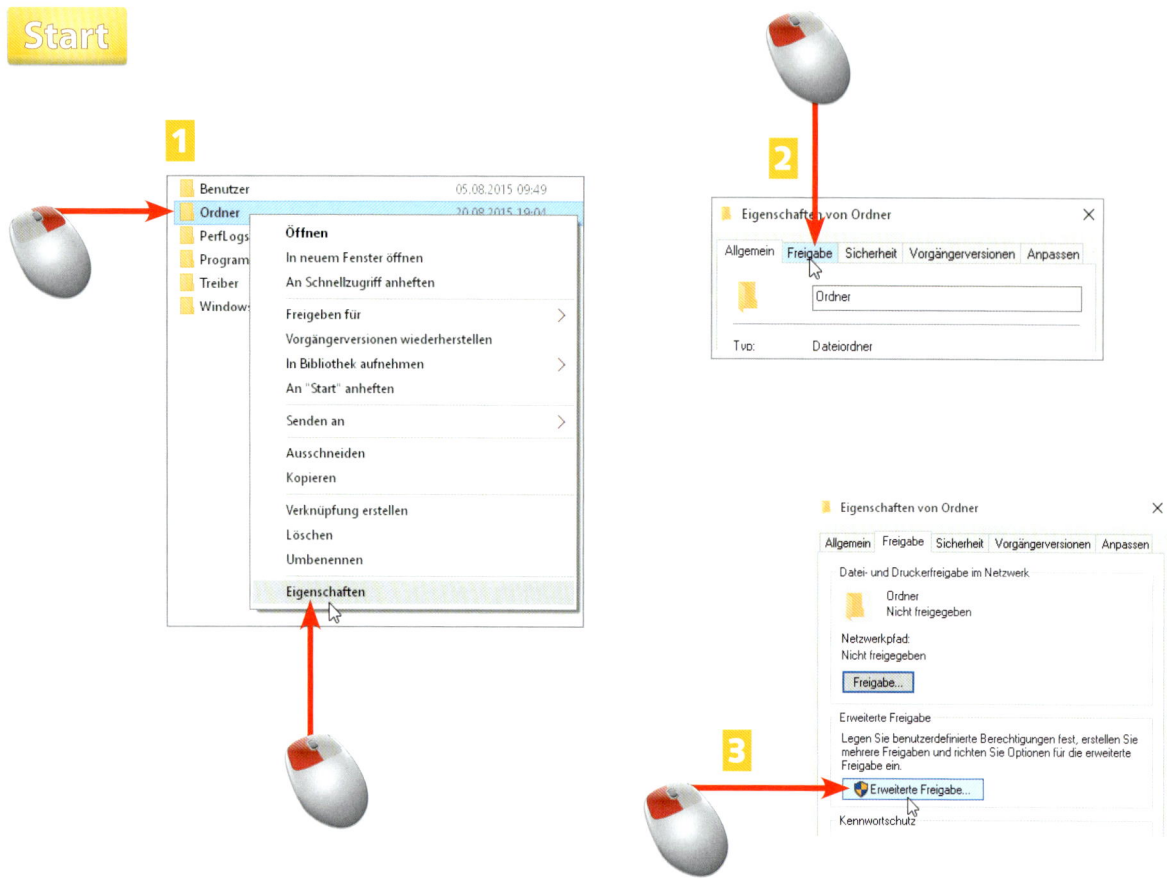

1. Klicken Sie mit der rechten Maustaste auf den freizugebenden Ordner und wählen Sie im Kontextmenü den Eintrag *Eigenschaften*. (Unter *Freigeben für* erhalten Sie die gleichen Freigabeoptionen wie im Menüband.)

2. Klicken Sie im folgenden Fenster auf den Reiter *Freigabe*.

3. Entscheiden Sie sich als Nächstes für die Schaltfläche *Erweiterte Freigabe*.

> Neben der auf der vorherigen Doppelseite gezeigten Methode gibt es noch eine weitere Freigabemethode mit einigen erweiterten Optionen, die hier vorgestellt werden.

WISSEN

6 Netzwerk und Cloud mit Windows 10 135

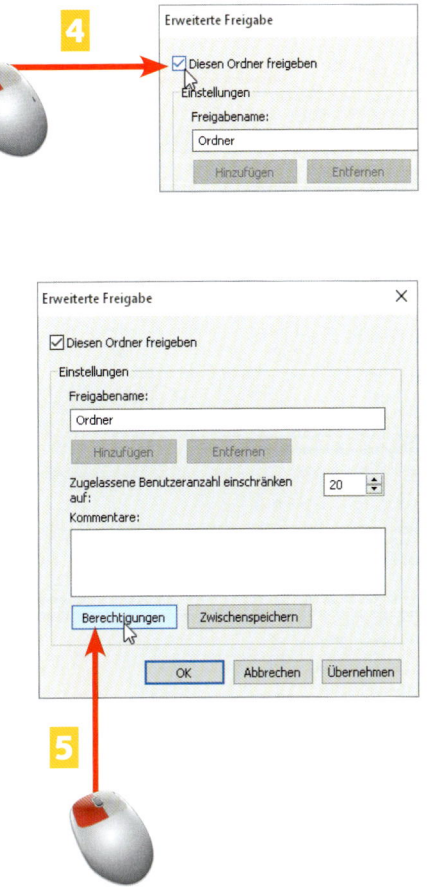
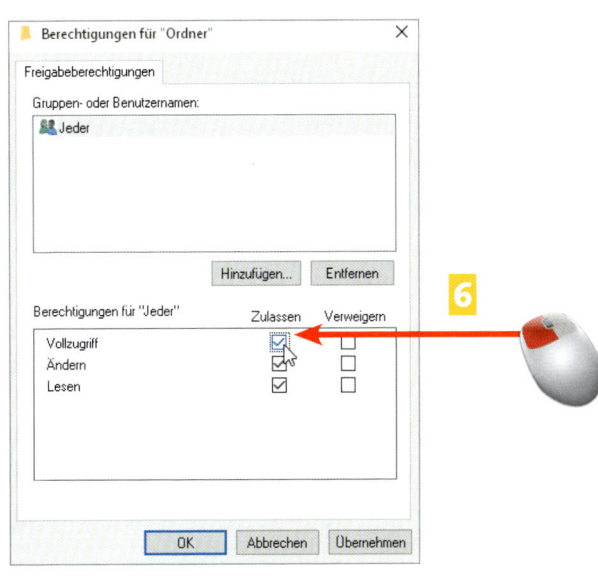

4 Aktivieren Sie das Kontrollkästchen *Diesen Ordner freigeben*.

5 Um festzulegen, wer auf den freigegebenen Ordner in welcher Form zugreifen darf, klicken Sie auf *Berechtigungen*.

6 In diesem Fall ist eine Freigabe für *Jeder* bereits vorhanden. Sie können diesen entfernen und andere Benutzer hinzufügen. Die Berechtigungen legen Sie für jeden Benutzer per Kontrollkästchen fest.

Soll der Ordner im Netzwerk unter einem anderen Namen zur Verfügung gestellt werden? Klicken Sie dazu unter *Freigabename* auf *Hinzufügen* und geben Sie die gewünschte Bezeichnung ein.

Soll nur eine bestimmte Benutzeranzahl gleichzeitig auf den freigegebenen Ordner zugreifen dürfen? Diese Einstellung nehmen Sie im Feld *Zugelassene Benutzeranzahl einschränken auf* vor.

HINWEIS   **TIPP**

136 Erweiterte Berechtigungen

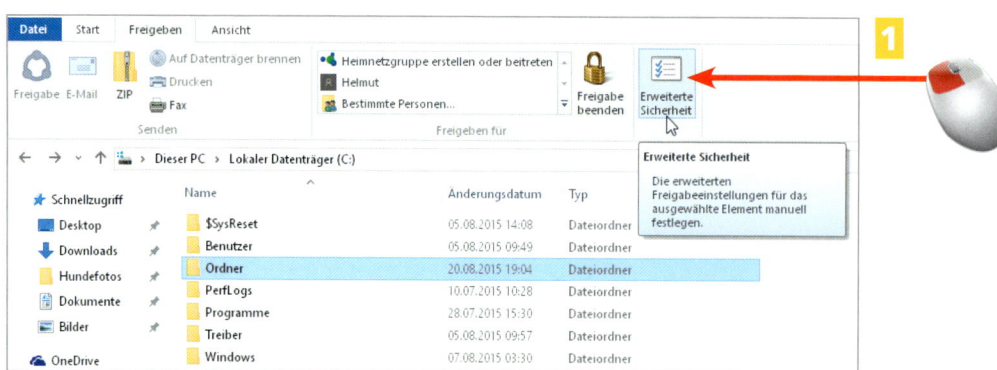

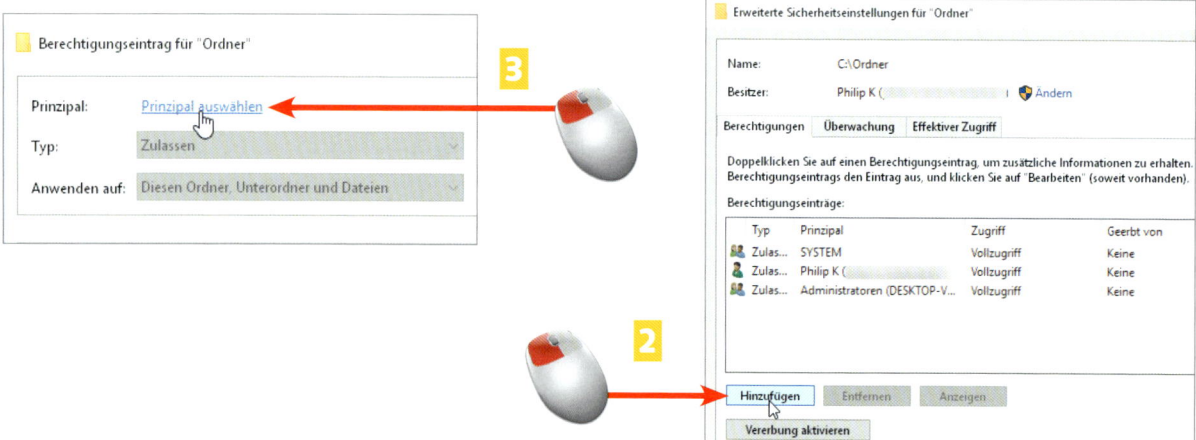

1 Wählen Sie im Explorer einen Ordner aus und klicken Sie im Menüband unter *Freigeben* auf die Schaltfläche *Erweiterte Sicherheit*.

2 Um im folgenden Fenster einen Benutzer hinzuzufügen, klicken Sie auf die Schaltfläche *Hinzufügen*. Wenn erforderlich, klicken Sie zunächst auf *Berechtigungen ändern*.

3 Jetzt klicken Sie auf *Prinzipal auswählen*.

Neben den bereits kennengelernten Berechtigungsebenen bietet Windows 10 noch eine ganze Reihe weiterer Berechtigungsebenen, die für einen freigegebenen Ordner festgelegt werden können. Hier erfahren Sie, wie es geht.

WISSEN

6   Netzwerk und Cloud mit Windows 10

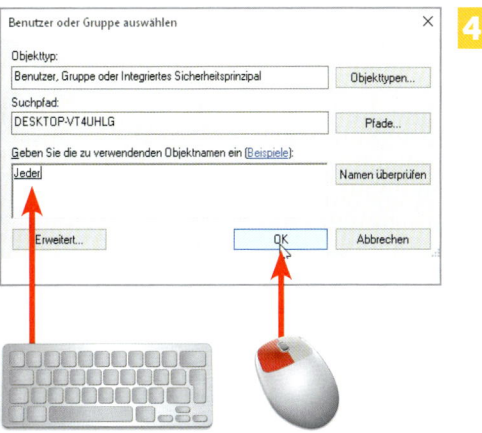
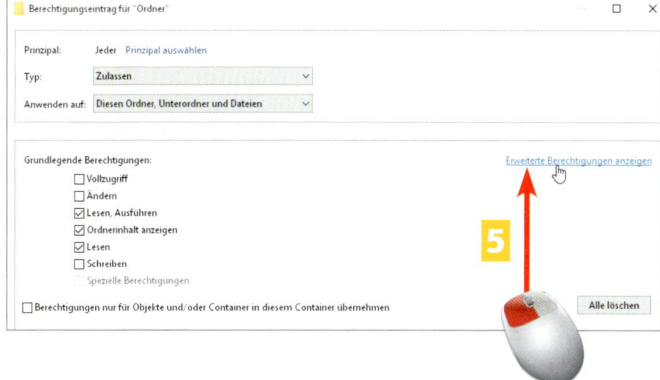
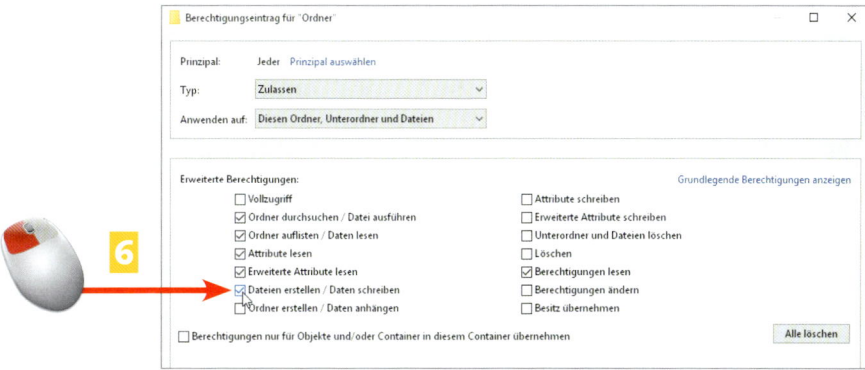

4 Geben Sie den gewünschten Benutzernamen ein – in diesem Fall wähle ich wieder *Jeder* – und bestätigen Sie mit *OK*.

5 Um alle möglichen Berechtigungen einzublenden, klicken Sie auf *Erweiterte Berechtigungen anzeigen*.

6 Treffen Sie per Kontrollkästchen Ihre Auswahl und bestätigen Sie zum Schluss mit *OK*.

Ende

HINWEIS	HINWEIS	FACHWORT
Normalerweise gelten die Berechtigungsebenen auch für die in einem Ordner enthaltenen Unterordner. Im Drop-down-Menü *Anwenden auf* können Sie aber auch eine andere Auswahl treffen.	Um die Berechtigungen für einen bereits hinzugefügten Benutzer anzupassen, doppelklicken Sie im Fenster aus Schritt 2 darauf.	Die Übertragung von Zugriffsrechten eines Ordners auf die diesem untergeordneten Ordner wird übrigens als Vererbung bezeichnet.

138 Drucker freigeben

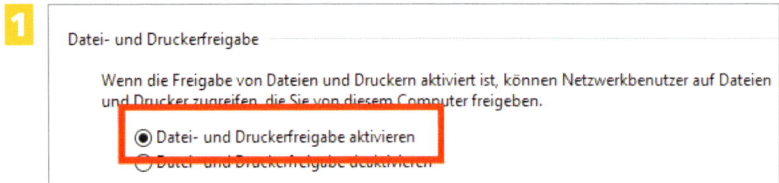

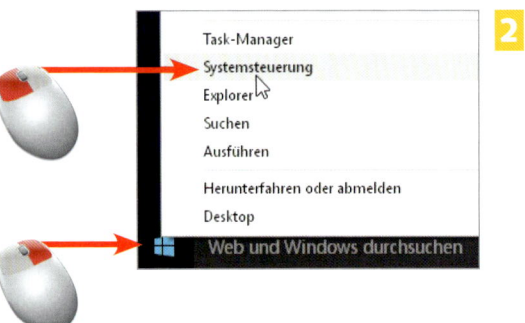

1 Zunächst mal muss – wie für die Ordnerfreigabe – die Datei- und Druckerfreigabe im Netzwerk- und Freigabecenter unter *Erweiterte Freigabeeinstellungen ändern* aktiviert sein.

2 Um einen Drucker freizugeben, öffnen Sie die *Systemsteuerung*.

3 Wählen Sie in der Systemsteuerung den Eintrag *Geräte und Drucker anzeigen*.

Im Heimnetzwerk genügt ein Drucker, auf den dann alle Computer im Netzwerk zugreifen können. Am besten dafür geeignet sind Netzwerkdrucker, oder man verwendet einen Druckserver, der die Druckaufträge aller Computer empfängt. Alternativ lässt sich ein an den eigenen Computer angeschlossener Drucker im Netzwerk freigeben.

WISSEN

6 Netzwerk und Cloud mit Windows 10   139

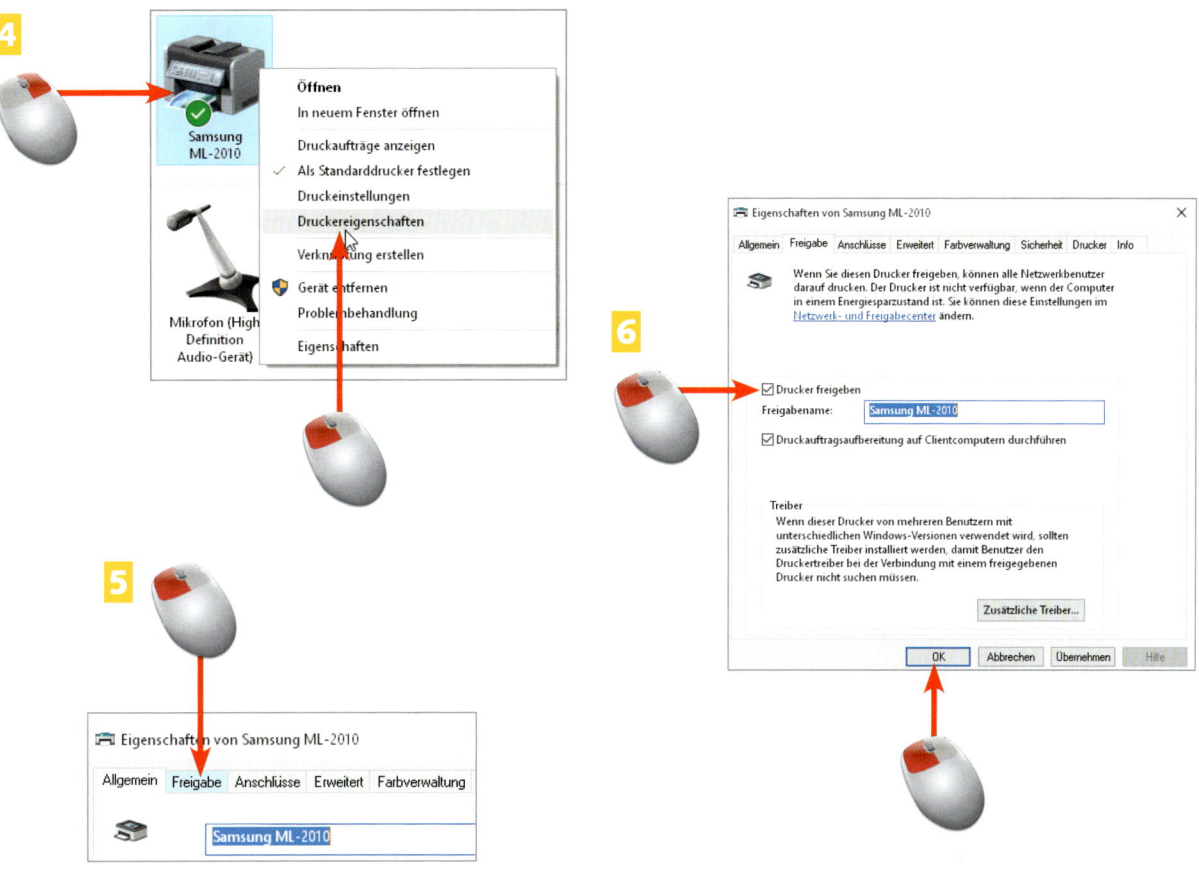

4 Klicken Sie den freizugebenden Drucker mit der rechten Maustaste an und entscheiden Sie sich im Kontextmenü für *Druckereigenschaften*.

5 Klicken Sie in den Druckereigenschaften auf den Reiter *Freigabe*.

6 Aktivieren Sie das Kontrollkästchen *Drucker freigeben* und bestätigen Sie mit *OK*.

Ende

> **HINWEIS**
> Logisch: Der Computer, an den der Drucker angeschlossen ist, muss eingeschaltet sein, damit es mit der Druckerfreigabe funktioniert.

> **HINWEIS**
> Wenn auf den anderen Computern im Netzwerk ältere Windows-Versionen laufen, klicken Sie auf *Zusätzliche Treiber*, um die passenden Treiber zu installieren.

140 Auf freigegebenen Drucker zugreifen

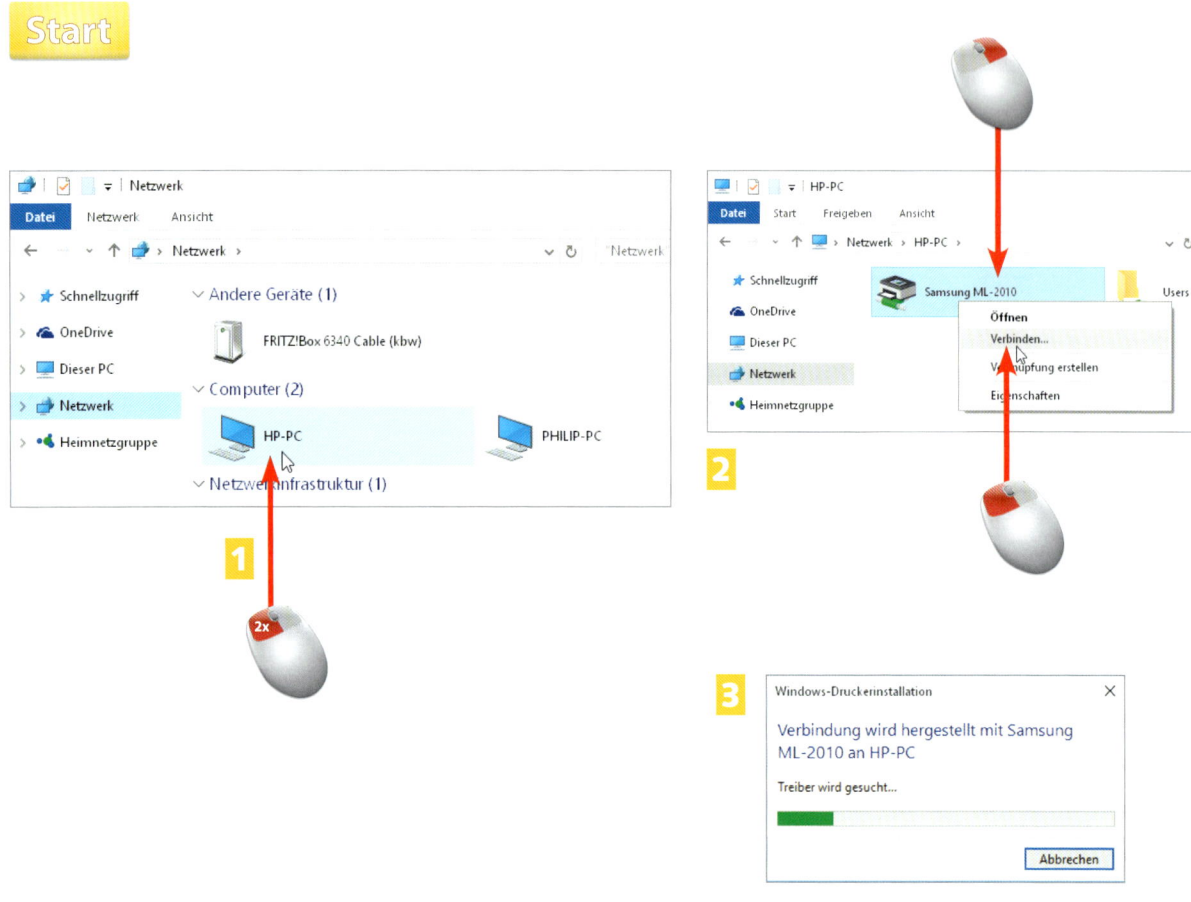

1. Öffnen Sie im Explorer unter *Netzwerk* den Computer, der den Drucker freigegeben hat.

2. Klicken Sie den freigegebenen Drucker mit der rechten Maustaste an und wählen Sie im Kontextmenü den Eintrag *Verbinden*.

3. Es wird nun automatisch nach dem passenden Druckertreiber gesucht, was einen Moment dauern kann.

> Auf der vorherigen Doppelseite haben Sie erfahren, wie Sie einen Drucker für die gemeinsame Nutzung im Netzwerk freigeben. Jetzt erkläre ich Schritt für Schritt, wie Sie einen im Netzwerk freigegebenen Drucker verwenden. Ein Drucker kann alternativ auch in der Systemsteuerung unter *Geräte und Drucker anzeigen* sowie in den *Einstellungen* unter *Geräte/Drucker & Scanner* hinzugefügt werden.

WISSEN

6 Netzwerk und Cloud mit Windows 10 141

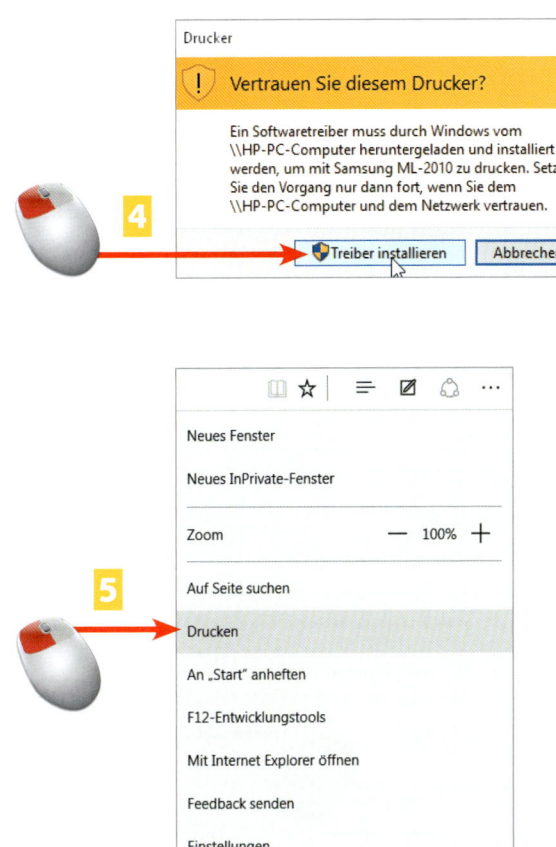

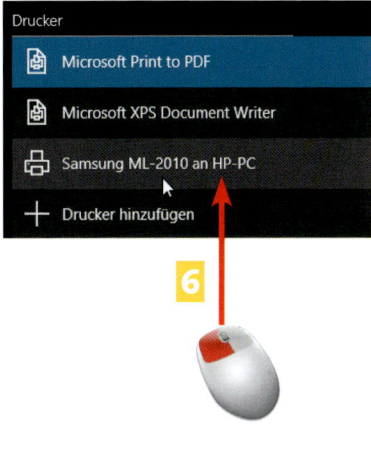

4 Im nächsten Schritt bestätigen Sie mit *Treiber installieren*, um die Installation des Druckertreibers durchzuführen.

5 Schon kann der Drucker genutzt werden. Hier entscheide ich mich in Microsoft Edge für den Ausdruck einer Webseite, indem ich unter dem Symbol ••• den Menüeintrag *Drucken* wähle.

6 Der im Netzwerk freigegebene Drucker wird genauso ausgewählt wie ein Drucker, der an den eigenen Computer angeschlossen ist.

HINWEIS

Um einen Drucker wieder zu entfernen, klicken Sie ihn dazu z. B. in den *Einstellungen* unter *Geräte/Drucker & Scanner* an und wählen Sie *Entfernen*.

TIPP

Auch von mobilen Geräten komfortabel ausdrucken: Dafür kann sich der kostenlose Dienst Google Cloud Print anbieten, bei dem das Senden des Druckauftrags übers Internet erfolgt. Nähere Informationen finden Sie auf dieser Webseite: *www.google.com/intl/de_de/cloudprint/learn*.

142 Heimnetzgruppe einrichten

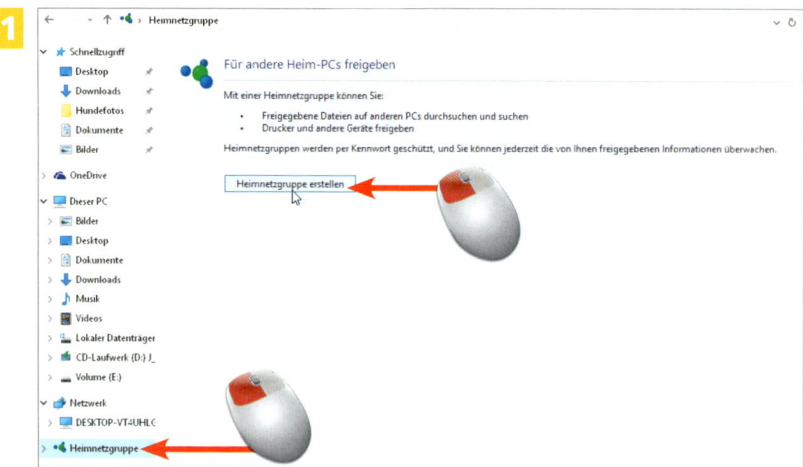

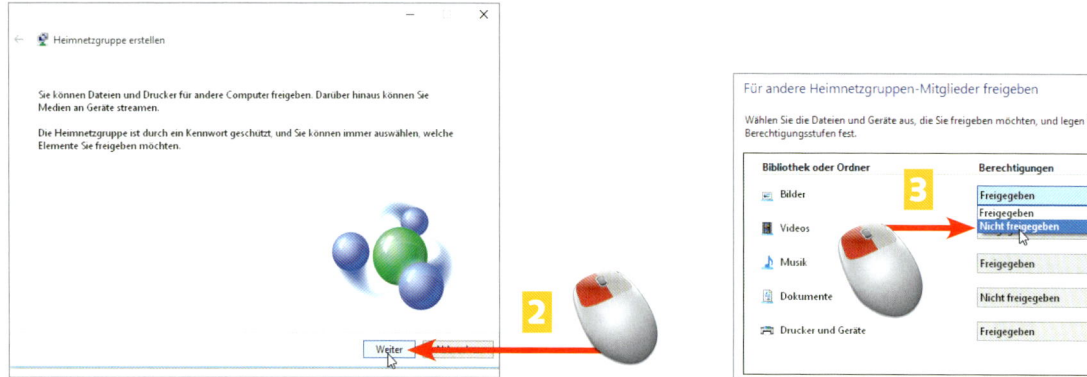

1 Entscheiden Sie sich im Navigationsbereich des Explorers für den Eintrag *Heimnetzgruppe* und klicken Sie auf die Schaltfläche *Heimnetzgruppe erstellen*.

2 Es öffnet sich ein Assistent. Im ersten Schritt bestätigen Sie in diesem einfach mit *Weiter*.

3 Wählen Sie als Nächstes mithilfe der einzelnen Drop-down-Menüs aus, welche Elemente Sie für die Heimnetzgruppe freigeben möchten und welche nicht.

> Die einfachste Freigabevariante bietet die Heimnetzgruppe, die mit Windows 7 eingeführt wurde und die Netzwerken vorbehalten ist, die aus Windows-PCs bestehen. Das Einrichten einer Heimnetzgruppe ist eine wirklich simple Sache.

WISSEN

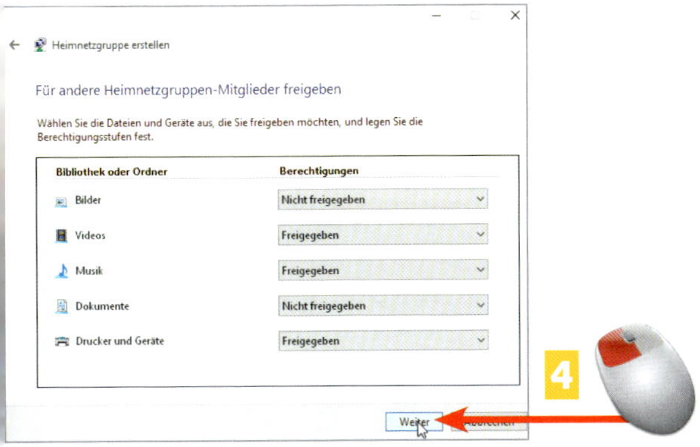

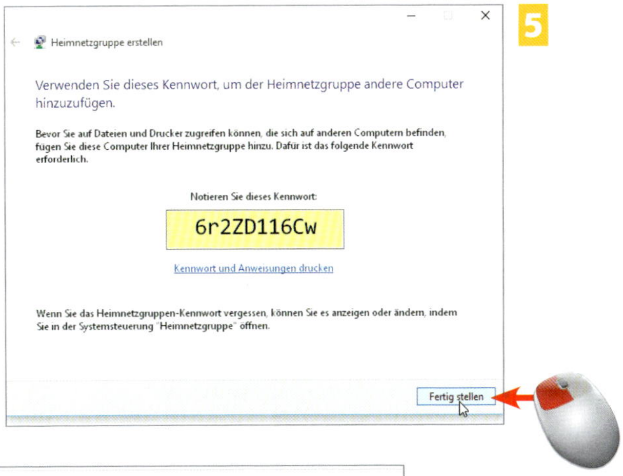

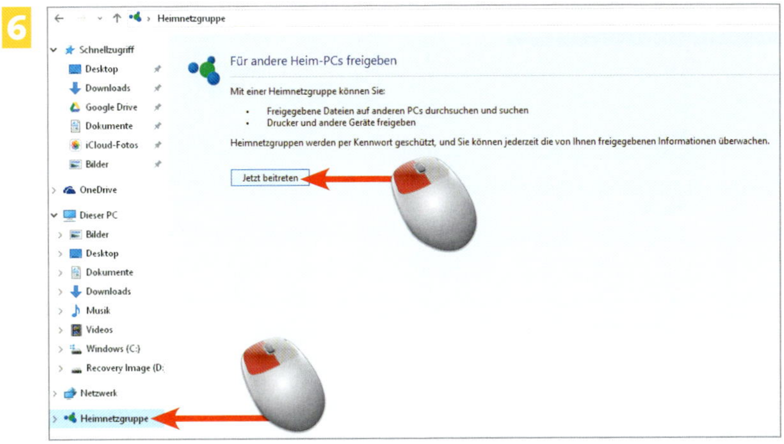

6 Netzwerk und Cloud mit Windows 10

4 Bestätigen Sie Ihre Freigabeeinstellungen mit *Weiter*.

5 Notieren Sie das Kennwort und bestätigen Sie mit *Fertig stellen*. Das Kennwort wird benötigt, um auf anderen Rechnern eine Verbindung mit der Heimnetzgruppe herzustellen.

6 Sobald eine Heimnetzgruppe besteht, muss auf den anderen Computern nur auf *Heimnetzgruppe* geklickt werden, um die Schaltfläche *Jetzt beitreten* zu erhalten.

| Das Kennwort für die Heimnetzgruppe später erneut anzeigen: Klicken Sie dazu in der Navigationsleiste des Explorers den Eintrag *Heimnetzgruppe* mit der rechten Maustaste an und entscheiden Sie sich im Kontextmenü für *Heimnetzgruppen-Kennwort anzeigen*. | Um eine Heimnetzgruppe wieder zu verlassen, klicken Sie dazu in der Navigationsleiste des Explorers den Eintrag *Heimnetzgruppe* mit der rechten Maustaste an und wählen *Heimnetzgruppen-Einstellungen ändern*. Klicken Sie dann auf *Heimnetzgruppe verlassen*. |

144 Internetverbindung freigeben

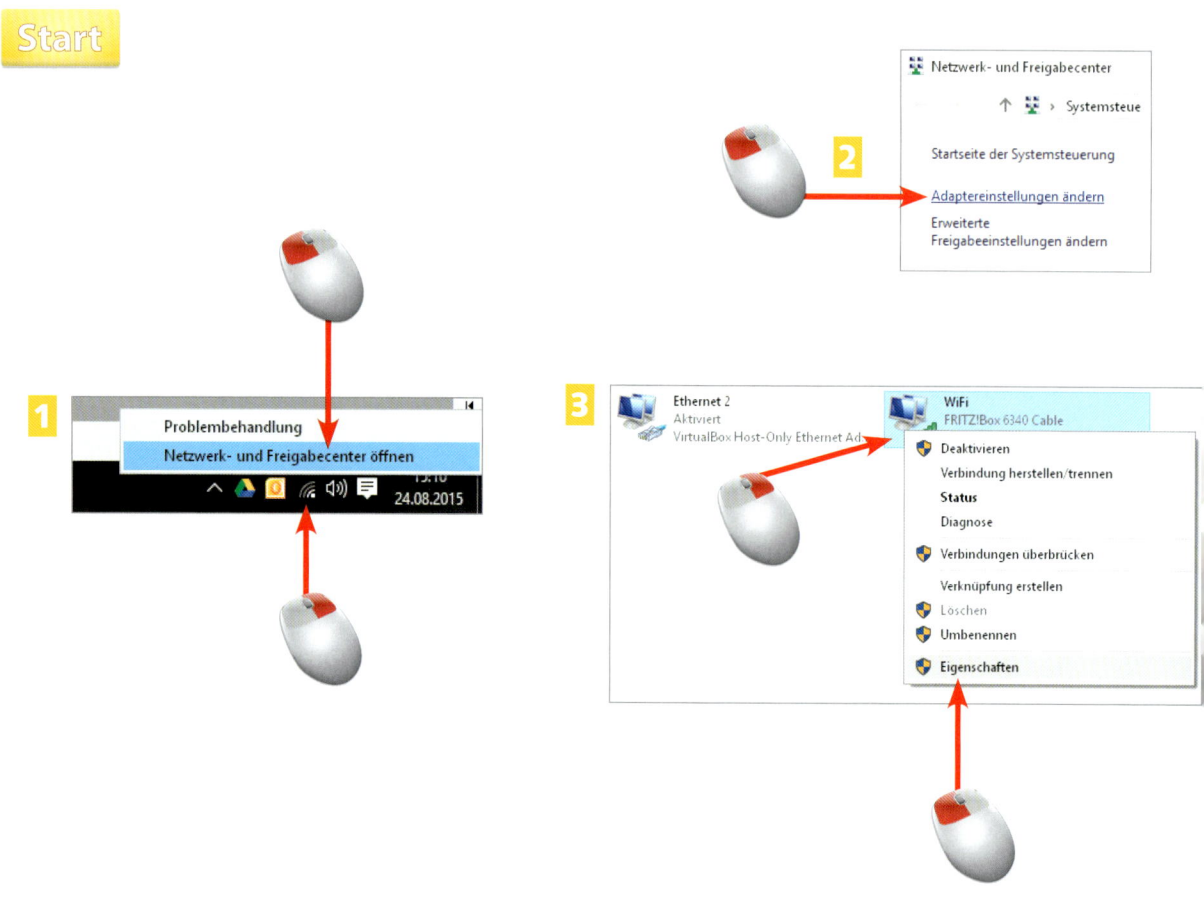

1. Klicken Sie mit der rechten Maustaste auf das Netzwerksymbol im Infobereich (🖥 bzw. 📶) und wählen Sie *Netzwerk- und Freigabecenter öffnen*.

2. Entscheiden Sie sich links im Netzwerk- und Freigabecenter für den Eintrag *Adaptereinstellungen ändern*.

3. Klicken Sie den Adapter mit der freizugebenden Internetverbindung mit der rechten Maustaste an und wählen Sie *Eigenschaften*. Wichtig: Es müssen mindestens zwei Netzwerkadapter zur Verfügung stehen, damit das Ganze funktioniert.

WISSEN

Meistens gehen alle Computer mit demselben Router ins Internet, doch es gibt Ausnahmen. Wie Sie in einem solchen Ausnahmefall auch eine Internetverbindung im Netzwerk freigeben können, wird hier dargestellt.

6 Netzwerk und Cloud mit Windows 10

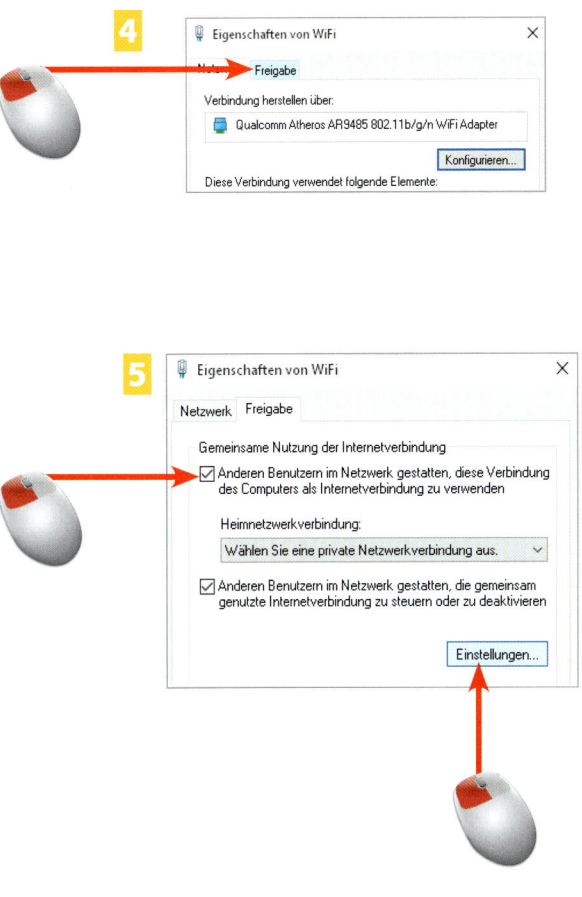
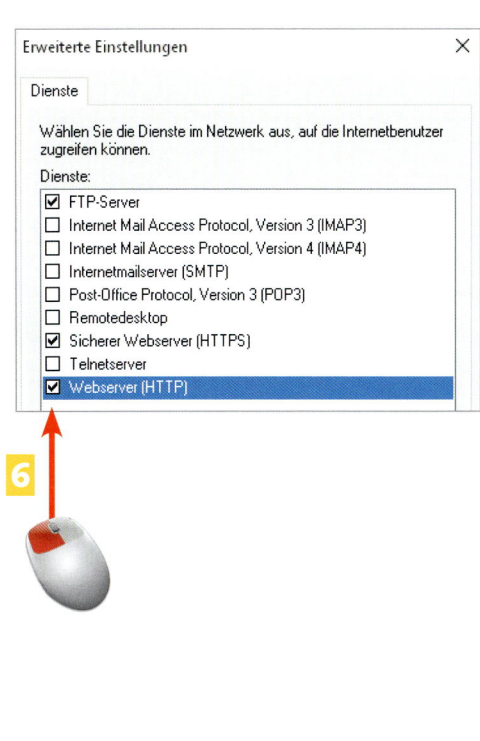

4 Klicken Sie im folgenden Fenster auf den Reiter *Freigabe*.

5 Aktivieren Sie das „Freigabe"-Kontrollkästchen und klicken Sie anschließend noch auf *Einstellungen*.

6 Hier aktivieren Sie – wiederum per Kontrollkästchen – eventuell benötigte Dienste, auf die dann übers Netzwerk zugegriffen werden kann.

Ende

Die Adaptereinstellungen lassen sich übrigens auch durch Ausführen von *ncpa.cpl* im Suchfeld aufrufen.

Einen Windows-Computer in einen WLAN-Hotspot verwandeln: Diesem Zweck kann die kostenlose Software Virtual Router dienen, die Sie unter der Webadresse *virtualrouter.codeplex.com* herunterladen.

HINWEIS **TIPP**

146 Einstellungen synchronisieren

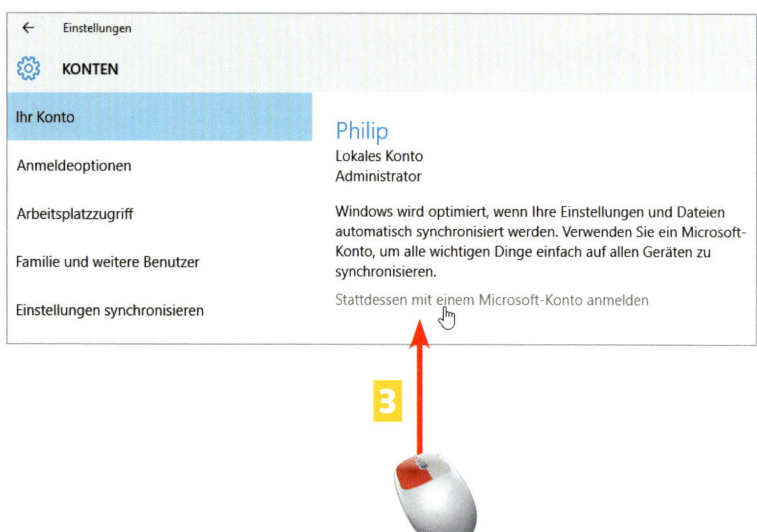

1. Öffnen Sie im Startmenü die *Einstellungen*.

2. Entscheiden Sie sich in den *Einstellungen* für die Kategorie *Konten*.

3. Achten Sie unter *Ihr Konto* zunächst darauf, dass Sie mit einem Microsoft-Konto angemeldet sind. Falls Sie ein lokales Konto verwenden, wechseln Sie mit *Stattdessen mit einem Microsoft-Konto anmelden* zum Microsoft-Konto.

> Wenn Sie mehrere Windows-Computer nutzen, beispielsweise einen Desktop-PC und ein Notebook, können Sie die Einstellungen auf allen Geräten synchronisieren. Voraussetzung ist lediglich, dass Sie auf allen Geräten mit demselben Microsoft-Konto angemeldet sind. Wie Sie die Synchronisierungseinstellungen anpassen, zeige ich Ihnen hier.

WISSEN

6 Netzwerk und Cloud mit Windows 10   147

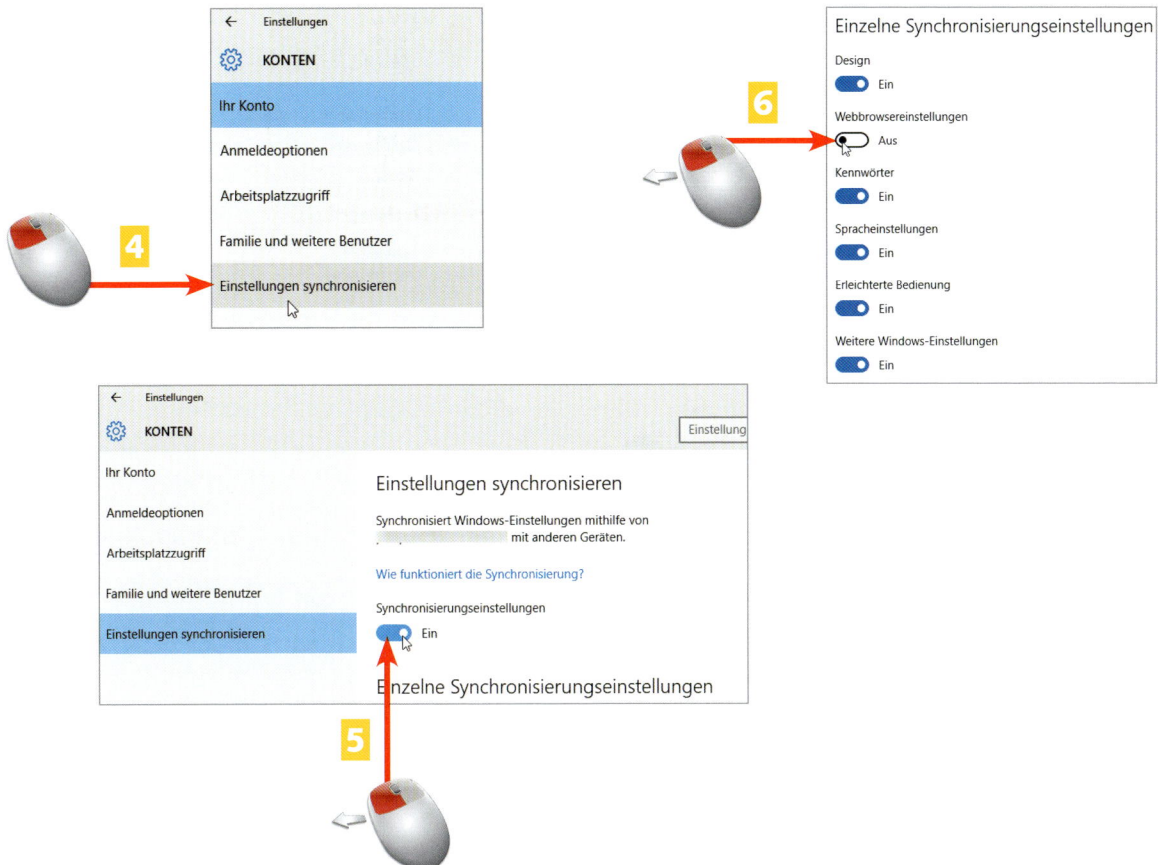

4 Nun klicken Sie in der Leiste links auf den Eintrag *Einstellungen synchronisieren*.

5 Bestimmen Sie per Schalter *Synchronisierungseinstellungen*, ob Sie eine Synchronisierung Ihrer Einstellungen übers Internet überhaupt wünschen oder nicht.

6 Im Abschnitt *Einzelne Synchronisierungseinstellungen* bestimmen Sie dann – wiederum per Schalter – welche Einstellungen synchronisiert werden sollen und welche nicht.

Ende

HINWEIS

Eine Übersicht darüber, welche Geräte Ihr Microsoft-Konto verwenden, erhalten Sie, wenn Sie unter *Ihr Konto* auf *Mein Microsoft-Konto verwalten* klicken und sich auf der folgenden Webseite für *Geräte* entscheiden.

HINWEIS

Apropos Synchronisierung: Speziell für den Datenaustausch mit Smartphones und Tablet-PCs steht unter Windows 10 die App *Begleiter für Telefon* zur Verfügung. Bei Redaktionsschluss befand sich in dieser App aber noch vieles im Aufbau.

OneDrive-Cloudspeicher einrichten

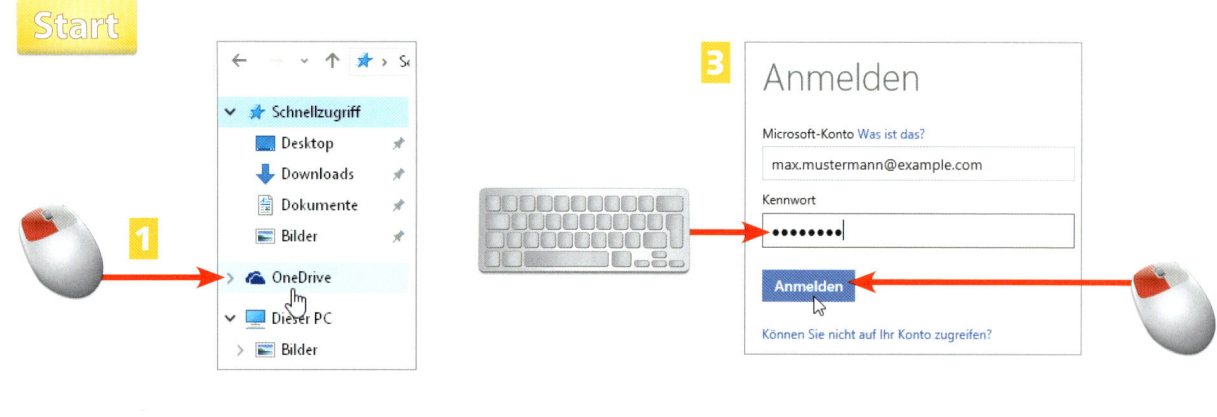

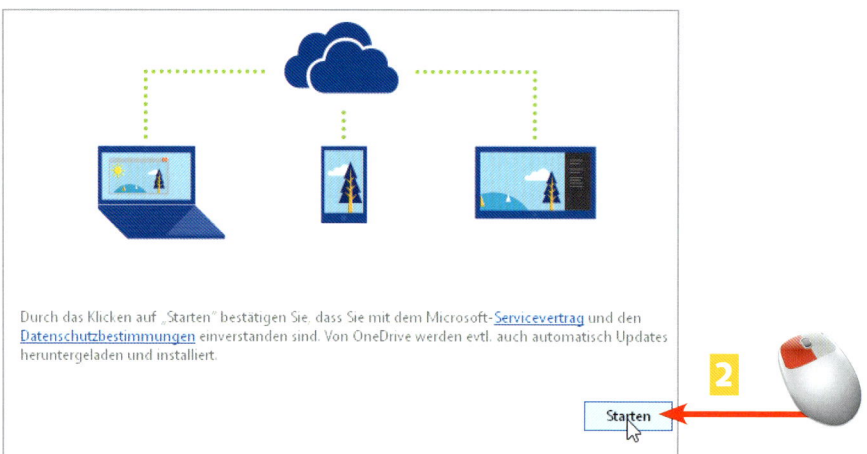

1 Entscheiden Sie sich im Navigationsbereich des Explorers für den Eintrag *OneDrive*. Alternativ klicken Sie im Startmenü unter *Alle Apps* auf den Eintrag *OneDrive*.

2 Es öffnet sich ein Assistent, in dem Sie zunächst mal auf *Starten* klicken.

3 Melden Sie sich mit den zu Ihrem Microsoft-Konto gehörenden Zugangsdaten an.

Wenn Sie ein Microsoft-Konto anlegen, erhalten Sie 15 GByte Cloud-Speicherplatz von Microsoft geschenkt. Unter Windows 10 wurde OneDrive perfekt in den Explorer integriert. Wie Sie zum Einrichten vorgehen, zeige ich Ihnen wieder Schritt für Schritt.

WISSEN

6 Netzwerk und Cloud mit Windows 10

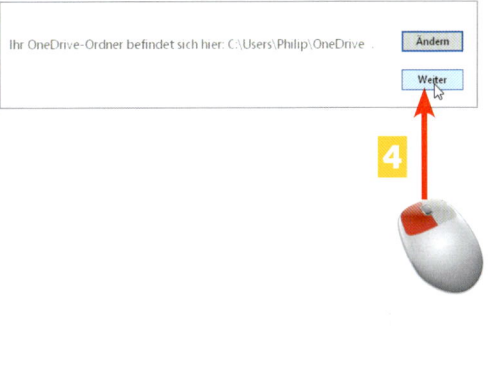

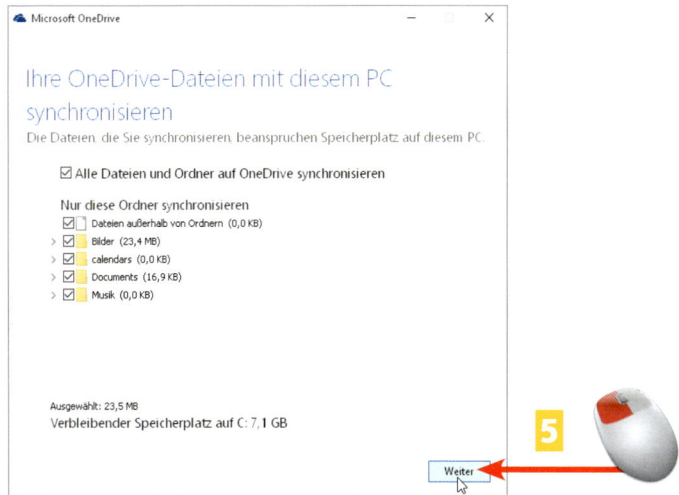

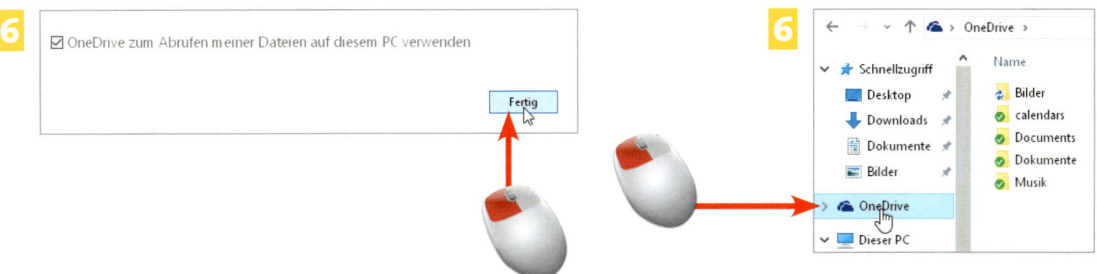

4 Den lokalen Speicherort des OneDrive-Ordners können Sie einfach mit *Weiter* bestätigen.

5 Nun bestimmen Sie per Kontrollkästchen, welche auf OneDrive befindlichen Ordner mit dem Computer synchronisiert werden sollen und welche nicht. Bestätigen Sie abermals mit *Weiter*.

6 Bestätigen Sie mit *Fertig*. Wenn Sie jetzt im Explorer auf den *OneDrive*-Eintrag klicken, werden Ihnen – nach erfolgter Synchronisierung – die Cloud-Ordner und deren Inhalte angezeigt.

Ende

HINWEIS

Um die OneDrive-Einstellungen nachträglich anzupassen, klicken Sie mit der rechten Maustaste auf das Symbol ☁ im Infobereich und wählen *Einstellungen*.

TIPP

Auf Ihren OneDrive-Ordner haben Sie auch im Infobereich Zugriff: Doppelklicken Sie auf das Symbol ☁, um ihn zu öffnen. Ein einfacher Klick auf das Symbol zeigt den Synchronisierungsstatus an.

Dateien im Webbrowser hochladen

Start

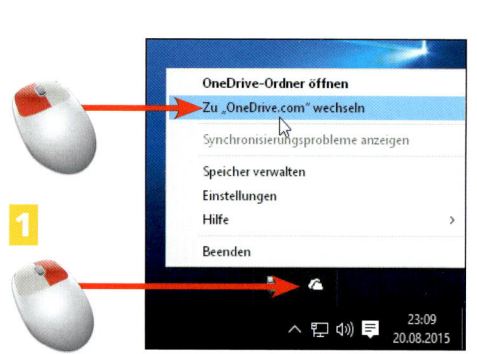
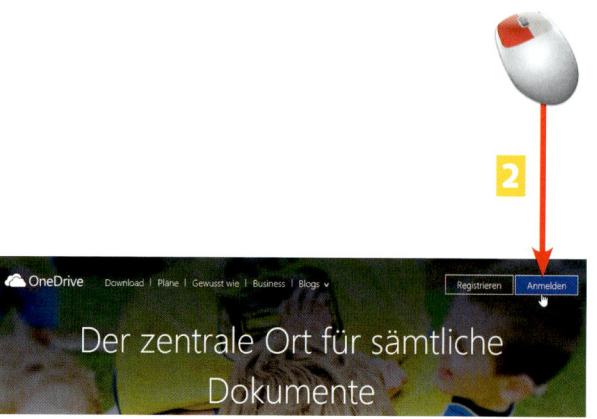

1. Klicken Sie mit der rechten Maustaste auf das OneDrive-Symbol im Infobereich und wählen Sie im Kontextmenü den Eintrag *Zu „OneDrive.com" wechseln*.

2. Es öffnet sich eine Webseite. Klicken Sie dort auf die *Anmelden*-Schaltfläche.

3. Melden Sie sich mit den zu Ihrem Microsoft-Konto gehörenden Zugangsdaten (E-Mail-Adresse und Passwort) an.

OneDrive lässt sich nicht nur vom Windows-PC aus nutzen, sondern auch auf beliebigen Computern – etwa im Internetcafé auf Hawaii – im Webbrowser. So lassen sich unterwegs auf die Schnelle Dateien sichern. Das ist eine simple Sache, wie diese Doppelseite zeigt.

WISSEN

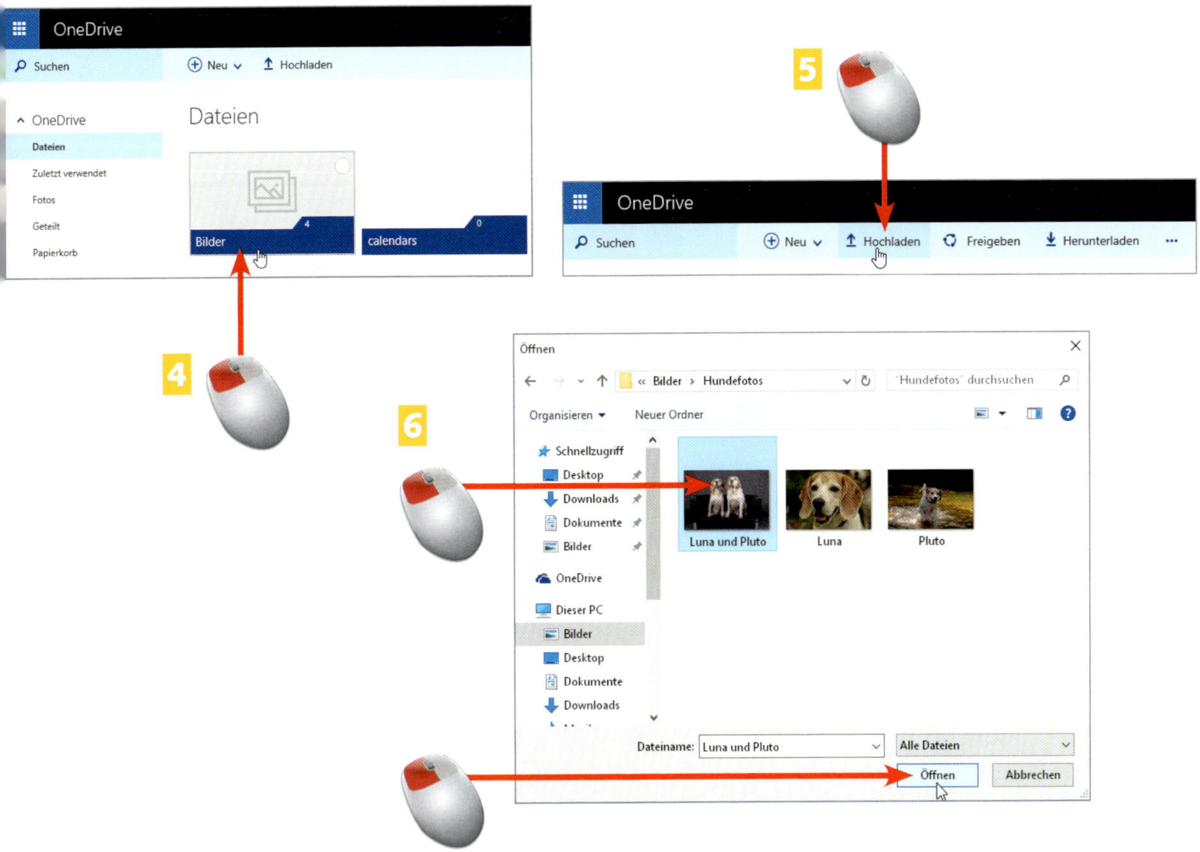

6   Netzwerk und Cloud mit Windows 10   151

4 Ihnen wird – wie im Explorer – eine Ordnerübersicht angezeigt. Klicken Sie den Ordner, in den Sie eine Datei hochladen möchten, mit der Maus an.

5 Wählen Sie nun in der Menüleiste den Eintrag *Hochladen*. Zum Downloaden ausgewählter Dateien finden Sie entsprechend den Eintrag *Herunterladen*.

6 Markieren Sie die Datei, die Sie hochladen möchten (bzw. mehrere Dateien bei gedrückter (Strg)-Taste), und bestätigen Sie mit *Öffnen*, um den Upload zu starten.

HINWEIS	TIPP
Neue Ordner, aber auch neue Dateien anlegen: Diese Optionen finden Sie in der Menüleiste unter *Neu*.	Auch im Webbrowser funktionieren die Kontextmenüs: Klicken Sie beispielsweise einen Ordner mit der rechten Maustaste an, um Optionen zum Umbenennen, Kopieren etc. zu erhalten.

152 Ordner auf OneDrive freigeben

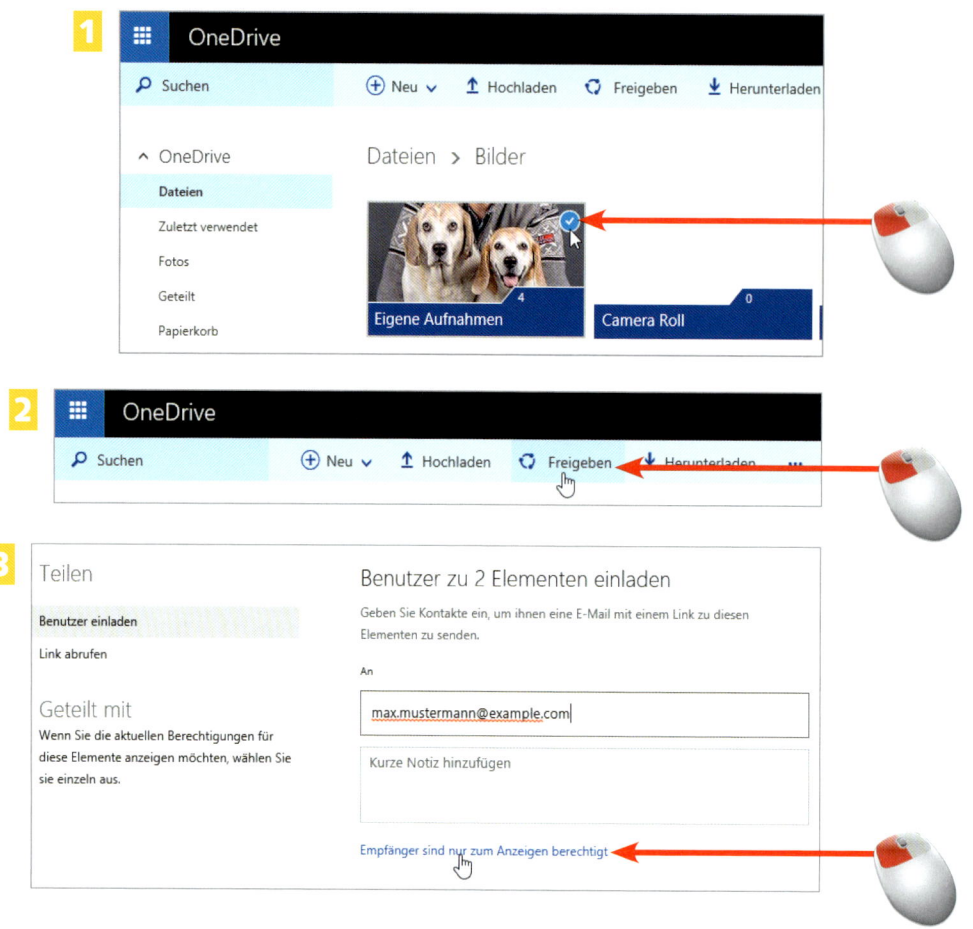

1. Wählen Sie auf OneDrive einen oder auch mehrere Ordner aus, die Sie freigeben möchten. Wenn Sie den Mauszeiger auf einen Ordner bewegen, erscheint dazu ein Auswahlfeld, das Sie aktivieren.

2. Entscheiden Sie sich in der Menüleiste für den Eintrag *Freigeben*.

3. Geben Sie die Personen bzw. die E-Mail-Adressen für die Freigabe ein (mehrere Personen werden per ⏎-Taste getrennt). Klicken Sie anschließend auf den kleinen Link *Empfänger sind nur zum Anzeigen berechtigt*.

Ideal für den Dateiaustausch übers Internet: Geben Sie auf OneDrive einen Ordner frei, auf den dann auch von Ihnen ausgewählte Personen zugreifen können. Wie Sie einen Ordner freigeben und die passenden Berechtigungen auswählen, wird hier gezeigt.

WISSEN

6 Netzwerk und Cloud mit Windows 10   153

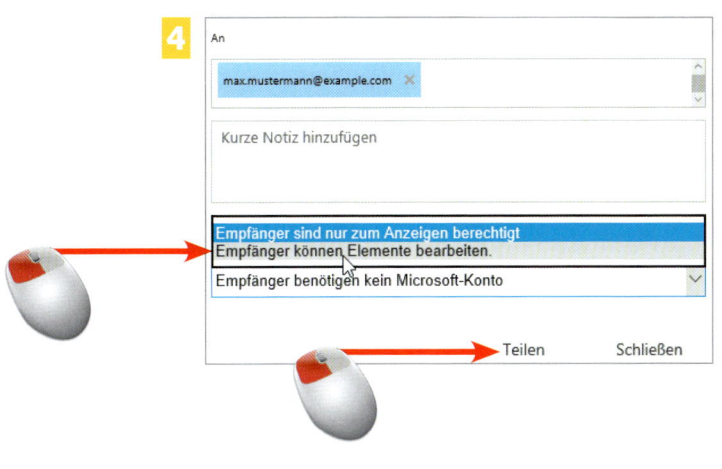

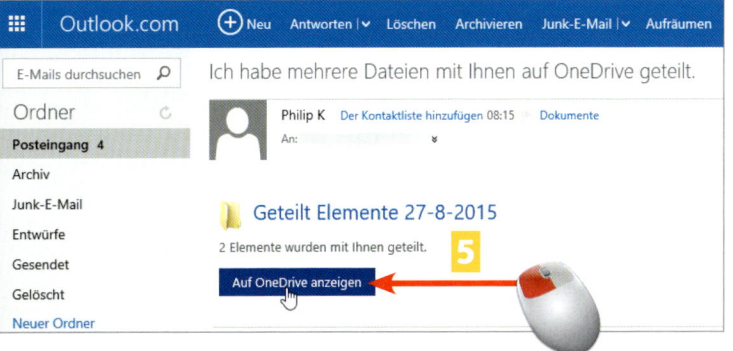

4 Nehmen Sie per Drop-down-Menü die Berechtigungseinstellungen vor. Klicken Sie dann auf *Teilen*.

5 Die eingeladene Person erhält eine E-Mail und klickt dort auf die Schaltfläche *Auf OneDrive anzeigen*, um auf den freigegebenen Ordner zuzugreifen.

6 Die freigegebenen Ordner werden außerdem auf OneDrive unter *Geteilt* angezeigt.

Ende

Statt kompletter Ordner lassen sich übrigens auch einzelne Dateien innerhalb eines Ordners für die Freigabe auswählen.

Sie können sich auch einen Freigabelink anzeigen lassen: Hierzu klicken Sie links im Fenster aus Schritt 3 auf *Link abrufen*.

Um einen freigegebenen Ordner wieder aus OneDrive zu entfernen, klicken Sie ihn mit der rechten Maustaste an und wählen im Kontextmenü *Aus der Liste „Geteilt" entfernen*.

HINWEIS   **TIPP**   **HINWEIS**

154 Onlinefotoalben erstellen und teilen

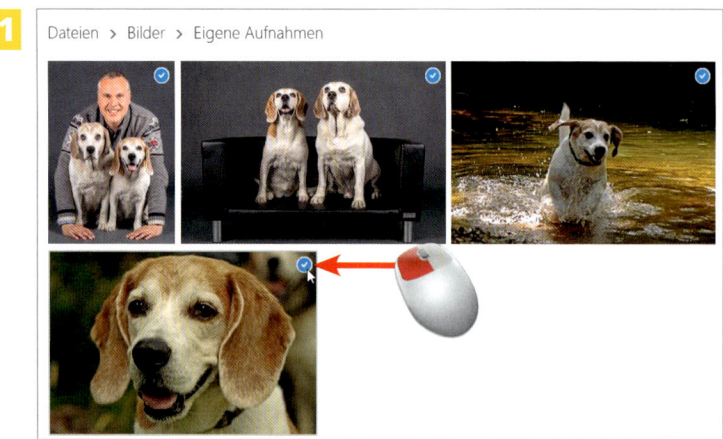

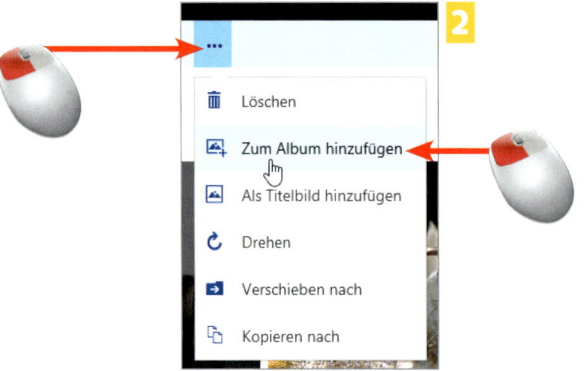

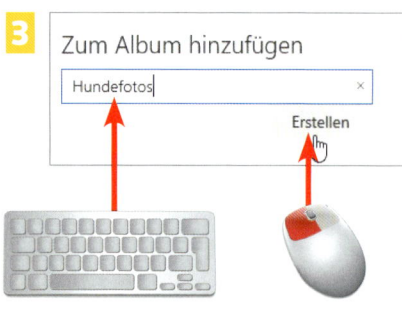

1. Wählen Sie auf OneDrive die Fotos aus, die Sie in ein Album aufnehmen möchten.

2. Klicken Sie in der Menüleiste auf das Symbol ... und wählen Sie *Zum Album hinzufügen*. Wenn Sie bereits Alben angelegt haben, lassen sich die Bilder unter diesem Menüpunkt auch einem bereits vorhandenen Album hinzufügen.

3. Geben Sie dem Album eine schlüssige Bezeichnung und bestätigen Sie mit *Erstellen*.

> Die Bilder vom letzten Urlaub oder der letzten Party mit anderen Personen teilen – dazu brauchen Sie sie nicht auf Facebook der Öffentlichkeit zugänglich zu machen. Erstellen Sie stattdessen auf OneDrive Alben, die Sie mit ausgewählten Personen teilen.

WISSEN

6 Netzwerk und Cloud mit Windows 10

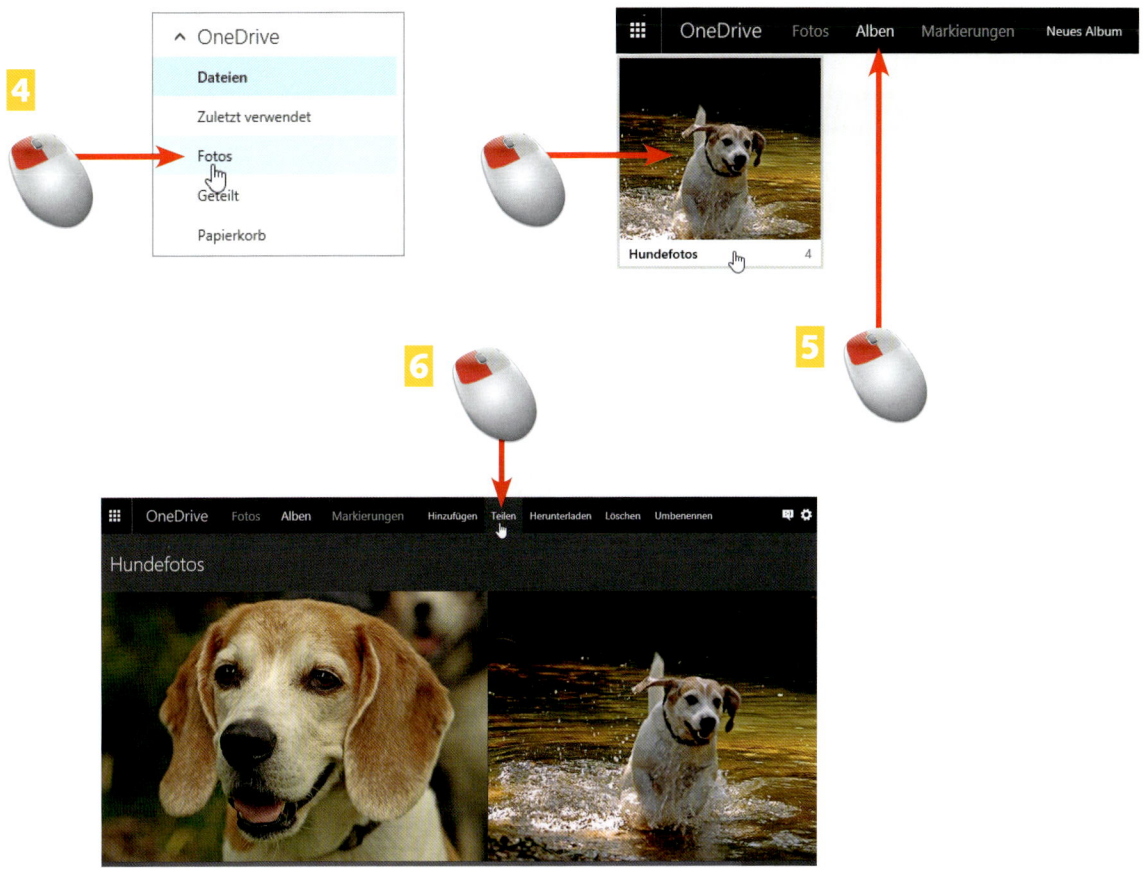

4️⃣ Um auf das Album zuzugreifen, klicken Sie links auf den Eintrag *Fotos*.

5️⃣ Entscheiden Sie sich anschließend in der Menüleiste für *Alben* und klicken Sie das Album an, um es zu öffnen.

6️⃣ Um das Album mit anderen Personen zu teilen, klicken Sie in der Menüleiste auf *Teilen*. Die folgende Prozedur entspricht der auf der vorherigen Doppelseite gezeigten Ordnerfreigabe.

Ende

HINWEIS
Ein Foto in eine Webseite einbinden: Rufen Sie das Bild auf und klicken Sie in der Menüleiste auf das Symbol ⋯. Wählen Sie dann *Einbinden*, um einen HTML-Code zu generieren.

TIPP
Via Skype über die Bilder chatten: Dazu finden Sie rechts oben auf der OneDrive-Webseite das Symbol 💬.

156 Office auf OneDrive nutzen

Start

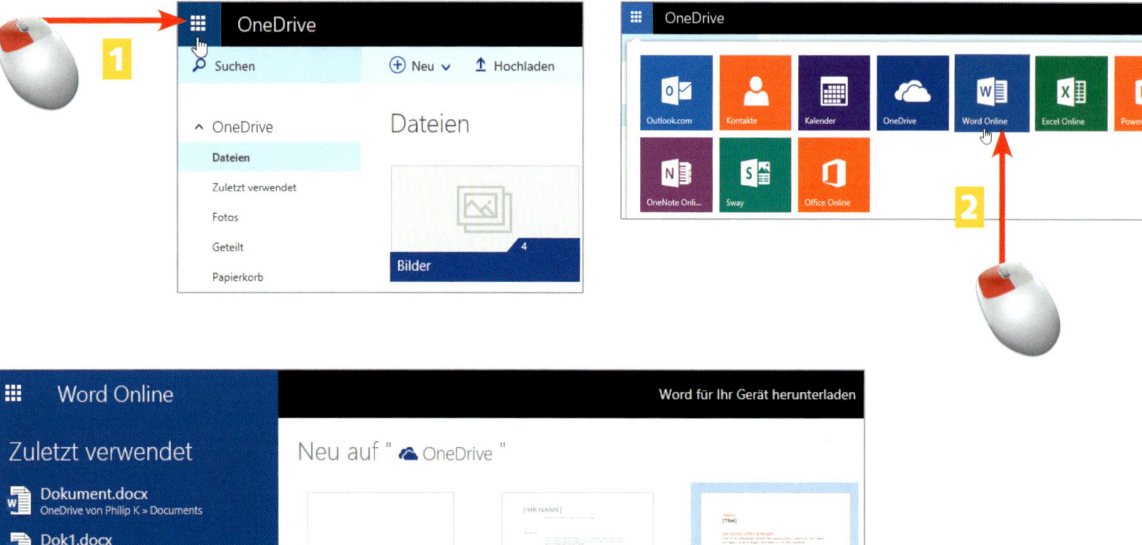

1 Klicken Sie links oben auf der OneDrive-Webseite auf die App-Schaltfläche.

2 Wählen Sie die gewünschte Web-App aus, in diesem Fall entscheide ich mich für *Word Online*.

3 Wie beim installierten Word: Wählen Sie eine Vorlage aus oder greifen Sie auf eine zuletzt verwendete Datei zu.

WISSEN

Word und Co. lassen sich kostenlos im Webbrowser nutzen, zumindest die wichtigsten Funktionen der Office-Programme stehen Ihnen auch online zur Verfügung. Wie Sie auf OneDrive auf die verfügbaren Office-Apps zugreifen, zeige ich Ihnen hier.

6 Netzwerk und Cloud mit Windows 10

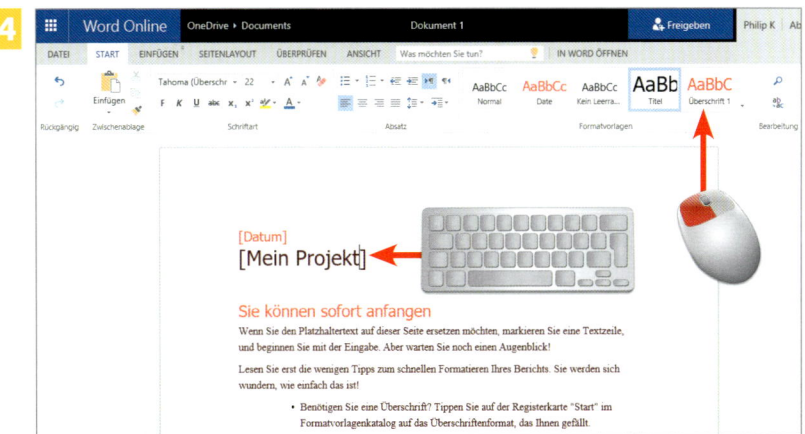

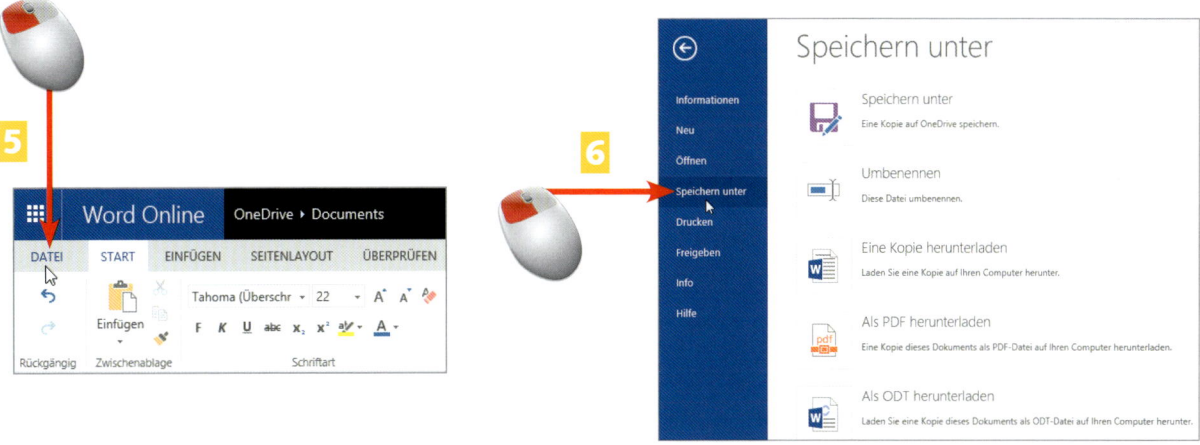

4 Geben Sie Ihren Text ein. Für die Formatierung steht Ihnen ein Menüband mit verschiedenen Registerkarten zur Verfügung. Ihnen werden zwar nicht alle Optionen wie beim installierten Word geboten, die wichtigsten Funktionen sind jedoch vorhanden.

5 Änderungen am Dokument werden auf OneDrive automatisch gespeichert. Vielleicht möchten Sie eine Kopie auf dem Computer speichern? Dazu wählen Sie *Datei*.

6 Klicken Sie nun auf *Speichern unter* und wählen Sie eine der angebotenen Optionen aus.

HINWEIS

Schon gesehen? Neben PowerPoint Online wird Ihnen auch das neu eingeführte Präsentationstool Sway als App angeboten. Sie haben im Urlaub eine Word-Datei online erstellt und möchten zu Hause mit dem installierten Word weiterarbeiten? Klicken Sie dazu auf die Schaltfläche *In Word öffnen*.

TIPP

Eine Office-Datei gemeinsam bearbeiten: Dazu finden Sie oben in der Office-App die Schaltfläche *Freigeben*.

Kostenlosen OneDrive-Speicher abgreifen

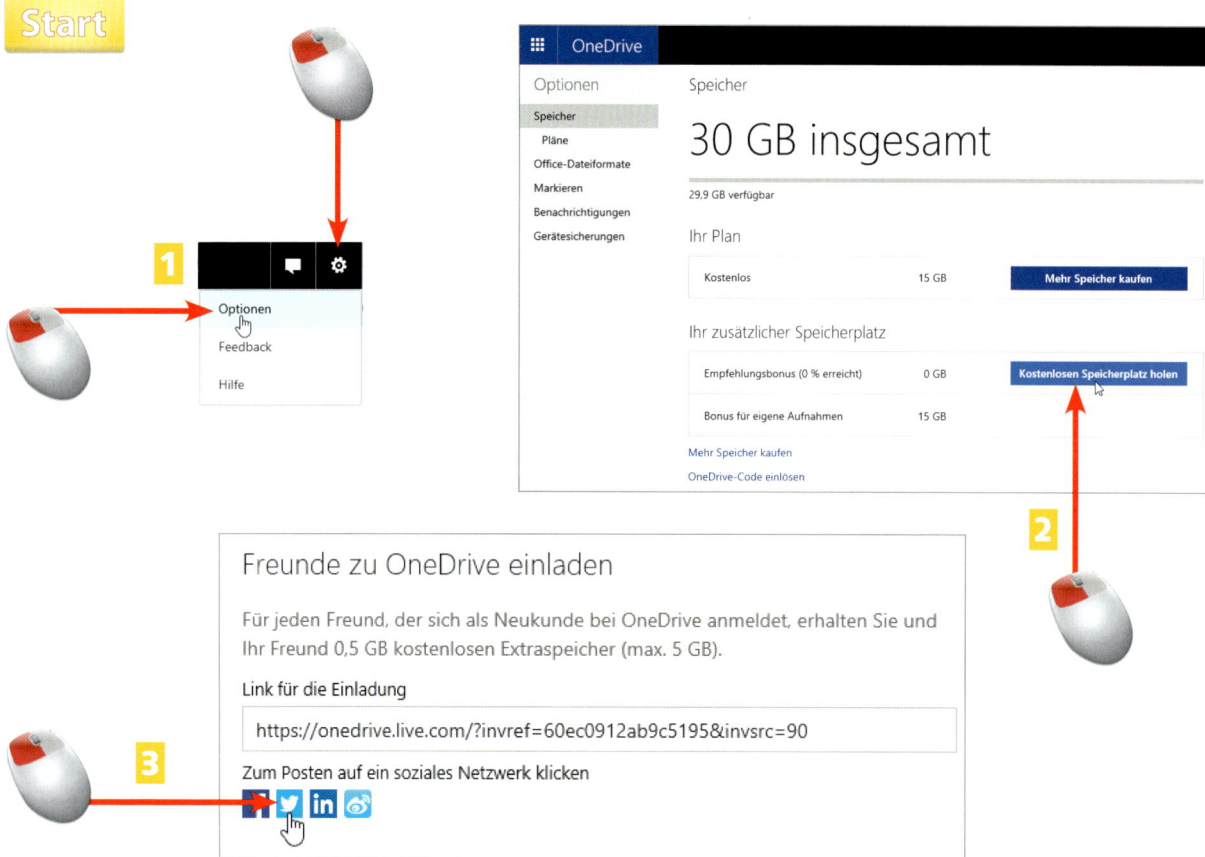

1. Klicken Sie rechts oben auf der OneDrive-Webseite auf das Zahnradsymbol ⚙ und wählen Sie *Optionen*.

2. 15 GByte kostenlosen zusätzlichen Speicherplatz gibt es, wenn Sie auf OneDrive Ihre eigenen Aufnahmen sichern. Bis zu weitere 5 GByte können Sie in sozialen Netzwerken „verdienen" – klicken Sie hierzu auf *Kostenlosen Speicherplatz holen*.

3. Entscheiden Sie sich für das soziale Netzwerk, in dem Sie den OneDrive-Link posten möchten. Pro Anmeldung, die über diesen Link erfolgt, gibt es 500 MByte OneDrive-Speicherplatz.

> Cloudspeicher kann man gar nicht genug haben, besonders wenn Sie OneDrive rege zum Speichern von Bildern, Musik und Co. verwenden. Wie sich der OneDrive-Speicherplatz um ein paar GByte kostenlos erweitern lässt, erfahren Sie hier.

WISSEN

6 Netzwerk und Cloud mit Windows 10

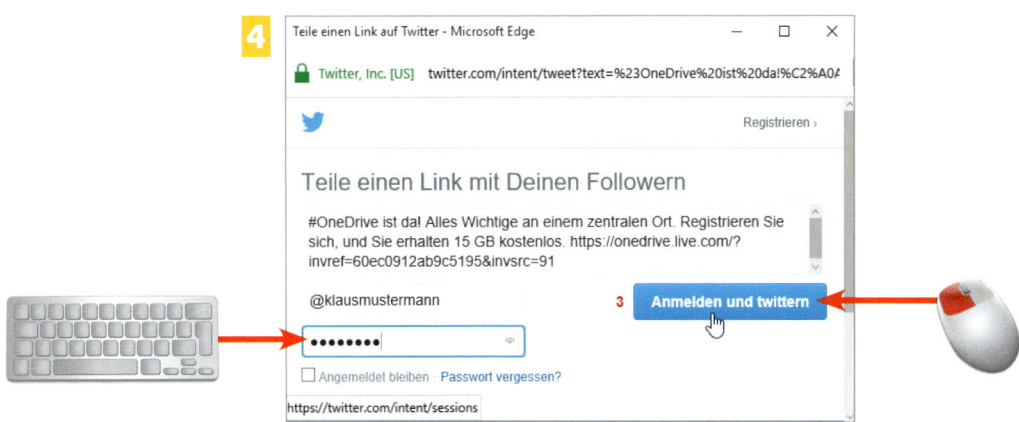

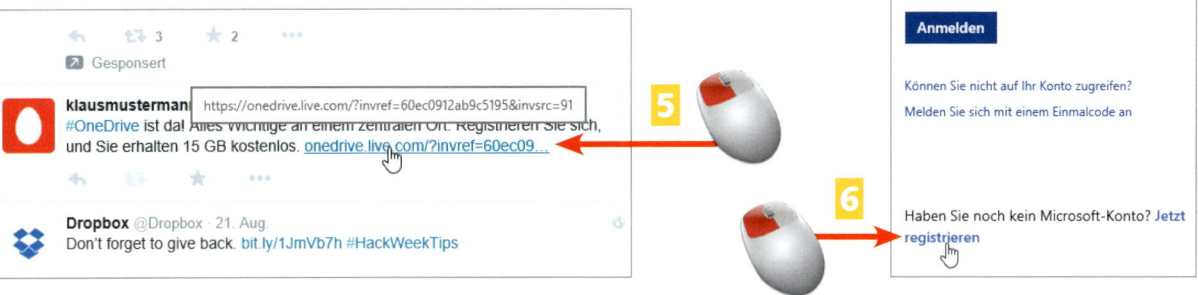

4 Melden Sie sich mit Ihren Zugangsdaten an und veröffentlichen Sie den Post.

5 In diesem Fall habe ich den OneDrive-Post bei Twitter veröffentlicht. Ein Interessent klickt den Link an.

6 Es öffnet sich die Anmeldeseite, auf der auch eine Registrierung als neuer Benutzer möglich ist.

HINWEIS

Auch eine kostenpflichtige Erweiterung des OneDrive-Speichers ist selbstverständlich möglich. Dazu klicken Sie im Fenster aus Schritt 2 auf *Mehr Speicher kaufen*. Die noch verfügbare Speicherkapazität wird Ihnen links unten auf der OneDrive-Webseite angezeigt.

TIPP

Wenn der OneDrive-Speicherplatz mal knapp wird, leeren Sie als Erstes den *Papierkorb*: Klicken Sie ihn auf der OneDrive-Webseite an und wählen Sie dann *Papierkorb leeren*.

Sicherheit und Datenschutz 7

Windows 10 wurde bereits kurz nach der Veröffentlichung von Verbraucherzentralen und Datenschützern kritisiert, weil das Betriebssystem doch recht neugierig ist und viele Daten ins Internet lädt.

Was Sie in Sachen Datenschutz unternehmen können, erfahren Sie in diesem Kapitel. Sie erhalten darüber hinaus die besten Tipps und Tricks zum Absichern Ihres Computers gegen Zugriffe von außen sowie zur Datensicherung und -wiederherstellung, falls doch mal etwas schiefgehen sollte.

162 Bildcode für die Anmeldung verwenden

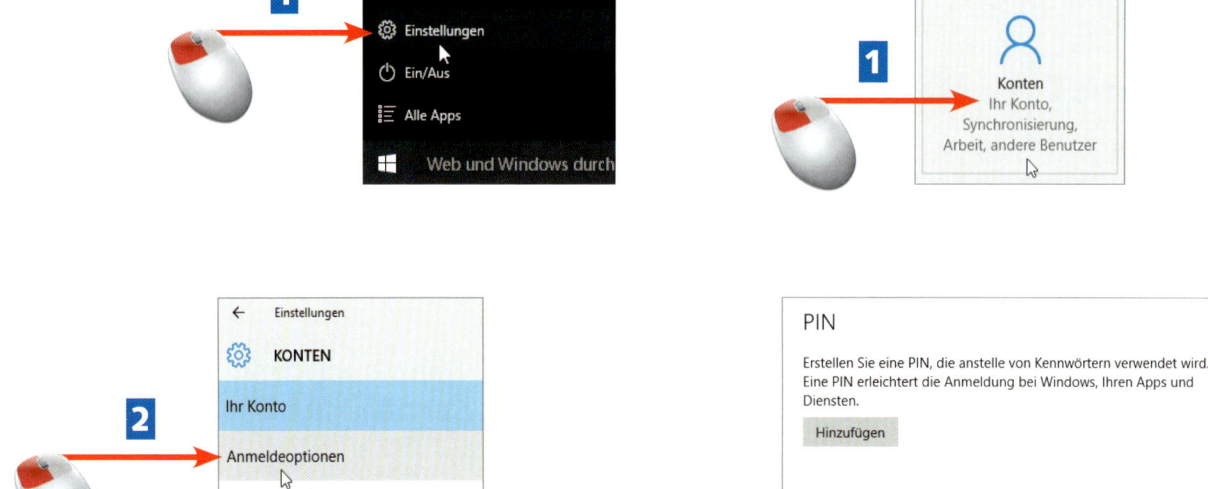

1 Öffnen Sie die *Einstellungen* und entscheiden Sie sich für die Kategorie *Konten*.

2 Klicken Sie in der Leiste links auf den Eintrag *Anmeldeoptionen*.

3 Nun klicken Sie im Abschnitt *Bildcode* auf die Schaltfläche *Hinzufügen*.

Statt eines Anmeldepassworts können Sie unter Windows 10 auch einen Bildcode für die Anmeldung verwenden. Dieser besteht aus drei Gesten, die Sie auf einem eigens dafür ausgewählten Bild ausführen.

WISSEN

7 Sicherheit und Datenschutz 163

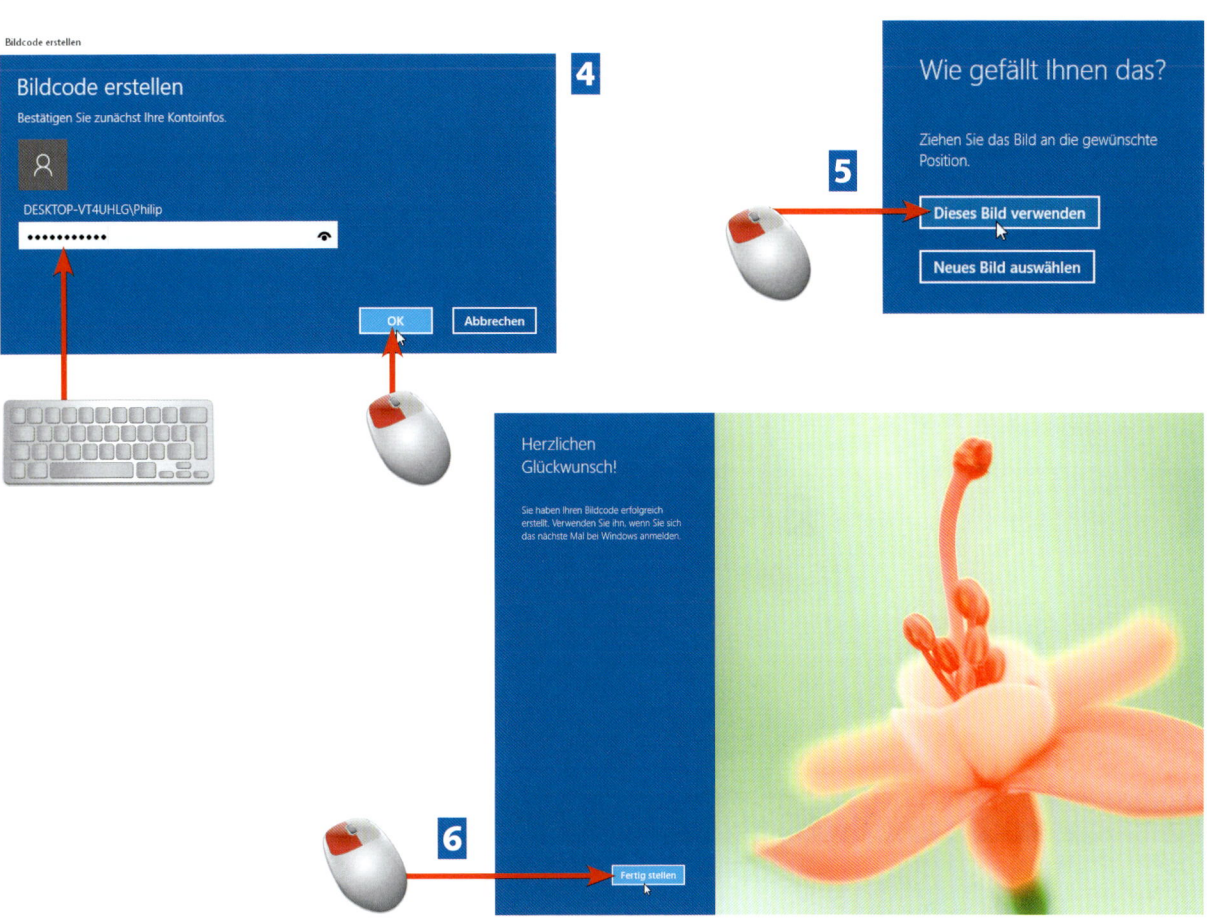

4 Melden Sie sich als Nächstes mit Ihrem Windows-Kennwort an.

5 Klicken Sie auf *Neues Bild auswählen*, um das Bild für den Bildcode festzulegen. Es sollte nicht zu intim sein, da es ja bereits ohne Anmeldung sichtbar sein wird. Ziehen Sie das Bild mit der Maus in Position, bevor Sie auf *Dieses Bild verwenden* klicken.

6 Vollführen Sie jetzt zweimal hintereinander Ihre drei Anmeldegesten, z. B. durch Ziehen bei gedrückter Maustaste. Bestätigen Sie zum Schluss mit *Fertig stellen*.

Ende

Auch wenn Sie den Bildcode aktiviert haben, ist selbstverständlich weiterhin eine Anmeldung mit dem Kennwort möglich.

Auch eine PIN (eine Geheimzahl) lässt sich für die Anmeldung verwenden. Dazu wählen Sie im Fenster aus Schritt 3 im Abschnitt *PIN* die Schaltfläche *Hinzufügen*.

Mit Windows 10 wurde übrigens auch die Funktion *Windows Hello* eingeführt, die das Anmelden per Fingerabdruck-, Iris- oder Gesichtserkennung ermöglicht.

HINWEIS **TIPP** **HINWEIS**

Prüfung in zwei Schritten verwenden

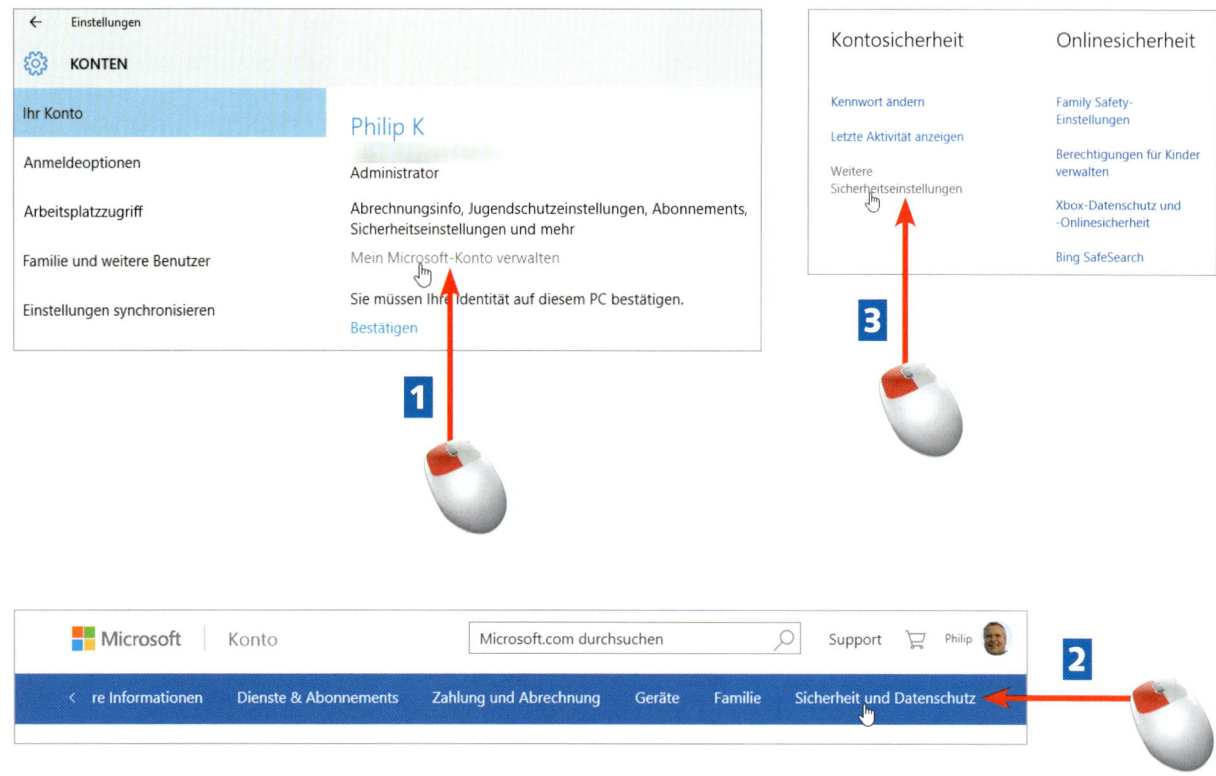

1. Wählen Sie in den *Einstellungen* die Kategorie *Konten* und klicken Sie unter *Ihr Konto* auf den Link *Mein Microsoft-Konto verwalten*.

2. Auf der sich öffnenden Webseite entscheiden Sie sich in der Menüleiste für *Sicherheit und Datenschutz*.

3. Nun klicken Sie im Abschnitt *Kontosicherheit* auf *Weitere Sicherheitseinstellungen*.

Um selbst im Fall eines Passwortklaus den Zugriff auf Ihr Microsoft-Konto zu verhindern, richten Sie die Prüfung in zwei Schritten ein, die neben der Kennworteingabe noch einen zweiten Prüfungsschritt verlangt. Das ist zwar umständlich, erhöht die Kontosicherheit aber deutlich.

WISSEN

7 Sicherheit und Datenschutz 165

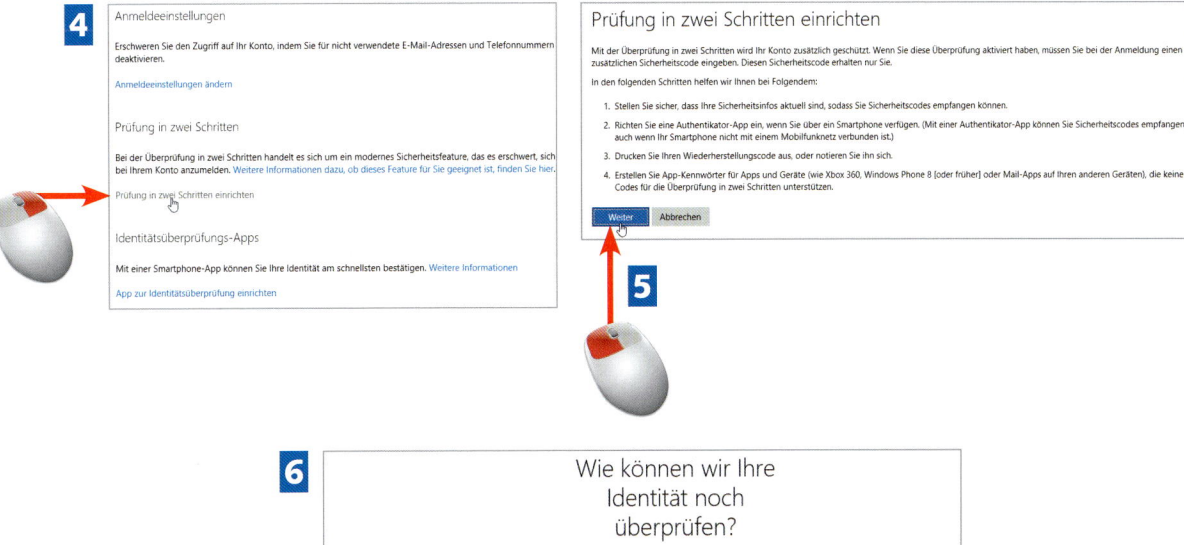

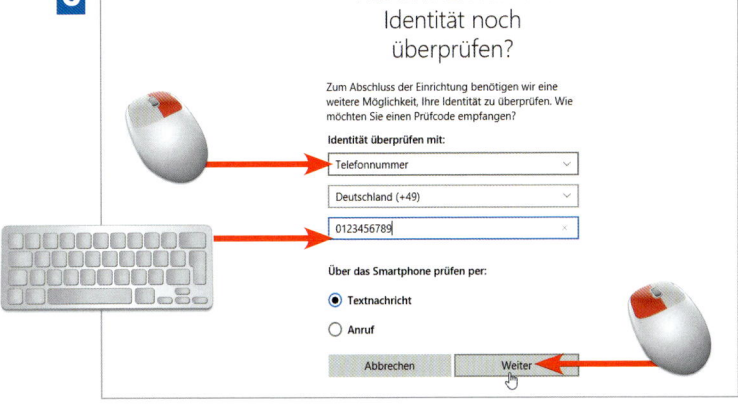

4 Entscheiden Sie sich im Abschnitt *Prüfung in zwei Schritten* für den Link *Prüfung in zwei Schritten einrichten*.

5 Bestätigen Sie die folgenden Hinweise mit *Weiter*.

6 Bestimmen Sie nun per Drop-down-Menü die Methode für den zweiten Prüfungsschritt. Hier entscheide ich mich beispielsweise für das Senden einer SMS an eine Rufnummer.

Ende

Wichtig: Verwenden Sie dasselbe Passwort nicht für mehrere Onlinekonten, sonst werden nach einem Passwortklau eines Kontos auch die anderen Konten angreifbar!

Doch lieber ein lokales Benutzerkonto verwenden? Um vom Microsoft-Konto zu einem lokalen Konto zu wechseln, klicken Sie in den *Einstellungen* unter *Konten/Ihr Konto* auf *Stattdessen mit einem lokalen Konto anmelden*.

Ebenfalls empfehlenswert: Das Verwenden der „Identitätsprüfungs-App", die Sie ebenfalls unter *Weitere Sicherheitseinstellungen* einrichten.

HINWEIS   **HINWEIS**   **TIPP**

166 Benutzerkonto mit Jugendschutz einrichten

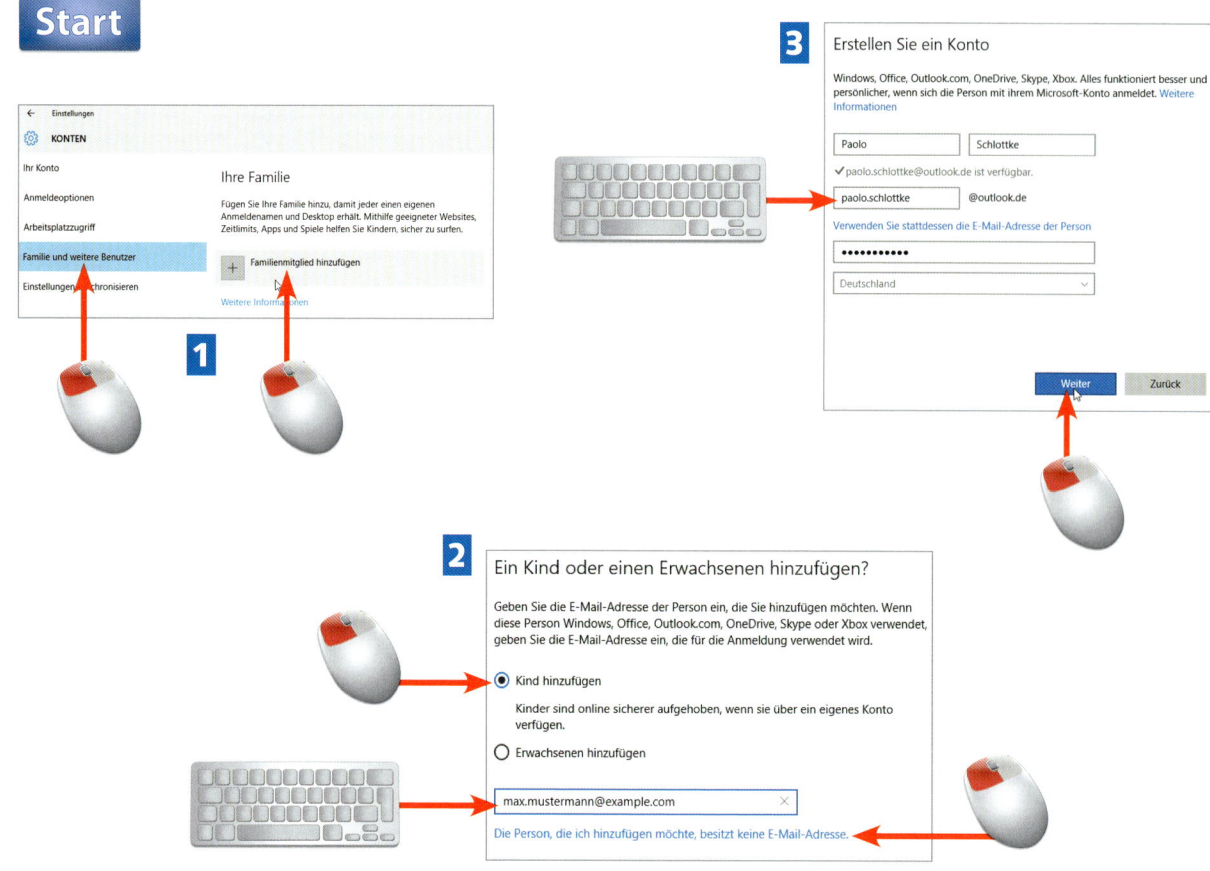

1. Wählen Sie in den *Einstellungen* erneut die Kategorie *Konten* und klicken Sie unter *Familie und weitere Benutzer* auf die Schaltfläche *Familienmitglied hinzufügen*.

2. Aktivieren Sie die Option *Kind hinzufügen*. Entscheiden Sie dann, ob eine bestehende E-Mail-Adresse für das Microsoft-Konto verwendet werden soll oder ob Sie eine neue E-Mail-Adresse anlegen möchten.

3. In diesem Fall erstelle ich ein neues Microsoft-Konto mitsamt einer passenden E-Mail-Adresse.

Wenn ein Kind oder minderjähriger Jugendlicher einen Windows-Computer verwendet, sollten unbedingt Schutzmaßnahmen getroffen werden. Sie als Erziehungsberechtigter sind verantwortlich! Aufgrund der zahlreichen drohenden Gefahren durch Internet und Computerspiele ist Laisser-faire absolut unangebracht. Legen Sie daher ein Benutzerkonto mit Jugendschutzfunktionen an.

WISSEN

7 Sicherheit und Datenschutz

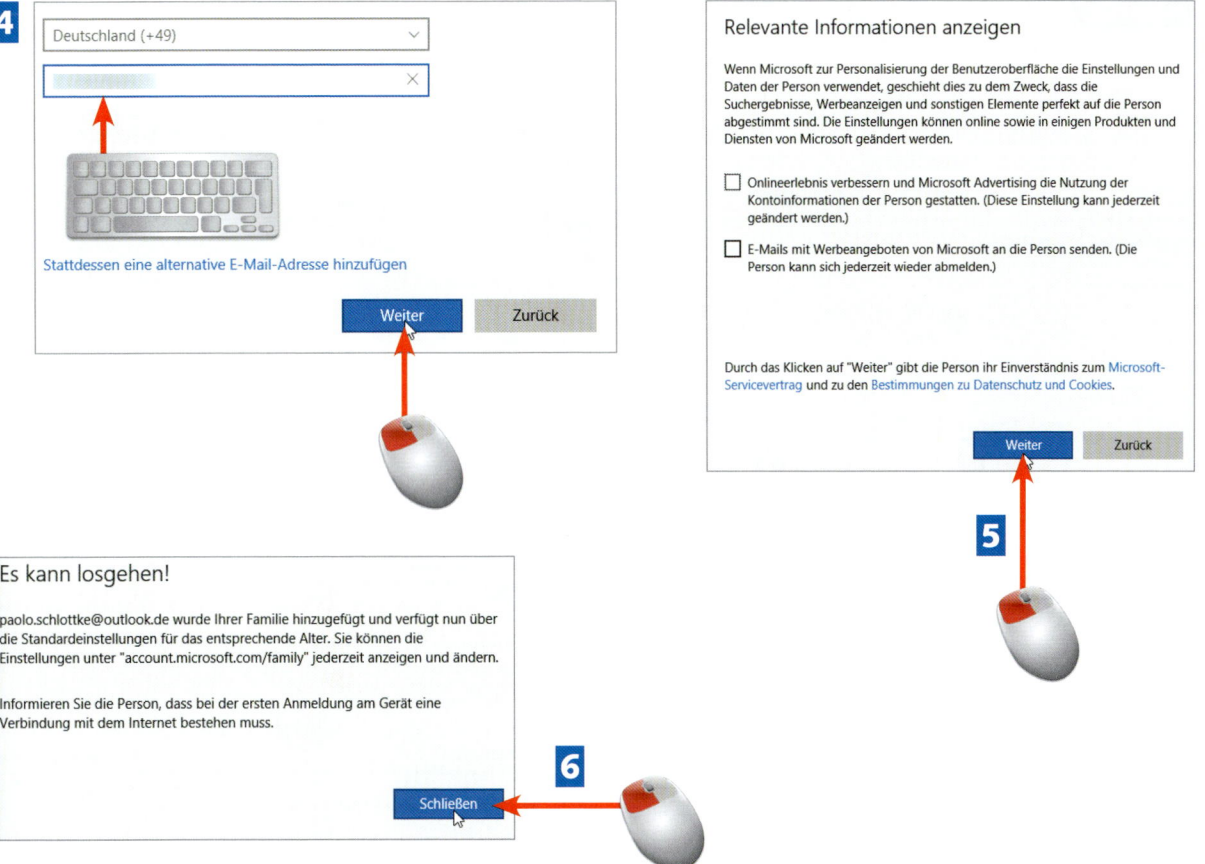

4 Geben Sie, wie es schon beim Anlegen Ihres eigenen Microsoft-Kontos der Fall war, eine zusätzliche Sicherheitsinfo an – entweder eine weitere E-Mail-Adresse oder eine Rufnummer.

5 Deaktivieren Sie die „Werbung"-Kontrollkästchen und bestätigen Sie mit *Weiter*.

6 Klicken Sie auf *Schließen*, um gleich auf der nächsten Doppelseite die Jugendschutz-Einstellungen für das neue Konto vornehmen zu können.

Ende

TIPP

Sprechen Sie mit Ihrem Nachwuchs offen über die Gefahren, die durch die Nutzung von Computer und Internet drohen. So wird er die getroffenen Einschränkungen besser verstehen und nicht versuchen, diese zu umgehen.

TIPP

Auf dieser Webseite finden Sie eine Menge weiterführender Informationen zum Thema Mediennutzung durch Jugendliche: *www.schau-hin.info*.

168 Jugendschutz-Einstellungen vornehmen

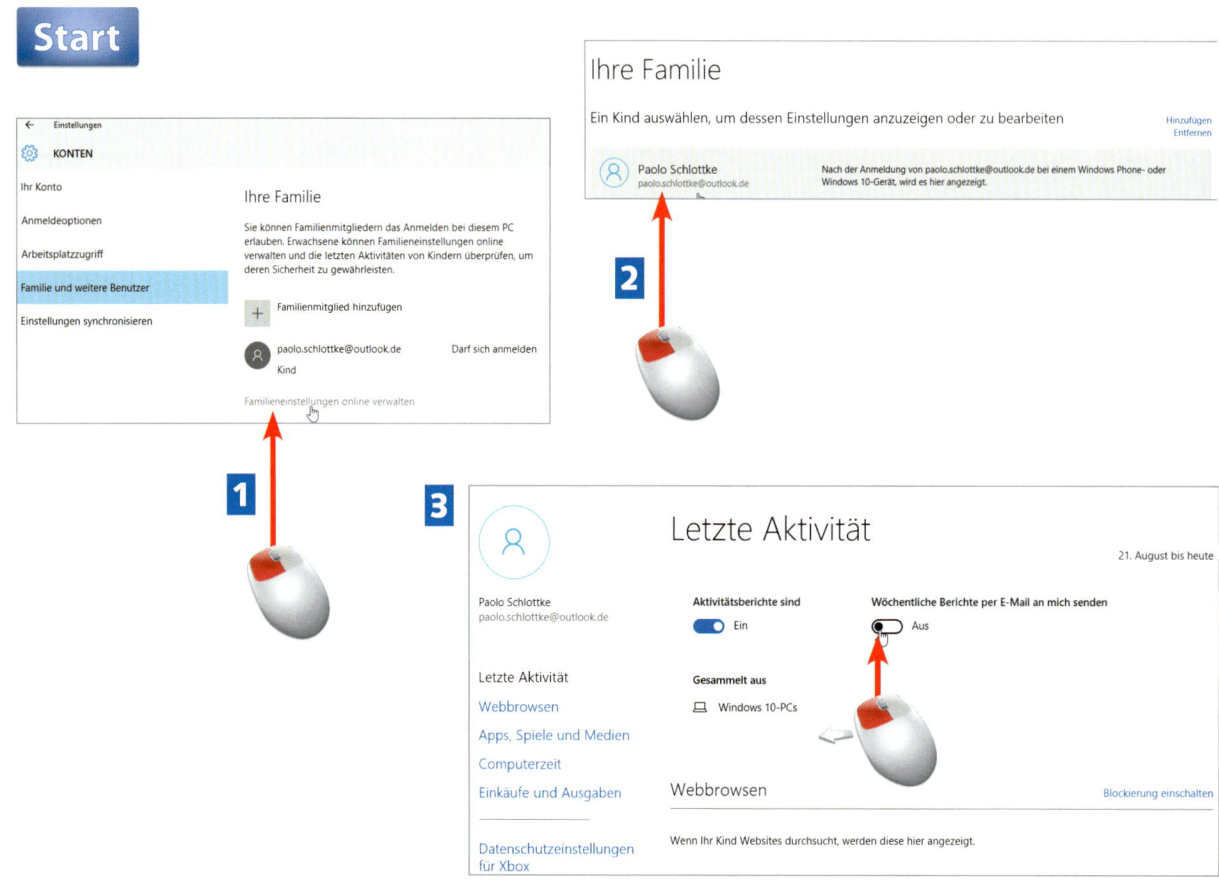

1. Klicken Sie in den *Einstellungen* unter *Konten* und dort unter *Familie und weitere Benutzer* auf den Link *Familieneinstellungen online verwalten*.

2. Auf der folgenden Webseite klicken Sie das Benutzerkonto des Kindes an. Sie finden hier auch Links zum *Hinzufügen* und *Entfernen* von Familienmitgliedern – sowohl von Kindern als auch von Erwachsenen.

3. Erledigen Sie im Abschnitt *Letzte Aktivität* zunächst Ihre Einstellungen zu den Aktivitätsberichten. Mit den Berichten überwachen Sie die Aktivitäten Ihres Sprösslings – fairerweise sollten Sie ihn darüber vorab informieren!

Sie haben mithilfe der Schrittanleitung auf der vorherigen Doppelseite ein Microsoft-Konto für ein Kind bzw. einen minderjährigen Jugendlichen angelegt. Nun zeige ich Ihnen, wie Sie für dieses Benutzerkonto verschiedene wichtige Jugendschutz-Einstellungen festlegen.

WISSEN

7 Sicherheit und Datenschutz 169

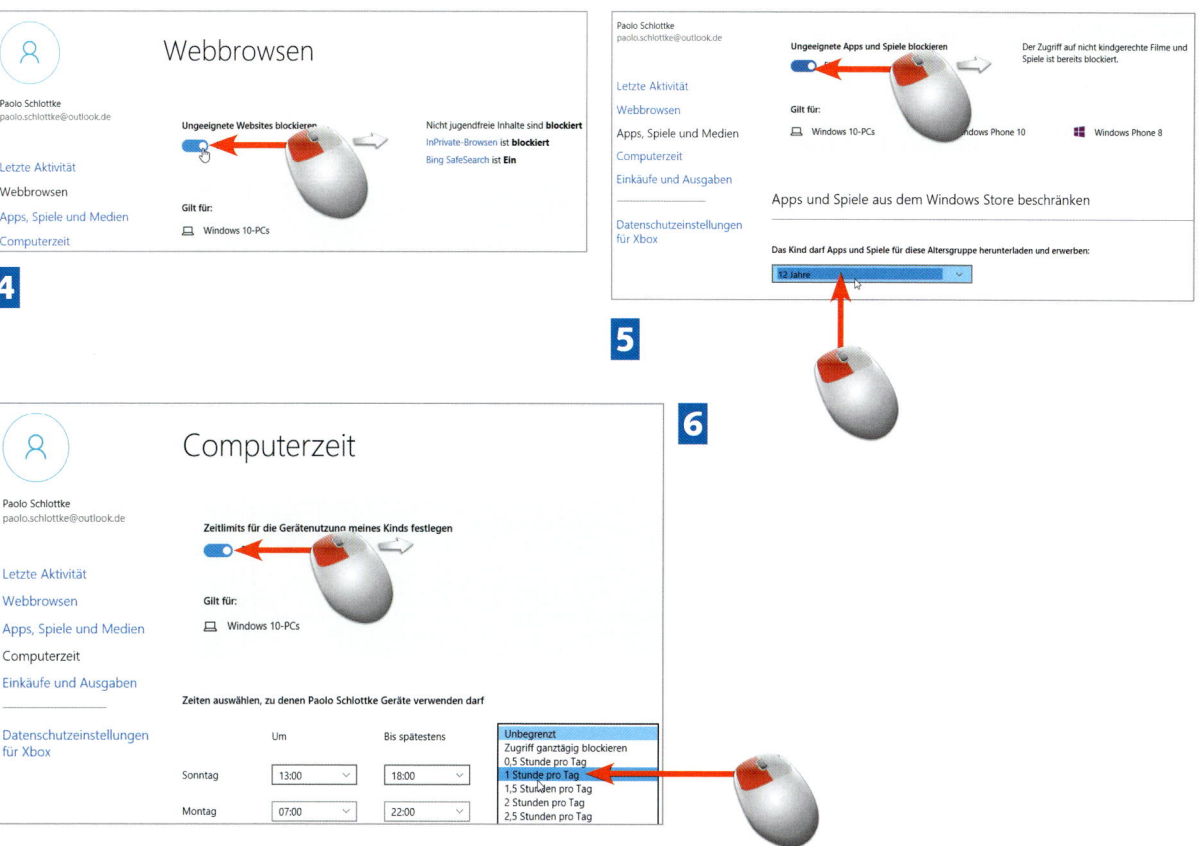

4 Weiter geht es im Abschnitt *Webbrowsen*. Hier empfiehlt es sich, das Aufrufen „ungeeigneter" Webseiten zu blockieren, wobei Sie sich aber nicht allein auf diese Funktion verlassen sollten.

5 Im Abschnitt *Apps, Spiele und Medien* legen Sie eine Altersstufe für Medien fest, auf die das Kind dann zugreifen darf.

6 Ein sehr wichtiger Faktor: die *Computerzeit*. Beschränken Sie im gleichlautenden Abschnitt die Zeiten, in denen das Kind den Computer verwenden darf.

Ende

Darf Ihr Kind eigenständig im Windows Store shoppen? Im Abschnitt *Einkäufe und Ausgaben* lässt sich dann der Einkaufsverlauf aufrufen.

HINWEIS

Gute Computerspiele dauern oft länger als eine Stunde. Sie können mit Ihrem Kind auch ein Wochenbudget für die Computernutzung vereinbaren, das es sich dann frei einteilen kann.

HINWEIS

Benutzerkonto mit zugewiesenem Zugriff

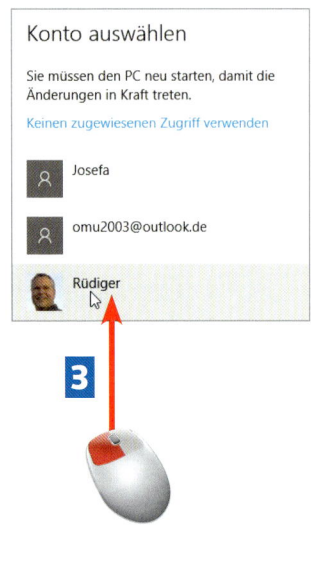

1 Ein Benutzerkonto für den zugewiesenen Zugriff muss – in den *Einstellungen* unter *Konten/Familie und weitere Benutzer* bereits erstellt worden sein. Klicken Sie dann im Abschnitt *Weitere Benutzer* auf *Zugewiesenen Zugriff einrichten*.

2 Klicken Sie auf die Schaltfläche *Konto auswählen*.

3 Nun wählen Sie das Benutzerkonto aus, für das Sie den zugewiesenen Zugriff einrichten möchten.

Wenn Sie für ein Benutzerkonto den „zugewiesenen Zugriff" einrichten, kann der Benutzer nach der Anmeldung bei Windows 10 nur auf eine einzige, von Ihnen ausgewählte App zugreifen. Wie Sie zum Einrichten des zugewiesenen Zugriffs vorgehen, erfahren Sie auf dieser Doppelseite.

WISSEN

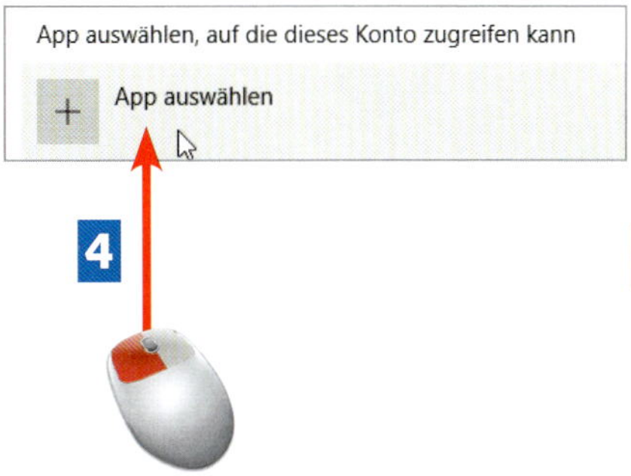

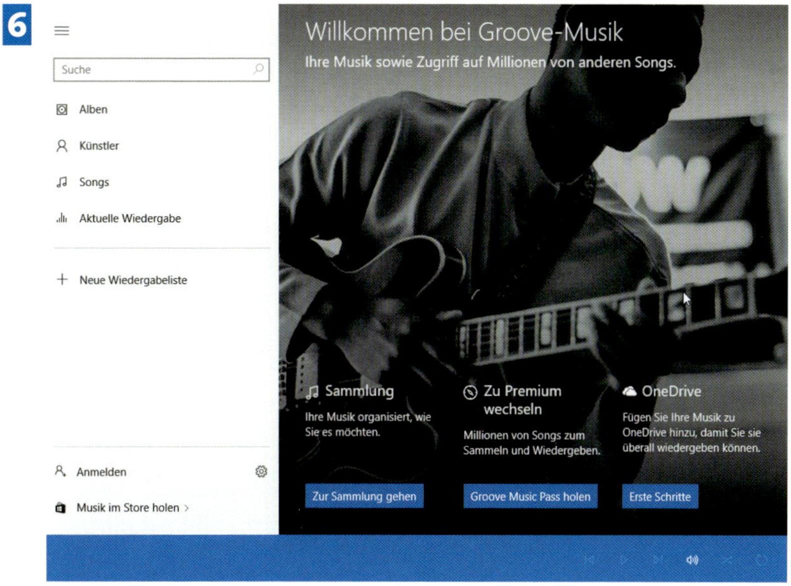

7 Sicherheit und Datenschutz

4 **Klicken Sie als Nächstes auf die Schaltfläche *App auswählen*.**

5 **Wählen Sie nun im Menü die App aus, auf die der Benutzer nach der Anmeldung zugreifen darf.**

6 **Wenn sich der Benutzer bei Windows 10 anmeldet, wird automatisch die entsprechende App geöffnet. Der Benutzer hat keinen Zugriff auf Desktop, Startmenü und Co.**

Zum Beenden des zugewiesenen Zugriffs meldet sich der Benutzer mit dem Shortcut [Strg]+[Alt]+[Entf] von Windows 10 ab.

TIPP

Achtung: Die hier dargestellte Funktion steht nicht unter Windows 10 Home zur Verfügung!

HINWEIS

Ein Gast-Benutzerkonto, wie es bei den früheren Windows-Versionen verfügbar war, lässt sich unter Windows 10 nicht aktivieren. Vielleicht gibt es ja in einem kommenden Update Ersatz.

HINWEIS

172 Windows-Firewall einrichten

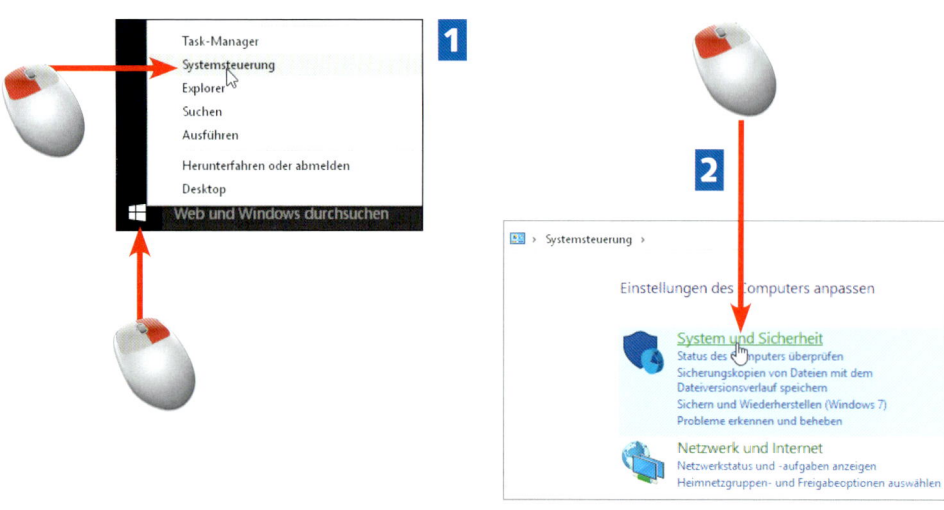

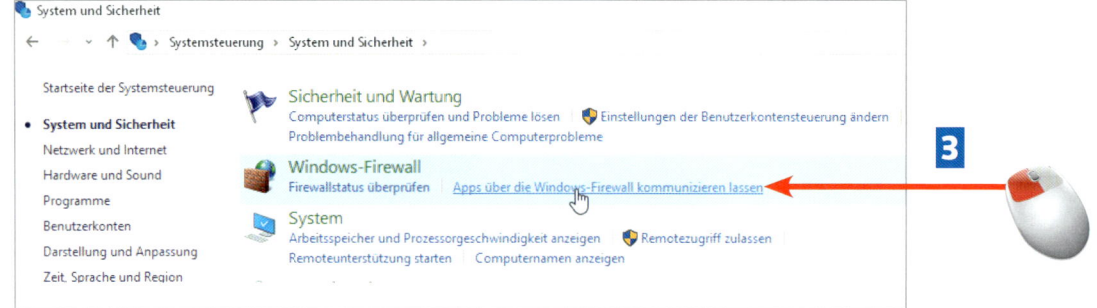

1 Klicken Sie mit der rechten Maustaste auf das Windows-Logo ⊞ und öffnen Sie die *Systemsteuerung*.

2 Wählen Sie in der Systemsteuerung die Kategorie *System und Sicherheit*.

3 Klicken Sie nun auf den Eintrag *Apps über die Windows-Firewall kommunizieren lassen*.

Die Windows-Firewall ist als Basisschutz standardmäßig bereits aktiviert, um die Zugänge Ihres Computers (die Ports) zu überwachen und dadurch ungewünschte Zugriffe von außen zu verhindern. Wie Sie Apps und Funktionen die Kommunikation durch die Firewall erlauben oder verbieten, stelle ich auf dieser Doppelseite dar.

WISSEN

7 Sicherheit und Datenschutz 173

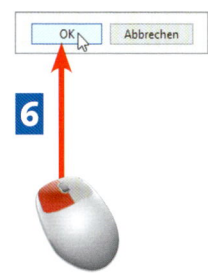

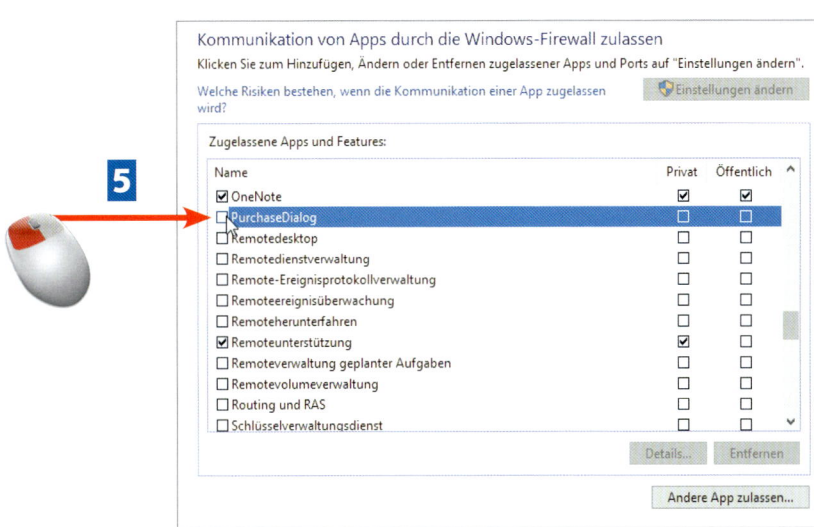

4 Bestätigen Sie als Administrator mit *Einstellungen ändern*.

5 Bestimmen Sie nun per Kontrollkästchen, welche Apps und Funktionen durch die Windows-Firewall kommunizieren dürfen und welche nicht und ob die Einstellung für private oder öffentliche Netzwerke gelten soll.

6 Vergessen Sie nicht, zum Schluss mit *OK* zu bestätigen.

Ende

HINWEIS	TIPP
Ein Programm wird im Fenster aus Schritt 5 nicht aufgeführt? Dann klicken Sie auf die Schaltfläche *Andere App zulassen*, um es hinzuzufügen.	Doppelklicken Sie auf einen Eintrag in der Firewall-Liste, um – sofern verfügbar – eine kurze Beschreibung zum jeweiligen Eintrag zu erhalten. Die Bezeichnungen sind ja nicht immer eindeutig.

174 Ausgehenden Datenverkehr blocken

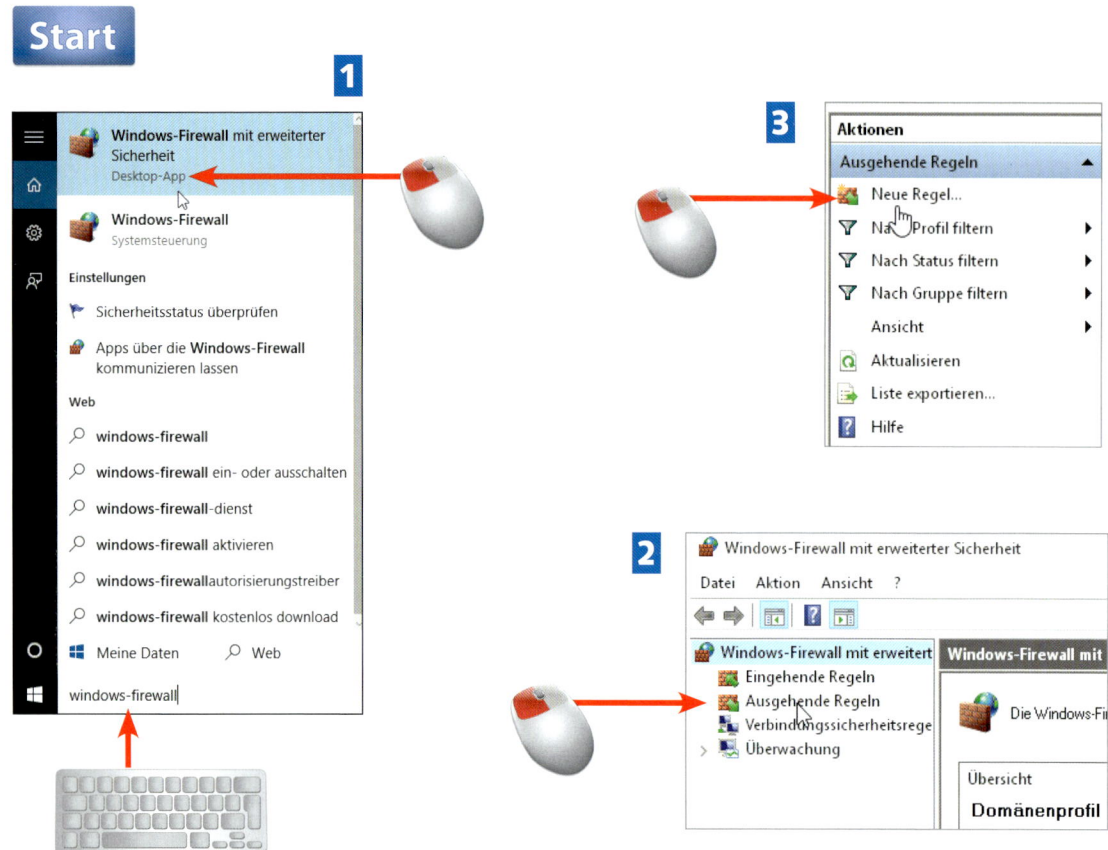

1 Suchen Sie im eingebauten Suchfeld nach *windows-firewall* und öffnen Sie den gefundenen Eintrag *Windows-Firewall mit erweiterter Sicherheit*.

2 Entscheiden Sie sich in der Leiste links für den Eintrag *Ausgehende Regeln*.

3 Klicken Sie anschließend in der Leiste rechts auf *Neue Regel*.

Die Windows-Firewall ist in erster Linie für die Kontrolle des eingehenden Datenverkehrs zuständig. Sie kann aber auch den ausgehenden Datenverkehr überwachen. Lassen Sie mich Ihnen auf dieser Doppelseite zeigen, wie Sie den ausgehenden Datenverkehr für ein von Ihnen ausgewähltes Programm blockieren.

WISSEN

7 Sicherheit und Datenschutz

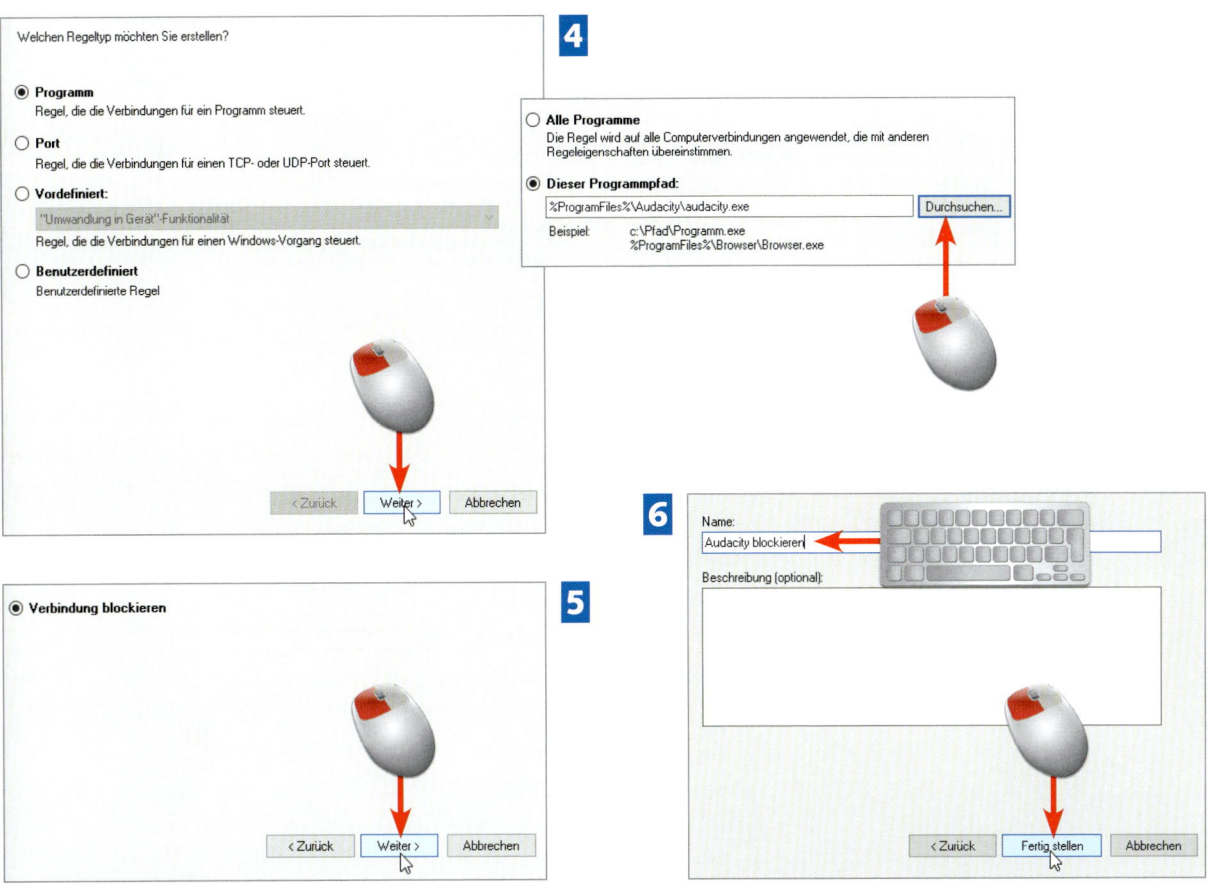

4 Bestätigen Sie die Option *Programm* und wählen Sie anschließend das Programm aus, dessen ausgehenden Datenverkehr Sie blockieren möchten.

5 Bestätigen Sie die Option *Verbindung blockieren*. Bestimmen Sie außerdem, für welche Netzwerke die von Ihnen aufgestellte Regel gelten soll.

6 Geben Sie der neuen Regel eine schlüssige Bezeichnung und bestätigen Sie mit der Schaltfläche *Fertig stellen*.

Ende

> Eine Regel lässt sich nachträglich jederzeit bearbeiten. Doppelklicken Sie einfach in der Windows-Firewall mit erweiterter Sicherheit darauf und nehmen Sie im folgenden Fenster die gewünschten Einstellungen vor.
>
> **HINWEIS**

> Um eine Regel zu deaktivieren oder wieder zu löschen, klicken Sie diese in der *Windows-Firewall mit erweiterter Sicherheit* mit der rechten Maustaste an und treffen im Kontextmenü Ihre Auswahl.
>
> **HINWEIS**

176 Benutzerkontensteuerung konfigurieren

Start

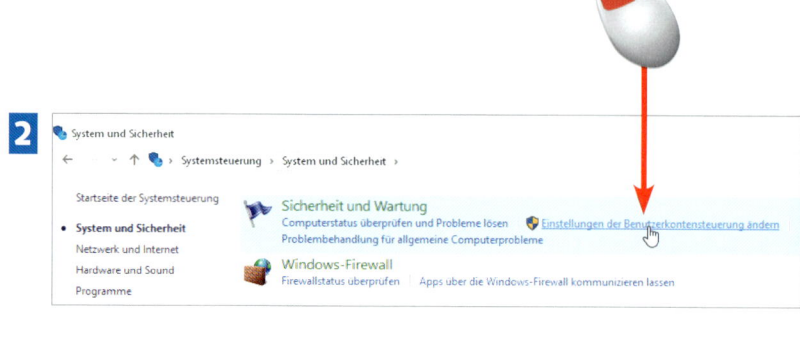

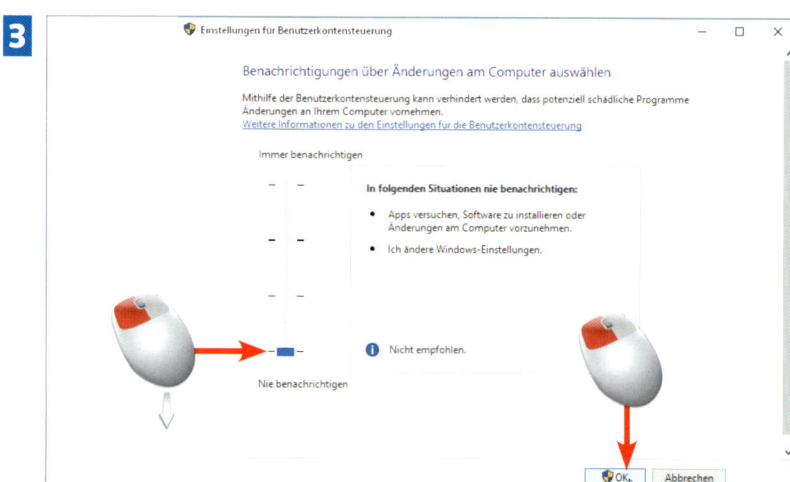

1 Entscheiden Sie sich in der Systemsteuerung erneut für die Kategorie *System und Sicherheit*.

2 Klicken Sie unter *Sicherheit und Wartung* auf *Einstellungen der Benutzerkontensteuerung ändern*.

3 Bestimmen Sie per Schieberegler die Benachrichtigungsstufe (rechts werden Ihnen jeweils die Hinweise dazu angezeigt). Bestätigen Sie mit *OK*. Hier schalte ich die Benachrichtigungen aus, das ist aber keine Empfehlung!

Die Benutzerkontensteuerung wurde mit Windows Vista eingeführt und nervte die Benutzer durch allzu häufige Rückfragen. Diese Rückfragen sind durchaus sinnvoll, da sie verhindern können, das Schadprogramme ungewünschte Änderungen am PC durchführen. Welche Rückfragen Sie erhalten möchten, bestimmen Sie aber selbst. Konfigurieren Sie die Benutzerkontensteuerung entsprechend.

WISSEN

7 Sicherheit und Datenschutz 177

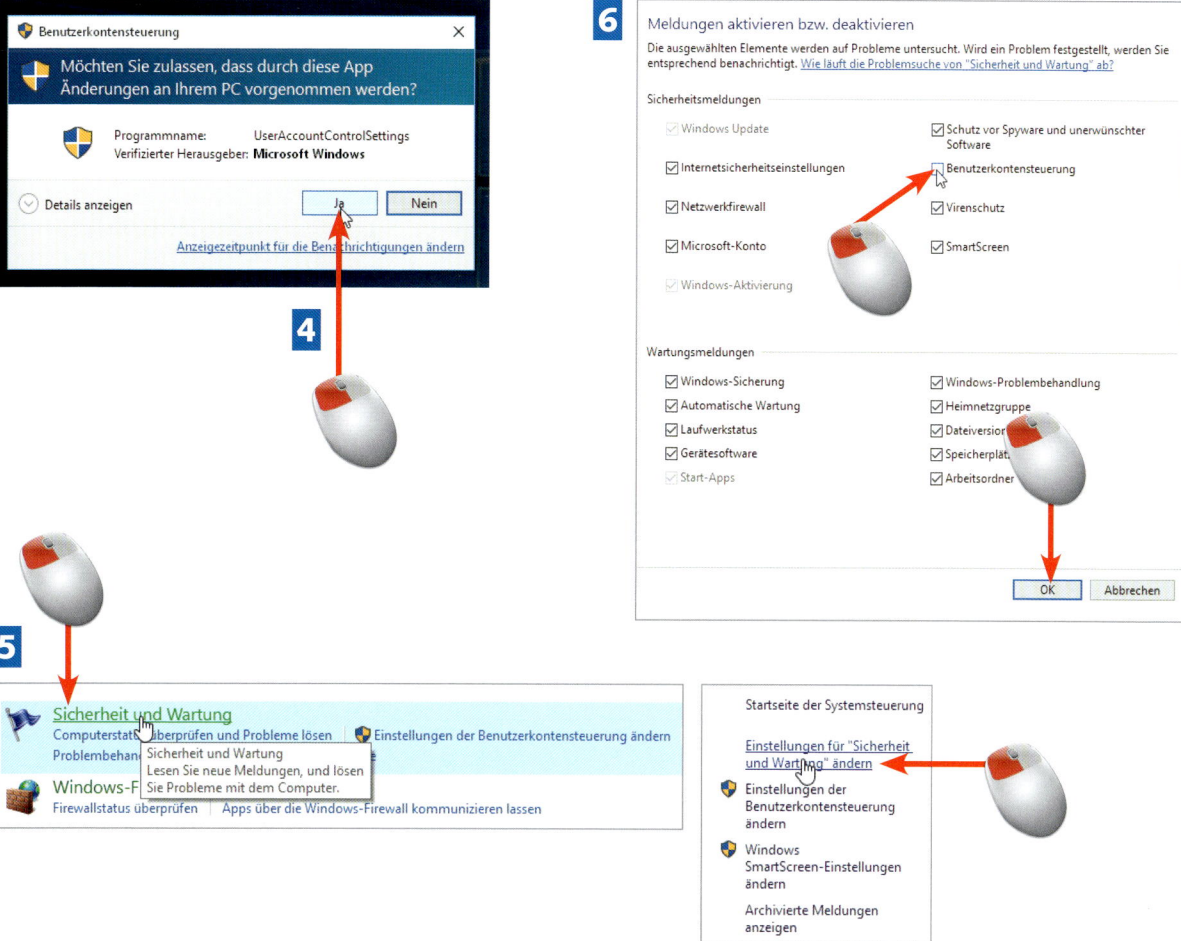

4 Wenn sich die Benutzerkontensteuerung zu Wort meldet, bestätigen Sie mit *Ja*.

5 Schließlich lassen sich auch noch bestimmte Meldungen des Wartungscenters abstellen. Dazu wählen Sie in der Systemsteuerung unter *System und Sicherheit* den Eintrag *Sicherheit und Wartung* und klicken dann links auf *Einstellungen für „Sicherheit und Wartung" ändern*.

6 Bestimmen Sie per Kontrollkästchen, welche Meldungen des Wartungscenters Sie erhalten möchten und welche nicht. Bestätigen Sie mit *OK*.

Ende

HINWEIS

Ein weiteres wichtiges Sicherheitsfeature unter Windows 10 ist der SmartScreen, der den PC vor möglicherweise gefährlichen Installationen schützen soll. Die Einstellungen dazu nehmen Sie ebenfalls im Wartungscenter vor, indem Sie dort links auf *Windows SmartScreen-Einstellungen ändern* klicken.

FACHWORT

Für die Benutzerkontensteuerung wird auch häufig der englische Begriff **U**ser **A**ccount **C**ontrol (UAC) verwendet.

Windows Defender clever nutzen

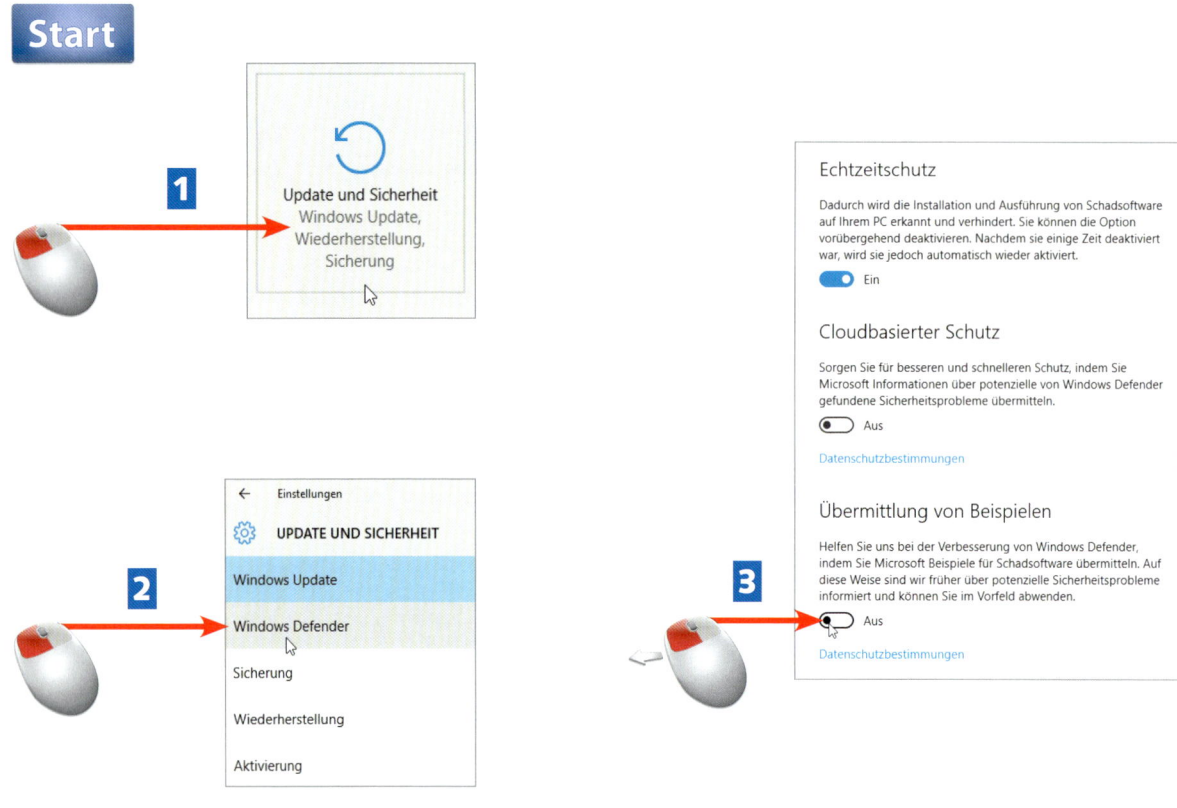

1 Entscheiden Sie sich in den *Einstellungen* für die Kategorie *Update und Sicherheit*.

2 Klicken Sie in der Leiste links auf *Windows Defender*.

3 Die Option *Echtzeitschutz* soll in jedem Fall aktiviert bleiben. Die anderen Optionen, insbesondere die *Übermittlung von Beispielen*, können Sie deaktivieren.

> Schon mit Windows 8 wurden das Spyware-Tool Windows Defender und der Virenscanner Microsoft Security Essentials zusammengeführt, sodass unter Windows 10 auch ein Basisschutz gegen Malware bereits vorhanden und aktiviert ist. Wie Sie den Windows Defender optimal verwenden, wird hier erläutert.

WISSEN

7 Sicherheit und Datenschutz

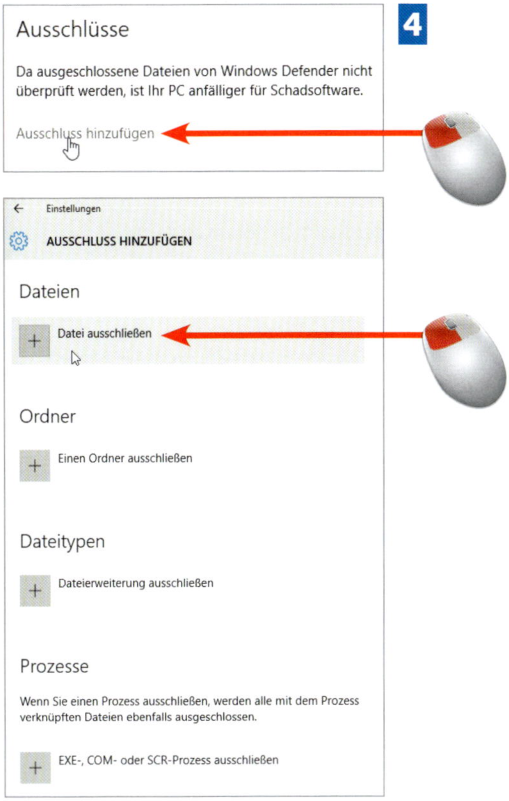

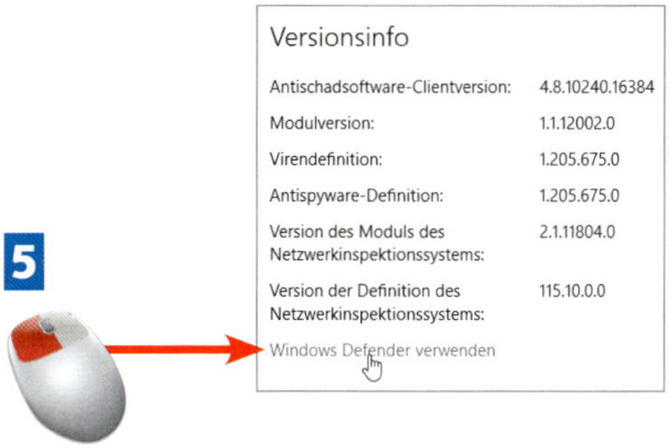

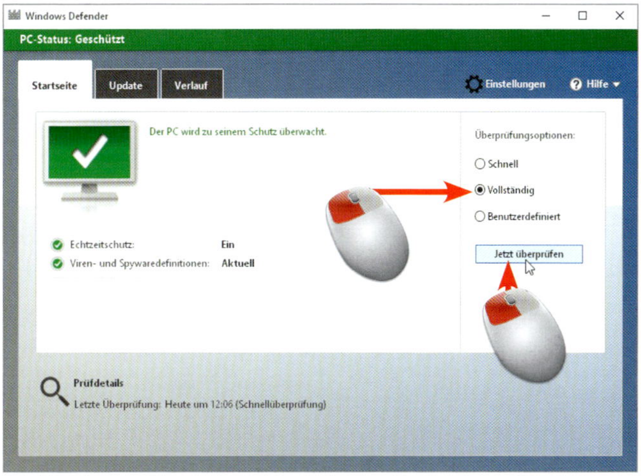

4 Um einzelne Elemente vom Malwarescan auszuschließen, klicken Sie auf *Ausschluss hinzufügen* und wählen entweder eine Datei, einen Ordner, einen Dateityp oder einen Prozess aus.

5 Um den Windows Defender zu öffnen und einen manuellen Scan zu starten, klicken Sie auf *Windows Defender verwenden*.

6 Standard ist die Schnellprüfung, jedoch sollten Sie ab und zu auch eine vollständige Systemprüfung durchführen. Achten Sie – unter dem Reiter *Update* – darauf, dass der Windows Defender auf dem aktuellsten Stand ist.

HINWEIS

Sie finden den Windows Defender auch im Startmenü unter *Alle Apps* und dort im Ordner *Windows-System*.

HINWEIS

Wenn der Windows Defender Malware finden sollte, wird Ihnen ein entsprechender Hinweis angezeigt. Mögliche Übeltäter finden Sie auch unter dem Reiter *Verlauf*.

Datenschutz unter Windows 10

Start

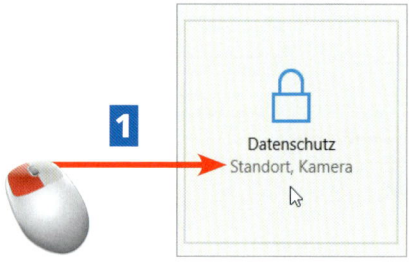

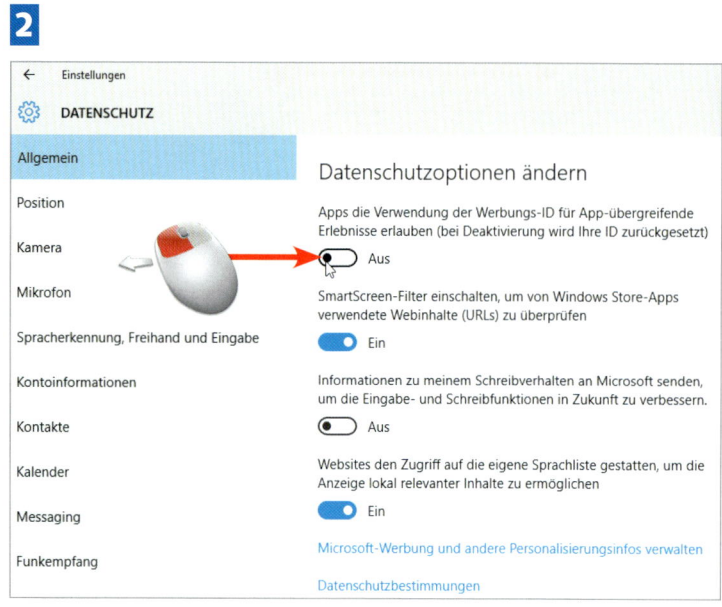

1. Entscheiden Sie sich in den *Einstellungen* für die Kategorie *Datenschutz*.

2. Nehmen Sie sich zunächst mal unter *Allgemein* den Werbungsschalter vor.

3. Klicken Sie danach auf den Link *Microsoft-Werbung und andere Personalisierungsinfos verwalten*.

Verbraucherschützer haben längst den großen Datenhunger von Windows 10 kritisiert. Aber diesen können Sie mit den richtigen Datenschutzeinstellungen deutlich begrenzen. Wie Sie wichtige Einstellungen zum Datenschutz vornehmen, lesen Sie auf dieser Doppelseite.

WISSEN

7 Sicherheit und Datenschutz 181

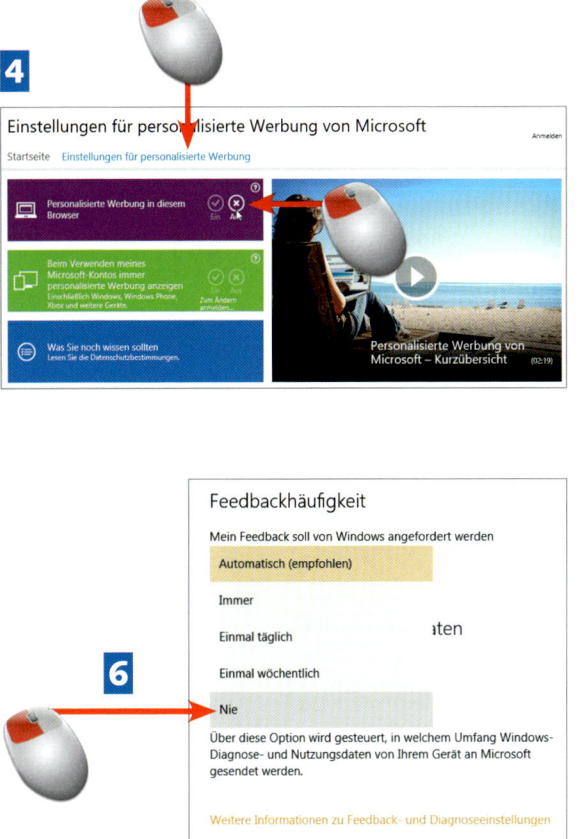

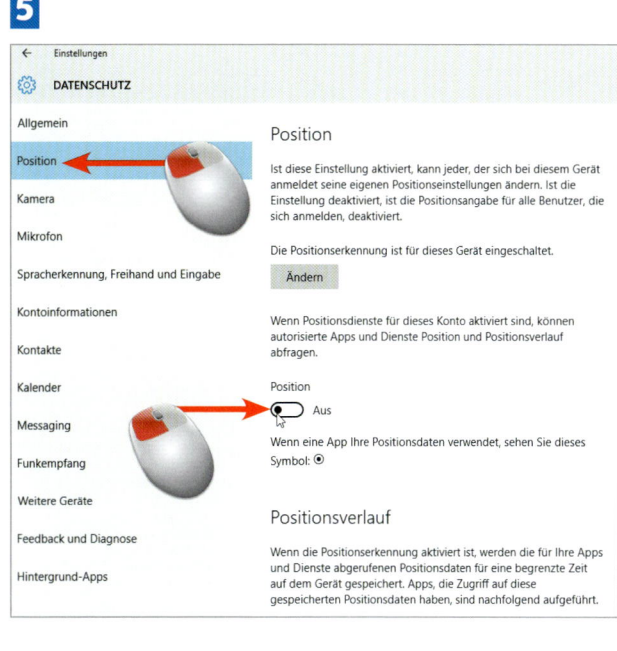

4 Auf der folgenden Webseite können Sie unter anderem die personalisierte Werbung im Browser deaktivieren.

5 Weiter geht es in den *Einstellungen*. Klicken Sie einen Eintrag nach dem anderen an und bestimmen Sie, ob Sie den Zugriff auf Position, Kamera, Kontakte und Co. gestatten möchten, und wenn ja, welchen Apps.

6 Automatisches „Feedback" an Microsoft? Wenn Sie das nicht wollen, wählen Sie im Drop-down-Menü unter *Feedback und Diagnose* den Eintrag *Nie*.

Ende

HINWEIS

Für alle, die auszogen, das Fürchten zu lernen: Führen Sie sich ruhig auch mal – unter dem gleichlautenden Link – die *Datenschutzbestimmungen* zu Gemüte.

TIPP

Bei mobilen Geräten wichtig: Deaktivieren Sie in den Datenschutzeinstellungen unter *Hintergrund-Apps* solche Apps, die nicht unbedingt im Hintergrund laufen müssen. Das spart Akku!

182 Datenschutz im Microsoft-Konto

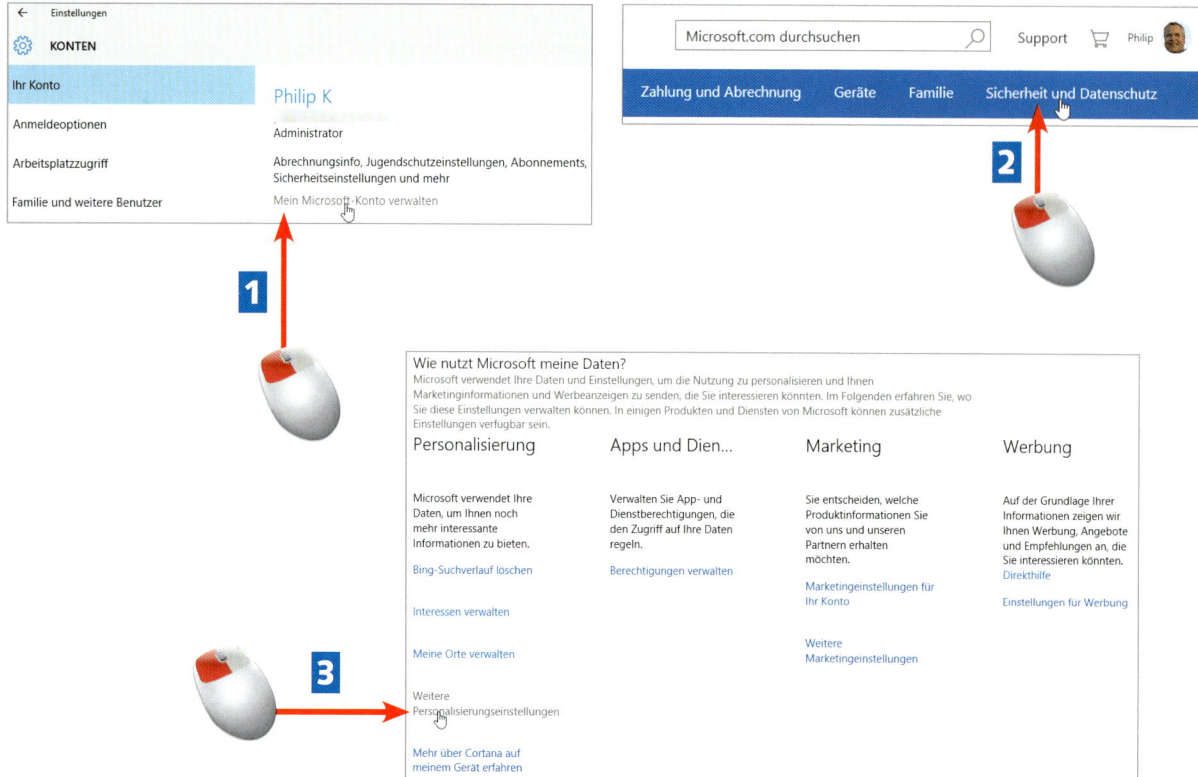

1. Klicken Sie in den *Einstellungen* unter *Konten/Ihr Konto* auf den Link *Mein Microsoft-Konto verwalten*.

2. Entscheiden Sie sich in der Menüleiste der folgenden Webseite für *Sicherheit und Datenschutz*.

3. Scrollen Sie nach unten zu den Datenschutzeinstellungen. Diese sind in mehrere Kategorien untergliedert. Hier klicke ich in der Kategorie *Personalisierung* auf *Weitere Personalisierungseinstellungen*.

Wenn Sie ein Microsoft-Konto verwenden, und das dürfte bei den meisten Nutzern von Windows 10 der Fall sein, nehmen Sie weitere Datenschutzeinstellungen online vor. Wie es geht, erfahren Sie hier Schritt für Schritt.

WISSEN

7 Sicherheit und Datenschutz 183

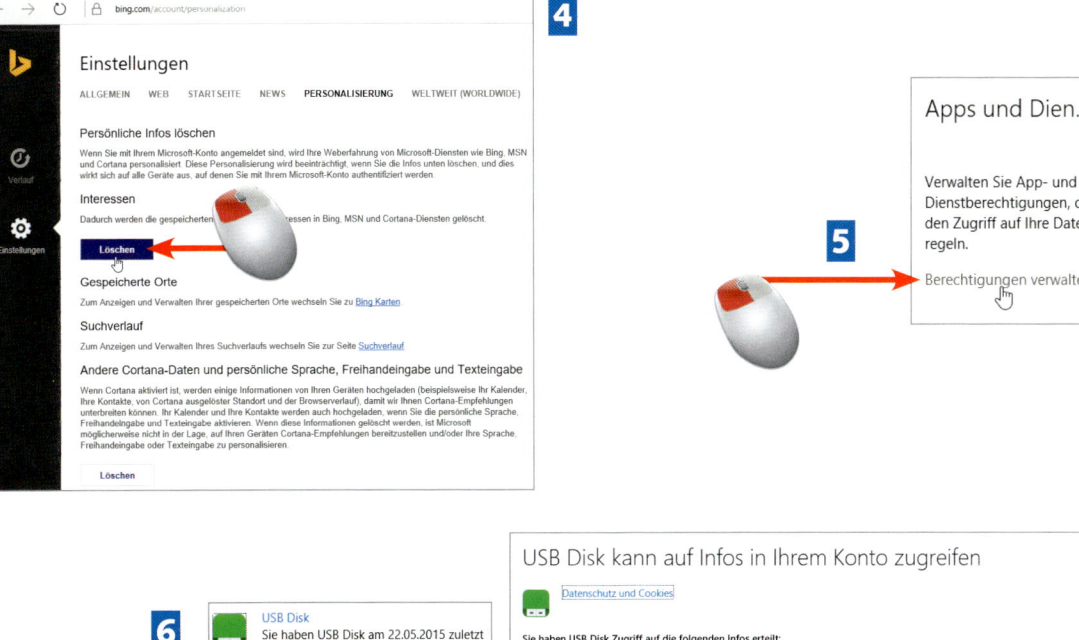

4 Nehmen Sie im nächsten Schritt Ihre Datenschutzeinstellungen vor. Hier lösche ich die von Microsoft gespeicherten „Interessen" , die auf meinem Nutzungsverhalten basieren.

5 Auch Apps, die auf Ihr Microsoft-Konto zugreifen, lassen sich online verwalten. Dazu klicken Sie in der Kategorie *Apps und Dienste* auf den Link *Berechtigungen verwalten*.

6 Klicken Sie bei einer App auf *Bearbeiten*, um zu sehen, welche Zugriffsberechtigungen sie hat. Wenn Sie den Zugriff auf die entsprechenden Daten nicht mehr wünschen, klicken Sie auf die Schaltfläche *Berechtigungen entfernen*.

Sie können sich auch direkt im Webbrowser unter der URL *account.microsoft.com* einloggen.

TIPP

Vielleicht möchten Sie auch mit einem neuen Microsoft-Konto neu anfangen und das alte Konto löschen? Das Löschen erfolgt auf der Verwaltungs-Webseite unter *Sicherheit und Datenschutz/ Weitere Sicherheitseinstellungen*, indem Sie ganz unten auf den Link *Eigenes Konto schließen* gehen.

HINWEIS

184 Datensicherung einrichten

Start

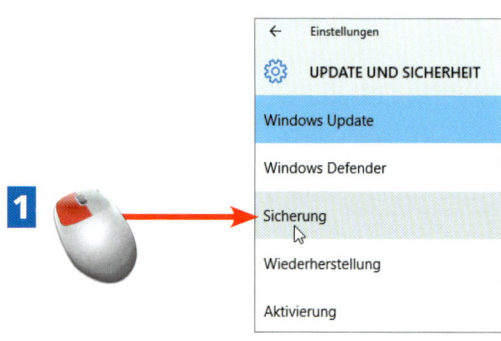

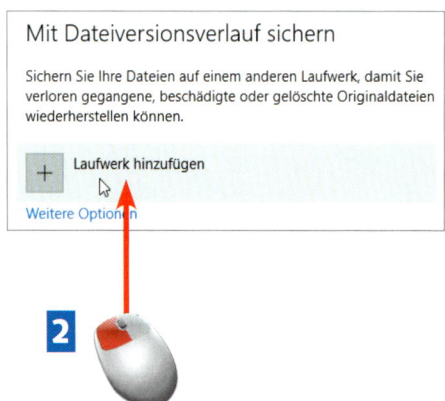

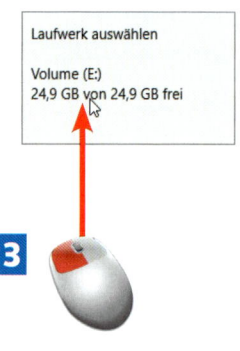

1 Öffnen Sie die *Einstellungen*, wählen Sie die Kategorie *Update und Sicherheit* und klicken Sie in der Leiste links auf *Sicherung*.

2 Das passende Laufwerk mit ausreichend Speicherkapazität muss bereits mit dem Computer verbunden sein. Klicken Sie auf die Schaltfläche *Laufwerk hinzufügen*.

3 Wählen Sie das zur Verfügung stehende Sicherungslaufwerk per Mausklick aus.

Ihre Daten zu schützen, ist das eine, Ihre Daten zu sichern, um sie bei Bedarf wiederherstellen zu können, das andere. Richten Sie einfach unter Windows 10 – ein entsprechendes Speichermedium vorausgesetzt – eine automatische Datensicherung ein.

WISSEN

7 Sicherheit und Datenschutz 185

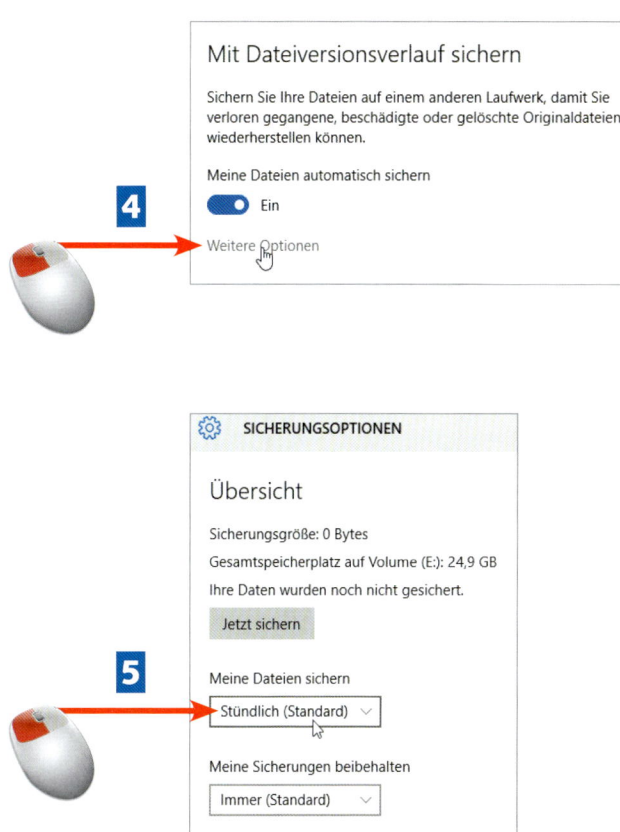

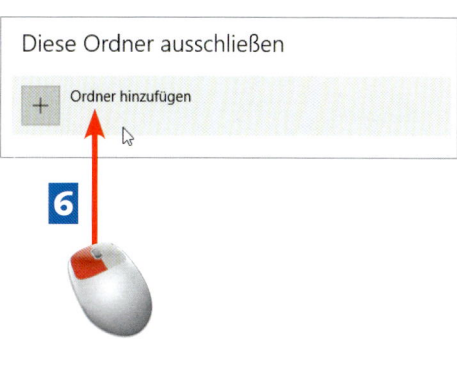

4 Der Schalter *Meine Dateien automatisch sichern* sollte nun aktiviert sein. Nehmen Sie noch ein paar Feineinstellungen für die Datensicherung vor. Dazu klicken Sie auf *Weitere Optionen*.

5 Bestimmen Sie unter anderem das Intervall, in dem die Datensicherung durchgeführt werden soll.

6 Möchten Sie bestimmte Speicherorte von der Datensicherung ausschließen, etwa den Ordner mit Ihren Videos, damit weniger Speicherplatz benötigt wird? Diese Auswahl nehmen Sie mit der Schaltfläche *Ordner hinzufügen* vor.

Ende

HINWEIS	TIPP	HINWEIS
Es werden jeweils nur die veränderten Daten gesichert, was im Hintergrund geschieht. Die Performance-Einbuße durch die automatische Datensicherung hält sich also in engen Grenzen.	Für die Datensicherung zu empfehlen sind externe Festplatten, die per USB verbunden werden.	Um das Laufwerk zu wechseln, klicken Sie unter *Weitere Optionen* (vgl. Schritt 4) auf *Laufwerk nicht mehr verwenden* und wählen das andere Laufwerk aus.

186 Dateiversion wiederherstellen

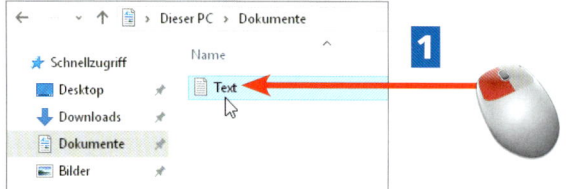

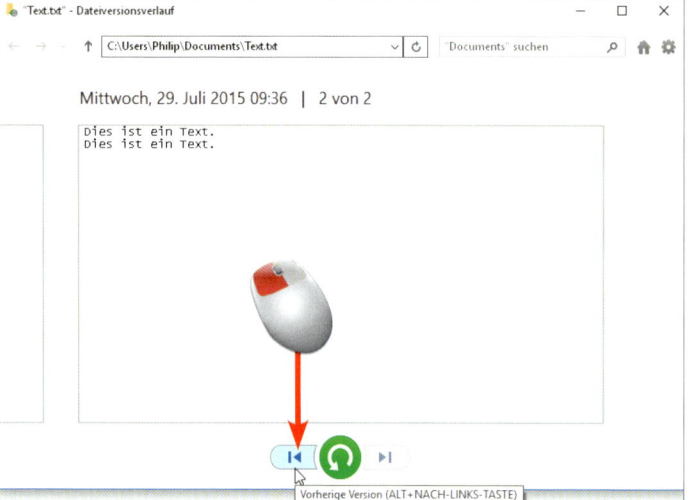

1 Um die ältere Version einer Datei wiederherzustellen, klicken Sie diese im Explorer an. (Um eine gelöschte Datei wiederherzustellen, klicken Sie entsprechend den Speicherort an.)

2 Entscheiden Sie sich im Menüband des Explorers unter *Start* für die Schaltfläche *Verlauf*.

3 Blättern Sie per Symbol zurück zur gewünschten Dateiversion bzw. blättern Sie per Symbol wieder vor. Wenn Sie einen Speicherort ausgewählt haben, werden Ihnen an dieser Stelle die zur Verfügung stehenden Dateien zur Auswahl angeboten.

Wenn Sie eine Datensicherung durchgeführt haben, ist das Wiederherstellen von Dateien bzw. Dateiversionen gar kein Problem. Rufen Sie im Explorer den Dateiversionsverlauf auf, um ungewollt veränderte oder gelöschte Dateien wiederherzustellen.

WISSEN

7 Sicherheit und Datenschutz 187

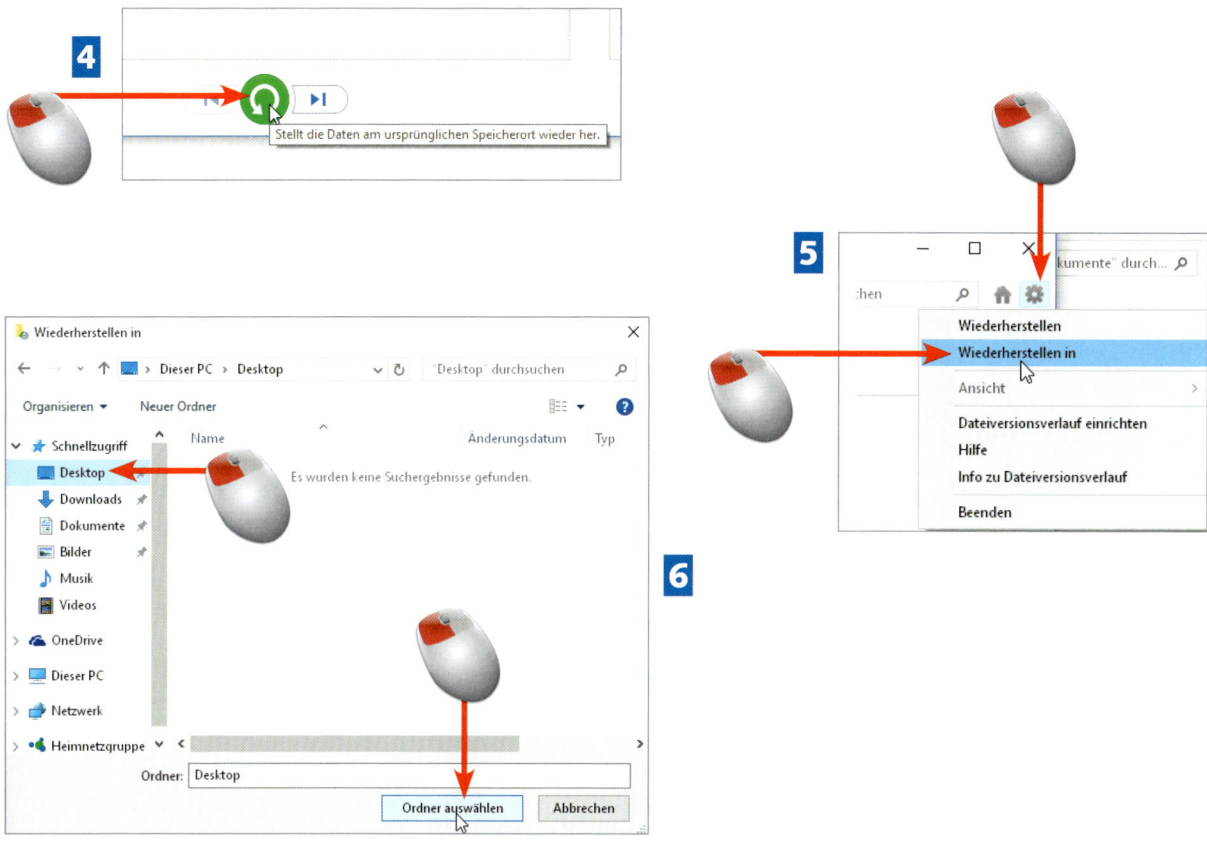

4 Um die Datei an ihrem ursprünglichen Speicherort wiederherzustellen, klicken Sie auf das Symbol 🔄.

5 Oder soll die Wiederherstellung an einem anderen Speicherort erfolgen? Dazu klicken Sie rechts oben im Fenster auf das Zahnradsymbol ⚙ und wählen im Menü den Eintrag *Wiederherstellen in*.

6 Bestimmen Sie den Speicherort und bestätigen Sie mit der Schaltfläche *Ordner auswählen*.

Ende

Zugriff auf die Vorgängerversionen einer Datei erhalten Sie auch, wenn Sie diese mit der rechten Maustaste anklicken, *Eigenschaften* wählen und sich dann für den Reiter *Vorgängerversionen* entscheiden.

Wenn Sie sich nicht mehr an die gesicherten Speicherorte erinnern, klicken Sie in den *Einstellungen* unter *Update und Sicherung/Sicherung* auf *Weitere Optionen*. Unten im Fenster finden Sie den Eintrag *Dateien von einer aktuellen Sicherung wiederherstellen*.

HINWEIS   **TIPP**

188 Versteckte Systemabbild-Sicherung nutzen

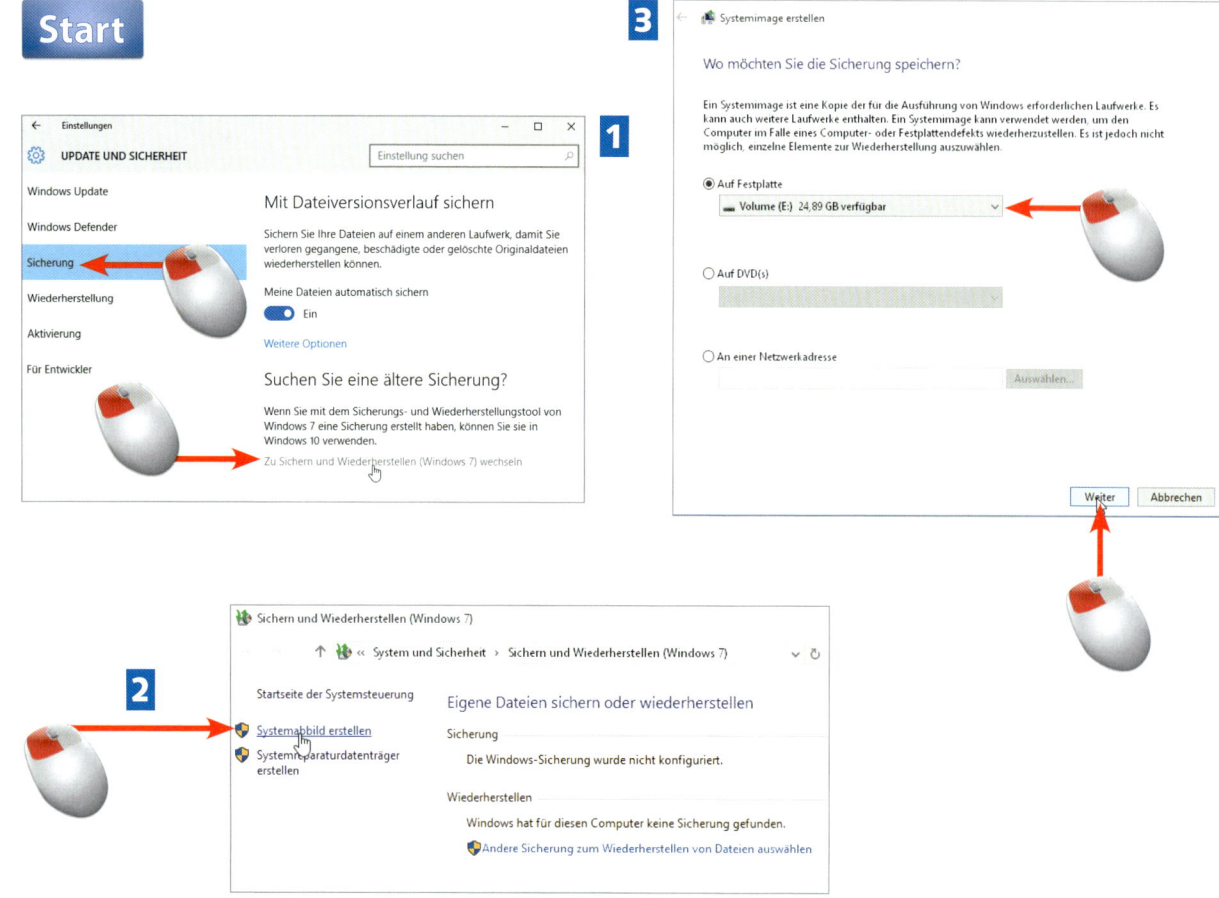

1. Öffnen Sie die *Einstellungen*, wählen Sie *Update und Sicherheit/Sicherung* und klicken Sie auf den Link *Zu Sichern und Wiederherstellen (Windows 7) wechseln*.

2. Entscheiden Sie sich in der Leiste links für den Eintrag *Systemabbild erstellen*.

3. Wählen Sie den Speicherort für die Sicherung aus, z. B. eine externe Festplatte. Bestätigen Sie mit *Weiter*.

Wenn Sie nicht nur einzelne Daten, sondern das komplette Windows inklusive aller Dateien und Einstellungen sichern möchten, bietet sich die Systemabbild-Sicherung an, die unter Windows 10 noch als Windows-7-Feature mit an Bord ist.

WISSEN

7 Sicherheit und Datenschutz 189

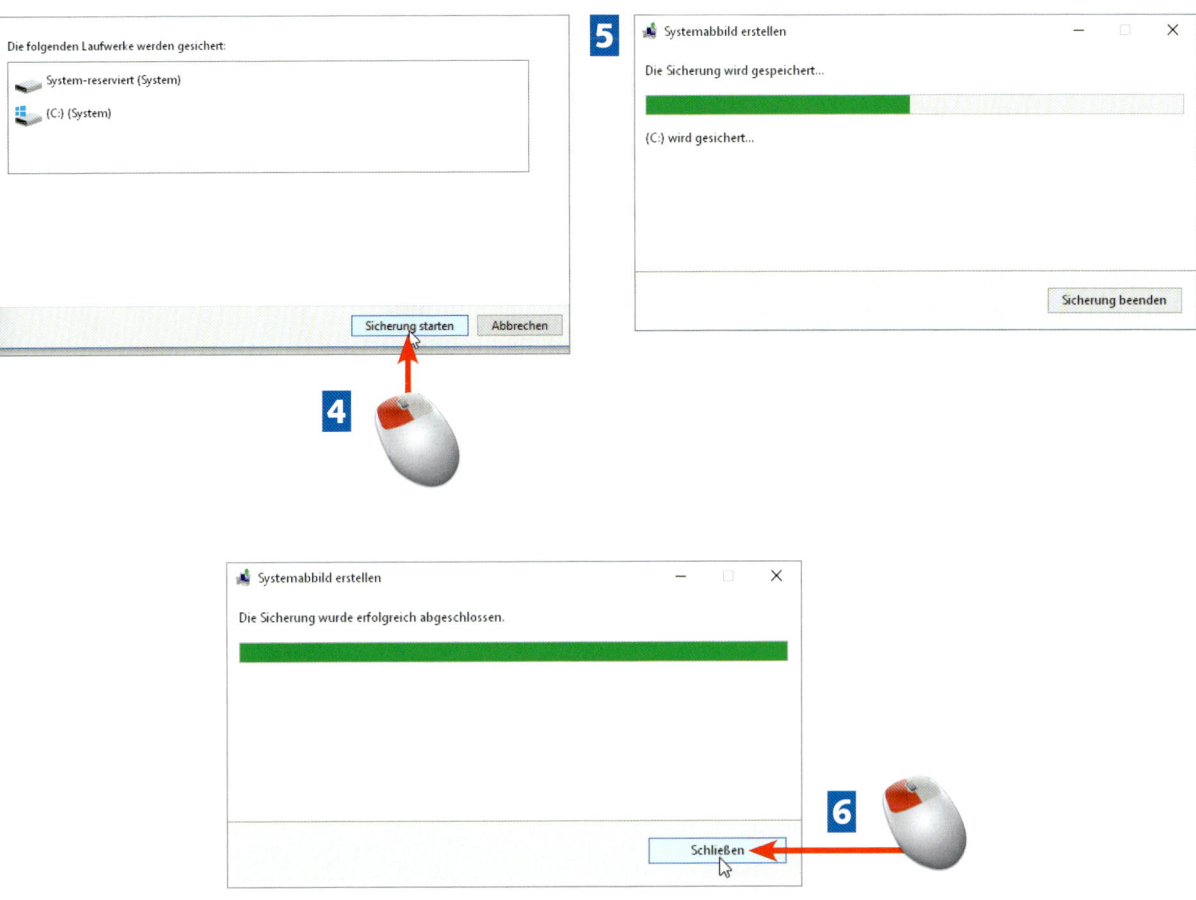

4 Klicken Sie nun auf die Schaltfläche *Sicherung starten*, um mit der Systemabbild-Sicherung loszulegen.

5 Der Fortschrittsbalken zeigt Ihnen den Stand der Sicherung an. Je nach Datenmenge kann die Sicherung einige Zeit in Anspruch nehmen.

6 Nachdem die Sicherung durchgeführt wurde, bestätigen Sie mit *Schließen*.

Ende

HINWEIS	TIPP
Während der Systemabbild-Sicherung wird Ihnen angeboten, einen Reparaturdatenträger zu erstellen. Machen Sie das, um auch im äußersten Notfall auf die Wiederherstellungsoptionen Ihres Computers zugreifen zu können.	Ihre Datensicherung in der Cloud durchführen: Hierfür bietet sich beispielsweise die kostenlose Software Duplicati an, die Sie unter der Webadresse *www.duplicati.com* herunterladen.

Systemabbild wiederherstellen

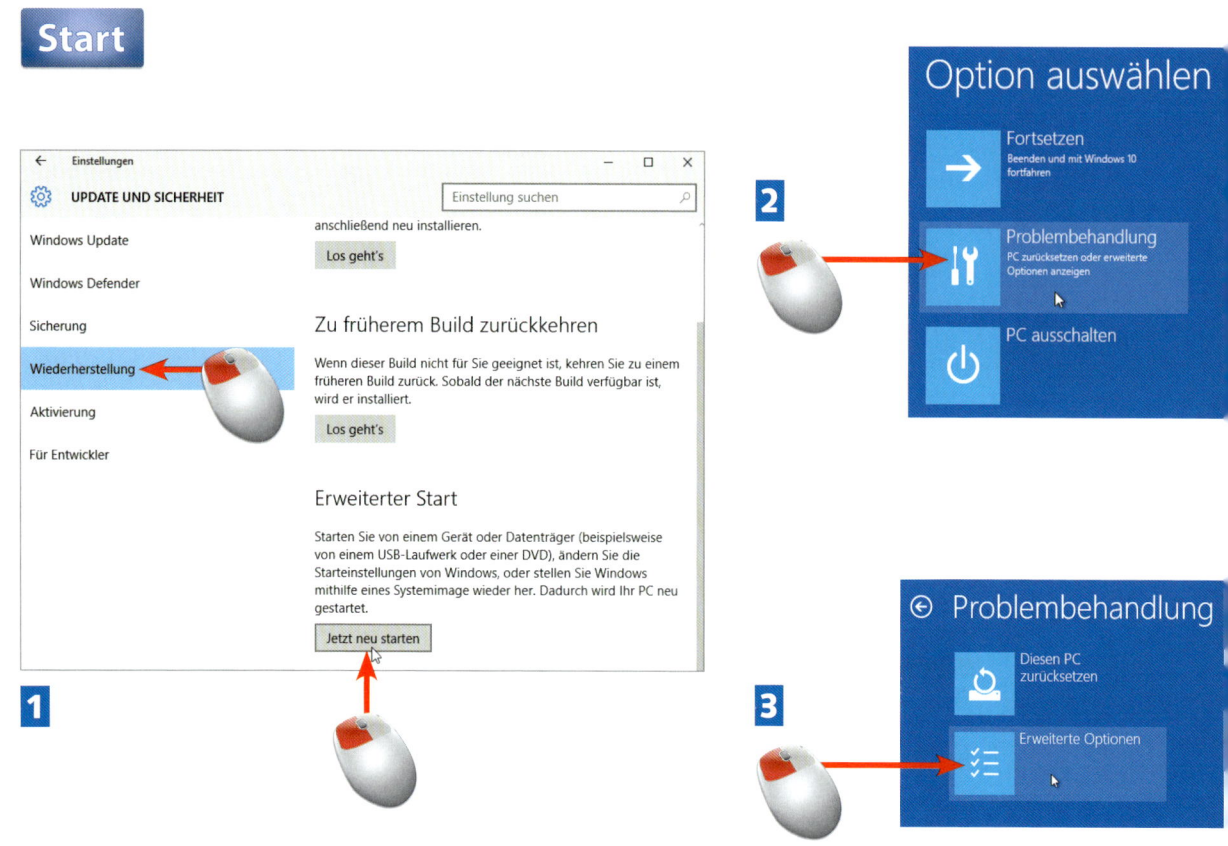

1 Die erweiterten Startoptionen sollten Ihnen beim Windows-Start im Notfall automatisch angezeigt werden, Sie können diese aber auch manuell veranlassen: Dazu wählen Sie in den *Einstellungen* unter *Update & Sicherheit/Wiederherstellung* im Abschnitt *Erweiterter Start* die Schaltfläche *Jetzt neu starten*.

2 Klicken Sie nach dem Neustart als Erstes auf die Schaltfläche *Problembehandlung*.

3 Entscheiden Sie sich nun für *Erweiterte Optionen*.

Das Wiederherstellen des Computers aus einer Systemabbild-Sicherung erfolgt in den Wiederherstellungsoptionen, die Ihnen – automatisch oder manuell veranlasst – direkt nach dem PC-Start angezeigt werden. So gehen Sie Schritt für Schritt vor.

WISSEN

7 Sicherheit und Datenschutz

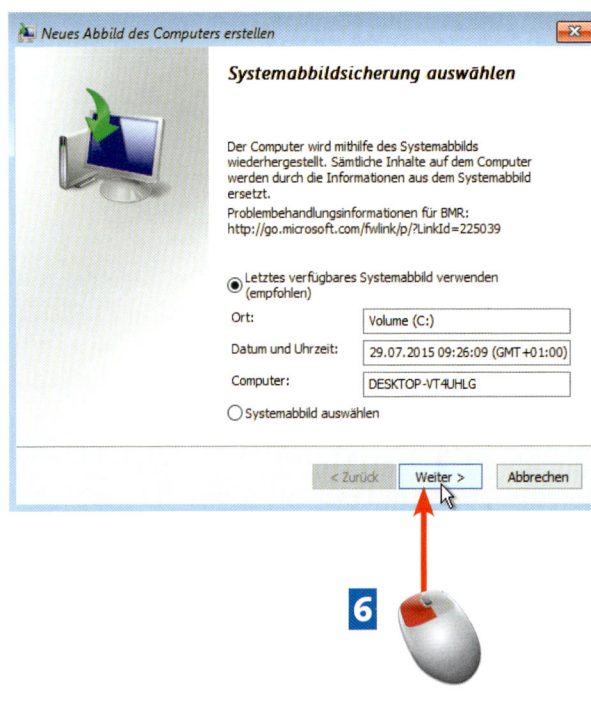

4 Entscheiden Sie sich für die Schaltfläche *Systemimage-Wiederherstellung*.

5 Wählen Sie Ihr Benutzerkonto aus und melden Sie sich mit dem zugehörigen Kennwort an.

6 Es öffnet sich ein Assistent, in dem Sie die Systemabbild-Sicherung auswählen und die Wiederherstellung durchführen.

Ende

HINWEIS

Um Windows aus den erweiterten Startoptionen heraus normal zu starten, blättern Sie zurück zum Fenster aus Schritt 2 und wählen *Fortsetzen*.

TIPP

Die erweiterten Startoptionen erhalten Sie auch, wenn Sie im Startmenü *Ein/Aus* wählen und beim Anklicken des Eintrags *Neustart* die ⇧-Taste gedrückt halten.

HINWEIS

Windows 10 startet – wie schon Windows 8/8.1 – sehr schnell. Per F2-Taste und Co. werden Sie deshalb nicht zu den erweiterten Startoptionen gelangen.

Laufwerkverschlüsselung mit BitLocker

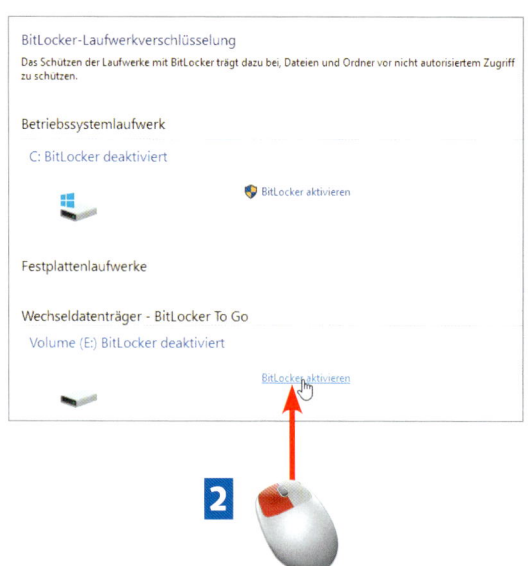

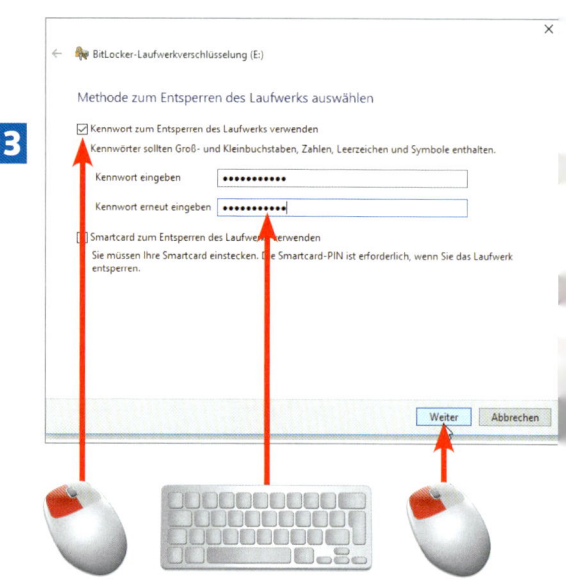

1 Entscheiden Sie sich in der Systemsteuerung in der Kategorie *System und Sicherheit* für den Eintrag *BitLocker-Laufwerkverschlüsselung*.

2 Klicken Sie beim zu verschlüsselnden Laufwerk auf *BitLocker aktivieren*.

3 Aktivieren Sie im Normalfall die Verwendung eines Kennworts, geben Sie dieses zweimal ein und bestätigen Sie mit *Weiter*.

Um auch gegen „Offline"-Angriffe bestens geschützt zu sein, empfiehlt sich eine Laufwerkverschlüsselung, wie sie hier am Beispiel des Windows-Tools BitLocker vorgestellt wird.

WISSEN

7 Sicherheit und Datenschutz 193

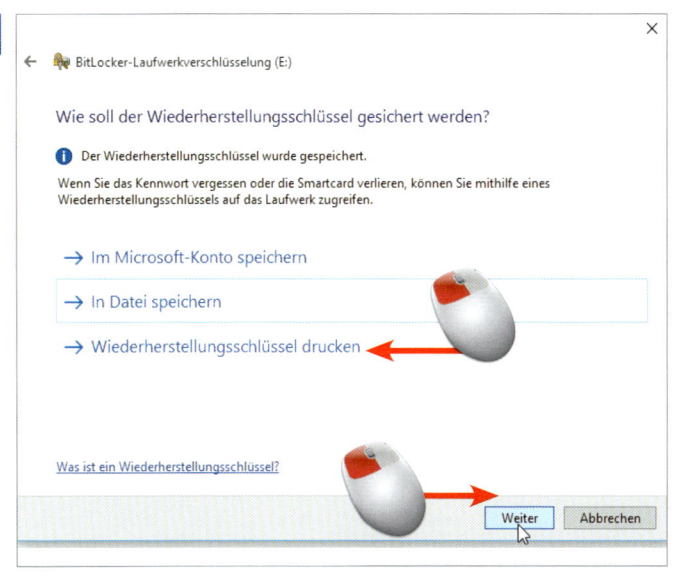

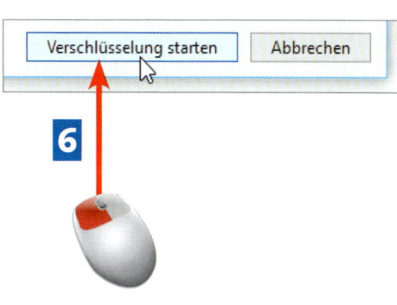

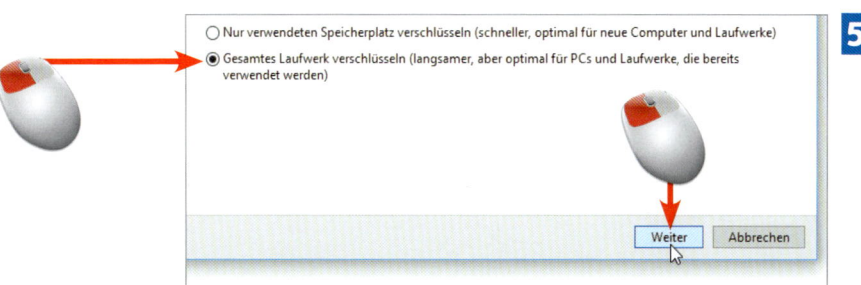

4 Sie werden zum Speichern oder Ausdrucken eines Wiederherstellungsschlüssels aufgefordert. Wählen Sie eine Option und bestätigen Sie wiederum mit *Weiter*.

5 Nun bestimmen Sie noch, ob nur der verwendete Speicherplatz oder das gesamte Laufwerk verschlüsselt werden soll. Bestätigen Sie erneut mit *Weiter*.

6 Klicken Sie zum Schluss auf *Verschlüsselung starten*, um die Laufwerkverschlüsselung durchzuführen.

Ende

Die Verschlüsselung des Betriebssystemlaufwerks erfordert standardmäßig die Verfügbarkeit eines TPM (**T**rusted **P**latform **M**odule). Entsprechende Module sind schon für 10–20 Euro erhältlich.

HINWEIS

Achtung: Die hier dargestellte Funktion steht nicht unter Windows 10 Home zur Verfügung!

HINWEIS

Kennwort ändern, automatische Entsperrung aktivieren und Co.: Wichtige Optionen zu BitLocker werden Ihnen nach erfolgter Verschlüsselung angeboten.

HINWEIS

Tipps und Tricks zur Assistentin Cortana

8

Darf ich Ihnen Cortana vorstellen? Diese nette Dame kann, wenn Sie dies wünschen, unter Windows 10 Ihre Assistentin sein, die sich sowohl durch Sprach- als auch durch Tastatureingaben steuern lässt.

Cortana beantwortet Ihnen viele Fragen und führt allerlei Befehle aus, was Ihnen im PC-Alltag viel Tipparbeit ersparen kann. Die besten Tipps und Tricks zum Einrichten von Cortana sowie zur optimalen Nutzung der digitalen Assistentin finden Sie in diesem Kapitel.

196 Cortana in Betrieb nehmen

Start

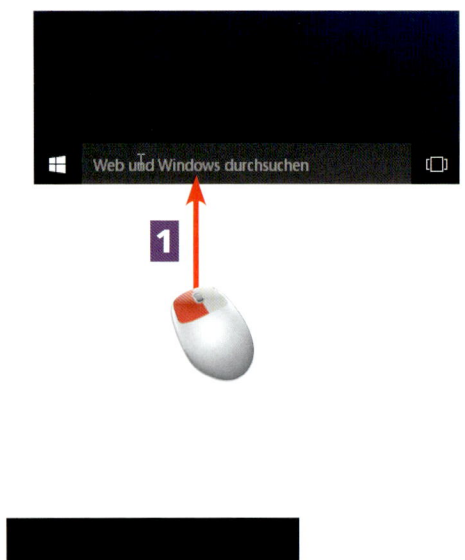
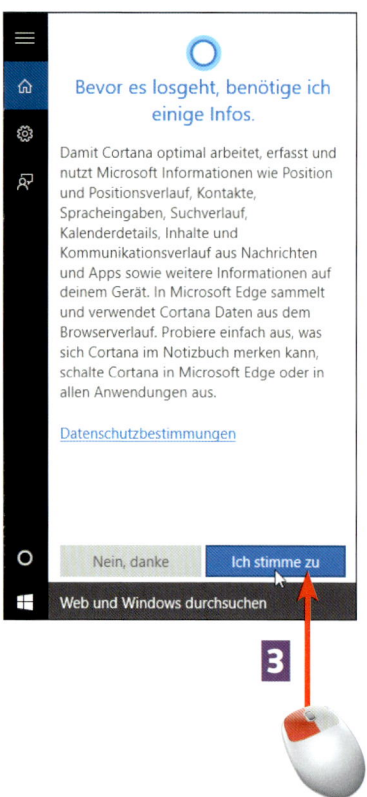

1. Klicken Sie in das Suchfeld, das unter Windows 10 in die Taskleiste eingebaut wurde.

2. Entscheiden Sie sich in der Leiste links für das Cortana-Symbol, das aus einem schlichten Kreis O besteht.

3. Es folgt ein Assistent für die Inbetriebnahme, in dem Sie unter anderem die Datenschutzbestimmungen durchlesen und akzeptieren.

Die Assistentin Cortana wurde mit Windows 8.1 erstmals auf Smartphones eingeführt und nun mit Windows 10 auch auf PCs verfügbar gemacht. Die Inbetriebnahme ist mit wenigen Handgriffen erledigt.

WISSEN

8 Tipps und Tricks zur Assistentin Cortana

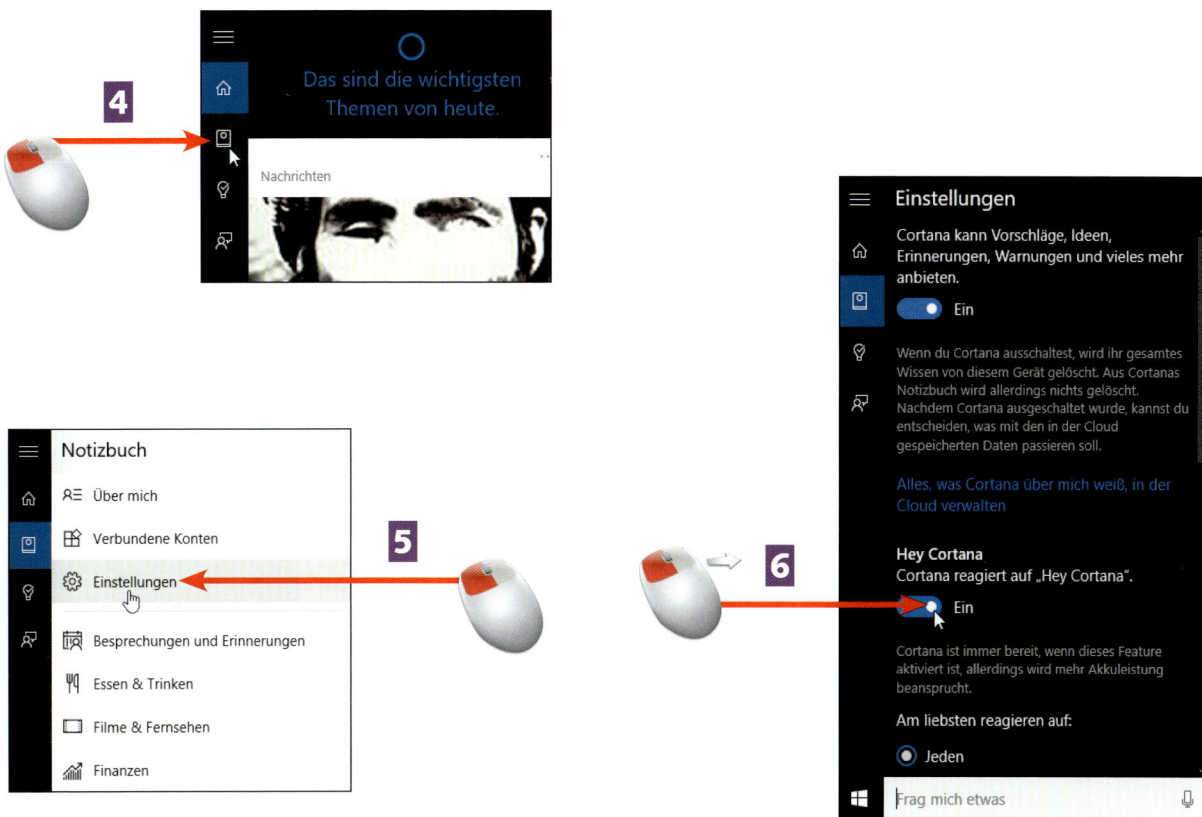

4 Um verschiedene Einstellungen zu Cortana vorzunehmen, klicken Sie in der Leiste links auf das Notizbuchsymbol.

5 Wählen Sie im *Notizbuch* den Eintrag *Einstellungen*.

6 Bestimmen Sie unter anderem, ob Cortana auf Zuruf („Hey Cortana") reagieren soll.

Ende

HINWEIS	TIPP	HINWEIS
Cortana ist hauptsächlich für die Sprachbedienung gedacht, Sie können Ihre Anfragen aber auch in das Suchfeld eintippen.	Um bei Bedarf die Mikrofoneinstellungen anzupassen, suchen Sie nach *Sound* und öffnen die gefundene Einstellung. Unter dem Reiter *Aufnahme* nehmen Sie die gewünschten Mikrofoneinstellungen vor.	Cortana ist übrigens die Antwort auf Apples Siri und Google Now – gewisse Ähnlichkeiten der Dienste sind natürlich rein zufällig.

198 Cortana personalisieren

Start

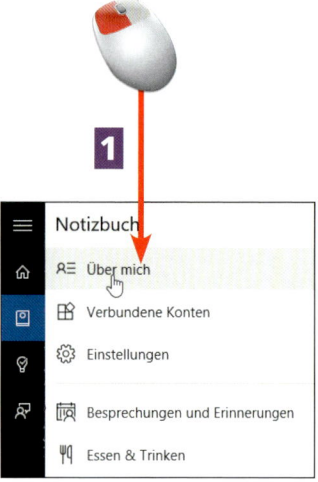

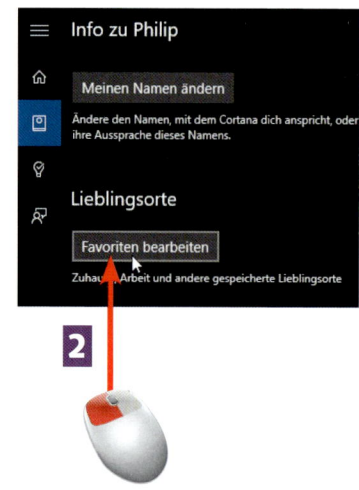

1 Öffnen Sie – unter dem Symbol 🔲 – das Cortana-Notizbuch und wählen Sie den Eintrag *Über mich*.

2 Um Cortana mitzuteilen, wo Sie wohnen, klicken Sie auf die Schaltfläche *Favoriten bearbeiten*.

3 Klicken Sie dann, um einen Ort hinzuzufügen, rechts unten auf das Plussymbol ➕.

Cortana lernt im Laufe der Zeit automatisch Ihre Interessen kennen, doch Ihren Namen und Ihre Adresse müssen Sie der Assistentin selbst mitteilen. Auf dieser Doppelseite wird dargestellt, wie Sie Cortana eine Privatadresse hinzufügen.

WISSEN

8 Tipps und Tricks zur Assistentin Cortana

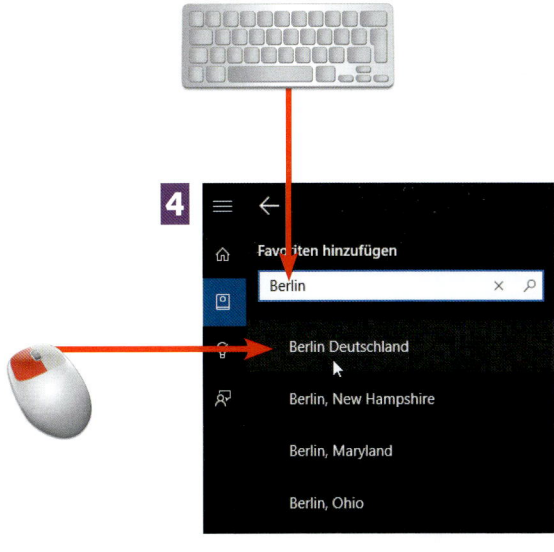

4 Geben Sie den Ortsnamen bzw. die vollständige Adresse ein und klicken Sie den gefundenen Eintrag an.

5 Bestimmen Sie per Schalter, ob es sich um Ihre Privatadresse oder die Geschäftsadresse handelt.

6 Klicken Sie auf das Diskettensymbol 🖫, um Ihre Einstellungen zu speichern.

Ende

Keine Tipps im Suchfeld gewünscht? Dann deaktivieren Sie in den Cortana-Einstellungen den Schalter *Tipps zur Taskleiste*.

Cortana kann Ihre Stimme erlernen: Dazu muss in den Cortana-Einstellungen der Schalter *Hey Cortana* aktiviert sein. Klicken Sie dann auf *Meine Stimme erlernen* und folgen Sie den Anweisungen des sich öffnenden Assistenten.

HINWEIS **TIPP**

Karten einrichten

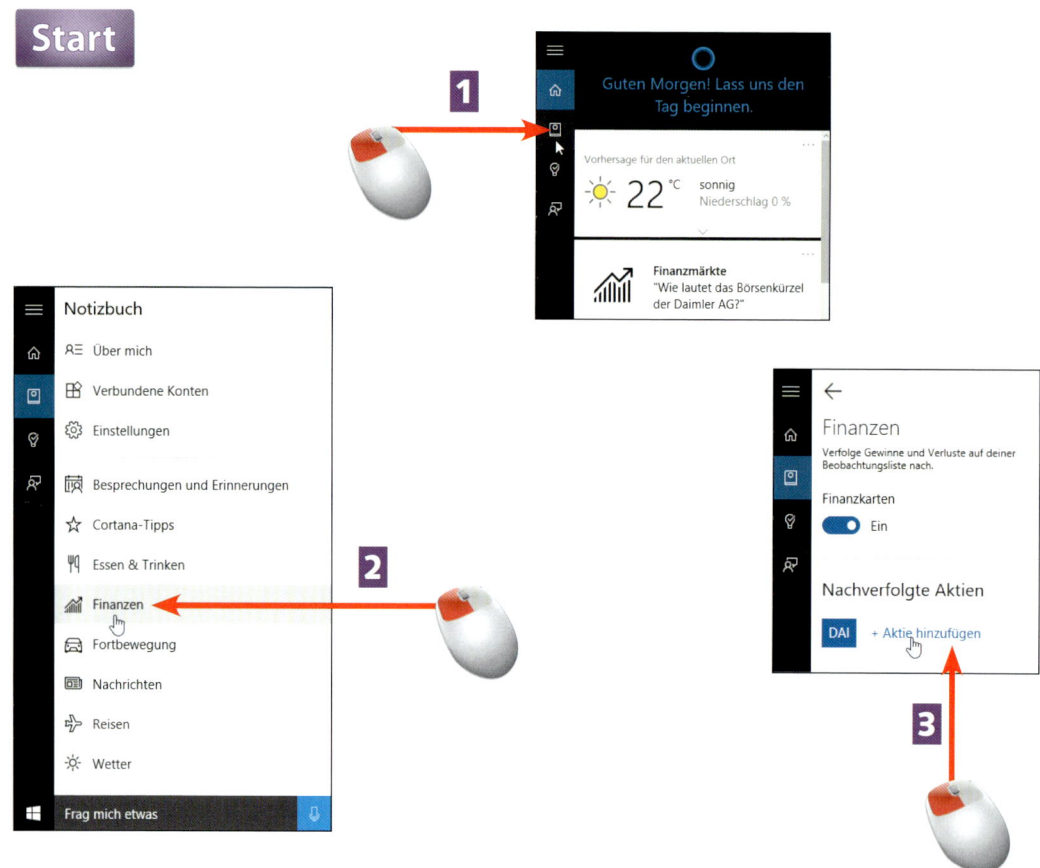

1 Klicken Sie im Cortana-Fenster erneut auf das Notizbuch-Symbol.

2 Entscheiden Sie sich für eine der Kategorien, hier wähle ich beispielsweise *Finanzen*.

3 Bestimmen Sie per Schalter, ob die entsprechende Karte angezeigt werden soll oder nicht. Fügen Sie dann gegebenenfalls Ihre Info hinzu, in diesem Fall entscheide ich mich für *Aktie hinzufügen*.

> Cortana zeigt Ihnen auf der Startseite „Karten" mit unterschiedlichen Informationen an. Welche Informationen das sind, bestimmen Sie selbst, um einen raschen Überblick über Wetter, Aktien und Co. zu erhalten.

WISSEN

8 Tipps und Tricks zur Assistentin Cortana   201

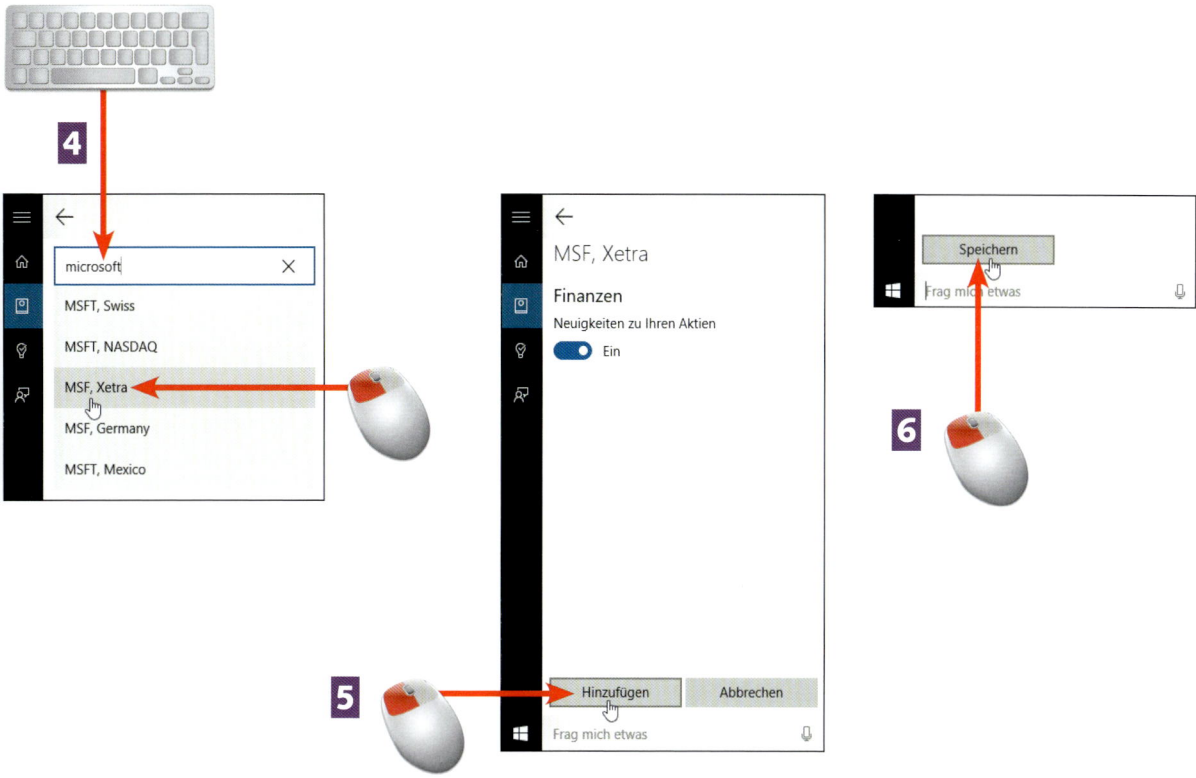

4 Die Aktie wird gesucht und der gefundene Eintrag angeklickt.

5 Bestätigen Sie Ihre Auswahl mit *Hinzufügen*.

6 Klicken Sie schließlich auf *Speichern*.

HINWEIS	**TIPP**
Die Cortana-Startseite wird beim Öffnen des Cortana-Fensters automatisch angezeigt und lässt sich per Symbol 🏠 jederzeit erneut aufrufen.	Überladen Sie die Cortana-Startseite nicht mit Informationen, sie soll ja in erster Linie dem schnellen Überblick dienen. Eine Option zum Ausblenden finden Sie auf jeder Karte, wenn Sie auf das zugehörige Symbol ••• klicken.

202 Cortana-Befehle aufrufen

Start

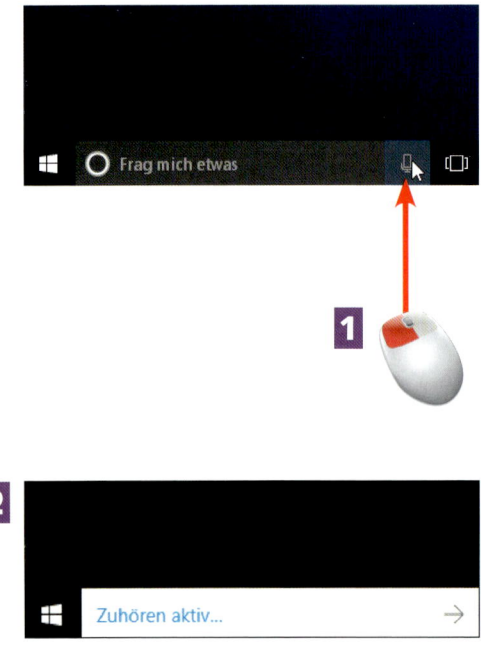 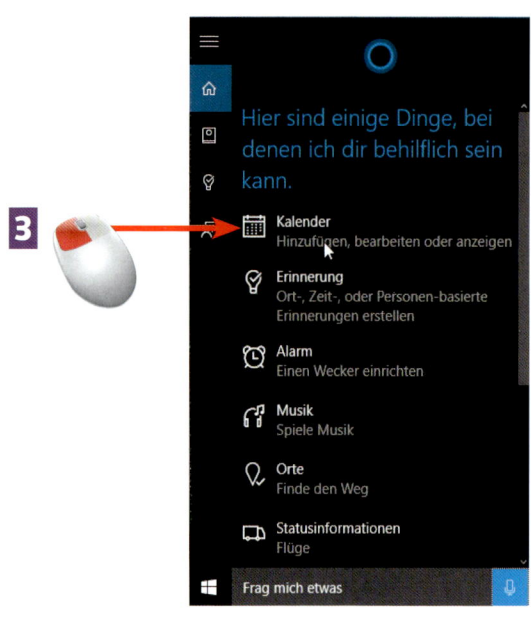

1 Klicken Sie auf das Mikrofonsymbol rechts im Suchfeld.

2 Cortana hört Ihnen nun zu. Stellen Sie die Frage „Was kannst du?".
Wie gesagt: Sie können Ihre Fragen und Befehle alternativ auch in das Suchfeld eintippen.

3 Cortana zeigt Ihnen einige Kategorien an. Wählen Sie eine Kategorie per Mausklick aus.

Sie können Cortana alles mögliche fragen und befehlen und sich sogar einen Witz erzählen lassen. Allzuoft wird beim Experimentieren aber einfach eine Websuche gestartet. Wie Sie sich von Cortana (größtenteils) funktionierende Befehle anzeigen lassen, zeige ich Ihnen hier.

WISSEN

8 Tipps und Tricks zur Assistentin Cortana

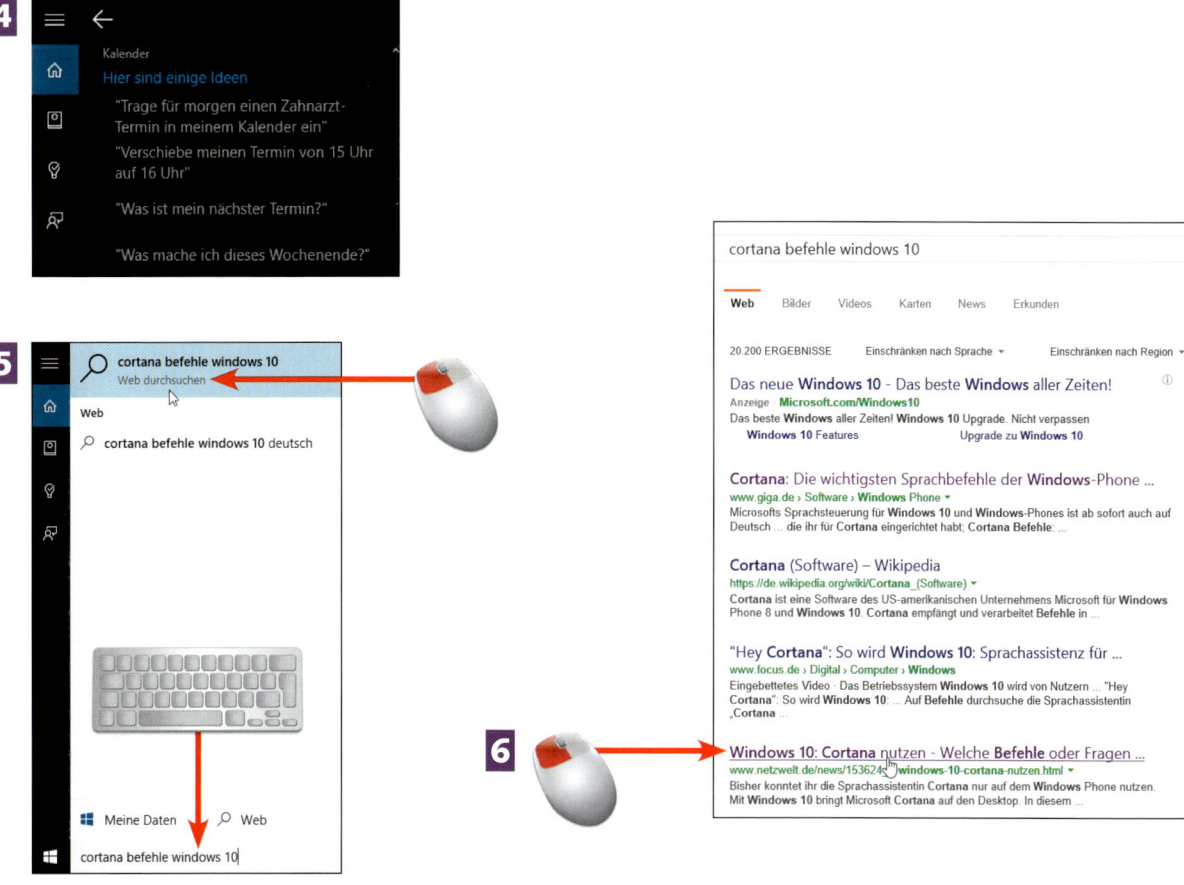

4 Schon erhalten Sie eine Liste mit möglichen Befehlen.

5 Reichen Ihnen die angezeigten Befehle nicht? Dann suchen Sie im WWW nach weiteren Befehlen, beispielsweise mit den Suchbegriffen *cortana befehle windows 10* – die Websuche können Sie ebenfalls aus dem Suchfeld heraus starten.

6 Klicken Sie einen Treffer-Link an, um nach weiteren Sprachbefehlen für Cortana zu stöbern.

Ende

HINWEIS: Sprechen Sie klar und deutlich ins Mikrofon, damit Cortana Sie nicht ständig missversteht – sonst macht die Spracherkennung schnell keinen Spaß mehr!

TIPP: Die Spracherkennung per Shortcut aktivieren: Drücken Sie dazu die Tastenkombination ⊞+C.

204 Erinnerung manuell erstellen

Start

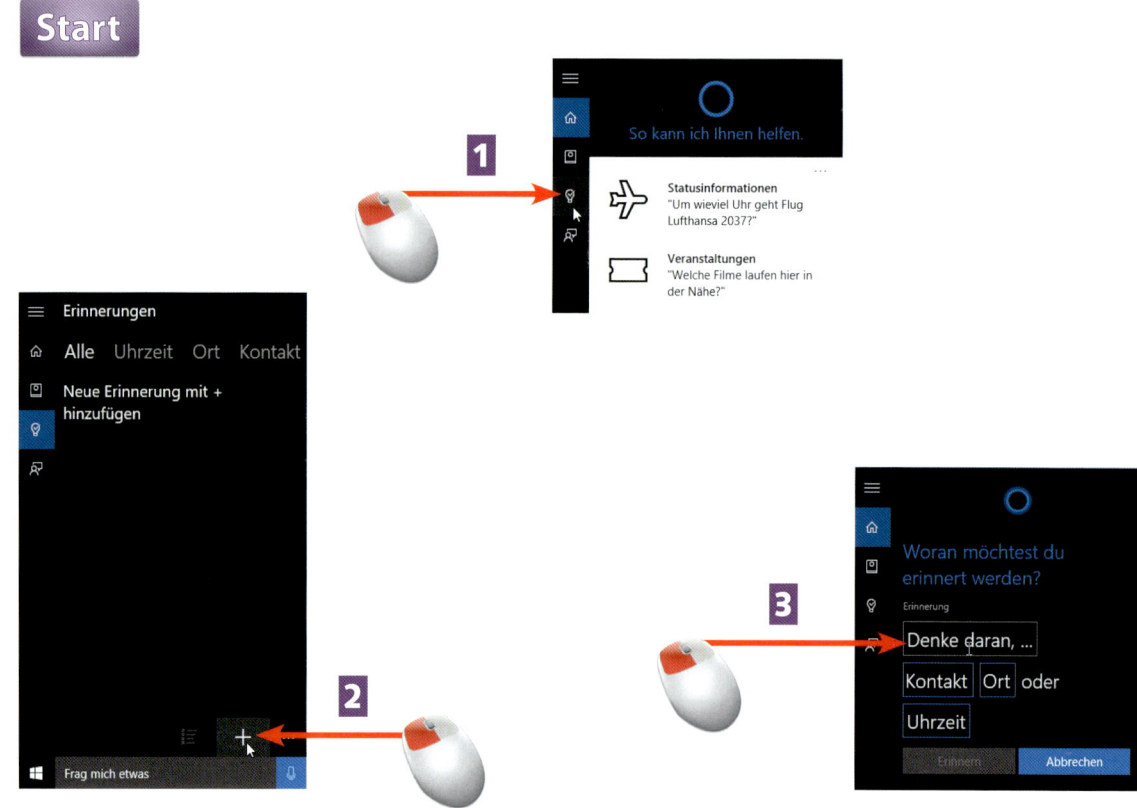

1 Klicken Sie in das Cortana-Feld und entscheiden Sie sich im Cortana-Fenster links für das Symbol 💡.

2 Hier erhalten Sie später eine Übersicht über die von Ihnen angelegten Erinnerungen. Um eine neue Erinnerung zu erstellen, klicken Sie rechts unten auf das Plussymbol ➕.

3 Zunächst möchten Sie den Betreff der Erinnerung festlegen. Dazu klicken Sie in das Feld *Denke daran*.

Um sich an Ihre Aufgaben erinnern zu lassen, erstellen Sie mit Cortana Erinnerungen aller Art. Das klappt per Sprachbefehl, aber auch manuell.

WISSEN

8 Tipps und Tricks zur Assistentin Cortana 205

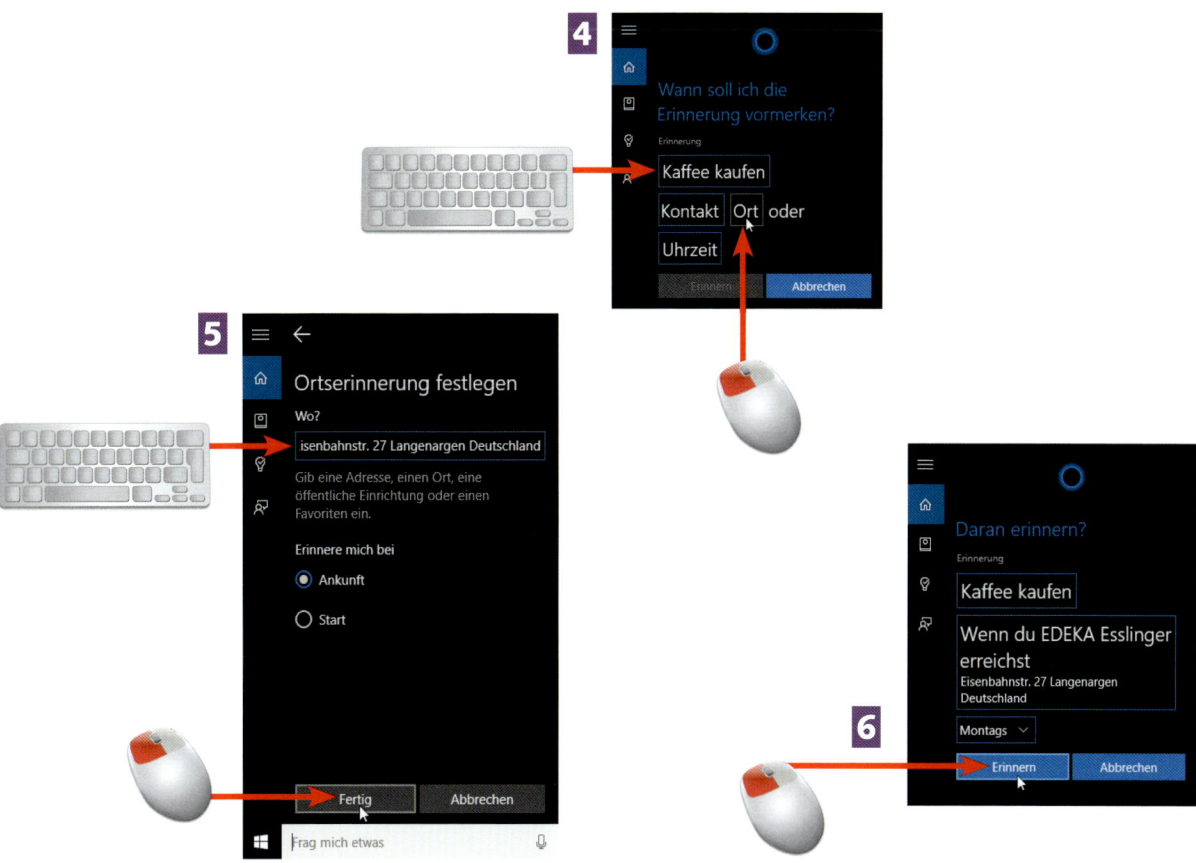

4 Tippen Sie den Betreff ein und entscheiden Sie anschließend, ob Sie eine auf einen Ort, eine Uhrzeit oder einen Kontakt bezogene Erinnerung erstellen möchten.

5 Für die auf einen Ort bezogene Erinnerung wird der Ort bzw. die Adresse eingegeben und dann bestimmt, ob die Erinnerung bei Ankunft oder Start erfolgen soll. Anschließend wird mit *Fertig* bestätigt.

6 Zum Schluss legen Sie noch per Drop-down-Menü fest, an welchen Tagen die Erinnerung erfolgen soll. Bestätigen Sie mit *Erinnern*.

Ende

Aufgabe erledigt? Klicken Sie eine Erinnerung unter dem Symbol 💡 mit der rechten Maustaste an, um sie als erledigt zu markieren bzw. zu löschen.

Die erledigten Aufgaben ansehen: Dazu klicken Sie unter dem Symbol 💡 rechts unten auf das Symbol ••• und wählen *Verlauf*.

HINWEIS **HINWEIS**

Tipps zum Microsoft-Webbrowser Edge   9

Mit Microsoft Edge liefert Microsoft endlich wieder einen Webbrowser, der mit starken Konkurrenten wie Google Chrome und Mozilla Firefox mithalten kann. Zwar ist der Funktionsumfang zu Beginn noch stark ausbaufähig, doch das wird sich im Lauf der Zeit sicherlich ändern, etwa was das Ausführen von Add-ons anbelangt.

In diesem Kapitel gibt es die besten Tipps und Tricks für den Microsoft-Webbrowser: Erfahren Sie, wie Sie eine eigene Startseite einrichten, weitere Suchanbieter hinzufügen, Webseitennotizen erstellen und mehr!

Eigene Startseiten festlegen

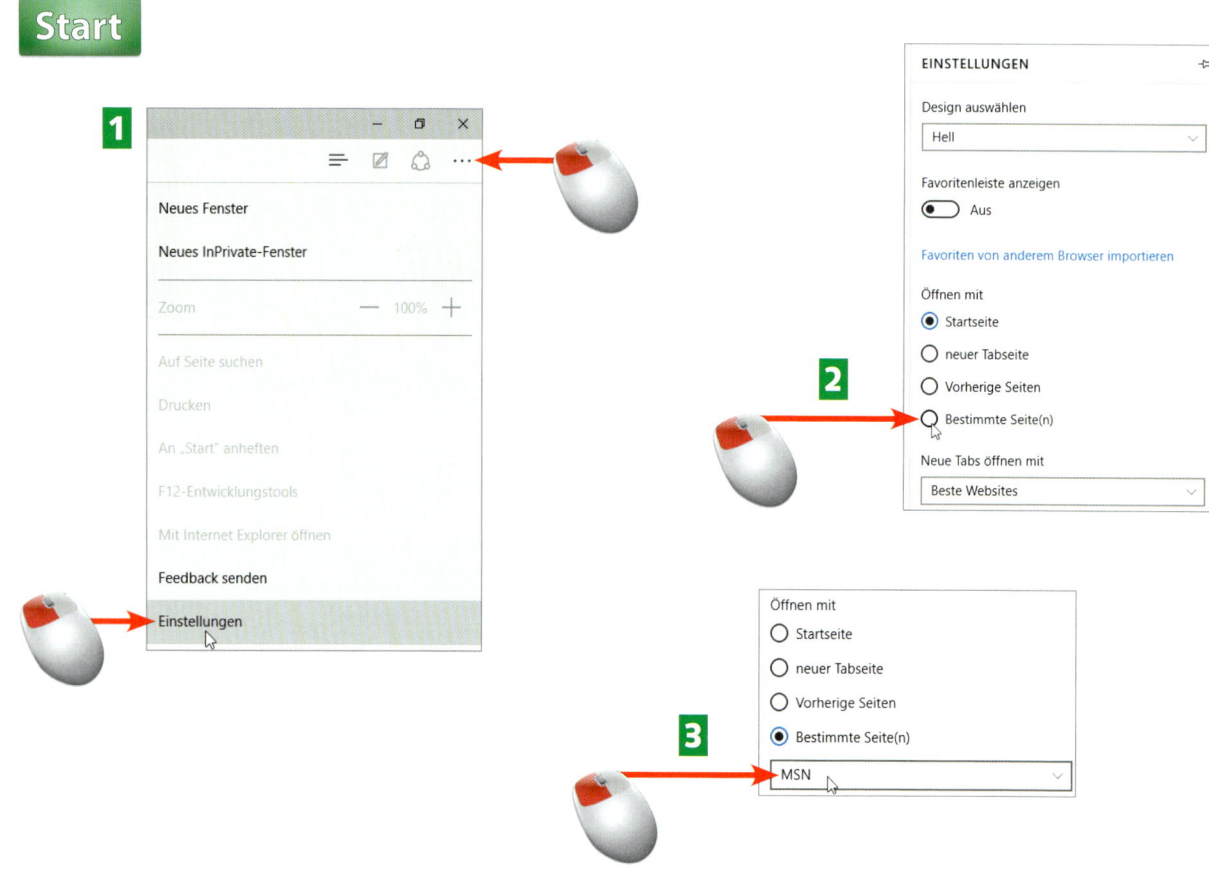

1. Klicken Sie rechts oben in Microsoft Edge auf das Symbol ••• und wählen Sie im Menü den Eintrag *Einstellungen*.

2. Aktivieren Sie im Abschnitt *Öffnen mit* den Radio-Button *Bestimmte Seite(n)*.

3. Klicken Sie auf das nun angezeigte Drop-down-Menü.

Normalerweise startet der Webbrowser Microsoft Edge mit einer Startseite, die Ihnen verschiedene Karten mit Informationen anbietet, etwa der aktuellen Wetterprognose oder News. Sie können beim Browserstart natürlich auch eigene Webseiten laden.

WISSEN

9 Tipps zum Microsoft-Webbrowser Edge 209

4 Um eine eigene Startseite festzulegen, klicken Sie im Drop-down-Menü auf den Eintrag *Benutzerdefiniert*.

5 Klicken Sie auf den bisherigen Eintrag *about:start*.

6 Geben Sie eine Webadresse ein und bestätigen Sie per Symbol 🖫 oder mit der ⏎-Taste. Sie können anschließend auch noch weitere Webadressen eingeben.

Ende

Weitere *about*-Befehle: Mit *about:blank* können Sie eine leere Webseite aufrufen, mit *about:flags* lassen Sie sich geheime Entwicklereinstellungen anzeigen.

TIPP

Möchten Sie beim Browserstart die zuletzt geöffneten Webseiten erneut laden? Dann aktivieren Sie im Fenster aus Schritt 3 den Radio-Button *Vorherige Seiten*.

HINWEIS

Home-Symbol ⌂ einblenden: Dazu klicken Sie unter dem Symbol ••• auf *Einstellungen*, wählen *Erweiterte Einstellungen anzeigen* und dann *Schaltfläche „Startseite" anzeigen*.

TIPP

210 Webseite der Leseliste hinzufügen

Start

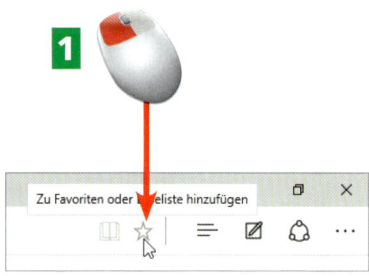

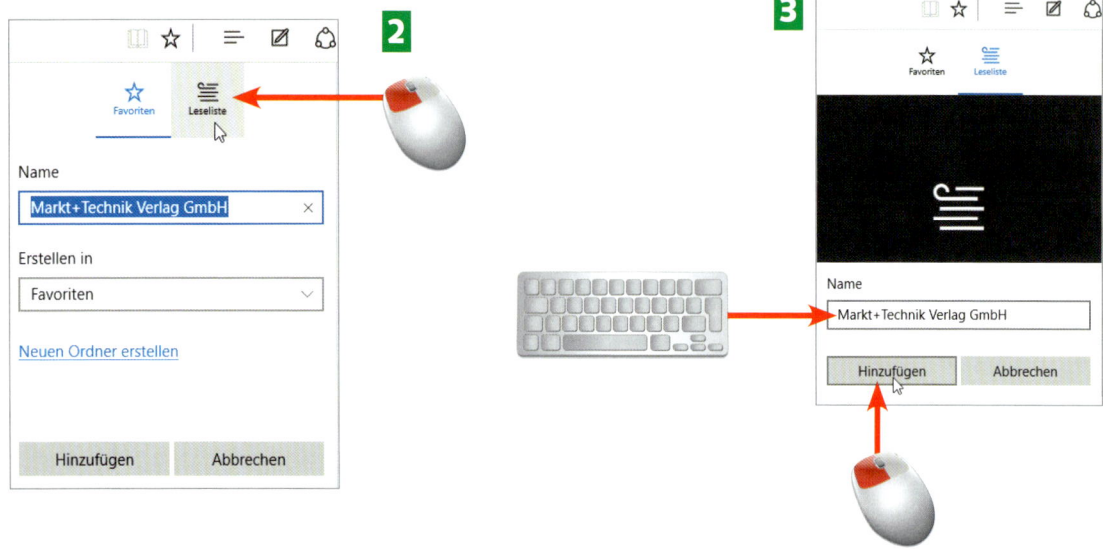

1. Öffnen Sie die Webseite, die Sie der Leseliste hinzufügen möchten, und klicken Sie oben in Microsoft Edge auf das Symbol ☆.

2. Ihnen wird angeboten, die Webseite als Favoriten hinzuzufügen, doch Sie entscheiden sich für die Schaltfläche *Leseliste*.

3. Ändern Sie gegebenenfalls die automatische Bezeichnung für den Eintrag in der Leseliste. Bestätigen Sie das Erstellen des Eintrags mit *Hinzufügen*.

Wenn Sie eine Webseite als Favoriten speichern, wird lediglich die Webadresse gespeichert. Möchten Sie zum späteren Lesen die komplette Webseite speichern, verwenden Sie die in Microsoft Edge angebotene Leseliste.

WISSEN

9 Tipps zum Microsoft-Webbrowser Edge

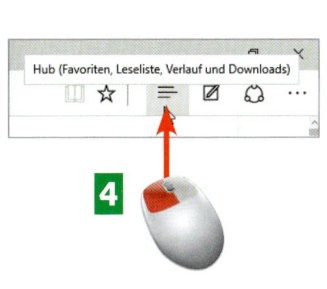  

4 Um auf Ihre Leseliste zuzugreifen, öffnen Sie – per Symbol ≡ – den Hub.

5 Entscheiden Sie sich im Hub für das Symbol ≣ (Leseliste).

6 Klicken Sie einen Eintrag in der Leseliste an, um die entsprechende Webseite zu öffnen.

Ende

TIPP	HINWEIS	TIPP
Die Leseliste lässt sich auch mit dem Shortcut Strg+G einblenden.	Hub ist das englische Wort für „Drehkreuz" – so bezeichnet Microsoft die Leiste, in der Sie Favoriten und Leseliste, aber auch Verlauf und Downloads aufrufen.	Um einen Eintrag wieder aus der Leseliste zu löschen, klicken Sie ihn mit der rechten Maustaste an und wählen *Entfernen*.

Favoritenleiste verwenden

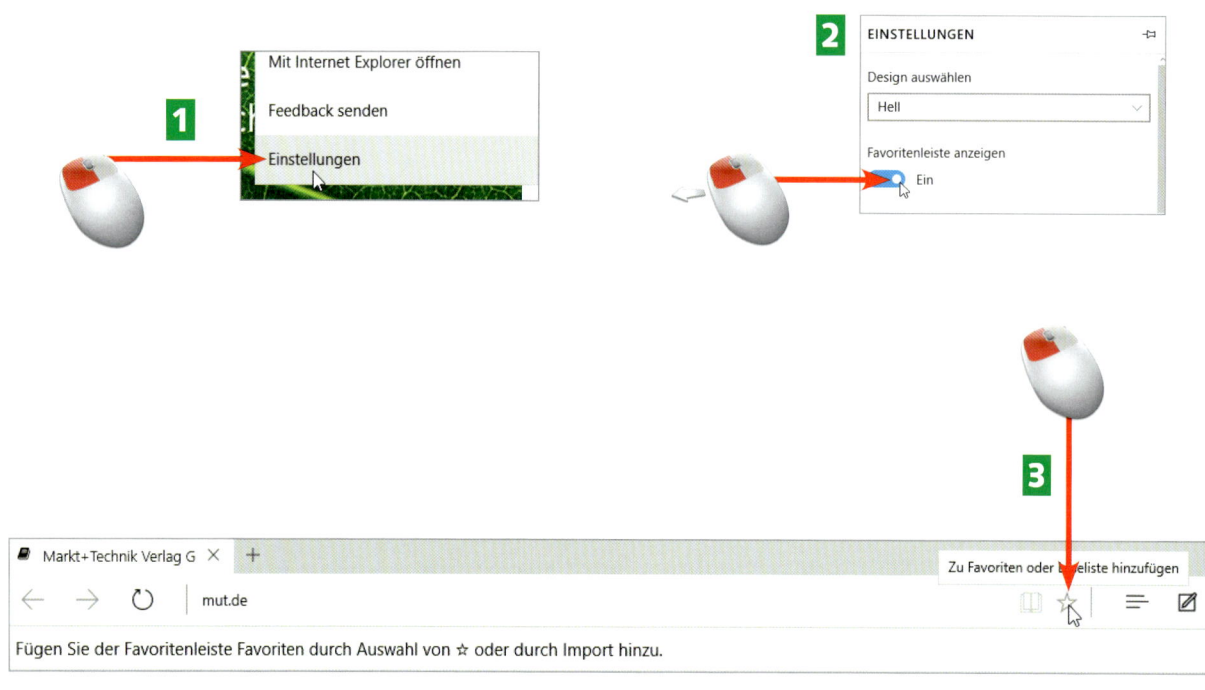

1. Öffnen Sie in Microsoft Edge die *Einstellungen*.

2. Aktivieren Sie in den *Einstellungen* den Schalter *Favoritenleiste anzeigen*.

3. Um eine Webseite der Favoritenleiste hinzuzufügen, öffnen Sie diese und klicken dann auf das Symbol ☆.

> Für den schnellen Zugriff auf Ihre Lieblingswebseiten empfehle ich die Verwendung der Favoritenleiste, die Sie entweder eingeblendet lassen oder nur bei Bedarf einblenden, um eine Webseite per Mausklick laden zu können. Wie es geht, erfahren Sie hier.

WISSEN

9 Tipps zum Microsoft-Webbrowser Edge 213

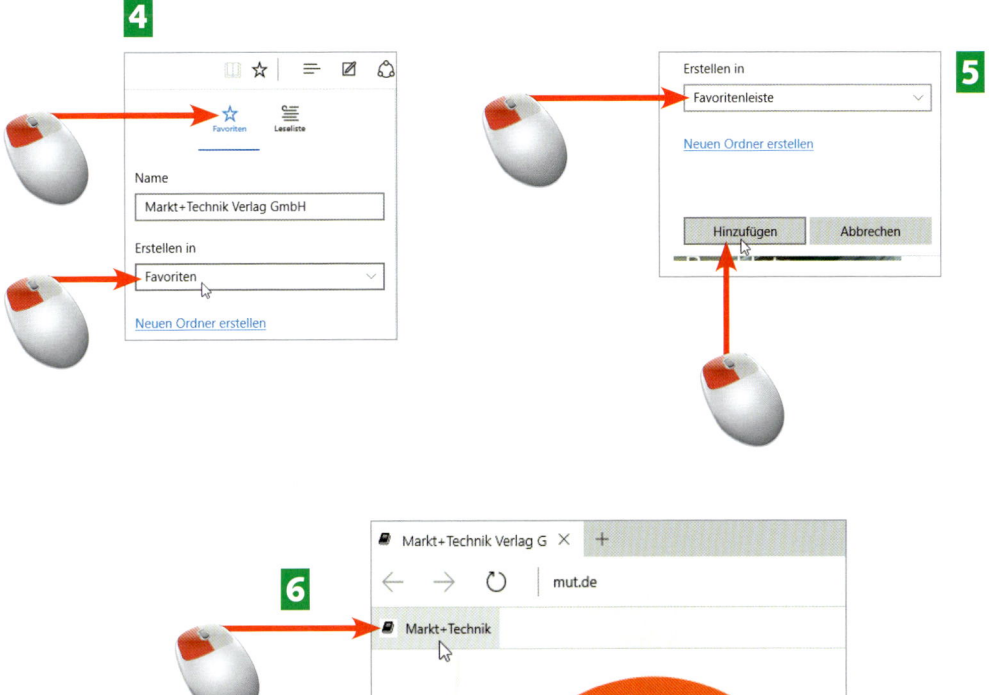

4 Klicken Sie unter der Schaltfläche *Favoriten* auf das Drop-down-Menü *Erstellen in*.

5 Wählen Sie den Eintrag *Favoritenleiste*, ändern Sie gegebenenfalls noch die automatische Bezeichnung für den Favoriten und bestätigen Sie mit *Hinzufügen*.

6 Der Favorit lässt sich ab sofort in der Favoritenleiste aufrufen.

Ende

Einen Ordner innerhalb der Favoritenleiste erstellen: Klicken Sie im Fenster aus Schritt 4 auf *Neuen Ordner erstellen*. Wählen Sie dann im Menü *Ordner erstellen in* den Eintrag *Favoritenleiste*, geben Sie dem Ordner eine schlüssige Bezeichnung und bestätigen Sie mit *Hinzufügen*.

Eine Webseite ans Startmenü anheften: Um das zu bewerkstelligen, öffnen Sie die Webseite und klicken dann unter dem Symbol ••• auf *An „Start" anheften*.

Die Favoritenleiste lässt sich auch mit dem Shortcut [Strg]+[⇧]+[B] ein- bzw. wieder ausblenden.

TIPP | **HINWEIS** | **TIPP**

214 Leseansicht verwenden

Start

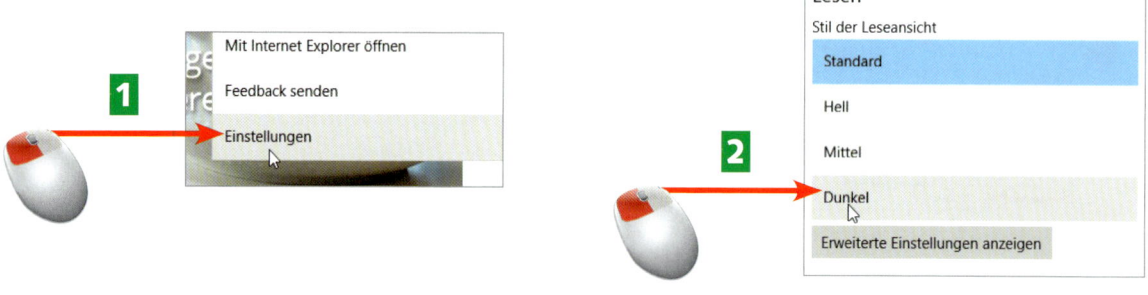

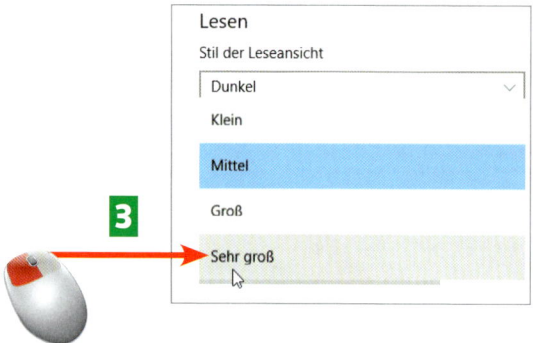

1 Öffnen Sie in Microsoft Edge wieder die *Einstellungen*.

2 Wählen Sie im Abschnitt *Lesen* zunächst im Drop-down-Menü *Stil der Leseansicht* aus, ob Sie für die Leseansicht einen helleren oder dunkleren Hintergrund bevorzugen.

3 Bestimmen Sie nun im Drop-down-Menü *Schriftgröße in Leseansicht*, wie groß die Texte in der Leseansicht dargestellt werden sollen.

Auf vielen Webseiten blinkt und flackert es so sehr, dass man vom Lesen der Inhalte sehr leicht abgelenkt wird. Abhilfe schafft da die Leseansicht, die eine Webseite in vereinfachter Form – ohne störende Werbung und Co. – darstellt. Wie Sie die Leseansicht einrichten und verwenden, erfahren Sie auf dieser Doppelseite.

WISSEN

9 Tipps zum Microsoft-Webbrowser Edge

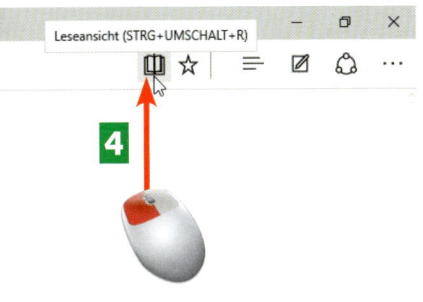

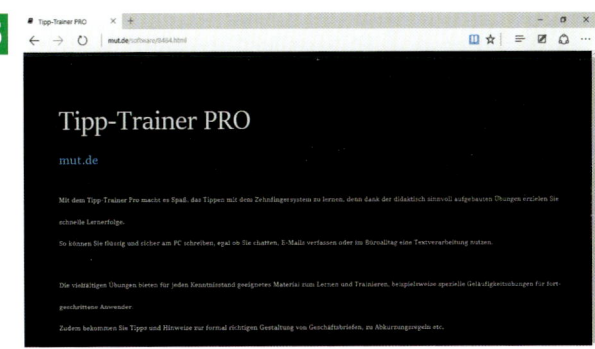

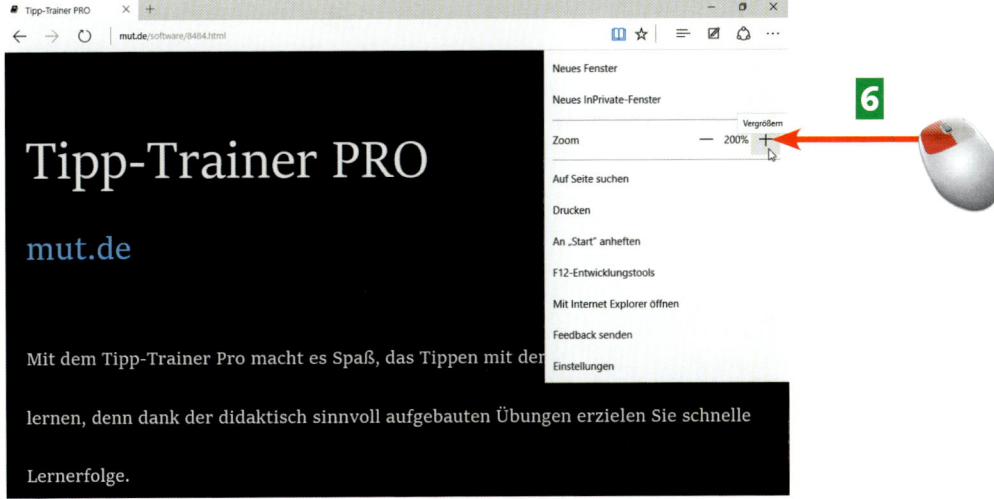

4️⃣ Wenn bei einer Webseite die Leseansicht zur Verfügung steht, brauchen Sie nur auf das Symbol 📖 zu klicken, um diese aufzurufen.

5️⃣ Die Leseansicht wird Ihren Einstellungen entsprechend angezeigt. Durch einen erneuten Mausklick auf das Symbol 📖 beenden Sie die Leseansicht wieder.

6️⃣ Falls die Texte nicht automatisch vergrößert werden sollten, verwenden Sie einfach die eingebaute Zoomfunktion des Browsers, die Sie unter dem Symbol ••• finden.

Ende

Auch mit diesem Shortcut lässt sich die Leseansicht aktivieren oder deaktivieren: [Strg]+[Entf]+[R].

TIPP

Zoomen per Shortcut: Verwenden Sie [Strg]+[+] zum Vergrößern der Ansicht, [Strg]+[-] zum Verkleinern der Ansicht und [Strg]+[0], um die normale Ansichtsgröße wiederherzustellen.

TIPP

216 Browserdaten löschen

Start

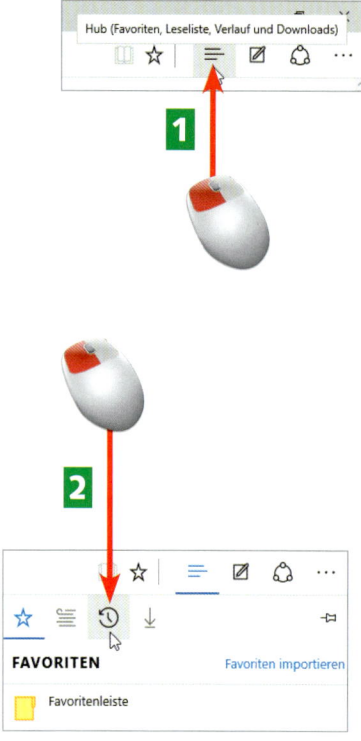
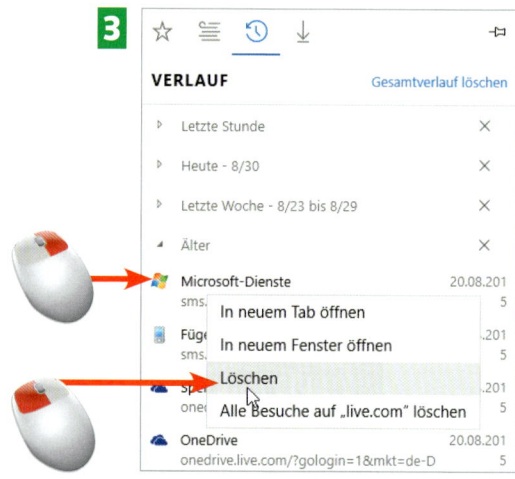

1 Klicken Sie auf das Symbol ≡, um den Hub zu öffnen.

2 Klicken Sie auf das Symbol ⟳, um den Browserverlauf aufzurufen. Alternativ verwenden Sie den Shortcut [Strg]+[H].

3 Sie können nun einzelne Einträge aus dem Browserverlauf löschen, indem Sie den Mauszeiger darauf bewegen und auf das erscheinende ✕-Symbol klicken bzw. mit der rechten Maustaste auf einen Eintrag klicken und *Löschen* wählen.

Wenn Sie im normalen Modus Webseiten aufrufen, werden eine Menge Daten der besuchten Webseiten auf Ihrem Computer gespeichert. Wie Sie die Browserdaten bereinigen, erläutere ich Schritt für Schritt auf dieser Doppelseite.

WISSEN

9 Tipps zum Microsoft-Webbrowser Edge 217

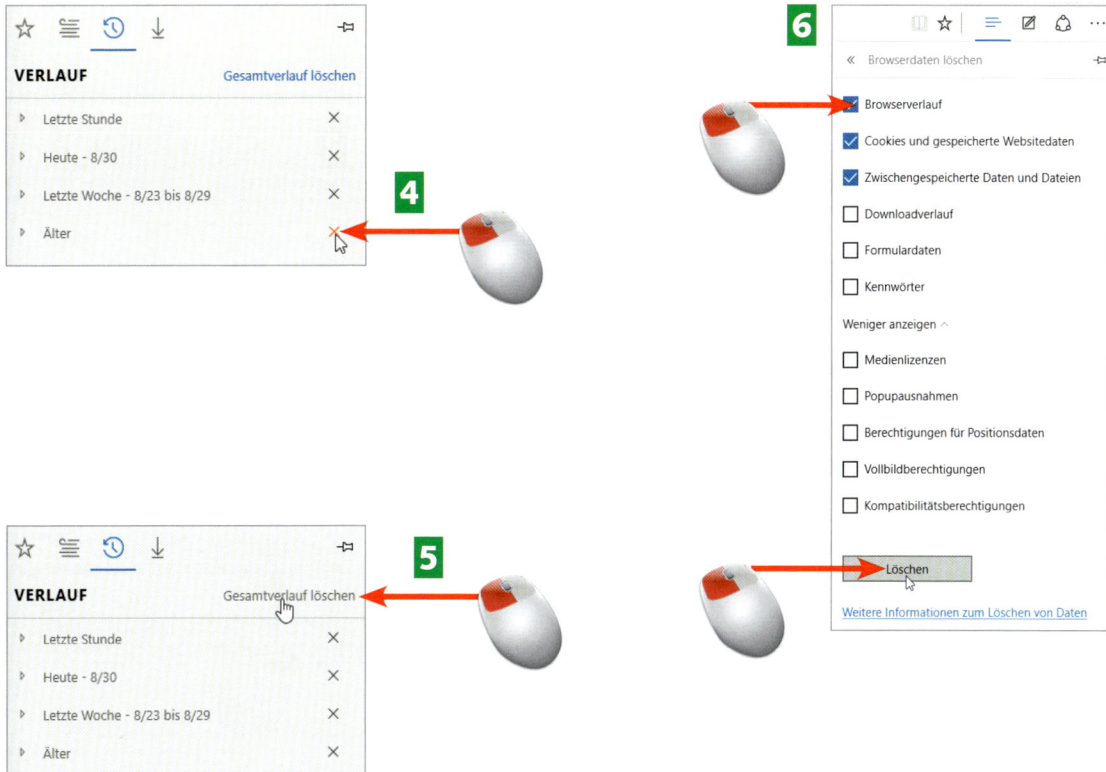

4 Oder möchten Sie den Browserverlauf für einen der angezeigten Zeiträume löschen? Klicken Sie dazu auf das rechts neben dem Eintrag angezeigte X-Symbol.

5 Um weitere Browserdaten zu entfernen, entscheiden Sie sich für *Gesamtverlauf löschen*.

6 Bestimmen Sie per Kontrollkästchen, welche Daten Sie entfernen bzw. behalten möchten. Bestätigen Sie mit der Schaltfläche *Löschen*.

Ende

Cookies blockieren: Wählen Sie dazu unter dem Symbol ••• die *Einstellungen* und dann *Erweiterte Einstellungen anzeigen*. Treffen Sie im Drop-down-Menü *Cookies* Ihre Auswahl.

HINWEIS

Verwenden Sie den Shortcut [Strg]+[⇧]+[P], um in einem InPrivate-Fenster zu surfen – es werden dann keine Browserdaten auf dem Computer gespeichert.

TIPP

Auch wenn auf dem Computer keine Daten mehr gespeichert werden – im Internet bleiben Sie durch Ihre IP-Adresse eindeutig identifizierbar.

HINWEIS

218 Kennwörter speichern und verwalten

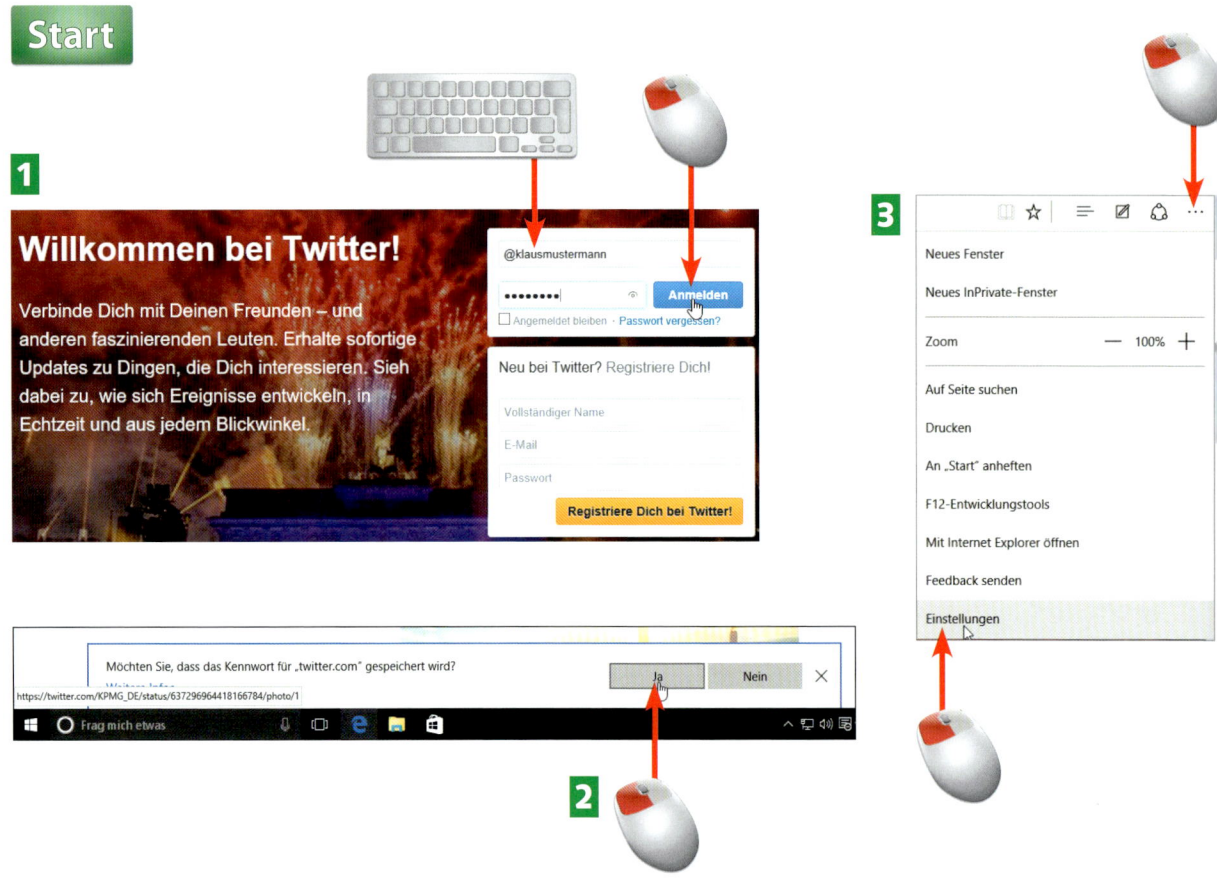

1 Loggen Sie sich auf einer Webseite mit Ihren Zugangsdaten ein. Hier melde ich mich beispielsweise bei Twitter an.

2 Microsoft Edge bietet Ihnen an, die Zugangsdaten zu speichern. Bestätigen Sie mit *Ja*, damit die Felder beim nächsten Mal automatisch ausgefüllt werden.

3 Zum Verwalten der gespeicherten Kennwörter klicken Sie rechts oben in Edge auf das Symbol ••• und wählen *Einstellungen*.

Wenn Sie keine Lust haben, Ihre Zugangsdaten für eBay, Twitter und Co. ständig im Kopf zu behalten, speichern Sie diese im Webbrowser ab. Wie einfach das Speichern funktioniert und wie Sie gespeicherte Kennwörter auch wieder entfernen können, zeige ich Ihnen hier.

WISSEN

9 Tipps zum Microsoft-Webbrowser Edge

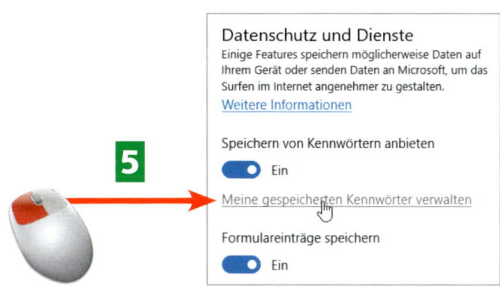

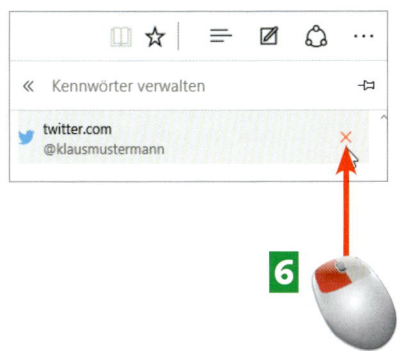

4 Klicken Sie als Nächstes auf die Schaltfläche *Erweiterte Einstellungen anzeigen*.

5 Per Schalter bestimmen Sie, ob das Speichern von Kennwörtern überhaupt angeboten werden soll oder nicht. Zum Verwalten der Kennwörter klicken Sie auf *Meine gespeicherten Kennwörter verwalten*.

6 Die entsprechenden Einträge werden aufgelistet. Um einen Eintrag zu entfernen, klicken Sie auf das zugehörige ✕-Symbol.

Neben Kennwörtern werden standardmäßig auch Formulareinträge gespeichert. Wenn Sie dies nicht wünschen, deaktivieren Sie im Fenster aus Schritt 5 den Schalter *Formulareinträge speichern*.	Ihre Zugangsdaten lassen sich auch in der Systemsteuerung verwalten: Wählen Sie dazu die Kategorie *Benutzerkonten* und dann *Anmeldeinformationsverwaltung*.
HINWEIS	**TIPP**

220 Suchanbieter hinzufügen

Start

1. Rufen Sie die Webseite des Suchanbieters auf. Um ganz sicher zu sein, können Sie auf der Webseite auch eine Suche durchführen.

2. Wählen Sie in den Browsereinstellungen einmal mehr die Schaltfläche *Erweiterte Einstellungen anzeigen*.

3. Öffnen Sie das Drop-down-Menü *In Adressleiste suchen mit*.

Standardmäßig wird im Adressfeld von Microsoft Edge mit der Microsoft-Suchmaschine Bing gesucht. Jedoch lassen sich problemlos auch andere Suchanbieter verwenden, wie es hier am Beispiel Google dargestellt wird.

WISSEN

9 Tipps zum Microsoft-Webbrowser Edge 221

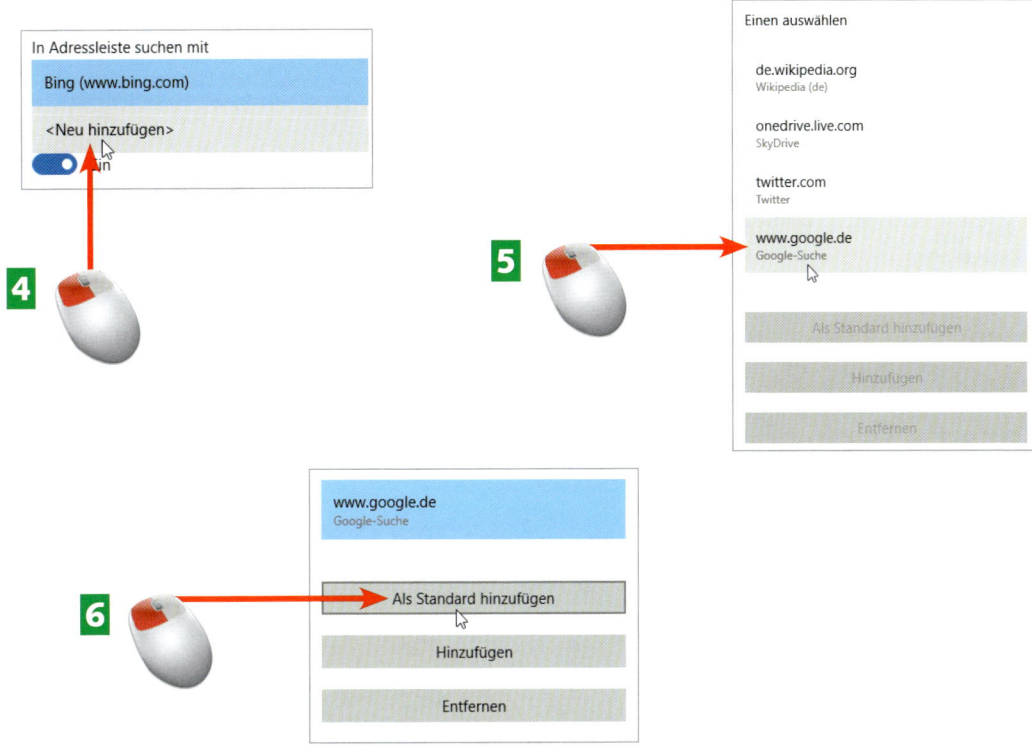

4 Entscheiden Sie sich für den Eintrag *<Neu hinzufügen>*. Später können Sie hier auch hinzugefügte Suchanbieter auswählen.

5 Klicken Sie den gewünschten Suchanbieter an, in diesem Fall also Google.

6 Wählen Sie *Als Standard hinzufügen*, um mit dem Anbieter ab sofort im Adressfeld zu suchen, bzw. *Hinzufügen*, um den Anbieter in das Drop-down-Menü aus Schritt 4 aufzunehmen.

Ende

Damit ein Suchanbieter von Microsoft Edge als solcher erkannt wird, muss dieser den OpenSearch-Standard erfüllen.

Schon gemerkt? Wird im Adressfeld eine Suche durchgeführt, wird links im Adressfeld das Symbol 🔍 angezeigt, beim Aufrufen einer Webadresse erscheint das Symbol 🌐.

Microsoft Edge macht Ihnen bei der Eingabe ins Adressfeld Suchvorschläge. Wenn Sie diese nicht wünschen, deaktivieren Sie in den erweiterten Einstellungen den Schalter *Suchvorschläge bei der Eingabe anzeigen*.

HINWEIS   **HINWEIS**   **TIPP**

Tabbed Browsing

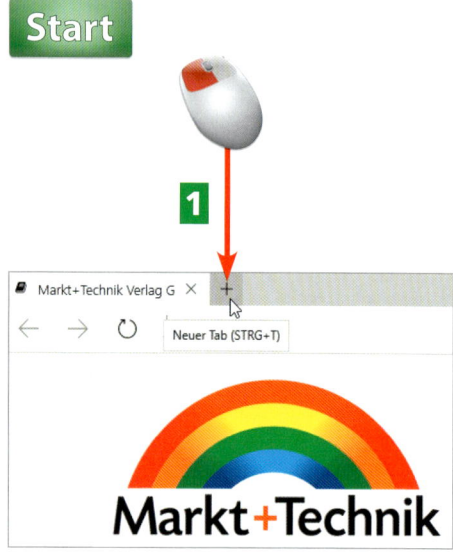
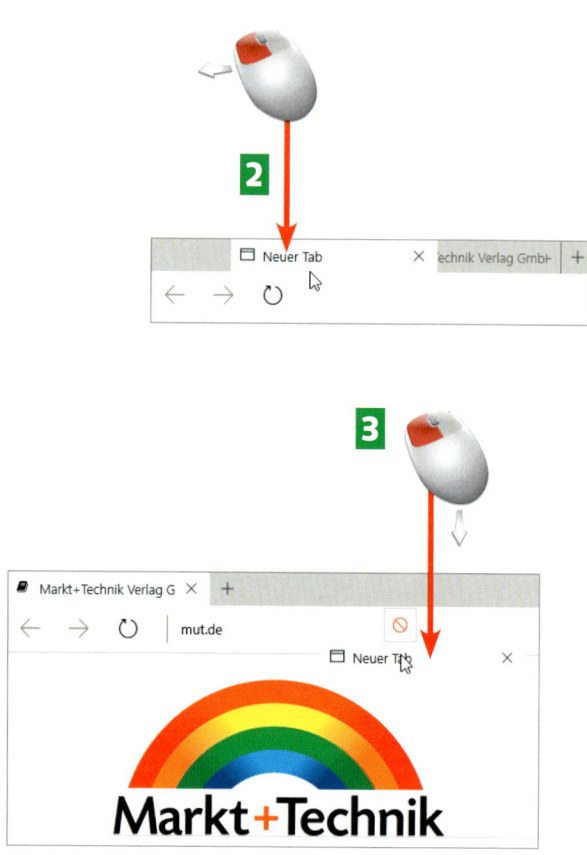

1 Um in Microsoft Edge einen neuen Browser-Tab zu erstellen, klicken Sie in der Tab-Leiste auf das Plussymbol. Wenn Sie einen Link in einem neuen Tab öffnen möchten, klicken Sie diesen bei gedrückter Strg-Taste an.

2 Ein Tab lässt sich innerhalb der Tab-Leiste anders positionieren, indem Sie ihn bei gedrückter Maustaste an eine andere Stelle ziehen.

3 Oder soll der Tab in einem neuen Browserfenster geöffnet werden? Dazu ziehen Sie ihn einfach bei gedrückter Maustaste aus der Tab-Leiste heraus.

Tabbed Browsing – das Surfen in Registerkarten – ist ideal geeignet, um bei Webrecherchen und Co. mehrere Webseiten gleichzeitig zu öffnen. Die wichtigsten Funktionen rund um das Tabbed Browsing mit Microsoft Edge stelle ich Ihnen auf dieser Doppelseite vor.

WISSEN

9 Tipps zum Microsoft-Webbrowser Edge

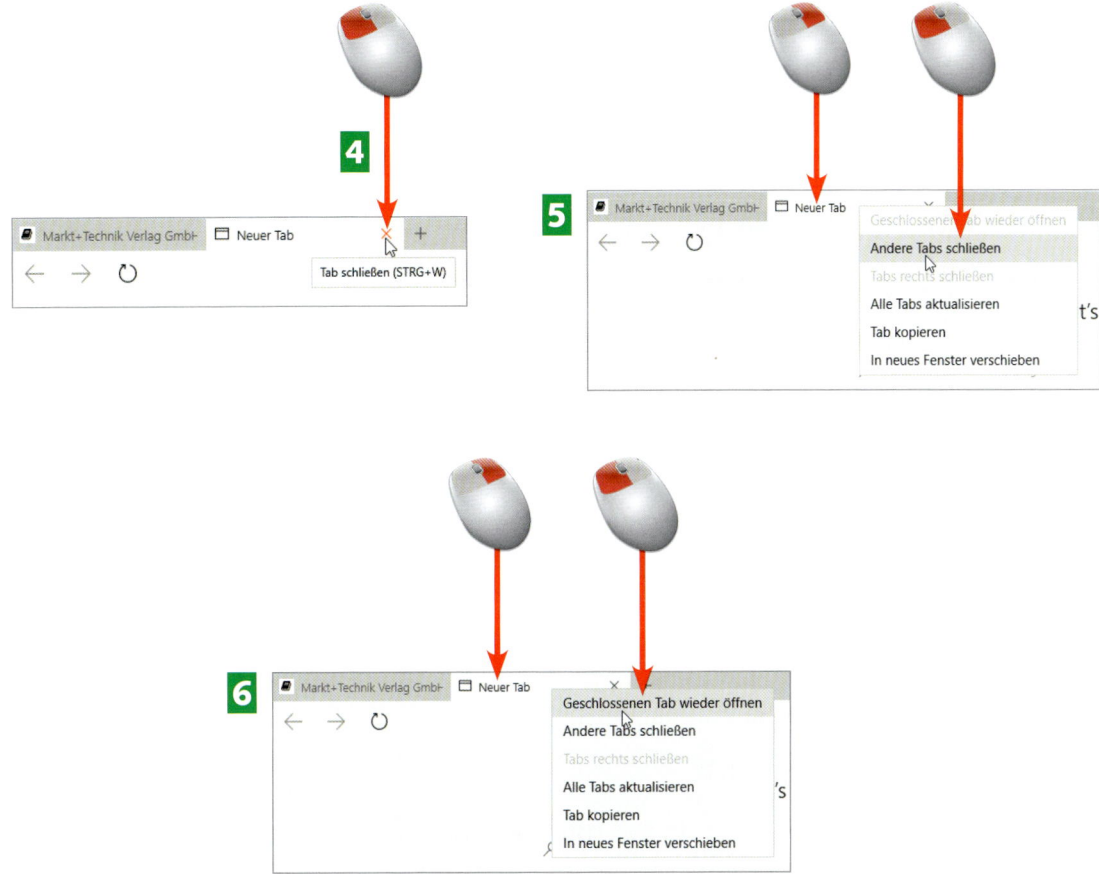

4 Einen Tab schließen: Klicken Sie dazu auf das zu einem Tab gehörende ✕-Symbol. Alternativ verwenden Sie den Shortcut Strg+W.

5 Möchten Sie hingegen alle anderen Tabs schließen, klicken Sie einen Tab mit der rechten Maustaste an und wählen im Kontextmenü *Andere Tabs schließen*.

6 Ein geschlossener Tab lässt sich wieder öffnen, indem Sie einen Tab mit der rechten Maustaste anklicken und dann im Kontextmenü *Geschlossenen Tab wieder öffnen* wählen.

Ende

Um die geöffneten Tabs zu durchblättern, verwenden Sie den Shortcut Strg+↹.

TIPP

Einen Link in einem neuen Browserfenster öffnen: Hierzu klicken Sie den Link bei gedrückter ⇧-Taste an.

TIPP

Den gerade aktiven Tab duplizieren: Dies gelingt mit dem Shortcut Strg+K.

TIPP

224 Webseitennotiz erstellen

Start

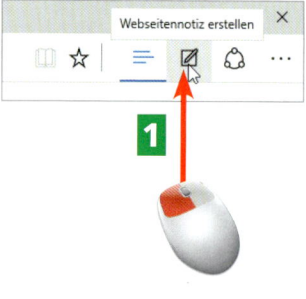

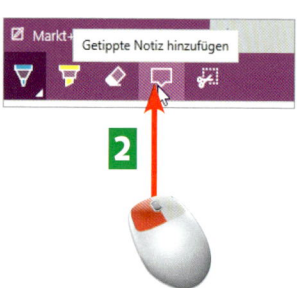

1 Rufen Sie eine Webseite auf, die Sie mit einer Webseitennotiz versehen möchten, und klicken Sie oben in Microsoft Edge auf das Symbol 🗹.

2 Sie sind nun im Notizenmodus. Wählen Sie links oben ein Tool aus: ▼ (Stift zum Zeichnen), ▼ (Textmarker zum freien Markieren), ◆ (Radierer zum Löschen von Notizen), 💬 (Getippte Notiz) oder ✂ (Beschneiden). Hier wähle ich das Erstellen einer getippten Notiz.

3 Der Mauszeiger verwandelt sich in diesem Fall in ein Plussymbol ＋. Klicken Sie an die Stelle, an der Sie die Notiz einfügen möchten.

Ein wirklich neues Feature in Microsoft Edge sind die Webseitennotizen. Damit lassen sich beliebige Webseiten mit eigens angefertigten Notizen versehen, um etwa wichtige Textpassagen zu markieren oder eigene Gedanken einzufügen. Wie Sie dazu vorgehen, erklärt diese Doppelseite.

WISSEN

9 Tipps zum Microsoft-Webbrowser Edge 225

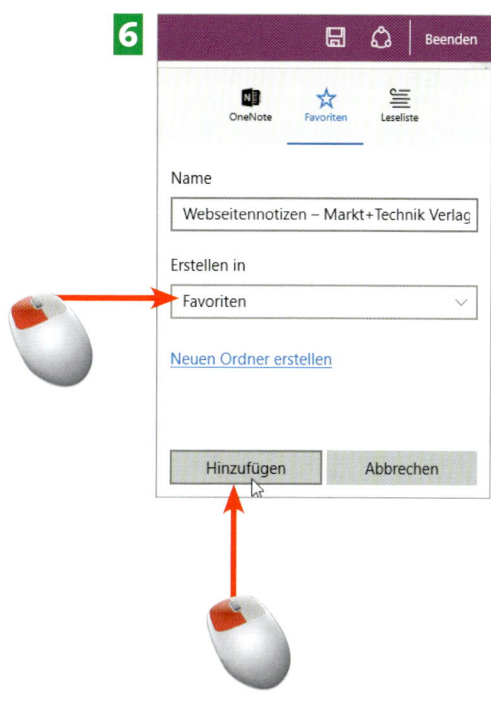

4 Geben Sie nun Ihre Notiz ein. Wiederholen Sie den Vorgang gegebenenfalls mit weiteren Notizelementen.

5 Wenn Sie fertig sind, klicken Sie rechts oben auf das Diskettensymbol 💾.

6 Wählen Sie den Speicherort, hier wähle ich die Favoriten, und bestätigen Sie mit *Hinzufügen*.

Ende

Bei den Tools *Stift* 🖊 und *Textmarker* 🖍 finden Sie jeweils einen kleinen Pfeil, unter dem Sie Farbe und Größe der Tools bestimmen.	Die Webseitennotizen lassen sich nicht nur in Microsoft Edge verwenden, sondern auch an das Notizentool OneNote senden. Auch diese Auswahl treffen Sie im Fenster aus Schritt 6.
HINWEIS	**HINWEIS**

226 Spaß mit den Entwicklertools

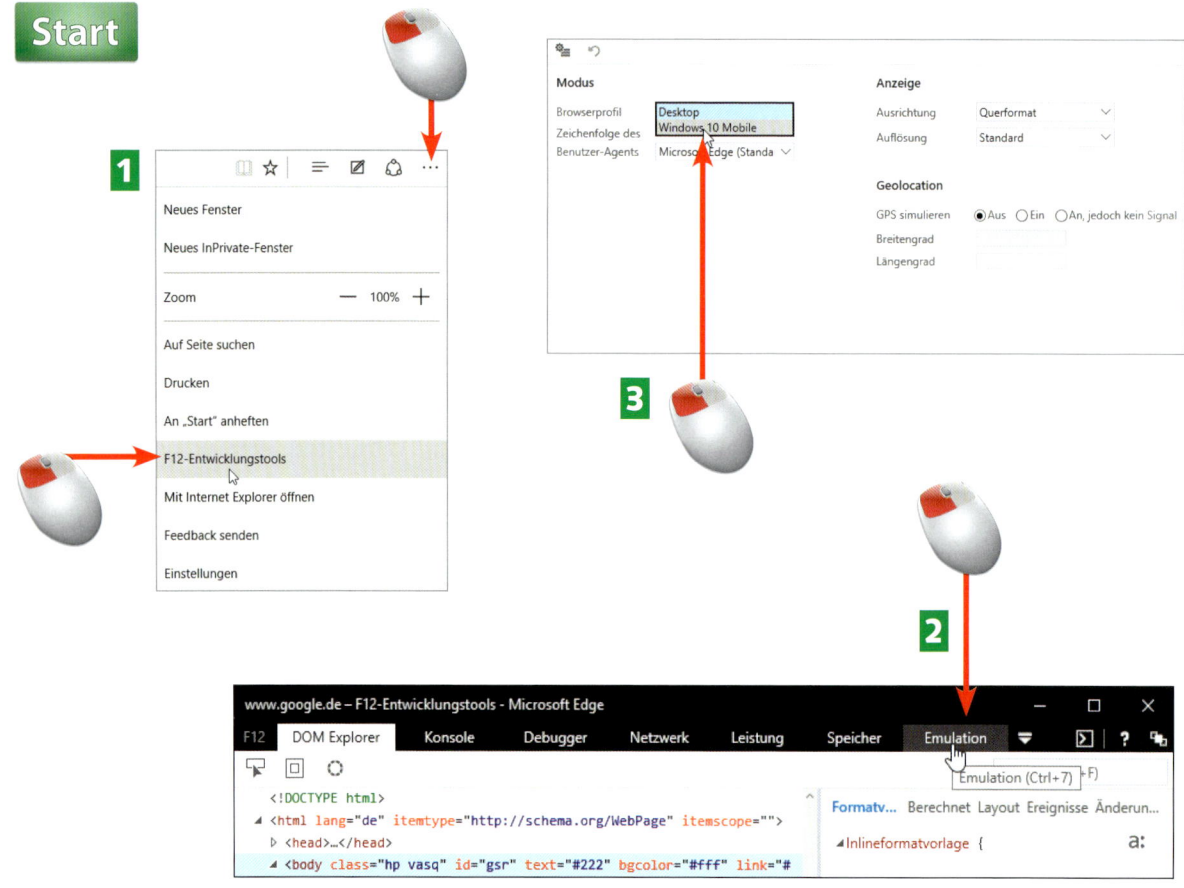

1 Entscheiden Sie sich unter dem Symbol ••• für den Menüeintrag *F12-Entwicklertools*.

2 Klicken Sie in der Menüleiste der Entwicklertools auf *Emulation*.

3 Bestimmen Sie im Abschnitt *Modus* gegebenenfalls zunächst Browserprofil und Benutzer-Agents.

Wenn Sie Interesse an Metainfos zu einer Webseite haben, rufen Sie die F12-Entwicklertools auf. Ebenfalls interessant: Stellen Sie eine Webseite so dar, wie sie auf einem anderen Gerät oder in einem anderen Webbrowser erscheint. Microsoft Edge bietet einen entsprechenden Emulator.

WISSEN

9 Tipps zum Microsoft-Webbrowser Edge 227

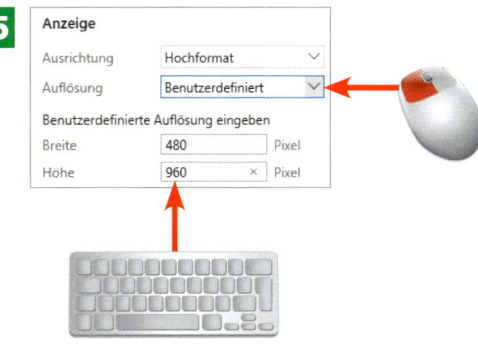

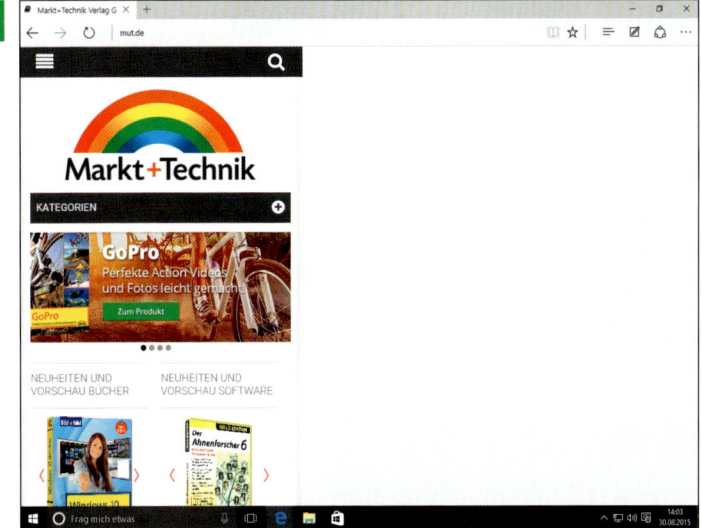

4 Anschließend legen Sie unter *Anzeige* die *Auflösung* fest. Dazu klicken Sie auf das gleichlautende Drop-down-Menü.

5 Wählen Sie eine vorgegebene Auflösung oder entscheiden Sie sich für *Benutzerdefiniert*, um die Auflösung selbst einzugeben.

6 Die Webseite wird in Microsoft Edge Ihren Eingaben entsprechend angepasst.

Ende

Die F12-Entwicklertools lassen sich – wie der Name schon sagt – auch per [F12]-Taste aufrufen, und zwar nicht nur in Microsoft Edge, sondern auch in anderen Webbrowsern.

TIPP

Im Abschnitt *Geolocation* können Sie auch noch die Koordinaten des Ortes bestimmen, von dem aus das Abrufen der Webseite simuliert werden soll.

HINWEIS

Die einzelnen Registerkarten der F12-Entwicklertools lassen sich alternativ auch per Shortcut [Strg]+[1]–[8] aufrufen.

TIPP

228 Weitere Funktionen im IE nutzen

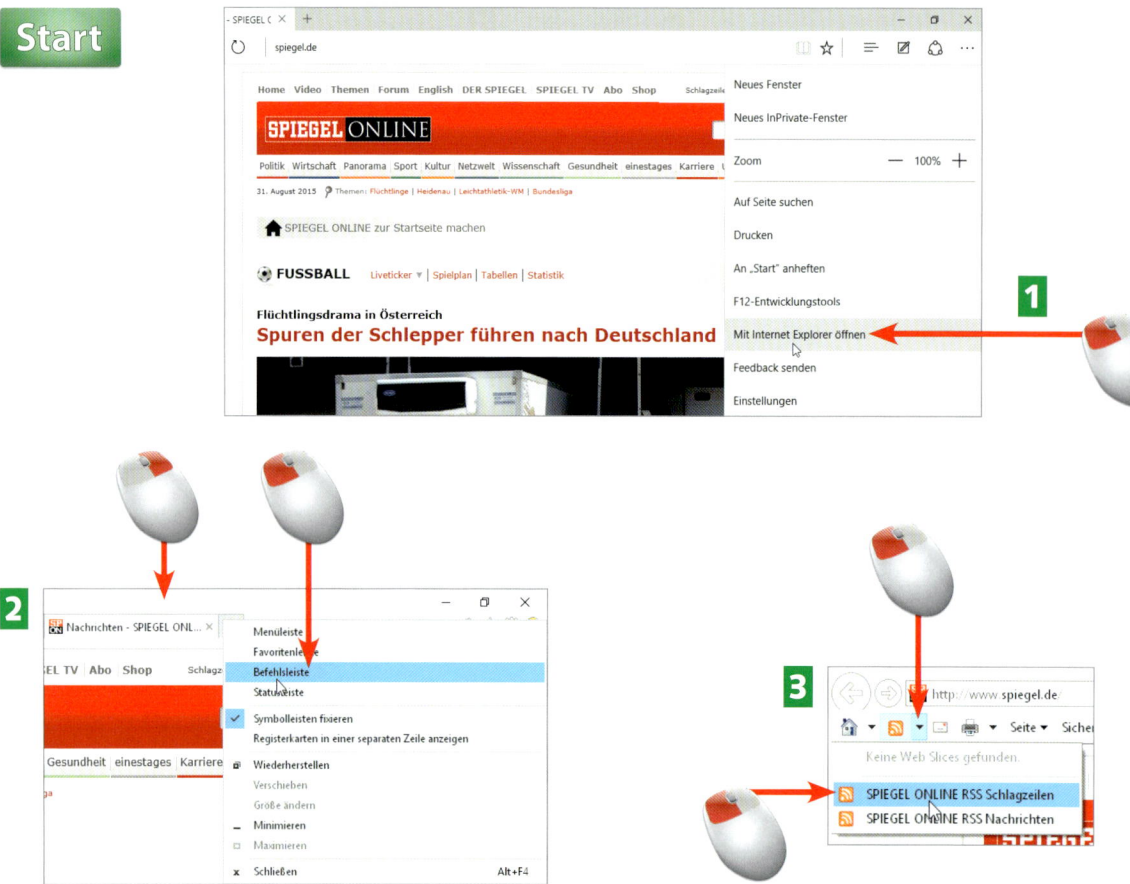

1. Öffnen Sie eine Webseite in Microsoft Edge und klicken Sie dann unter dem Symbol ··· auf *Mit Internet Explorer öffnen*.

2. Klicken Sie mit der rechten Maustaste in die Titelleiste des IE und wählen Sie im Kontextmenü den Eintrag *Befehlsleiste*, um selbige Leiste einzublenden.

3. Klicken Sie auf den zum RSS-Symbol gehörenden Pfeil und wählen Sie einen Feed aus. Wenn nur ein RSS-Feed zur Verfügung steht, klicken Sie direkt auf das Symbol, um diesen zu öffnen.

In Microsoft Edge fehlt zu Beginn noch eine ganze Reihe von Funktionen, wohl deshalb ist unter Windows 10 auch noch der Internet Explorer 11 an Bord, obwohl dieser nicht weiterentwickelt wird. Wo Edge versagt, können Sie mit dem IE weitermachen, was hier am Beispiel eines RSS-Abonnements dargestellt wird.

WISSEN

9 Tipps zum Microsoft-Webbrowser Edge   229

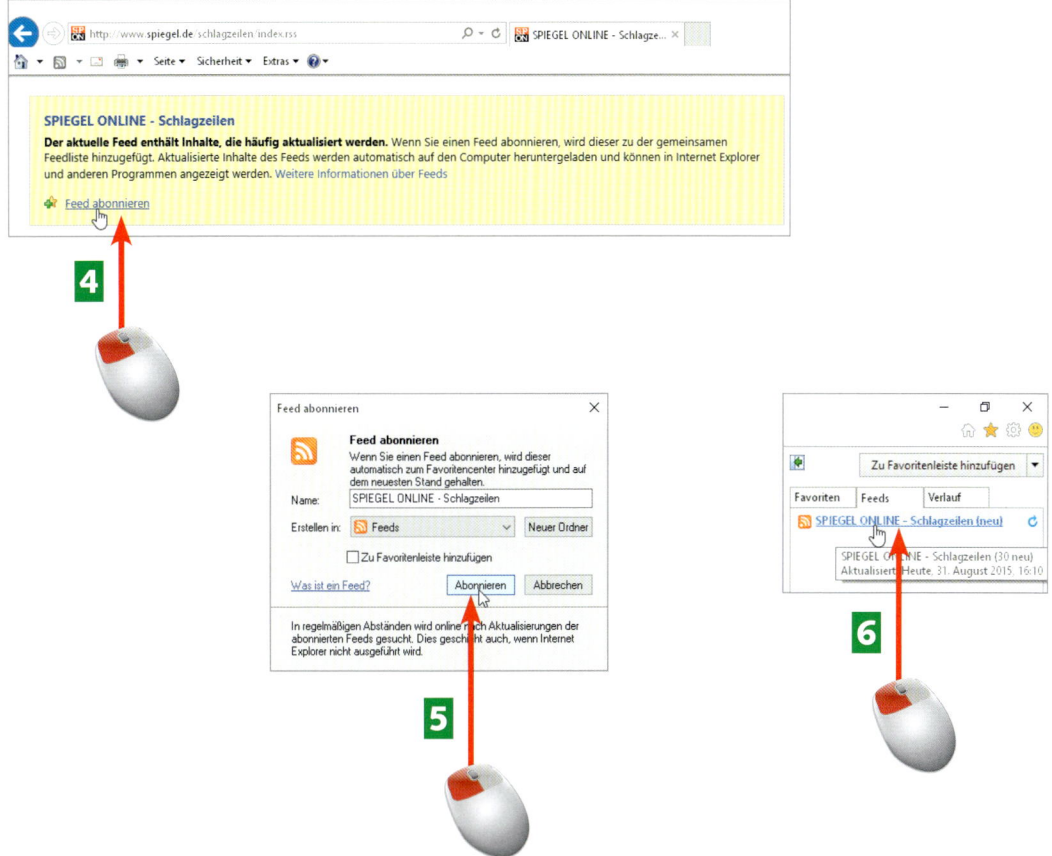

4 Der RSS-Feed wird im Internet Explorer dargestellt. Klicken Sie auf den Link *Feed abonnieren*.

5 Bestätigen Sie das RSS-Abonnement im folgenden Fenster mit der Schaltfläche *Abonnieren*.

6 Der RSS-Feed lässt sich nun im Favoritencenter unter dem Reiter *Feeds* aufrufen.

FACHWORT

Die Abkürzung RSS steht übrigens für **R**eally **Si**mple **S**yndication – „wirklich einfache Verbreitung".

HINWEIS

Der Internet Explorer unterstützt auch das Abonnieren sogenannter Web Slices. Wenn ein Web Slice auf einer Webseite zur Verfügung steht, wird statt des RSS-Symbols das Symbol angezeigt.

Kommunikation und Organisation 10

Unter Windows 10 sind mehrere Apps mit an Bord, die sich bestens für die alltägliche Kommunikation und Organisation einsetzen lassen. Erhalten Sie auf den nächsten Seiten Tipps und Tricks zu den Apps *Mail* (zum Senden und Empfangen von E-Mails), dem Programm Skype (für Chats und Telefonate), der App *Kalender* (zum Verwalten Ihrer Termine) sowie der App *Kontakte* (zum Speichern Ihrer Kontakte). Das Programm Skype ist zwar noch nicht installiert, Sie finden jedoch eine App, mit deren Hilfe Sie Skype rasch aus dem Internet ziehen.

232 Erweitertes E-Mail-Setup

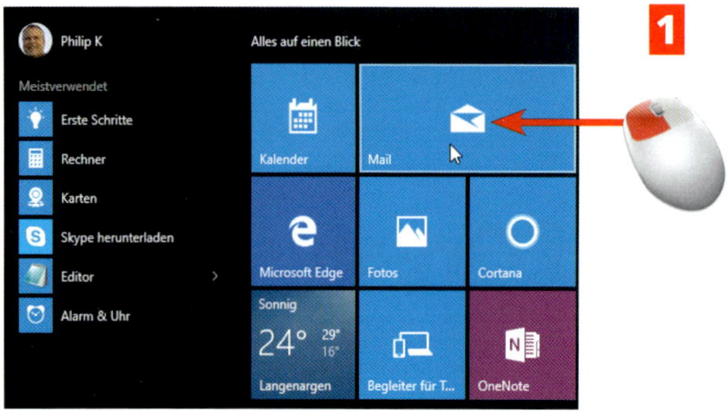

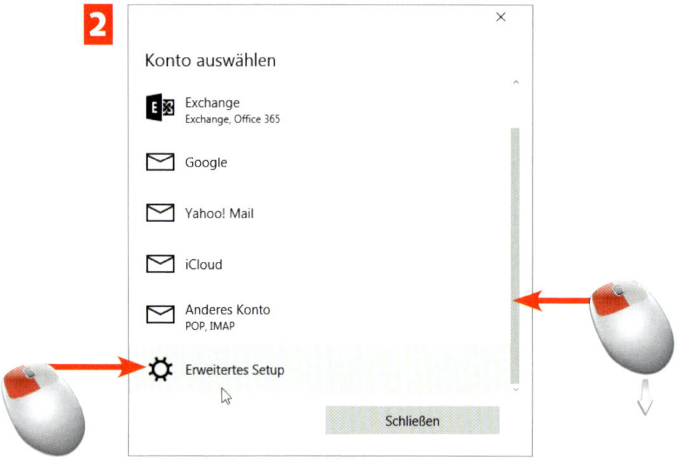

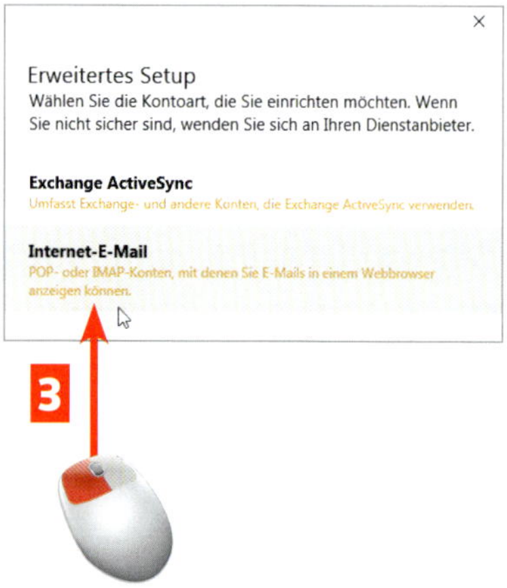

1 Öffnen Sie die App *Mail* und klicken Sie im folgenden Fenster auf die Schaltfläche *Konto hinzufügen*.

2 Scrollen Sie nach unten zum Eintrag *Erweitertes Setup* und klicken Sie diesen Eintrag an.

3 Wählen Sie die Kontoart aus, in diesem Fall *Internet-E-Mail*.

In vielen Fällen kann die App *Mail* die zu einem E-Mail-Konto gehörenden Serverdaten automatisch abrufen, jedoch nicht immer. Wie Sie in einem erweiterten Setup ein E-Mail-Konto inklusive Eingabe der Serverdaten einrichten, erkläre ich Ihnen hier.

WISSEN

10 Kommunikation und Organisation

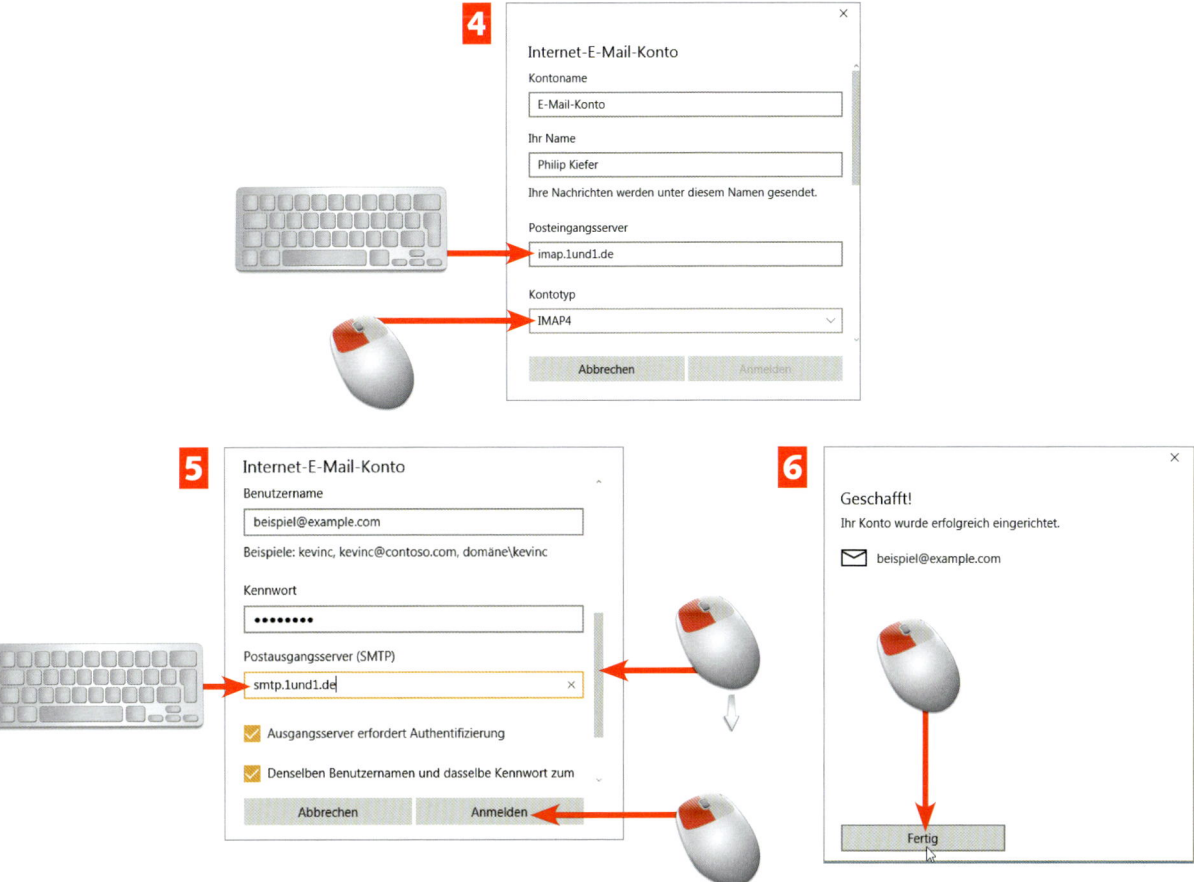

4 Machen Sie nun Ihre Angaben zu Kontoname, Anzeigename, Adresse des Posteingangsservers und Kontotyp (POP3 oder IMAP4).

5 Scrollen Sie nach unten, um die Angaben durch Benutzername, Kennwort sowie die Adresse des Postausgangsservers zu ergänzen. Die Kontrollkästchen können in den meisten Fällen aktiviert bleiben. Bestätigen Sie mit *Anmelden*.

6 Klicken Sie zum Schluss auf die Schaltfläche *Fertig*, um das neu eingerichtete E-Mail-Konto verwenden zu können.

Ende

Der wichtigste Unterschied zwischen POP und IMAP: Bei POP werden die E-Mails auf den Computer heruntergeladen, bei IMAP auf dem E-Mail-Server verwaltet.

HINWEIS

Die jeweiligen Serverdaten erhalten Sie von Ihrem E-Mail-Anbieter, in der Regel sind sie auf dessen Supportseiten abrufbar.

TIPP

Um später weitere E-Mail-Konten hinzuzufügen, klicken Sie unten in der App *Mail* auf das Zahnradsymbol ⚙ und wählen dann unter *Konten* die Schaltfläche *Konto hinzufügen*.

HINWEIS

234 Automatische Signatur ändern

Start

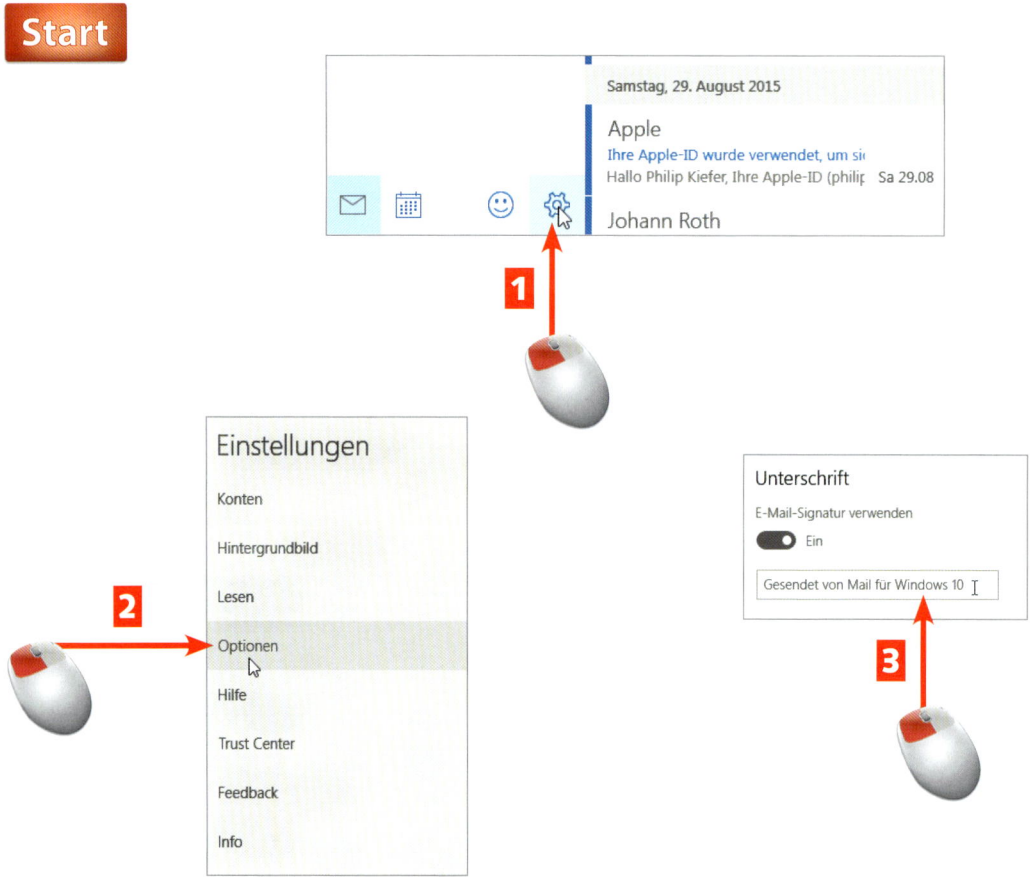

1 Klicken Sie unten in der App *Mail* auf das Zahnradsymbol ⚙.

2 Rechts wird die Leiste *Einstellungen* eingeblendet. Entscheiden Sie sich in dieser Leiste für den Eintrag *Optionen*.

3 Klicken Sie im Abschnitt *Unterschrift* in das Feld. (Per Schalter können Sie die E-Mail-Signatur hier auch ganz deaktivieren.)

Standardmäßig wird Ihren mit der App *Mail* verschickten E-Mails die Signatur „Gesendet von Mail für Windows 10" angehängt. Natürlich lässt sich problemlos auch eine eigene Signatur einrichten – wie das geht, wird Schritt für Schritt auf dieser Doppelseite dargestellt.

WISSEN

10 Kommunikation und Organisation 235

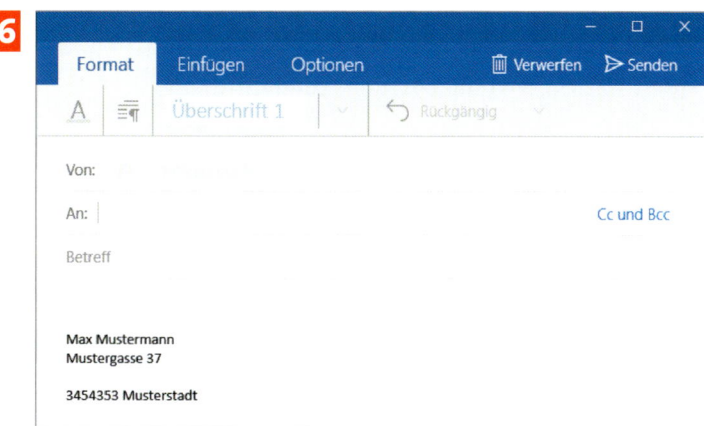

4 Markieren Sie bei gedrückter Maustaste den bisherigen Text.

5 Geben Sie nun Ihre eigene Signatur ein, wobei Sie die Absätze per ⏎-Taste erzeugen.

6 Das Speichern erfolgt automatisch. Wenn Sie eine neue E-Mail erstellen, ist die Signatur bereits im E-Mail-Feld vorhanden.

Ende

> Wenn Sie mehrere E-Mail-Konten verwenden, lässt sich jeweils eine individuelle Signatur einrichten. Wählen Sie das E-Mail-Konto oben unter *Optionen* per Drop-down-Menü aus.
>
> **HINWEIS**

> Wenn Sie den Schalter *E-Mail-Signatur verwenden* deaktivieren, steht nach erneutem Aktivieren wieder die zuletzt genutzte E-Mail-Signatur zur Verfügung, diese wird also nicht gelöscht.
>
> **HINWEIS**

236 E-Mails formatieren

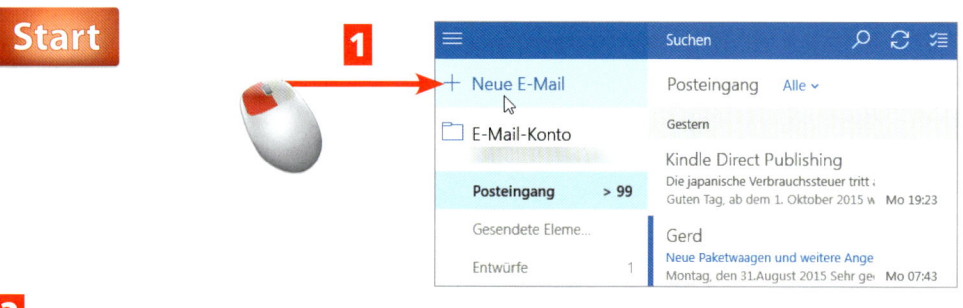

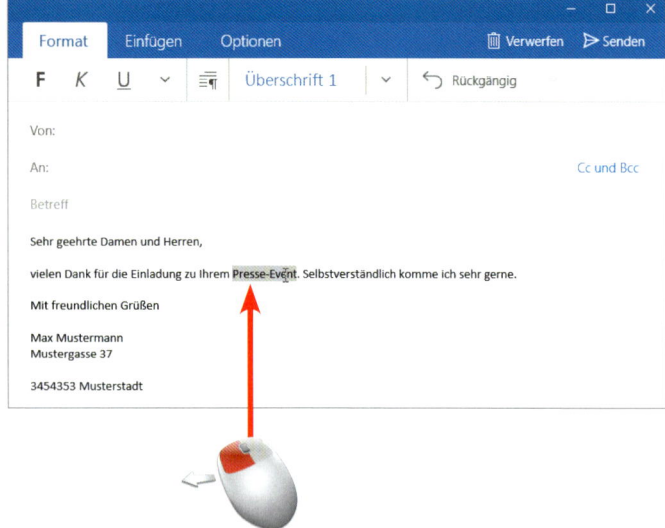

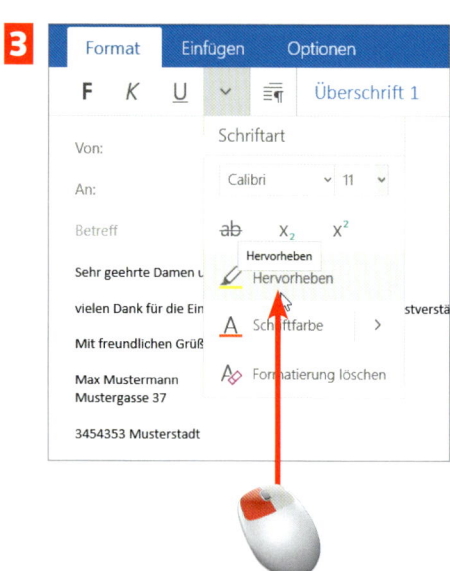

1 Entscheiden Sie sich in der App *Mail* für das Erstellen einer neuen E-Mail.

2 Geben Sie Ihren Text ein und markieren Sie mit der Maus eine zu formatierende Passage.

3 In der Menüleiste unter *Format* werden verschiedene Optionen für die Textformatierung angeboten. Hier entscheide ich mich beispielsweise für die Option *Hervorheben*.

Die App *Mail* ist natürlich kein Outlook, aber es wird Ihnen doch eine Reihe von Formatierungsoptionen angeboten, mit denen Sie die von Ihnen erstellten E-Mails schöner gestalten können. Wie Sie Text- und Absatzformatierungen vornehmen, erfahren Sie hier.

WISSEN

10 Kommunikation und Organisation

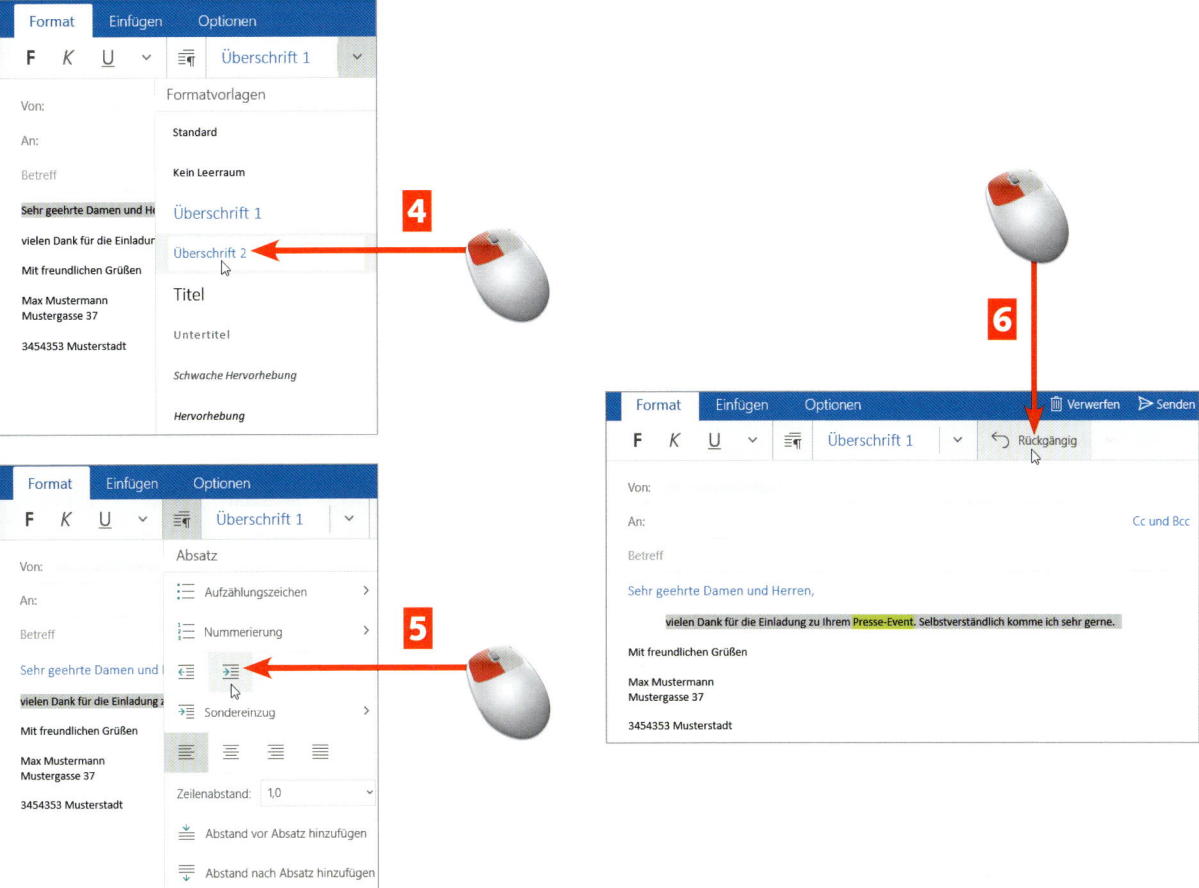

4 Es lassen sich auch verschiedene Formatvorlagen einsetzen, die dann jeweils für den gesamten Absatz gelten, etwa die Formatierung als Überschrift.

5 Weitere Absatzformatierungen betreffen Aufzählungen und Nummerierungen, Einzüge sowie Zeilenabstände.

6 Die letzten Änderungen lassen sich mit der Schaltfläche *Rückgängig* jederzeit wieder zurücknehmen.

Ende

TIPP
Zum Markieren eines Absatzes genügt es, den Cursor per Mausklick in den Absatz zu setzen.

HINWEIS
Minimieren Sie gegebenenfalls per Mausklick auf das Symbol ≡ links oben die Ordnerleiste, um mehr Formatierungsoptionen auf einen Blick zu erhalten.

TIPP
Rückgängig bzw. Wiederholen, das klappt auch in der App *Mail* per Shortcut: Drücken Sie [Strg]+[Z] zum Rückgängigmachen und [Strg]+[Y] zum Wiederholen.

238 Bilder einfügen

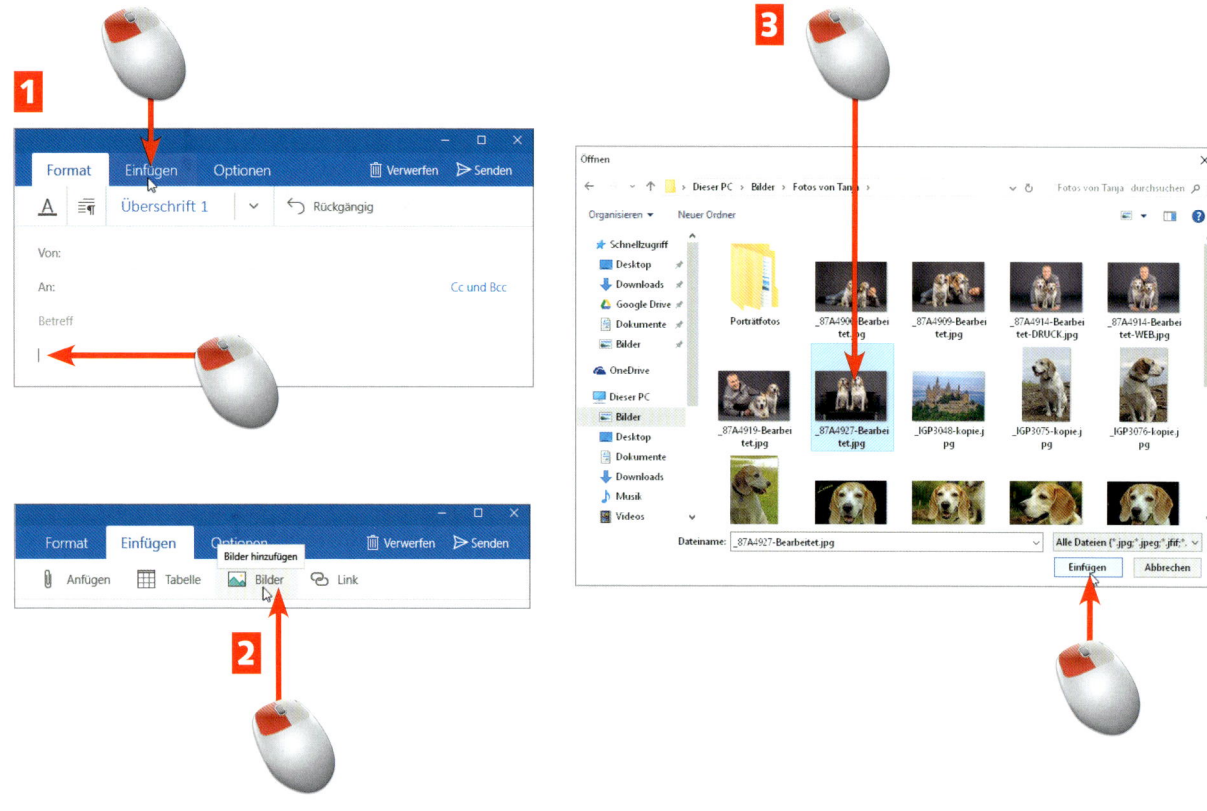

1. Setzen Sie den Cursor an die Stelle, an der Sie ein Bild einfügen möchten. Klicken Sie dann in der Menüleiste auf den Reiter *Einfügen*.

2. Entscheiden Sie sich als Nächstes für *Bilder*.

3. Wählen Sie ein Bild (bzw. mehrere Bilder bei gedrückter Strg-Taste) aus und bestätigen Sie mit *Einfügen*.

Bilder lassen sich in der App *Mail* direkt in eine E-Mail einfügen. Das sieht einfach gut aus! Wie Sie zum Einfügen eines Bildes oder mehrerer Bilder in eine E-Mail vorgehen, wird hier Schritt für Schritt erklärt.

WISSEN

10 Kommunikation und Organisation 239

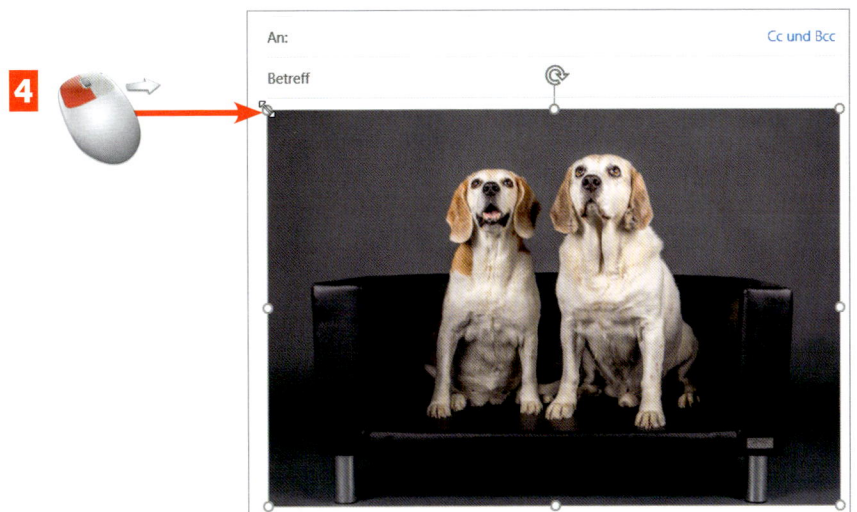

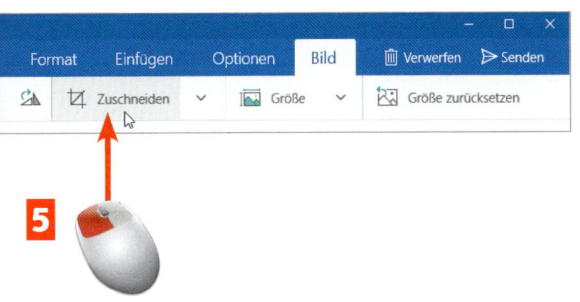

4 Das Bild ist unter Umständen viel zu groß. Bewegen Sie dann den Mauszeiger in eine Ecke des Bildes und ziehen Sie es bei gedrückter Maustaste kleiner.

5 Weitere Optionen, beispielsweise zum *Zuschneiden* des Bildes, werden Ihnen angezeigt, wenn ein Bild ausgewählt ist.

6 Empfehlenswert, da nicht jeder Bilder in einer E-Mail herunterlädt:
Fügen Sie einen *Alternativtext* hinzu.

Ende

HINWEIS	TIPP
Beliebige Dateien als E-Mail-Anhang versenden: Dazu entscheiden Sie sich unter dem Reiter *Einfügen* für *Anfügen* und wählen anschließend die Datei(en) aus.	Praktisch bei langen Webadressen: Wählen Sie unter dem Reiter *Einfügen* die Option *Link*, um eine Webadresse mit kürzerem Linktext in eine E-Mail einzufügen.

240 Tabellen einfügen

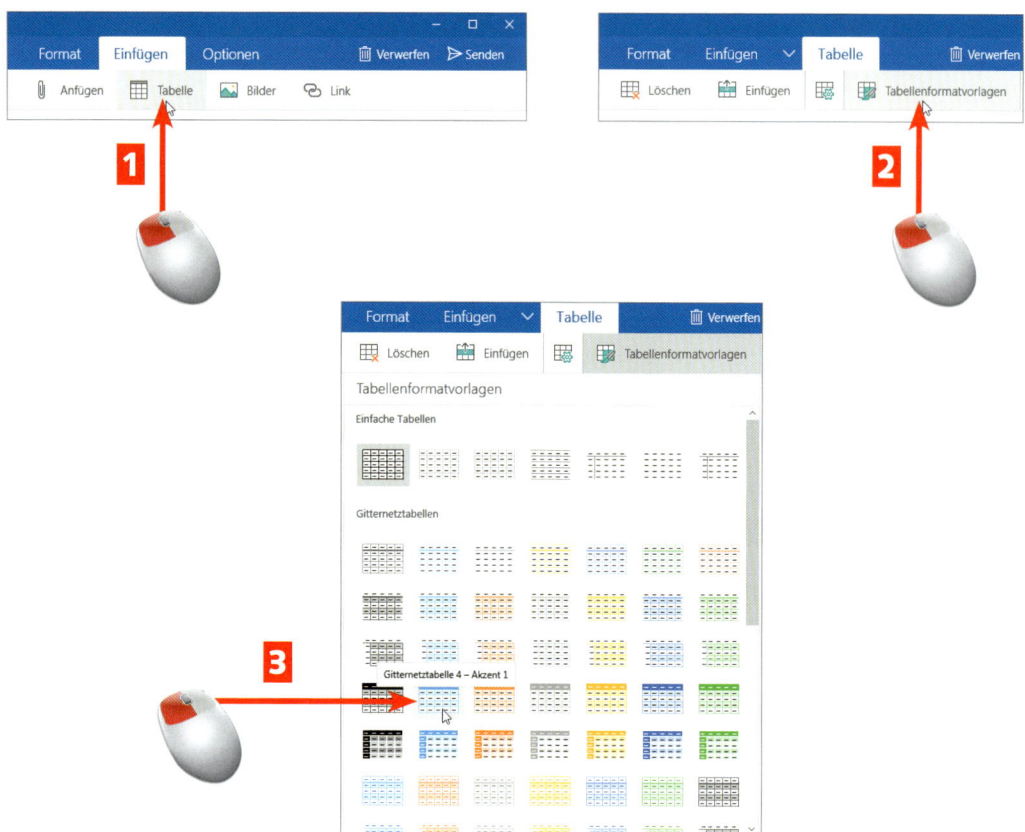

1 Setzen Sie den Cursor an die Stelle, an der Sie eine Tabelle in die E-Mail einfügen möchten, und klicken Sie unter dem Reiter *Einfügen* auf *Tabelle*.

2 Eine Standardtabelle wird eingefügt. Um diese schöner zu gestalten, wählen Sie *Tabellenformatvorlagen*.

3 Suchen Sie im folgenden Menü per Mausklick eine passende Tabellenformatvorlage aus.

Sehr nützlich, wenn Sie Zahlen, Daten und Fakten per E-Mail versenden wollen: Fügen Sie eine Tabelle direkt in die E-Mail ein und füllen Sie diese mit Ihren Inhalten.

WISSEN

10 Kommunikation und Organisation 241

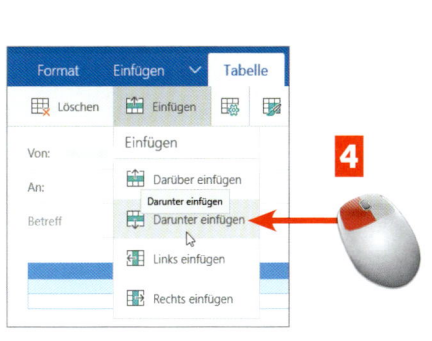
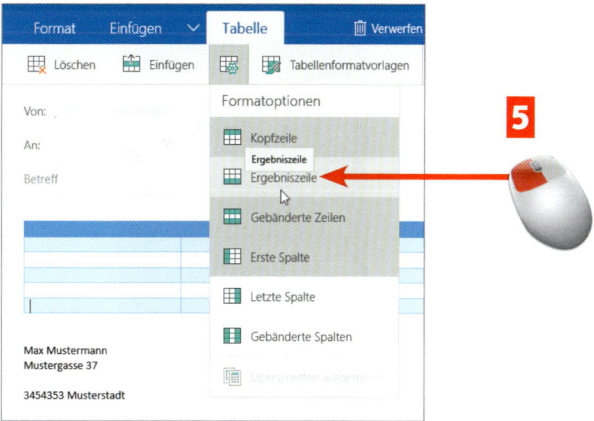
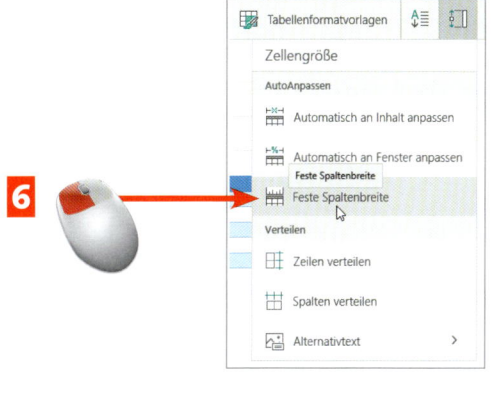
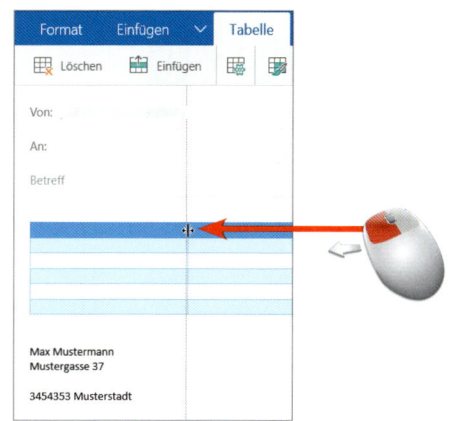

4 Weitere Zeilen oder Spalten benötigt? Klicken Sie auf *Einfügen*, um die Tabelle Ihren Bedürfnissen entsprechend zu vergrößern.

5 Zusätzlich werden Ihnen verschiedene *Formatoptionen* für Ihre Tabelle angeboten.

6 Entscheiden Sie nun noch, ob sich die Tabelle automatisch an den Inhalt anpassen soll oder ob Sie eine feste Größe bevorzugen. Das Vergrößern oder Verkleinern einer Spalte oder Zeile kann ganz einfach durch Ziehen bei gedrückter Maustaste erfolgen.

Ende

Um eine E-Mail als wichtig zu kennzeichnen, klicken Sie im E-Mail-Fenster unter dem Reiter *Optionen* auf das rote Ausrufezeichen ❗.

Unterziehen Sie Ihre E-Mail vor dem Versand einer Rechtschreibprüfung. Auch diese starten Sie unter dem Reiter *Optionen*.

HINWEIS   TIPP

Skype einrichten

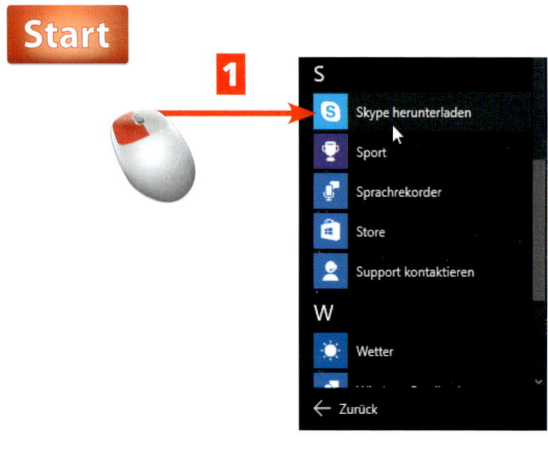
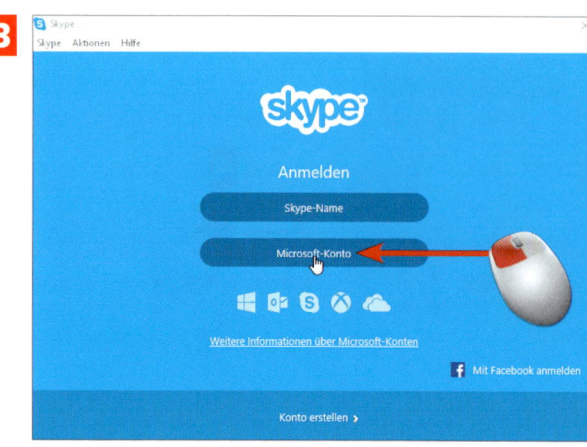

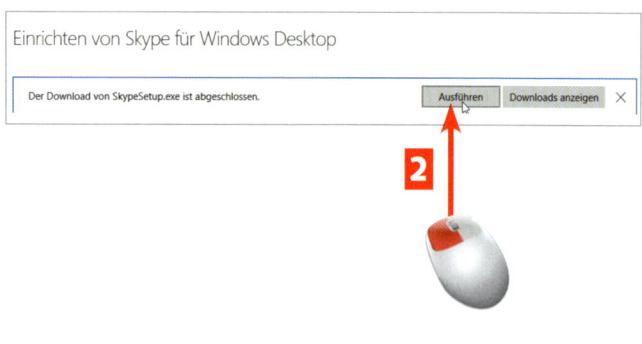

1 Entscheiden Sie sich im Startmenü unter *Alle Apps* für den Eintrag *Skype herunterladen*.

2 Klicken Sie im nächsten Fenster ebenfalls auf *Skype herunterladen* und führen Sie den Download sowie die Installation durch.

3 Wählen Sie nach der Installation eine der Anmeldeoptionen und melden Sie sich bei Skype an.

WISSEN

Skype gehört seit 2011 zu Microsoft. Ihr Vorteil: Sie können auch Ihr Microsoft-Konto für die Anmeldung verwenden. Für Windows 8/8.1 gab es noch eine Skype-App, die aus dem Store heruntergeladen werden konnte. Diese wurde aber im Sommer 2015 zugunsten des Desktop-Programms eingestellt, wobei es Gerüchte gibt, dass es eine neue Messenger-App geben könnte.

10 Kommunikation und Organisation 243

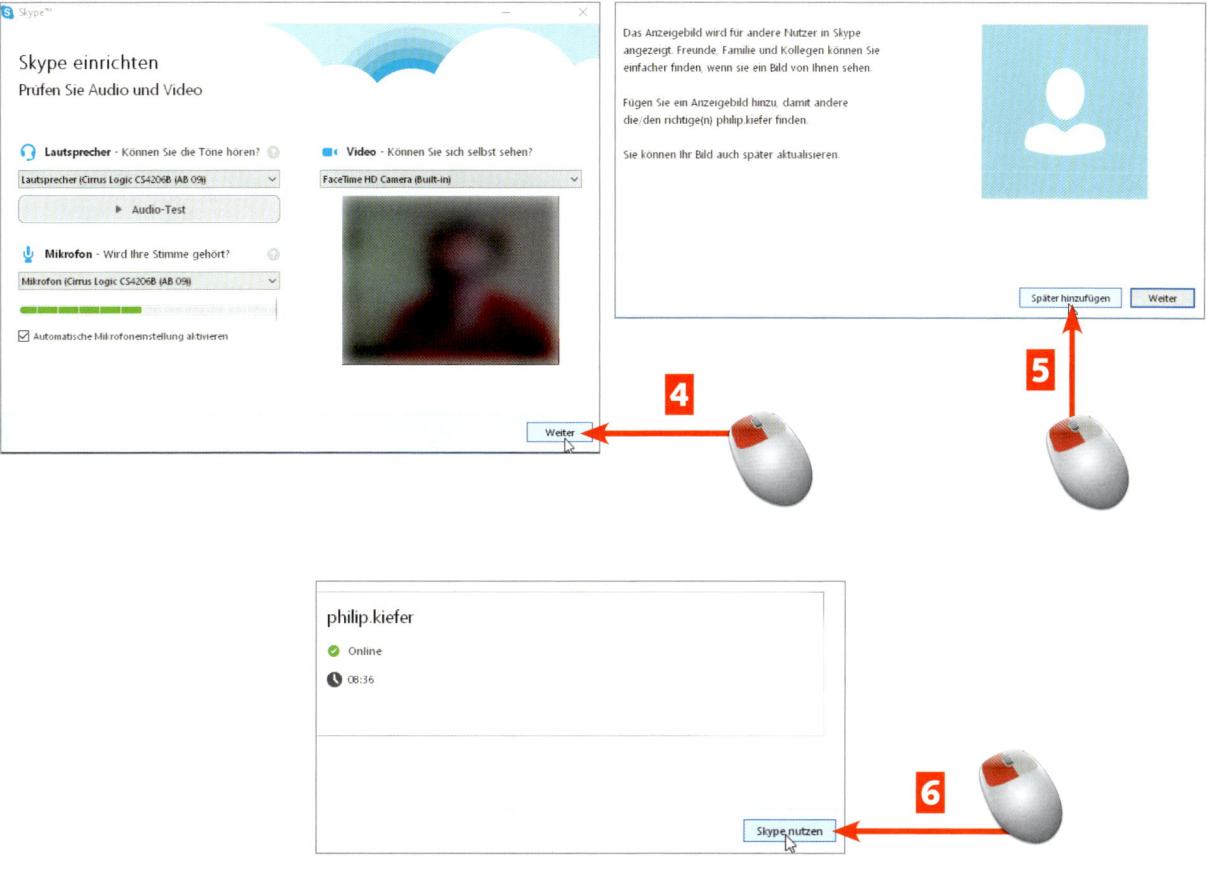

4 Beim ersten Mal werden Sie zum Einrichten von Skype aufgefordert, insbesondere zum Testen Ihrer Audio- und Videohardware.

5 Sie können Ihrem Skype-Profil außerdem ein Anzeigebild hinzufügen – oder es auch bleiben lassen.

6 Bestätigen Sie mit *Skype nutzen*, um Skype anschließend zum Chatten und (Video-)Telefonieren einsetzen zu können.

Ende

> Skype wird automatisch beim Windows-Start ausgeführt. Falls Sie das nicht wollen, klicken Sie in der Menüleiste auf *Aktionen* und wählen *Optionen*. Deaktivieren Sie unter *Allgemeine Einstellungen* das Kontrollkästchen *Skype beim Windows-Start ausführen*.
>
> **HINWEIS**

> Bei der Skype-Installation werden Sie gefragt, ob Sie die Funktion *Click-to-Call* verwenden möchten. Diese Funktion ermöglicht Ihnen das einfache Wählen von Rufnummern auf einer Webseite.
>
> **HINWEIS**

244 Während eines Chats Dateien senden

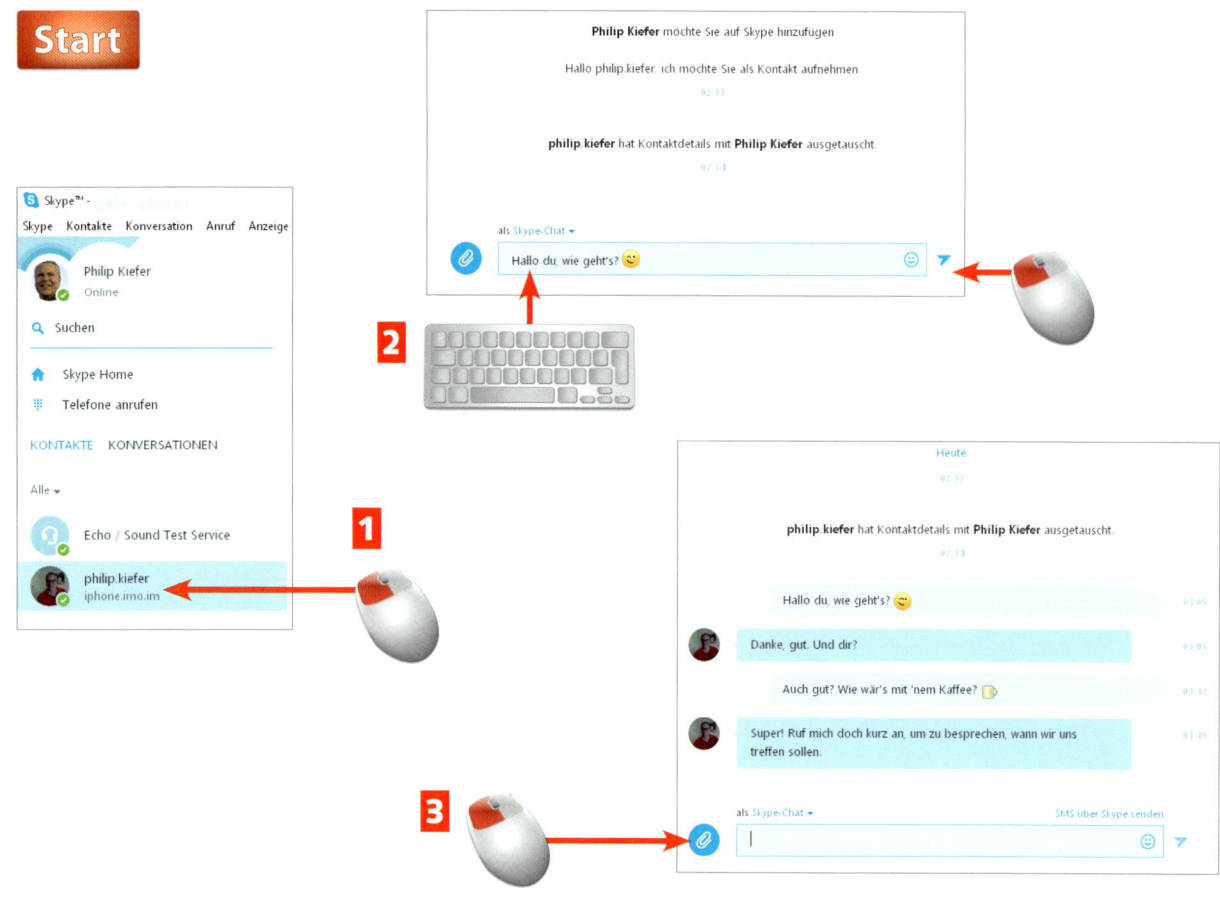

1 Wählen Sie in Skype einen Kontakt aus, mit dem Sie chatten möchten.

2 Um dem Kontakt eine Chatnachricht zu senden, tippen Sie die Nachricht in das Eingabefeld unten und bringen diese mit dem Symbol bzw. durch Drücken der ⏎-Taste auf den Weg.

3 Zum Auswählen einer Datei klicken Sie links neben dem Eingabefeld auf das Symbol .

Mit Skype lässt sich vortrefflich chatten. In vielen Fällen praktisch: Während eines Chats können Sie Skype auch dazu nutzen, um Dateien mit ihren Chatpartnern auszutauschen.

WISSEN

10 Kommunikation und Organisation 245

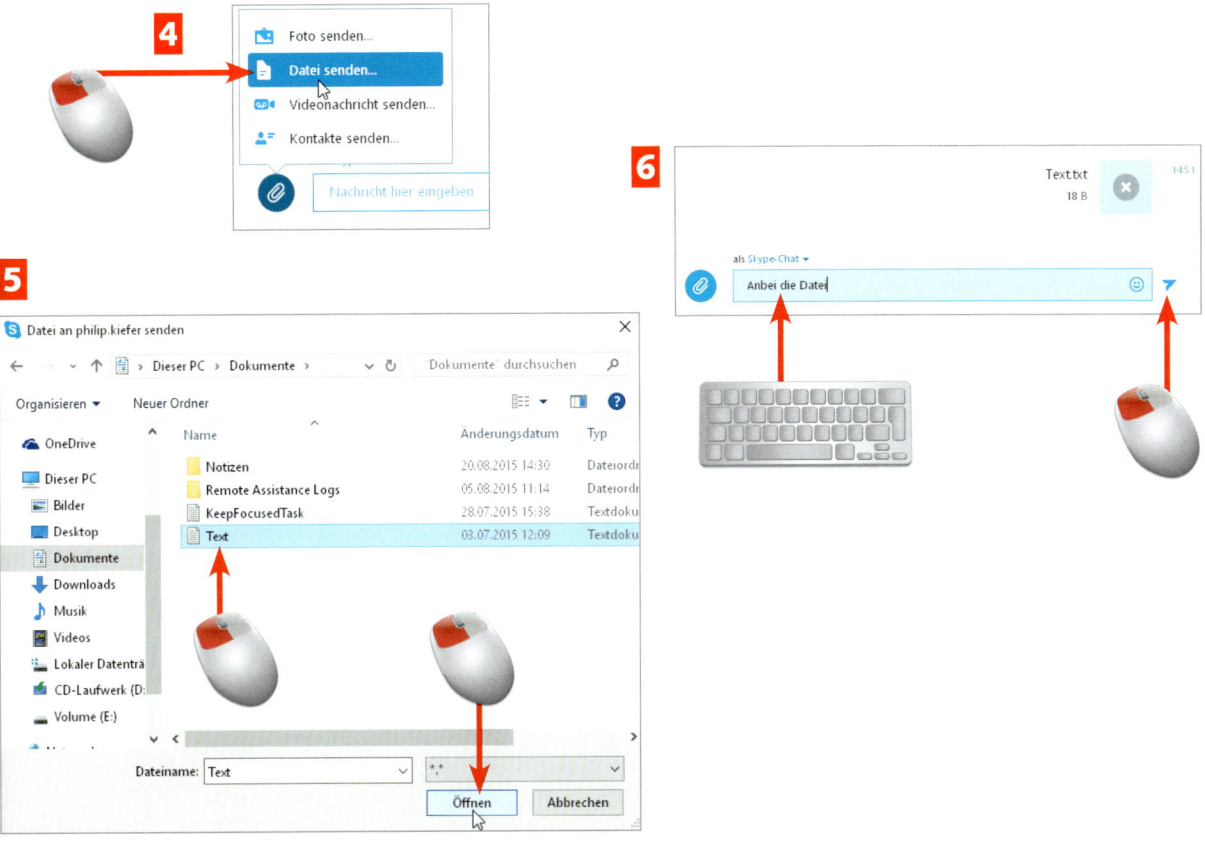

4 Um eine beliebige Datei zu senden, klicken Sie im Menü auf den Eintrag *Datei senden*.

5 Wählen Sie die Datei aus (mehrere Dateien bei gedrückter Strg-Taste) und bestätigen Sie mit *Öffnen*.

6 Geben Sie wie gewohnt Ihre Nachricht ein und bringen Sie diese samt Dateianhang auf den Weg.

Ende

Einem Chat noch weitere Kontakte hinzufügen: Dies erfolgt in Skype unter dem Symbol.

Um einen Kontakt in Skype zunächst hinzuzufügen, klicken Sie in das Suchfeld, suchen nach dem Kontakt und klicken beim gefundenen Kontakt auf *Zu Kontakten hinzufügen*. Die andere Person muss die Einladung dann noch bestätigen.

Smileys und andere Symbole in den Chat einbauen: Um auf eine große Auswahl von Emoticons zuzugreifen, klicken Sie rechts im Eingabefeld auf das Symbol.

TIPP **HINWEIS** **TIPP**

Kontakte clever verwalten

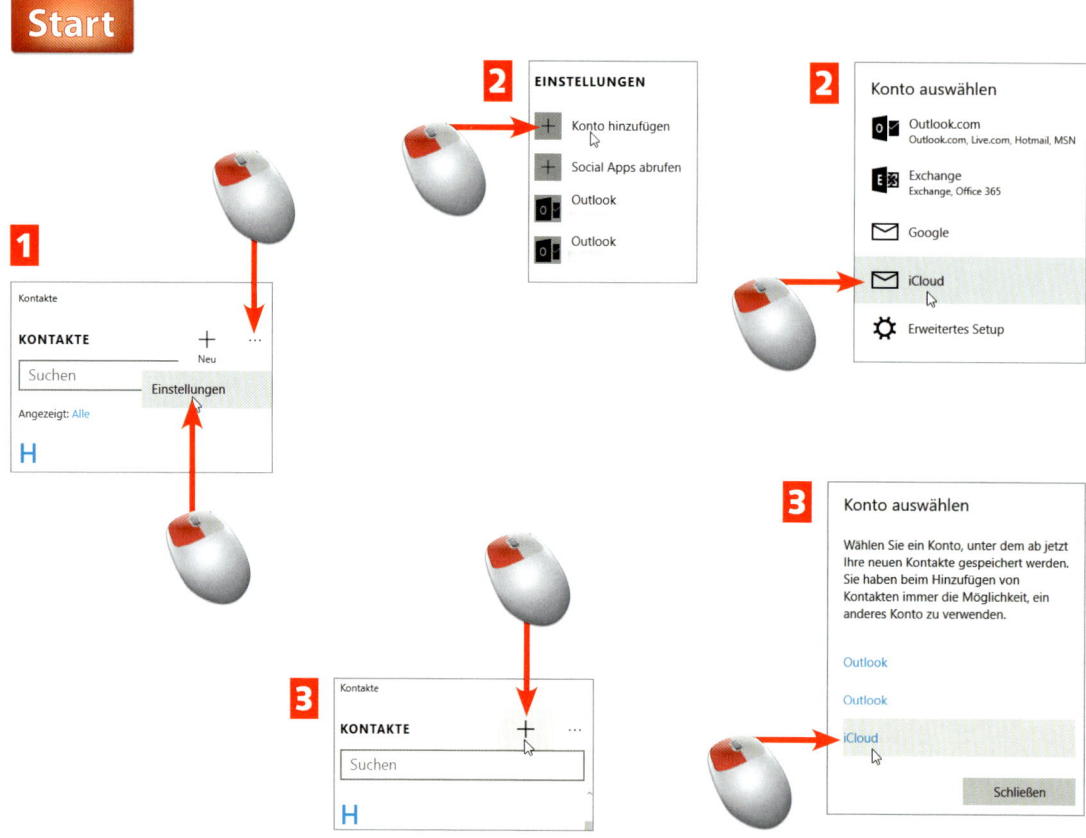

1 Wie bei der App *Mail*: Fügen Sie gegebenenfalls weitere Onlinekonten für Ihre Kontakte hinzu. In der App *Kontakte* klicken Sie dazu auf das Symbol ••• und wählen *Einstellungen*.

2 Klicken Sie anschließend auf *Konto hinzufügen*, um sich bei Ihrem Anbieter anzumelden.

3 Um einen neuen Kontakt zu erstellen, klicken Sie auf das Plussymbol +, wobei Sie bei mehreren Konten noch dasjenige auswählen müssen, in dem der Kontakt erstellt werden soll.

Die App *Kontakte* bietet eine einfache Möglichkeit, alle Ihre Kontakte, Adressen, Rufnummern und Co. zu verwalten und dabei mehrere Konten zu integrieren, neben einem Microsoft-Konto beispielsweise auch ein iCloud-Konto.

WISSEN

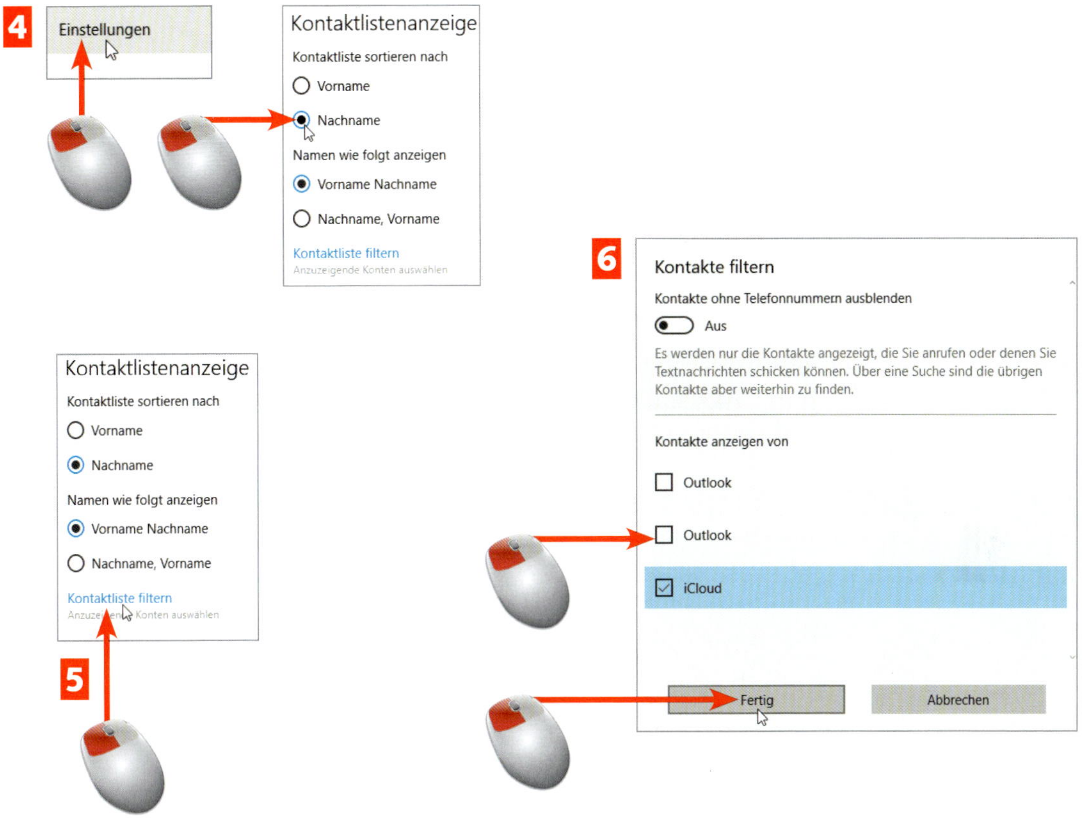

10 Kommunikation und Organisation

4 Finden Sie die Sortierung der Kontakte ungewohnt und möchten diese anpassen? Dazu öffnen Sie erneut die *Einstellungen* und legen dann im Abschnitt *Kontaktlistenanzeige* die Sortierung fest.

5 Auch lassen sich Kontakte einzelner Konten ausblenden, etwa um Dubletten zu vermeiden. Hierzu klicken Sie in den Kontakte-Einstellungen auf *Kontaktliste filtern*.

6 Entscheiden Sie per Kontrollkästchen, aus welchen Konten Kontakte angezeigt werden sollen und aus welchen nicht. Bestätigen Sie mit *Fertig*.

> **HINWEIS**
>
> Die großen Anbieter ermöglichen das Synchronisieren von E-Mails, Kontakten und Kalendern gleichzeitig. Klicken Sie ein Konto in den Kontakte-Einstellungen an, um die Synchronisierungseinstellungen gegebenenfalls anzupassen.

> **HINWEIS**
>
> Ihnen wird in den Kontakte-Einstellungen das Abrufen von Social-Media-Apps angeboten, jedoch hat das auch mehrere Wochen nach dem Launch von Windows 10 nicht funktioniert. Versuchen Sie es, während Sie dieses Buch lesen – vielleicht haben Sie mehr Glück!

Serientermine erstellen

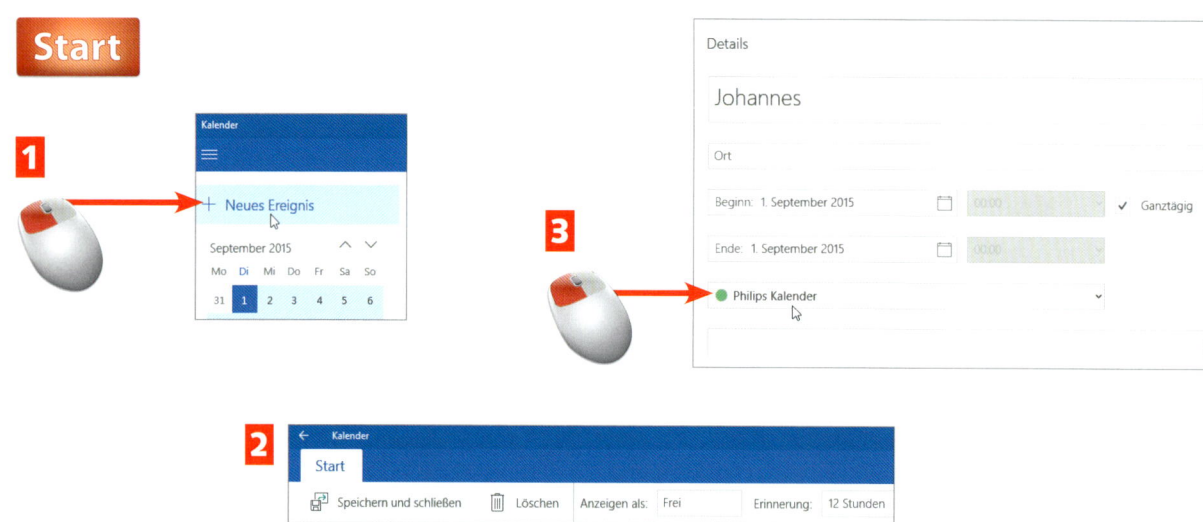

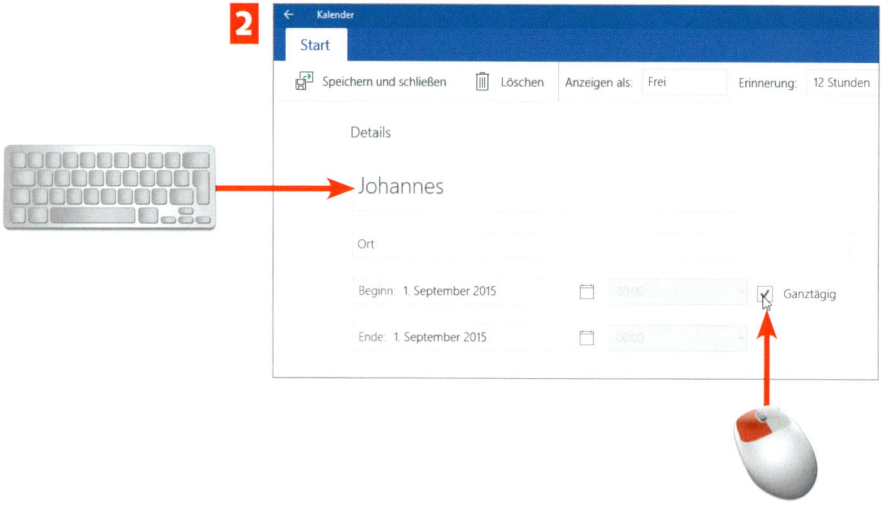

1 Klicken Sie links oben in der App *Kalender* auf die Schaltfläche *Neues Ereignis*. Alternativ können Sie auch in ein Kalenderfeld klicken und dann *Weitere Details* wählen.

2 Machen Sie Ihre Angaben zum Termin – insbesondere Betreff und Datum. In diesem Fall soll ein Geburtstagstermin erstellt werden, deshalb wird auch das Kontrollkästchen *Ganztägig* aktiviert.

3 Falls Sie mehrere Kalender verwenden, wählen Sie den Kalender, in dem der Termin erstellt werden soll, im Drop-down-Menü aus.

Um sich rechtzeitig an Ihre Termine erinnern zu lassen, verwenden Sie die App *Kalender*. Damit lassen sich auch Serientermine anlegen, etwa für Geburtstage oder Steuertermine.

WISSEN

10 Kommunikation und Organisation 249

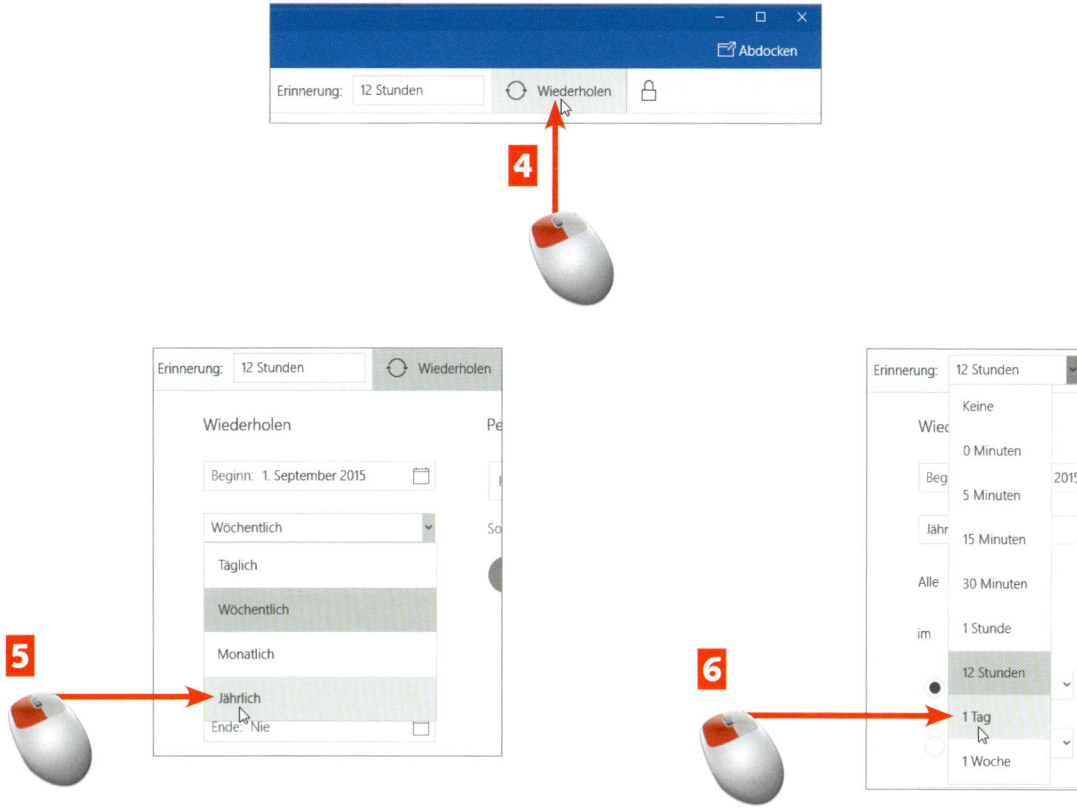

4 Um den Termin nun zu einem Serientermin zu machen, klicken Sie in der Leiste oben auf *Wiederholen*.

5 Machen Sie anschließend Ihre Angaben zum Wiederholungszyklus. In diesem Fall soll der Termin jährlich wiederholt werden.

6 Legen Sie – ebenfalls per Drop-down-Menü – eine Terminerinnerung fest, bevor Sie den Serientermin mit *Speichern und schließen* abspeichern.

Ende

HINWEIS

Andere Personen zu einem Termin einladen: Dazu dient beim Erstellen eines neuen Termins der Abschnitt *Personen*.

TIPP

Die Arbeitszeiten des Kalenders können Sie an Ihre tatsächlichen Arbeitszeiten anpassen: Dazu klicken Sie in der App *Kalender* auf das Symbol ⚙ und nehmen dann unter *Kalendereinstellungen* Ihre Angaben vor.

Die besten Tipps für Fotos, Musik und Filme

11

Auch Apps zum Betrachten und Bearbeiten von Fotos sowie zur Wiedergabe und zum Verwalten von Musik und Videos sind unter Windows 10 bereits verfügbar.

Die besten Tipps und Tricks dazu erhalten Sie in diesem Kapitel. Dabei kommt auch der gute alte Windows Media Player nicht zu kurz, der unter Windows 10 ebenfalls noch im Angebot ist und nicht zuletzt beim Wiedergeben, Importieren oder Brennen von Audio-CDs ausgezeichnete Dienste leistet.

252 Bilder in die Fotos-App aufnehmen

Start

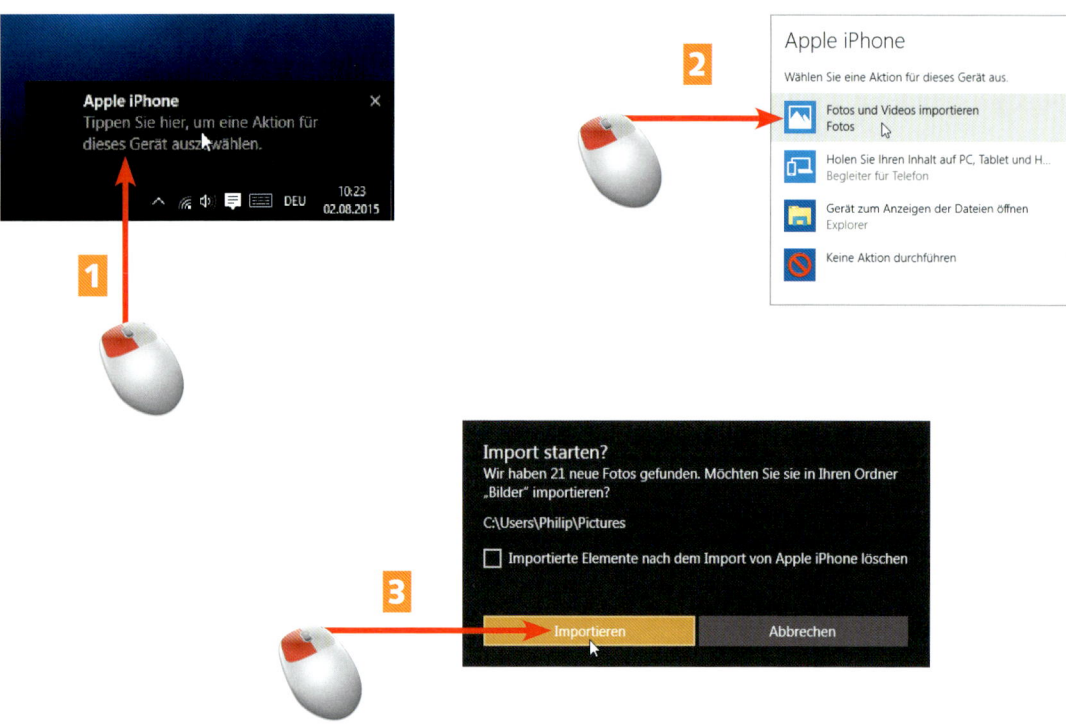

1. Um Ihre Bilder von der Digitalkamera auf den PC zu importieren, verbinden Sie die Kamera mit dem Rechner. Eventuell müssen Sie noch an der Kamera die Verbindung genehmigen.

2. Ihnen werden – je nach installierter Software – verschiedene Aktionen angeboten. Sie wählen *Fotos und Videos importieren*.

3. Bestätigen Sie das *Importieren*. Per Kontrollkästchen entscheiden Sie, ob die Bilder anschließend von der Kamera gelöscht werden sollen oder nicht. Die importierten Fotos stehen anschließend sowohl in der App *Fotos* als auch im Benutzerordner *Bilder* zur Verfügung.

Wer digital fotografiert, wird seine Bilder auf den PC übertragen wollen, um sie dort zu archivieren, zu bearbeiten und weiterzuverwerten. Die unter Windows 10 bereits vorhandene App *Fotos* ist ein einfaches, aber durchaus nützliches Bildertool. Hier zeige ich Ihnen, wie Sie Bilder in die App importieren sowie Bildquellen auf dem PC hinzufügen.

WISSEN

11 Die besten Tipps für Fotos, Musik und Filme 253

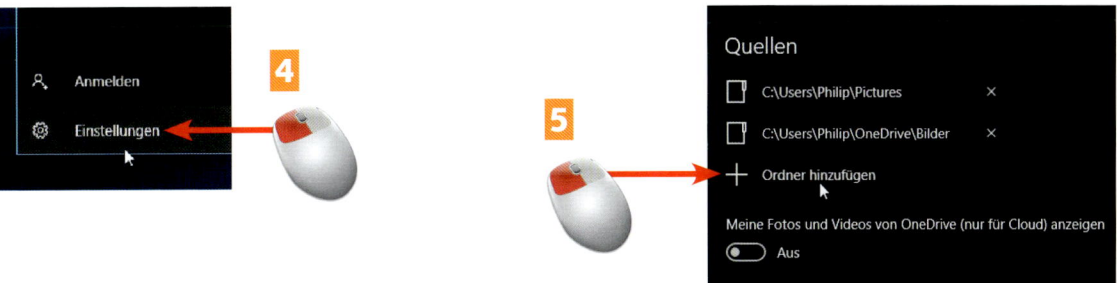

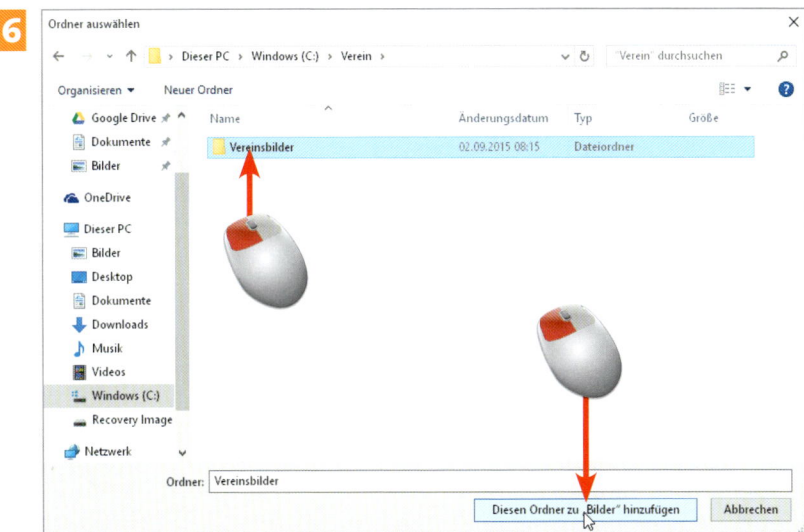

4️⃣ Die App *Fotos* überwacht nur die Standardordner für Bilder. Um weitere Ordner als Bildquellen hinzuzufügen, klicken Sie links unten in der App auf *Einstellungen*.

5️⃣ Klicken Sie in den *Einstellungen* im Abschnitt *Quellen* auf die Schaltfläche *Ordner hinzufügen*. Um im Gegenteil eine Bildquelle zu entfernen, klicken Sie auf das zugehörige ❌-Symbol.

6️⃣ Wählen Sie im nächsten Fenster den gewünschten Ordner aus und bestätigen Sie mit *Diesen Ordner zu „Bilder" hinzufügen*.

Ende

Fotogalerie und weitere nützliche Software kostenlos ergattern: Laden Sie unter der Webadresse *windows.microsoft.com/de-de/windows-live/essentials* für Sie interessante Windows Essentials herunter.

Was soll automatisch passieren, wenn Sie eine Kamera oder ein anderes Gerät verbinden? Suchen Sie im eingebauten Suchfeld nach *Automatische Wiedergabe* und klicken Sie den gefundenen Systemsteuerungseintrag an, um Ihre diesbezüglichen Einstellungen vorzunehmen.

TIPP **HINWEIS**

254 Diashow im Explorer starten

Start

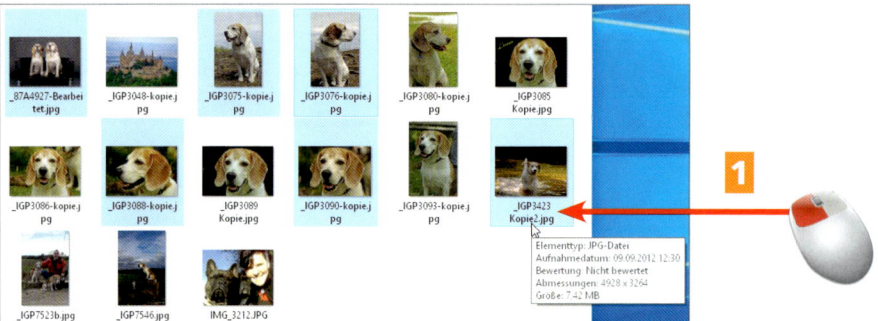

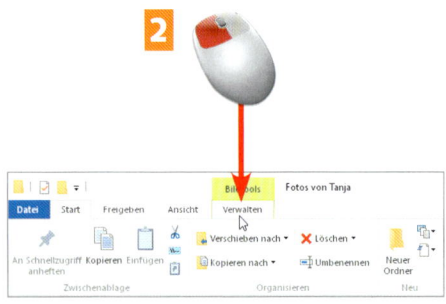

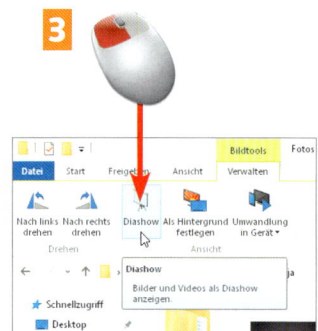

1 Wählen Sie im Explorer entweder einen Bilderordner aus oder – wie hier gezeigt – Bilder innerhalb eines Ordners, die Sie als Diashow wiedergeben möchten.

2 Entscheiden Sie sich im Menüband für den nach Auswahl des Bilderordners bzw. der Bilder angezeigten Reiter *Verwalten*.

3 Um die Wiedergabe der Diashow zu starten, brauchen Sie jetzt nur noch auf die Schaltfläche *Diashow* zu klicken.

Für die Präsentation Ihrer Urlaubs- oder Familienfotos ist eine Diashow doch ideal. Dazu braucht es nicht unbedingt zusätzliche Software, denn auch aus dem Explorer heraus lässt sich eine einfache Diashow starten. Die genaue Vorgehensweise wird auf dieser Doppelseite beschrieben.

WISSEN

11 Die besten Tipps für Fotos, Musik und Filme

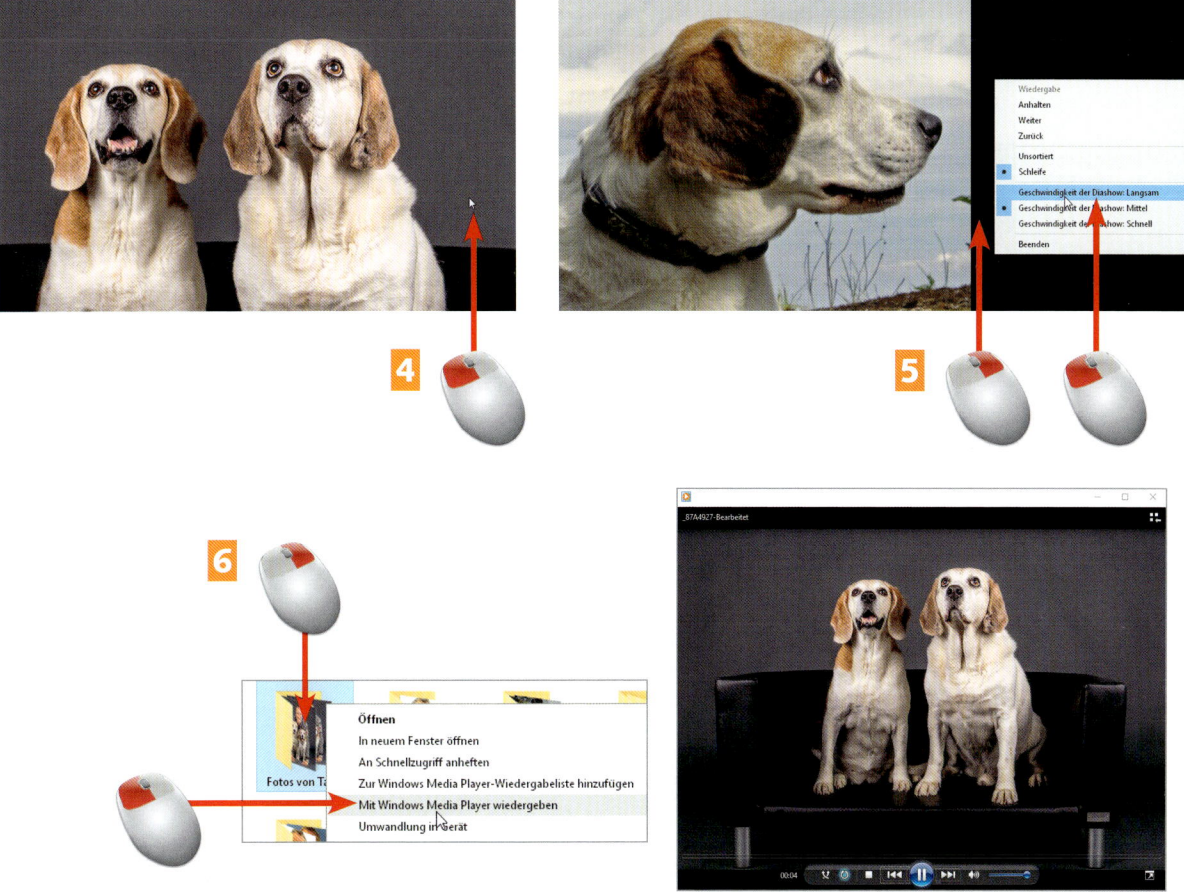

4 Der Bildwechsel erfolgt bei der Diashow automatisch. Sie können einen Bildwechsel aber auch per Mausklick in das Bild veranlassen.

5 Für weitere Optionen, etwa eine zufällige oder langsamere Wiedergabe, klicken Sie mit der rechten Maustaste in die Diashow und treffen im Kontextmenü Ihre Auswahl.

6 Alternativ lässt sich auch der Windows Media Player für die Diashow einsetzen. Dazu klicken Sie einen Bilderordner mit der rechten Maustaste an und wählen im Kontextmenü *Mit Windows Media Player wiedergeben*.

Ende

TIPP
In der App *Fotos* klicken Sie – bei ausgewähltem Bild – auf das Symbol 🖼, um eine Diashow zu starten.

HINWEIS
Auch auf der OneDrive-Webseite lässt sich eine Diashow starten: Wählen Sie dazu Ihre Fotos aus und klicken Sie dann in der Menüleiste auf *Diashow wiedergeben*.

TIPP
Um die Diashow vorzeitig zu beenden, drücken Sie einfach die Esc-Taste.

256 Bildbearbeitung in der Fotos-App

Start

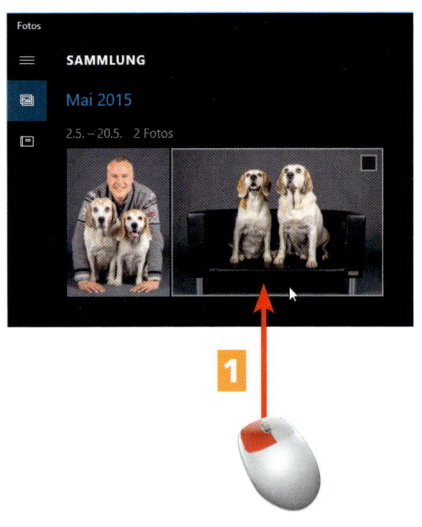
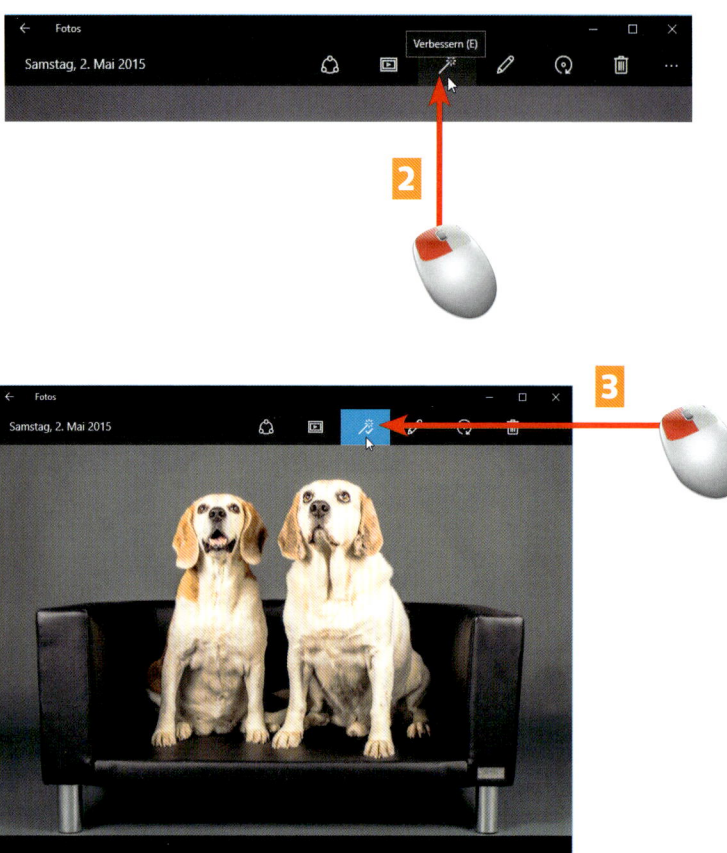

1. Wählen Sie in der App *Fotos* das zu bearbeitende Bild aus.

2. Zum automatischen Verbessern des Bildes klicken Sie auf das Symbol . Damit überlassen Sie der App *Fotos* die Optimierung des Bildes, was oftmals gute Effekte zeigt.

3. Falls die automatische Verbesserung nicht wie gewünscht ausfällt, klicken Sie einfach erneut auf das Symbol , um die automatischen Anpassungen zurückzunehmen.

Die App *Fotos* erlaubt nicht nur das Verwalten Ihrer Bilder, sondern auch deren Bearbeitung. Wie Sie die Bildbearbeitungsfunktion in der App einsetzen, verrät Ihnen diese Doppelseite.

WISSEN

11 Die besten Tipps für Fotos, Musik und Filme

4 Um die Optionen für die manuelle Bildbearbeitung aufzurufen, klicken Sie auf das Symbol 🖉.

5 In der Leiste links wählen Sie die Bearbeitungskategorie aus, in der Leiste rechts nehmen Sie die Anpassungen vor.

6 Klicken Sie zum Schluss auf das Diskettensymbol 🖫, um die Änderungen in der Datei zu speichern, bzw. wählen Sie das Symbol 🖫, um die geänderte Version als Kopie zu speichern.

Ende

HINWEIS	TIPP	TIPP
Die automatische Verbesserung wird standardmäßig auch ohne Ihr Zutun ausgeführt. Das Deaktivieren dieser Funktion erfolgt in den *Einstellungen* per Schalter *Meine Fotos automatisch verbessern*.	Mehrere Bilder auswählen und versenden: Klicken Sie zum Einblenden von Auswahlkästchen auf das Symbol ≣; das Versenden von Bildern erfolgt unter dem Symbol 🔗.	Wenn Sie einen Bearbeitungsschritt rückgängig machen möchten, klicken Sie auf das Symbol ↩ (Strg+Z), zum Wiederholen wählen Sie das Symbol ↪ (Strg+Y).

258 Wiedergabeliste erstellen

Start

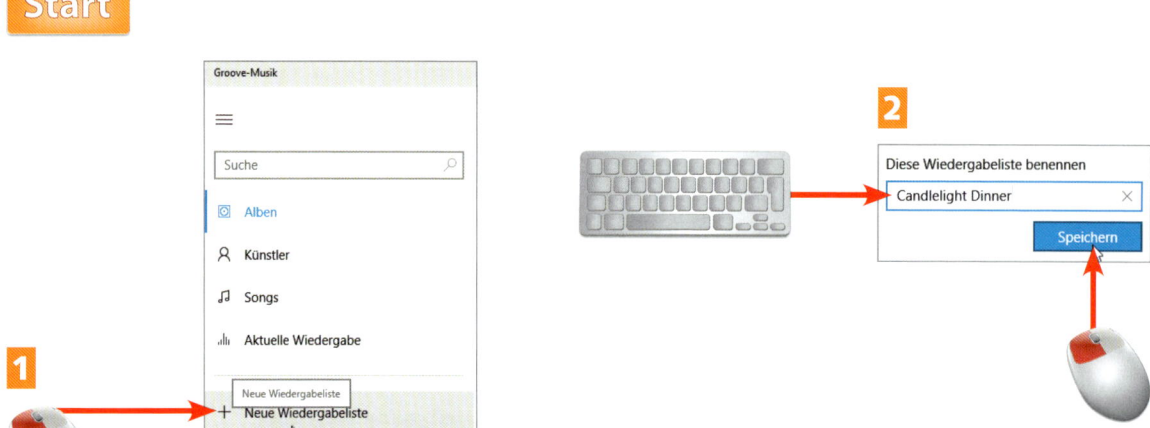

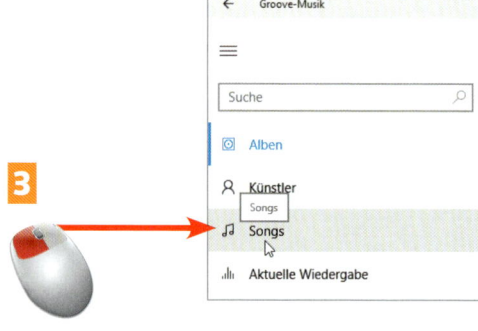

1 Entscheiden Sie sich in der Optionsleiste der App *Groove-Musik* für den Eintrag *Neue Wiedergabeliste*.

2 Geben Sie der Wiedergabeliste eine schlüssige Bezeichnung und bestätigen Sie mit *Speichern*.

3 Entscheiden Sie sich nun für die Sortierung Ihrer Musik nach *Songs*.

In der App *Groove-Musik* lassen sich Titel nach Alben und Künstlern sortieren. Für eine eigene Zusammenstellung erstellen Sie Wiedergabelisten, die Sie dann mit den passenden Titeln füllen.

WISSEN

11 Die besten Tipps für Fotos, Musik und Filme

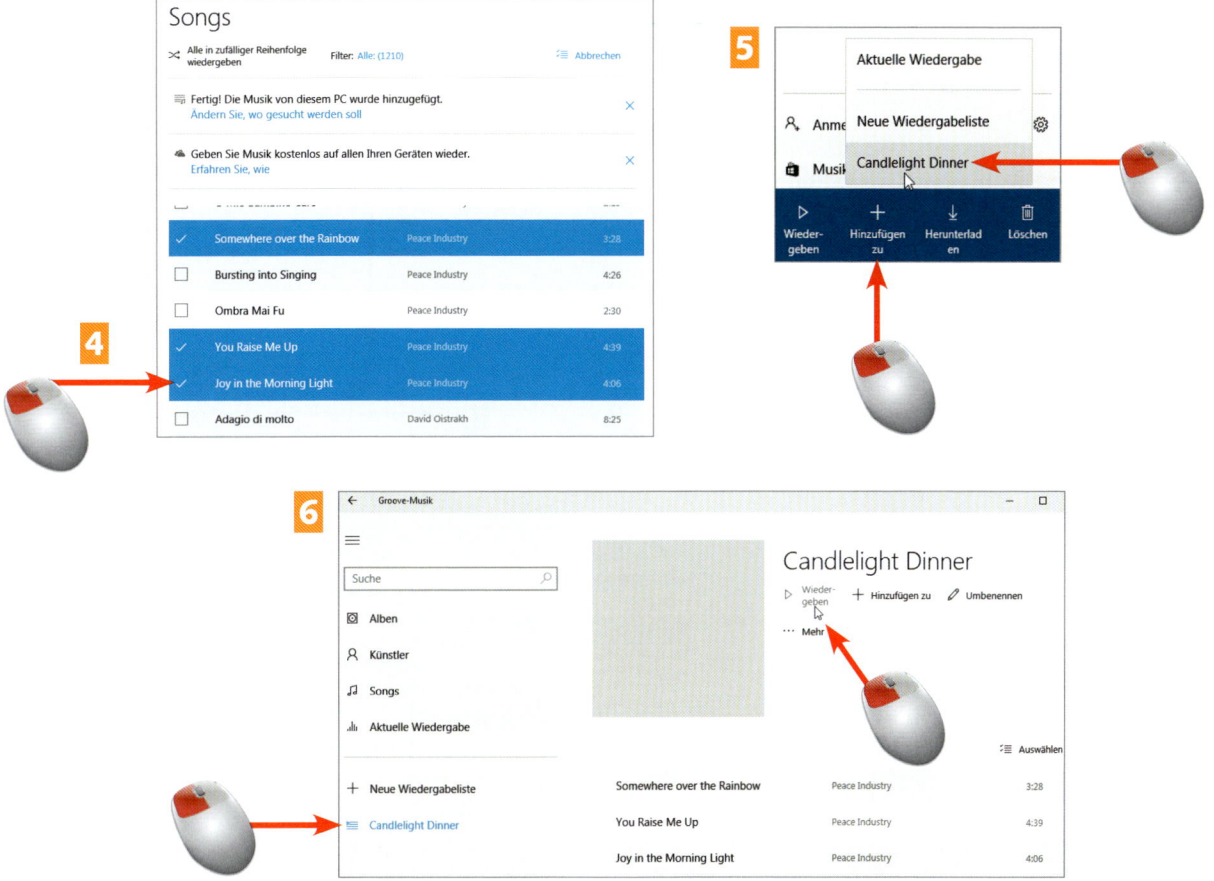

4 Wählen Sie die Titel aus, die Sie der Wiedergabeliste hinzufügen möchten.

5 Klicken Sie unten in der App auf die durch die Titelauswahl eingeblendete Schaltfläche *Hinzufügen zu* und wählen Sie im sich öffnenden Menü die Wiedergabeliste aus.

6 Um eine Wiedergabeliste abzuspielen, wählen Sie diese in der Optionsleiste aus und klicken dann auf *Wiedergeben*. Alternativ doppelklicken Sie auf den ersten Titel in der Liste, um die Wiedergabe zu starten.

Ende

Auch eine Wiedergabeliste lässt sich ans Startmenü anheften: Wählen Sie dazu die Wiedergabeliste aus, klicken Sie auf *Mehr* und dann auf *An Startbildschirm anpinnen*.

Die App *Groove-Musik* greift standardmäßig auch die Titel zu, die Sie im Benutzerordner *Musik* gespeichert haben, sowie gegebenenfalls auf den Musikordner auf OneDrive. Zur Aufnahme weiterer Speicherorte klicken Sie auf das Symbol ⚙ und wählen *Legen Sie fest, wo nach Musik gesucht werden soll*.

TIPP   HINWEIS

260 Audio-CDs im MP3-Format importieren

Start

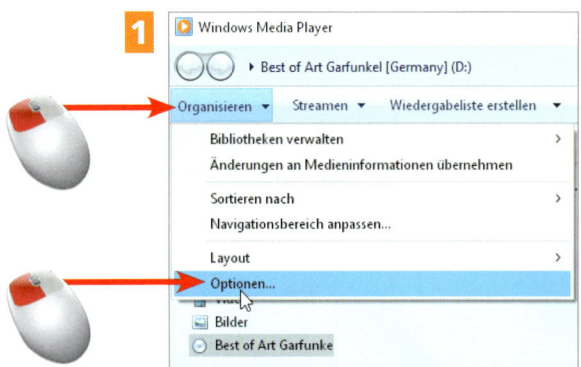

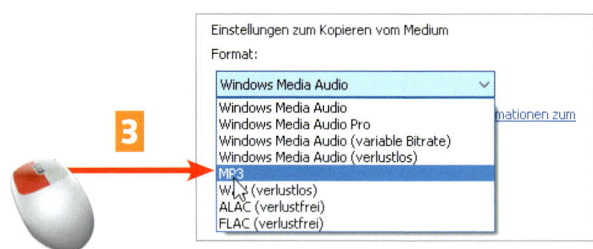

1. Öffnen Sie den Windows Media Player im Startmenü unter *Alle Apps*. Wählen Sie *Organisieren* und dann *Optionen*.

2. Klicken Sie in den Optionen des Windows Media Player auf den Reiter *Musik kopieren*.

3. Entscheiden Sie sich nun im Drop-down-Menü *Format* für den Eintrag *MP3*. Wenn Sie wollen, können Sie natürlich auch ein anderes Musikformat auswählen, aber MP3 ist bis heute das gängigste.

Es geht auch ohne Staub und Kratzer: Importieren Sie Ihre Audio-CDs als MP3-Dateien auf den PC, um sie dort zu archivieren. Für diesen Zweck lässt sich perfekt der auch unter Windows 10 vorhandene Windows Media Player verwenden.

WISSEN

11 Die besten Tipps für Fotos, Musik und Filme   261

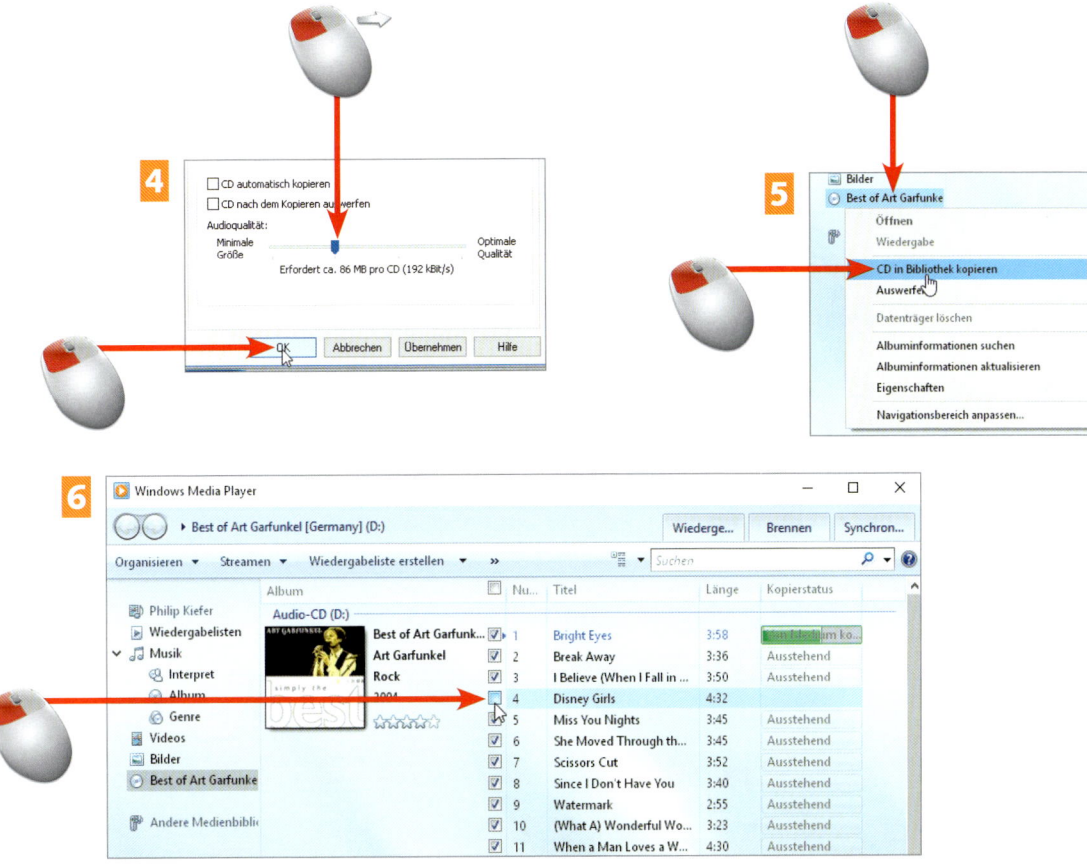

4 Machen Sie per Schieberegler Angaben zur gewünschten *Audioqualität*. Je höher die Bitrate, desto besser die Qualität, desto höher allerdings auch der Speicherbedarf der Dateien – 192 kBit/s sind ein guter Kompromiss. Bestätigen Sie Ihre Einstellungen mit *OK*.

5 Um eine Audio-CD zu importieren, klicken Sie diese links im Windows Media Player mit der rechten Maustaste an und wählen *CD in Bibliothek kopieren*.

6 Der Import der Audio-CD wird gestartet. Wenn Sie einzelne Titel nicht importieren möchten, deaktivieren Sie die entsprechenden Kontrollkästchen.

Ende

Zum Ein- bzw. Ausblenden einer Menüleiste im Windows Media Player verwenden Sie den Shortcut Strg+M.

TIPP

Die importierten Musikdateien werden im Benutzerordner gespeichert, und zwar in einem nach dem Interpreten benannten Unterordner, der wiederum einen Unterordner mit dem Albumnamen enthält.

HINWEIS

Mit dem Shortcut Strg+1 rufen Sie die die Ansicht *Bibliothek* auf, mit Strg+2 die Ansicht *Design* und mit Strg+3 die Ansicht *Aktuelle Wiedergabe*.

TIPP

Eigene Audio-CDs brennen

Start

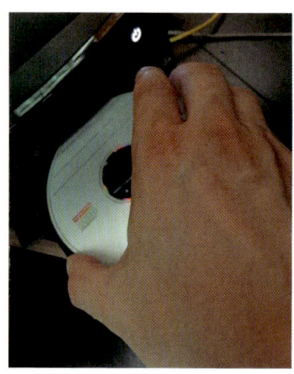

1. Entscheiden Sie sich rechts oben im Windows Media Player für den Reiter *Brennen*.

2. Legen Sie eine beschreibbare CD ins Brennerlaufwerk ein, wie es sie beispielsweise im Elektronikfachmarkt, aber auch beim Discounter gibt.

3. Wählen Sie nun – bei gedrückter ⌈Strg⌉-Taste – die Titel aus, die Sie auf CD brennen möchten.

Auch im Zeitalter von MP3 und Spotify möchten Sie vielleicht noch eigene Audio-CDs brennen, etwa um diese während der Autofahrt wiederzugeben. Mit dem Windows Media Player ist nicht nur das Importieren von Audio-CDs ein Kinderspiel, sondern auch das Brennen eigener CDs.

WISSEN

11 Die besten Tipps für Fotos, Musik und Filme 263

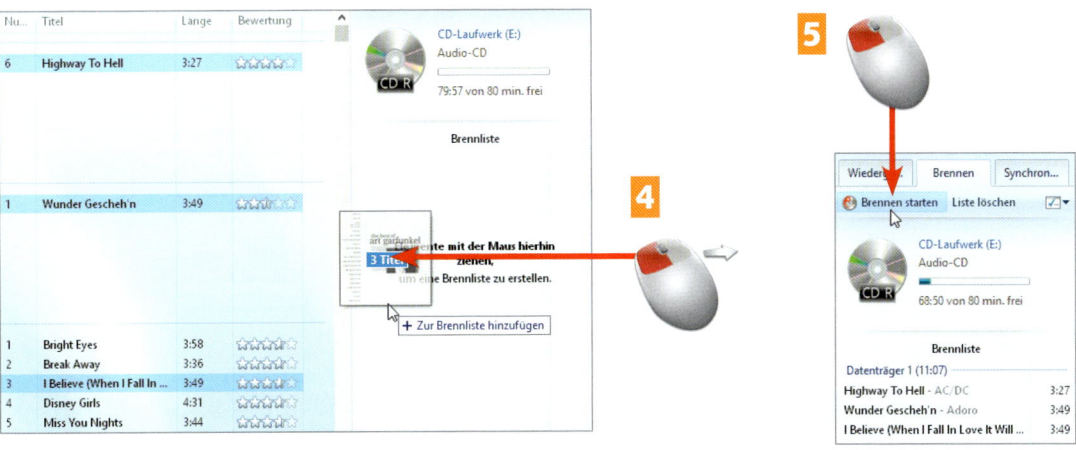

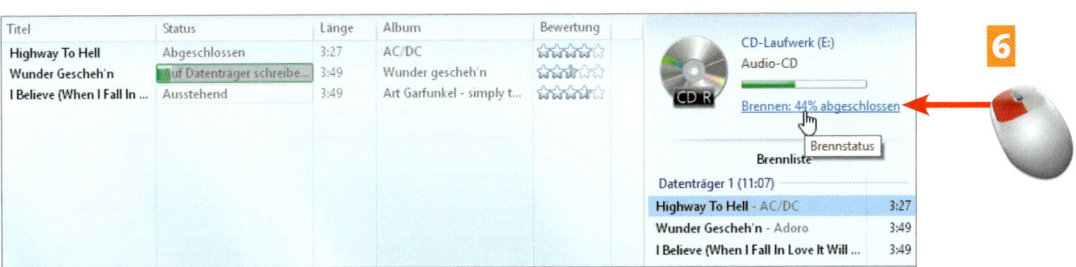

4 Ziehen Sie die Titel bei gedrückter Maustaste in die Brennliste rechts. Oberhalb der Brennliste wird Ihnen jeweils angezeigt, wie viele Minuten noch zur Verfügung stehen.

5 Wenn Sie fertig sind, klicken Sie auf *Brennen starten*.

6 Ihnen wird der Brennfortschritt angezeigt. Klicken Sie den Link an, um sich detailliert über den Brennstatus zu informieren.

Ende

HINWEIS

Um weitere Brennoptionen festzulegen, etwa die Brenngeschwindigkeit, klicken Sie rechts oberhalb der Brennliste auf das Symbol und wählen *Weitere Brennoptionen*.

TIPP

Reizen Sie die Minutenzahl auf einer Audio-CD nicht vollkommen aus, sonst kann es später Probleme bei der Wiedergabe der CD geben.

264 Titelinfos ergänzen

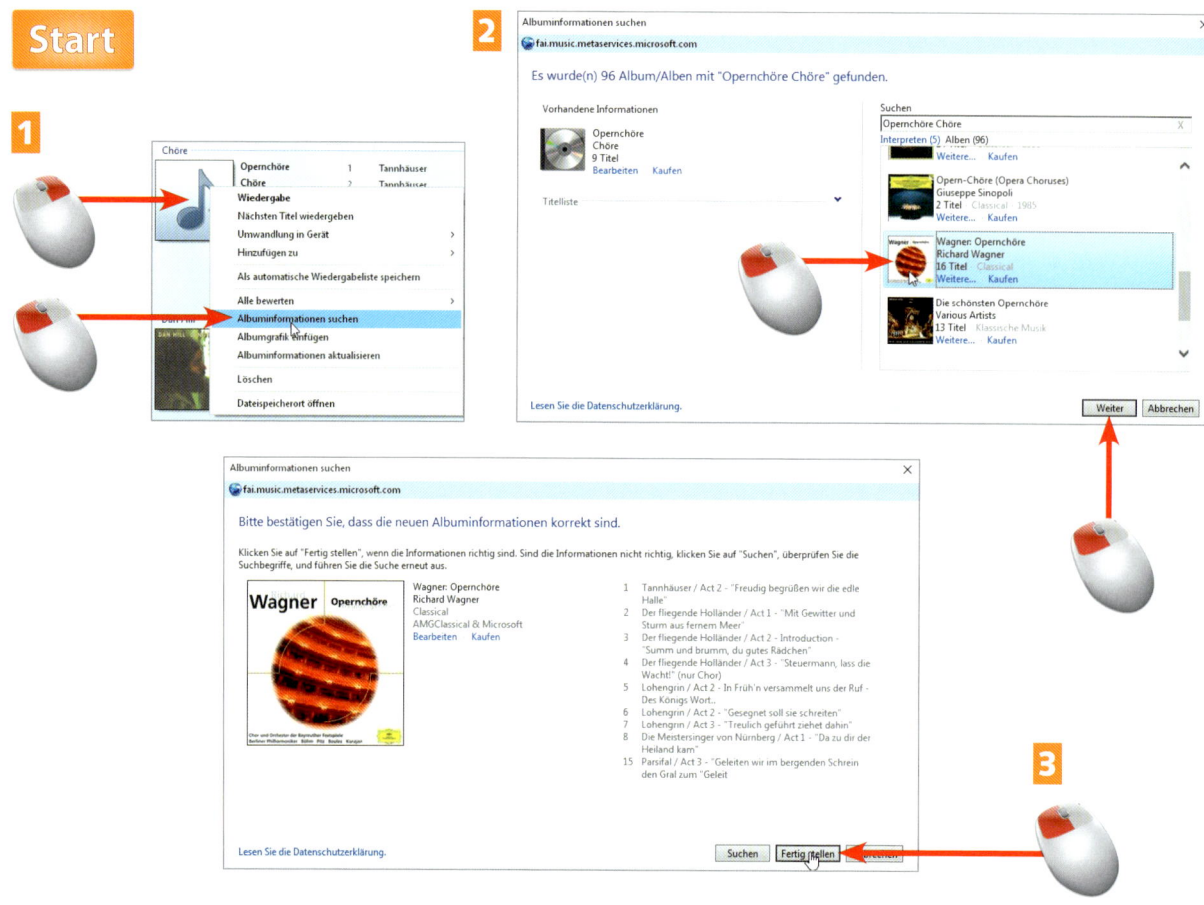

1 Wenn Titelinfos fehlen sollten, können Sie zunächst mal im Internet danach suchen. Klicken Sie dazu ein Album mit der rechten Maustaste an und wählen Sie im Kontextmenü *Albuminformationen suchen*.

2 Wenn Sie in der folgenden Datenbank fündig werden, klicken Sie das gefundene Album an und wählen dann *Weiter*.

3 Machen Sie gegebenenfalls noch Angaben zu den einzelnen Titeln, bevor Sie mit *Fertig stellen* bestätigen.

Wenn Sie Ihre Musik von Audio-CDs kopieren, kann es vorkommen, dass Sie entsprechende Titelinfos manuell ergänzen müssen. Wie Sie dazu im Windows Media Player vorgehen, erfahren Sie in diesem Workshop.

WISSEN

11 Die besten Tipps für Fotos, Musik und Filme

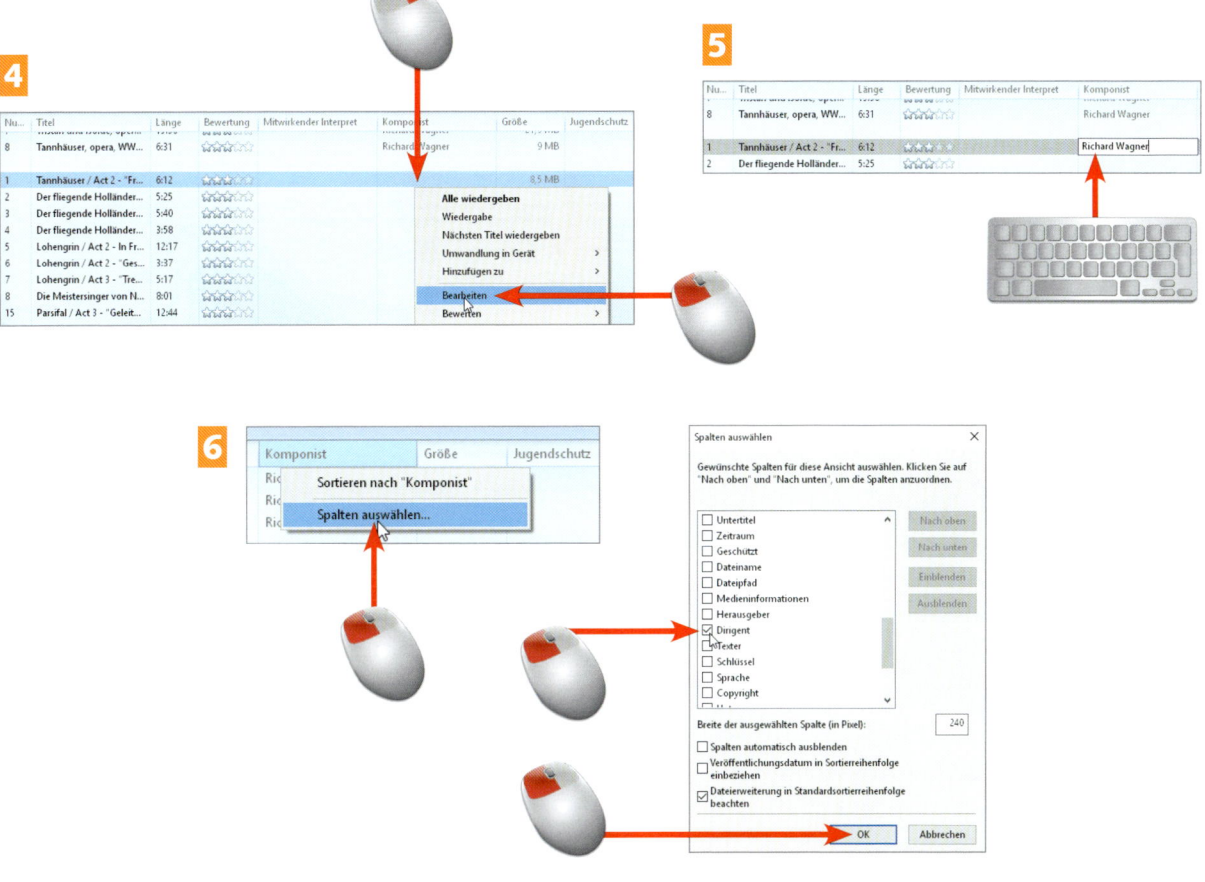

4 Zum manuellen Ergänzen einer Info klicken Sie mit der rechten Maustaste auf die bisherige bzw. fehlende Info und wählen *Bearbeiten* (alternativ klicken Sie zweimal hintereinander darauf). Die Sortierleiste oberhalb der Titelliste gibt die Spalte vor.

5 Machen Sie Ihre Angabe und bestätigen Sie mit der ⏎-Taste.

6 Fehlen Spalten von Titelinfos, die Sie ergänzen möchten, klicken Sie mit der rechten Maustaste in die Sortierleiste und wählen *Spalten auswählen*. Bestimmen Sie per Kontrollkästchen, welche Spalten angezeigt werden sollen.

Ende

TIPP

Eine Musikdatei im Explorer anzeigen: Klicken Sie sie dazu im Windows Media Player mit der rechten Maustaste an und wählen Sie im Kontextmenü *Dateispeicherort öffnen*.

HINWEIS

Standardmäßig wird vom Windows Media Player automatisch nach fehlenden Titelinfos gesucht. Die entsprechende Option lässt sich aber in den Optionen des Windows Media Player unter dem Reiter *Datenschutz* jederzeit deaktivieren.

Mediathek im Netzwerk freigeben

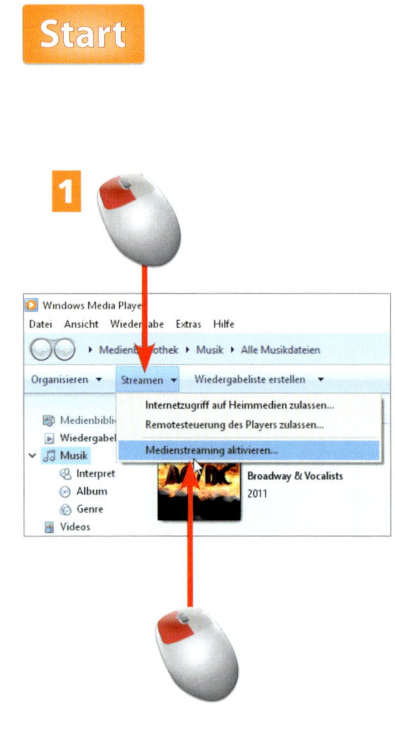

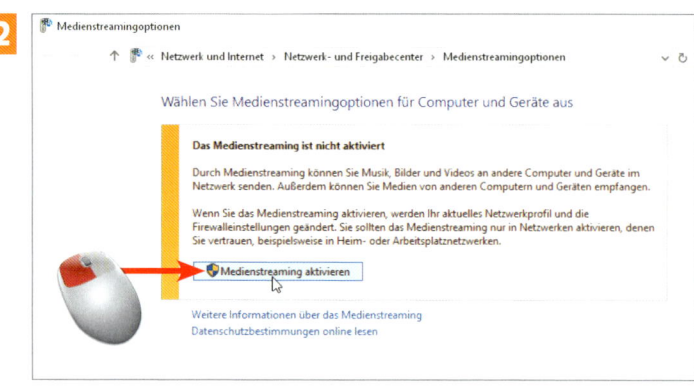

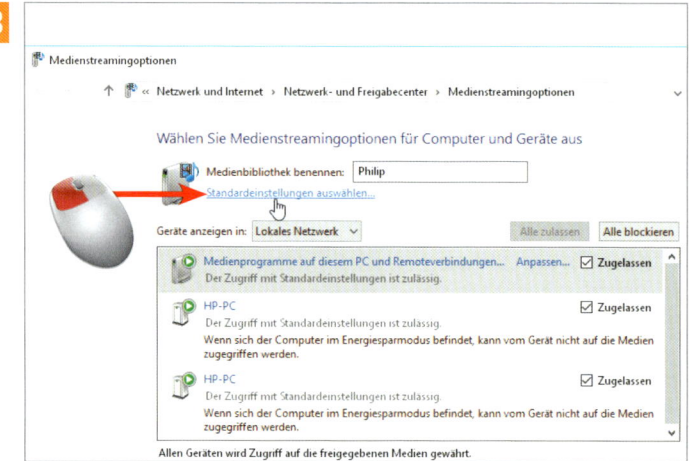

1 Klicken Sie im Windows Media Player auf *Streamen* und wählen Sie im Menü den Eintrag *Medienstreaming aktivieren*.

2 Bestätigen Sie im folgenden Fenster mit der Schaltfläche *Medienstreaming aktivieren*.

3 Nun können Sie noch die Freigabe festlegen und vor allem bestimmen, welche Medien freigegeben werden sollen. Dazu klicken Sie auf *Standardeinstellungen auswählen*.

Wenn Sie ein Heimnetzwerk eingerichtet haben, bietet es sich an, auch die Mediathek des Windows Media Player freizugeben, damit jeder Zugriff auf die gespeicherten Mediendateien des anderen Nutzers hat. Die Freigabe der Mediathek mit dem Windows Media Player erfolgt ganz einfach.

WISSEN

11 Die besten Tipps für Fotos, Musik und Filme

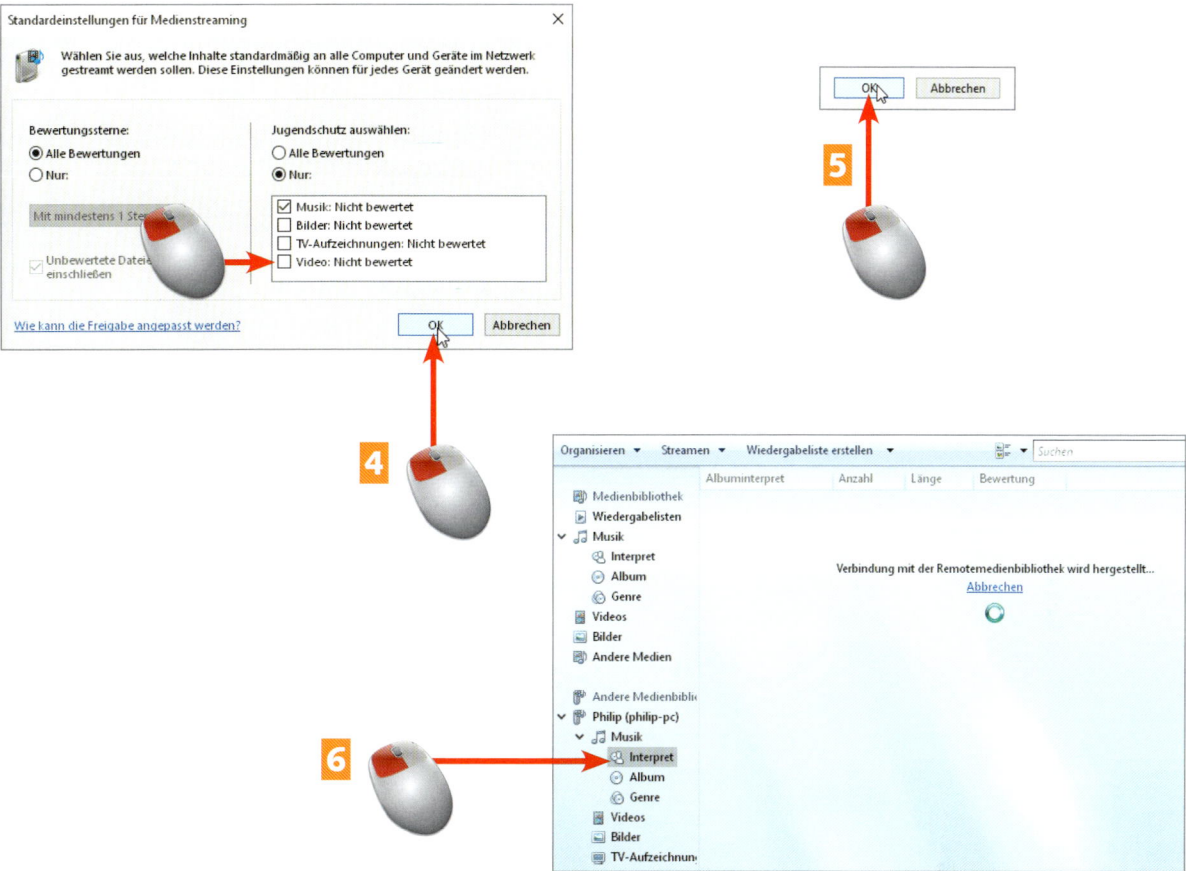

4 Hier deaktiviere ich die Kontrollkästchen für Bilder, TV-Aufzeichnungen und Videos, sodass nur Musik freigegeben wird. Bestätigen Sie Ihre individuellen Einstellungen mit *OK*.

5 Bestätigen Sie auch noch im Systemsteuerungsfenster mit *OK*.

6 Auf die im Netzwerk freigegebene Mediathek kann nun – unter *Andere Medienbibliotheken* – im Windows Media Player zugegriffen werden.

Ende

Auch übers Internet auf die Mediathek zugreifen: Dazu wählen Sie im Windows Media Player *Streamen* und dann *Internetzugriff auf Heimmedien zulassen*.

TIPP

Die Wiedergabe auf einem anderen Windows Media Player im Netzwerk starten: Um das zu ermöglichen, entscheiden Sie sich unter *Streamen* für den Eintrag *Remotesteuerung des Players zulassen*.

TIPP

Filme ausleihen

Start

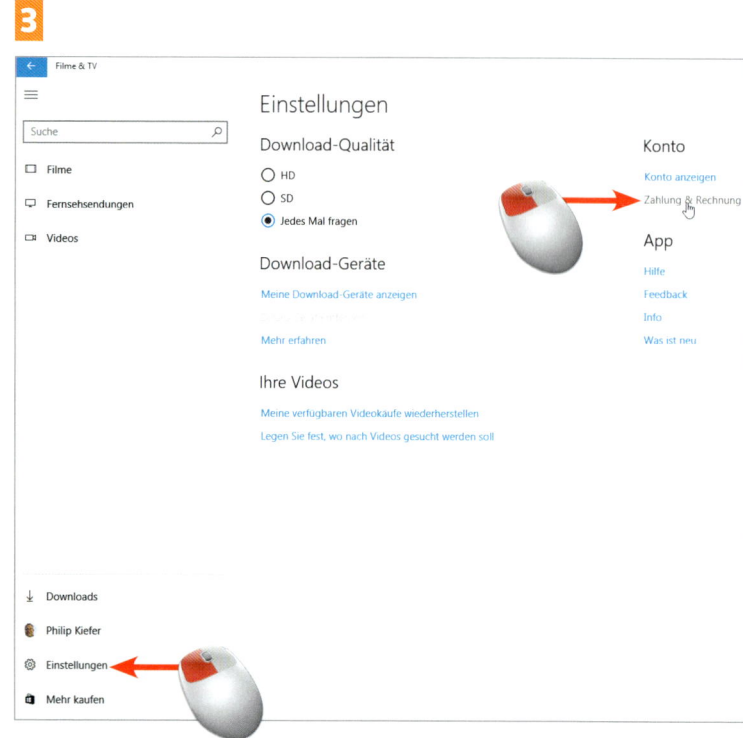

1 Öffnen Sie die App *Filme & Fernsehsendungen* und klicken Sie, falls Sie noch nicht angemeldet sind, links unten in der App auf den Eintrag *Anmelden*.

2 Melden Sie sich mit den zu Ihrem Microsoft-Konto gehörenden Zugangsdaten in der App an.

3 Im nächsten Schritt wählen Sie die *Einstellungen* und klicken in den Einstellungen auf *Zahlung & Rechnung*, sofern Sie Ihrem Microsoft-Konto noch keine Zahlungsmethode hinzugefügt haben.

Unter Windows 10 ist auch eine Videothek bereits an Bord. Kaufen oder leihen Sie Filme aller Art, die der Windows Store neben Apps und Musik für Sie bereithält. Wie Sie zunächst eine Zahlungsmethode hinzufügen und dann einen Film ausleihen, stellt diese Doppelseite dar.

WISSEN

11 Die besten Tipps für Fotos, Musik und Filme 269

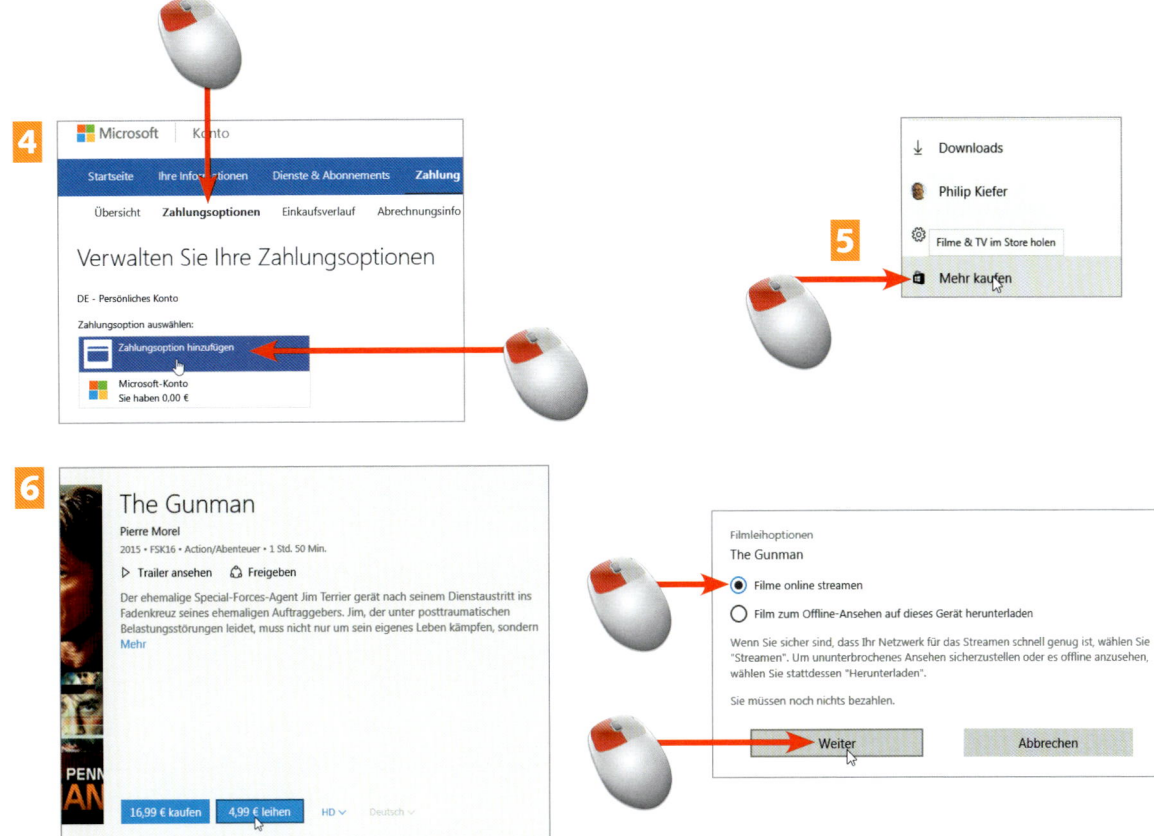

4 Fügen Sie auf der folgenden Webseite unter *Zahlungsoptionen* eine Zahlungsmethode hinzu.

5 Nachdem Sie die Zahlungsangaben festgelegt haben, klicken Sie links unten in der App *Filme & Fernsehsendungen* auf den Eintrag *Mehr kaufen*, um im Windows Store nach Filmen zu stöbern.

6 Ihnen werden bei einem Film jeweils die Preise angezeigt. Klicken Sie auf den Button zum Leihen oder zum Kaufen und folgen Sie den weiteren Anweisungen.

Ende

HINWEIS

Bei Redaktionsschluss wurden als Zahlungsmethoden Kreditkarte, SEPA-Lastschrift sowie PayPal (*www.paypal.com*) angeboten.

TIPP

Reicht auch die Wiedergabe in SD statt in HD? Treffen Sie die entsprechende Auswahl rechts neben den Kauf- und Leihbuttons. Filme in SD sind günstiger.

Weitere nützliche Windows-10-Apps

12

Neben den in den vorherigen Kapiteln genannten Apps bietet Windows 10 noch eine ganze Reihe weiterer Standard-Apps und Zubehörprogramme an. Speichern Sie beispielsweise in der App *Karten* Ihre Lieblingsorte ab, richten Sie in der App *Nachrichten* Ihre ganz individuellen News ein oder verwenden Sie das Snipping Tool, um Freihand-Bildschirmausschnitte zu erstellen. Auch dieses Kapitel ist nur so vollgestopft mit pfiffigen Tipps und Tricks!

Kartenansicht anpassen

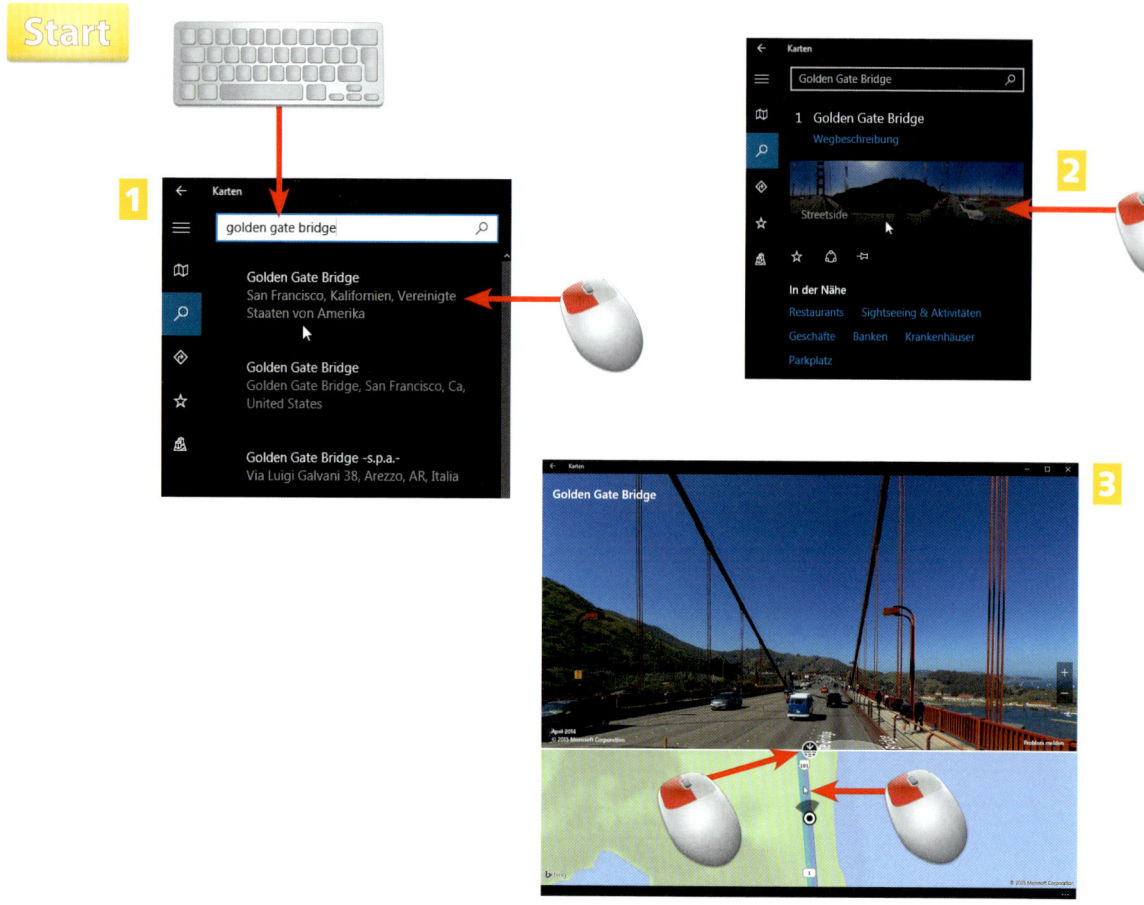

1. Suchen Sie in der App *Karten* nach einem Ort oder einer Adresse und klicken Sie einen gefundenen Eintrag an.

2. Wenn eine Straßenansicht (*Streetside*) angeboten wird, können Sie sie direkt in den Details zur Örtlichkeit aufrufen.

3. Klappen Sie in der Straßenansicht am besten die Karte aus, um sich darin zu orientieren und per Mausklick fortzubewegen.

> In der App *Karten* lassen sich – anders, als der Name vermittelt – nicht nur Straßenkarten abrufen, sondern auch Satellitenbilder und an vielen Orten der Welt sogar ansprechende Straßenansichten. Wie Sie die verschiedenen Ansichtsoptionen in der App *Karten* nutzen, zeige ich Ihnen hier.
>
> **WISSEN**

12 Weitere nützliche Windows-10-Apps

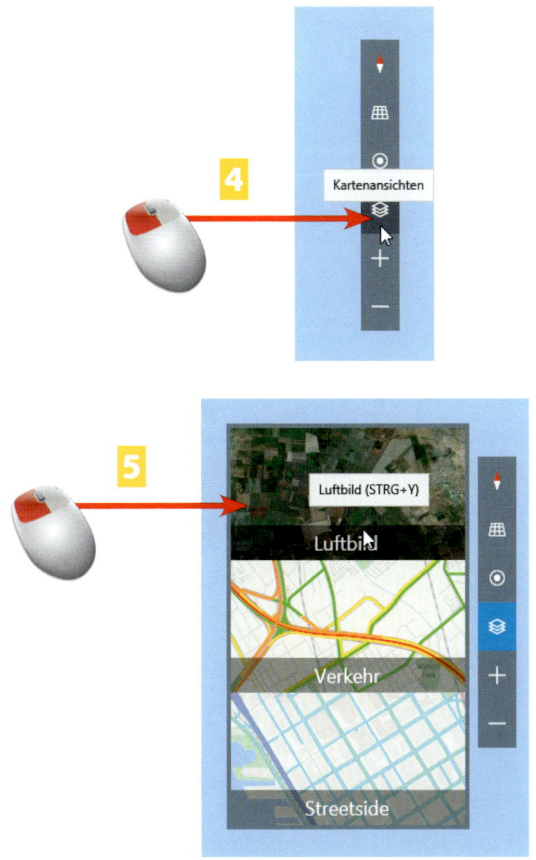

4 Weitere Kartenansichten finden Sie rechts in der Karte unter dem Symbol.

5 Klicken Sie eine Ansicht an, um diese in der App *Karten* aufzurufen. Mit dem Tastenkürzel Strg+Y wechseln Sie zwischen Straßenkarte und *Luftbild*, mit Strg+T blenden Sie den *Verkehr* ein, Strg+S aktiviert *Streetside*.

6 Die Ansicht lässt sich neigen, um Perspektive reinzubringen. Dazu klicken Sie rechts in der App *Karten* auf das Symbol. Auch das Neigen gelingt per Shortcut, nämlich Strg+↑ bzw. Strg+↓.

Ende

Normalerweise ist die Karte nach Norden ausgerichtet. Sie lässt sich unter dem Symbol bzw. mit den Shortcuts Strg+← und Strg+→ aber auch drehen.

In der App *Karten* den eigenen Standort anzeigen, sofern Sie den Zugriff auf die eigene Position genehmigt haben: Hierzu dient das Symbol bzw. der Shortcut Strg+Pos 1.

Auch das Zoomen in der Karte ist selbstverständlich möglich: Zum Vergrößern verwenden Sie das Symbol bzw. den Shortcut Strg+[+], zum Verkleinern das Symbol bzw. den Shortcut Strg+[-].

TIPP **HINWEIS** **TIPP**

Lieblingsorte speichern

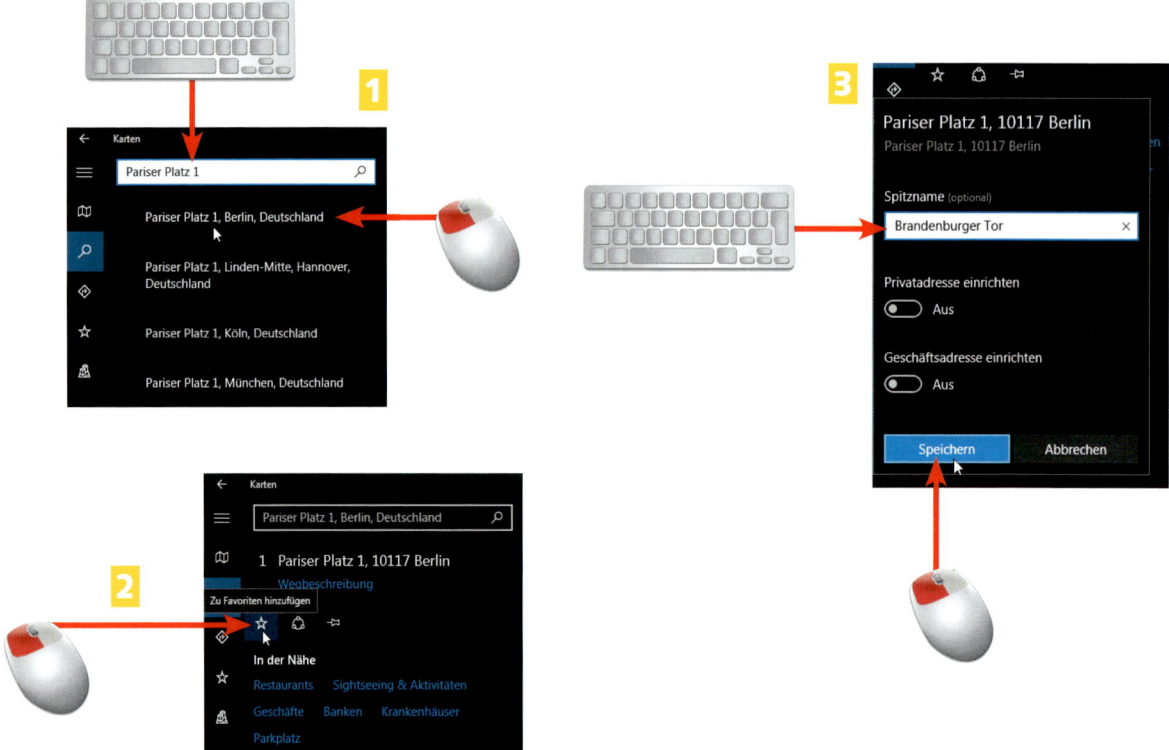

1. Rufen Sie in der App *Karten* den Ort oder die Adresse auf, die Sie als Lieblingsort speichern möchten.

2. Klicken Sie in den Details des aufgerufenen Ortes auf das Sternsymbol ☆.

3. Fügen Sie dem Ort gegebenenfalls eine zusätzliche Bezeichnung, einen „Spitznamen", hinzu und bestätigen Sie mit *Speichern*.

Für Sie wichtige Orte – etwa alle Orte, an denen Sie schon mal Urlaub gemacht haben – fügen Sie Ihren Favoriten hinzu, um jederzeit schnell wieder darauf zugreifen zu können. Wie Sie dazu in der App *Karten* vorgehen, wird hier gezeigt.

WISSEN

12 Weitere nützliche Windows-10-Apps

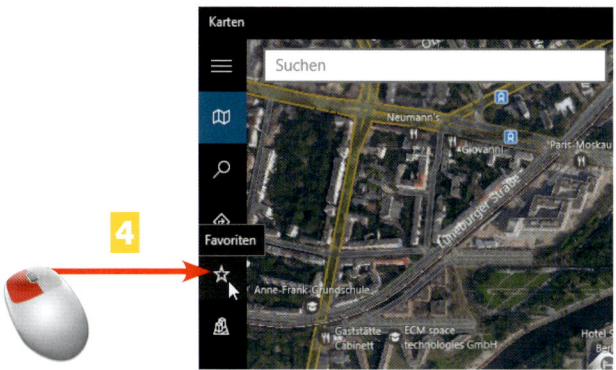

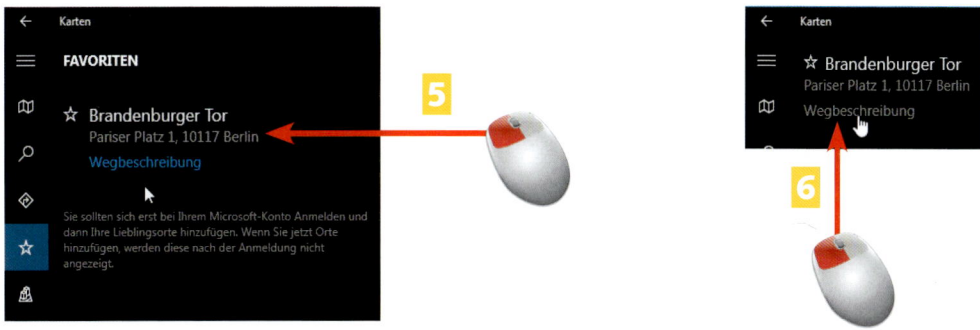

4 Um Ihre Favoriten aufzurufen, klicken Sie in der Optionsleiste der App *Karten* auf das Sternsymbol ☆.

5 Wählen Sie den Favoriten aus, um ihn aufzurufen.

6 Oder möchten Sie eine Route zum Favoriten planen? Dazu klicken Sie auf *Wegbeschreibung*, bestimmen den Startort und lassen sich dann die Route anzeigen.

HINWEIS

Wichtig: Wenn Sie planen, sich in der App *Karten* mit Ihrem Microsoft-Konto anzumelden, sollten Sie dies vor dem Hinzufügen der Favoriten tun, sonst gehen diese später flöten.

HINWEIS

3D-Ansichten von vielen Städten der Welt aufrufen: Klicken Sie in der Optionsleiste der App *Karten* auf das Symbol 🏛, um eine der verfügbaren Städte auszuwählen.

TIPP

Eine Adresse lässt sich auch ans Startmenü anheften: Dazu klicken Sie in den Details des aufgerufenen Ortes auf das Pinsymbol 📌.

276 Nachrichten personalisieren

Start

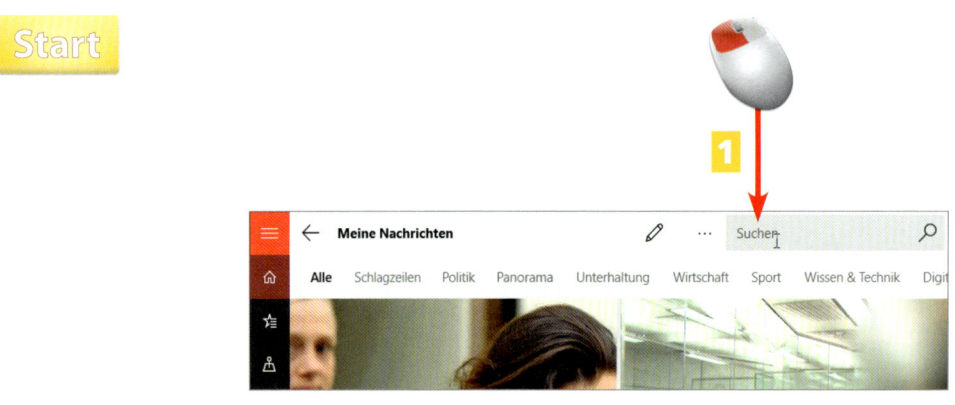

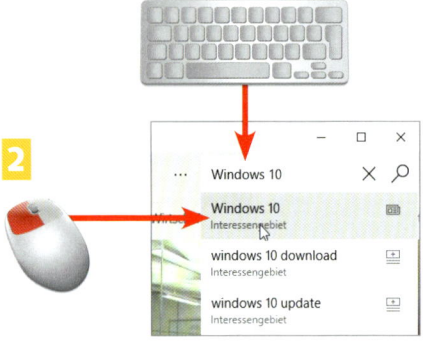

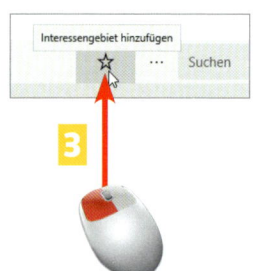

1 Öffnen Sie die App *Nachrichten* und klicken Sie rechts oben in der App in das eingebaute Suchfeld.

2 Geben Sie Ihr Interessengebiet ein und bestätigen Sie mit der ⏎-Taste bzw. klicken Sie einen der vorgeschlagenen Einträge an.

3 Um ein Interessengebiet zu speichern, klicken Sie auf das Sternsymbol ☆.

Durch Onlinenews ist man deutlich schneller informiert als durch die gedruckte Tageszeitung, die erst am nächsten Tag erscheint. Besonders praktisch: Die Onlinenews lassen sich Ihren Interessen entsprechend personalisieren – mithilfe der App *Nachrichten*, die unter Windows 10 bereits an Bord ist.

WISSEN

12 Weitere nützliche Windows-10-Apps

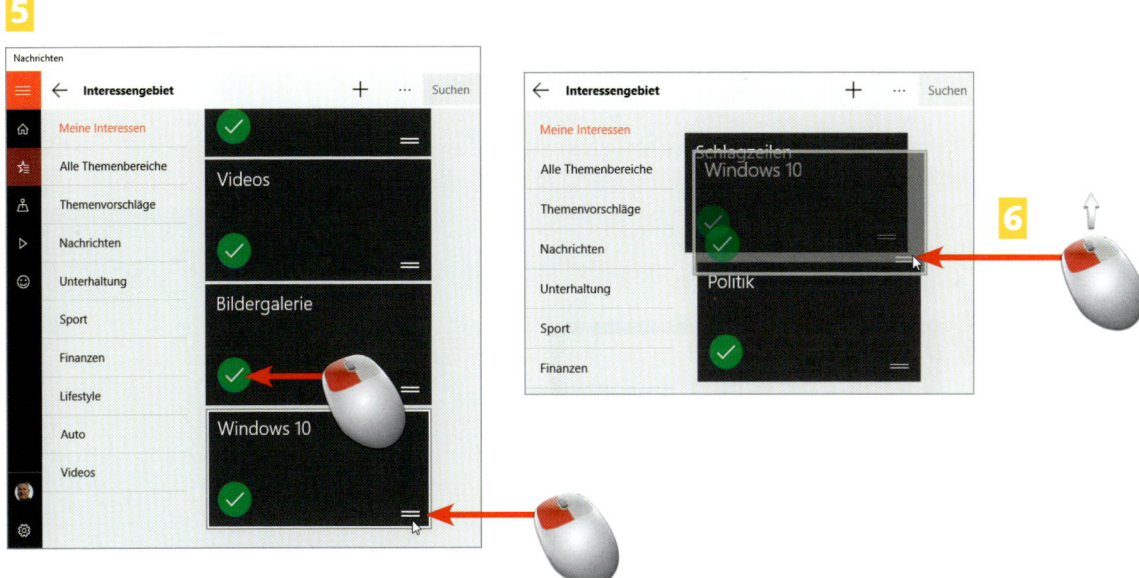

4 Nun können Sie die Interessengebiete noch individuell einrichten. Dazu klicken Sie in der Optionsleiste der App *Nachrichten* auf das Symbol .

5 Entscheiden Sie per Optionsfeld, welche Interessengebiete angezeigt werden sollen und welche nicht. Um ein Interessengebiet zu verschieben, klicken Sie auf das zugehörige Symbol .

6 Ziehen Sie das Interessengebiet bei gedrückter Maustaste in die gewünschte Position.

Videos anschauen statt lesen: News-Videos rufen Sie in der App *Nachrichten* unter dem Symbol ▷ ab.	Möchten Sie sich lokale Nachrichten anzeigen lassen? Dazu klicken Sie in der Optionsleiste der App *Nachrichten* auf das Symbol .
HINWEIS	**TIPP**

Bildschirmausschnitte aller Art speichern

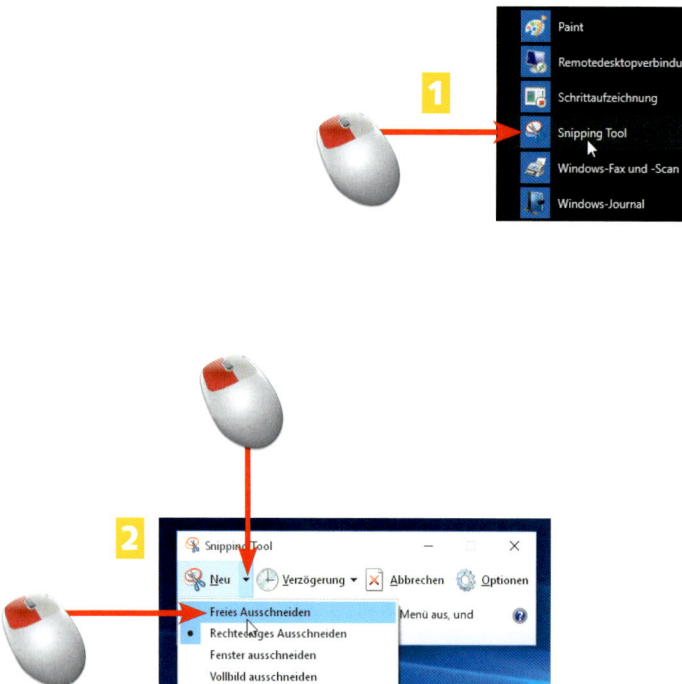
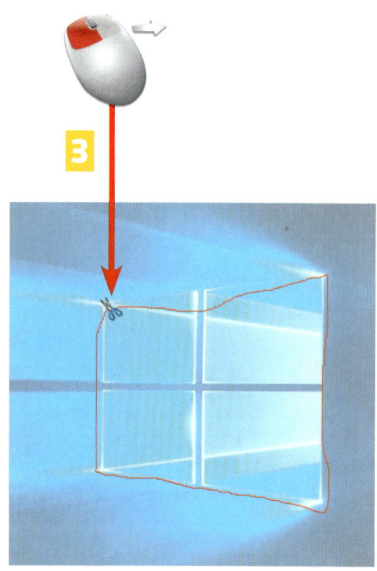

1. Öffnen Sie im Startmenü unter *Alle Apps* und dort im Ordner *Windows-Zubehör* das *Snipping Tool*.

2. Um zu bestimmen, welche Art von Bildschirmausschnitt Sie speichern möchten, klicken Sie auf den zur Schaltfläche *Neu* gehörenden Pfeil. Wählen Sie beispielsweise die Option *Freies Ausschneiden*.

3. Die Auswahl des Bildschirmausschnitts erfolgt durch Ziehen bei gedrückter Maustaste. Der Mauszeiger verwandelt sich in das Symbol.

> Für individuelle Bildschirmausschnitte steht Ihnen unter Windows 10 das Zubehörprogramm Snipping Tool zur Verfügung. Sie können damit Bildschirmausschnitte aller Art speichern.

WISSEN

12 Weitere nützliche Windows-10-Apps 279

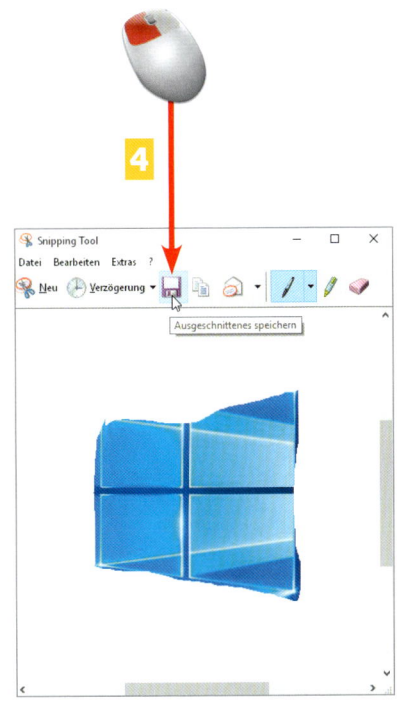

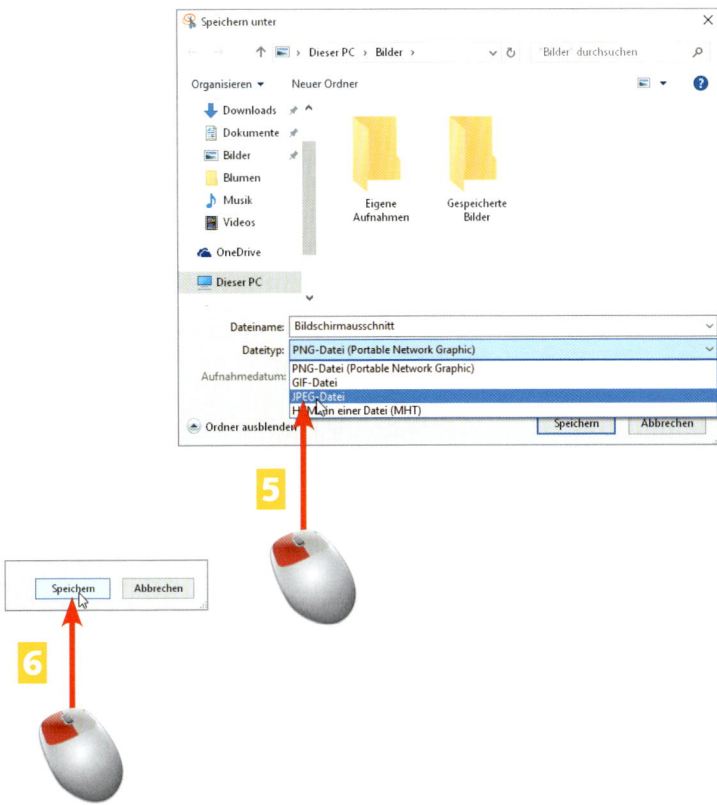

4 Um den Bildschirmausschnitt zu speichern, klicken Sie auf das Diskettensymbol. Der Bildschirmausschnitt befindet sich auch gleichzeitig in der Zwischenablage.

5 Bestimmen Sie neben dem Speicherort und dem Dateinamen gegebenenfalls auch noch das Dateiformat.

6 Bestätigen Sie mit *Speichern*.

Ende

Einen Screenshot mit zeitlicher Verzögerung aufnehmen: Wählen Sie die gewünschte *Verzögerung* im Snipping Tool unter der gleichlautenden Schaltfläche aus.

TIPP

⊞+Druck: einen Screenshot des gesamten Bildschirms im Benutzerordner *Bilder* speichern.
Druck (bzw. Alt+Druck für einen Screenshot des aktiven Fensters): Screenshot in die Zwischenablage.

HINWEIS

Den Screenshot mit eigenen Markierungen versehen: Diesem Zweck dienen die Tools (Stift), (Textmarker) und (Radierer).

TIPP

280 Rechnen und konvertieren

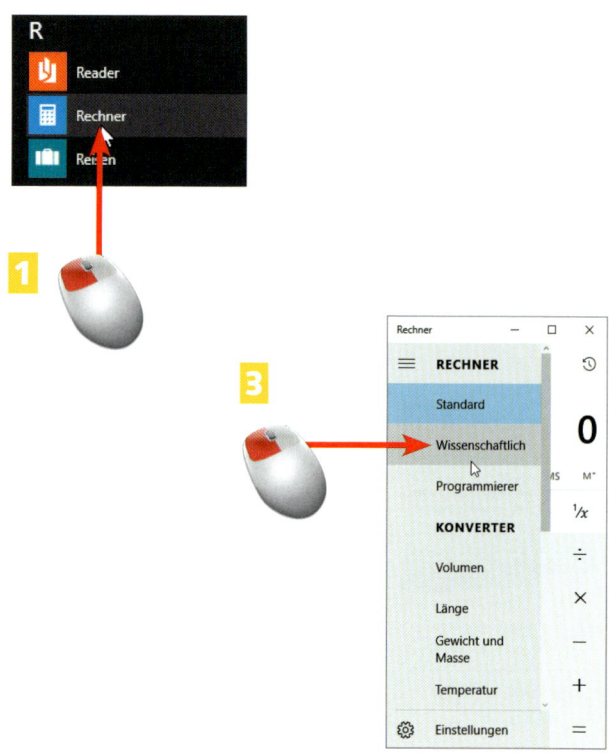

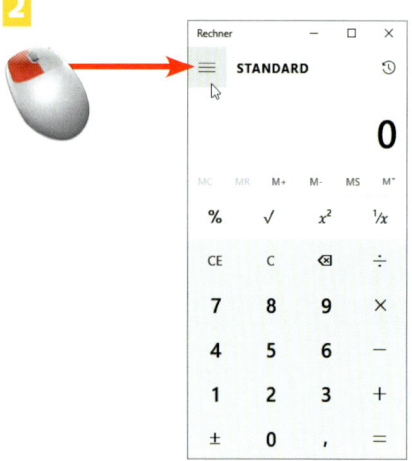

1 Das Windows-Zubehörprogramm Rechner hat unter Windows 10 endgültig ausgedient. Es findet sich nur noch die gleichnamige App, die Sie im Startmenü unter *Alle Apps* aufrufen.

2 Ihnen wird zunächst der Standardrechner mit einfacheren Rechenfunktionen angeboten. Um einen anderen Rechner auszuwählen, klicken Sie links oben in der App auf ≡.

3 Wie schon im früheren Zubehörprogramm stehen Ihnen auch in der App *Rechner* die weiteren Rechneransichten *Wissenschaftlich* und *Programmierer* zur Verfügung. Treffen Sie Ihre Auswahl per Mausklick.

> Die App *Rechner* ist ein nützlicher Helfer, um auf die Schnelle Berechnungen durchzuführen sowie Maßeinheiten umzurechnen. Wie Sie die App gekonnt nutzen, erfahren Sie auf dieser Doppelseite.

WISSEN

12 Weitere nützliche Windows-10-Apps

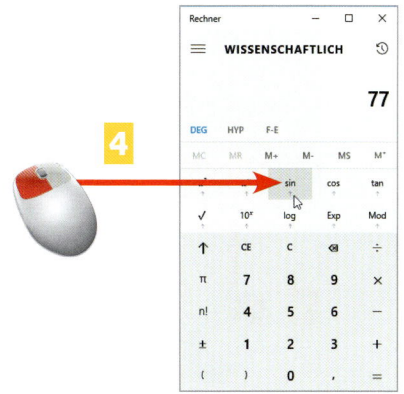

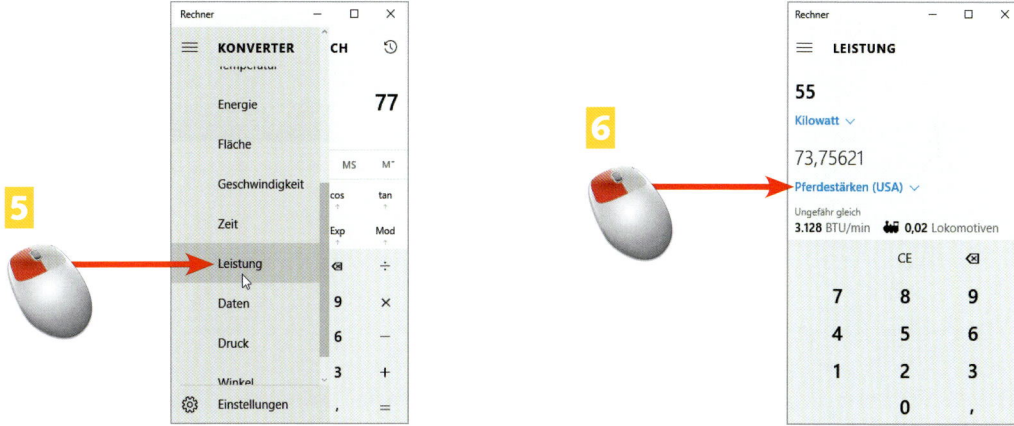

4 Führen Sie anschließend Ihre Berechnung durch, indem Sie die Tasten des Rechners anklicken oder Ihre Eingaben über die Tastatur vornehmen.

5 Die App *Rechner* beinhaltet auch verschiedene Konverter zum Umrechnen von Maßeinheiten, die Sie ebenfalls unter dem Symbol ≡ aufrufen.

6 Wählen Sie die gewünschten Maßeinheiten aus und führen Sie Ihre Umrechnungen durch.

Ende

Wenn Sie die App maximieren bzw. größer ziehen, wird eine zusätzliche Leiste mit Verlauf und Arbeitsspeicher eingeblendet. Der Verlauf lässt sich aber auch per Symbol ⏱ einblenden.

Das Berechnen und Umrechnen kann alternativ auch mit Cortana erfolgen; übrigens lassen sich Berechnungen und Konvertierungen auch mit der Suchmaschine Google durchführen.

TIPP   **TIPP**

282 Weltzeit in der App Alarm & Uhr

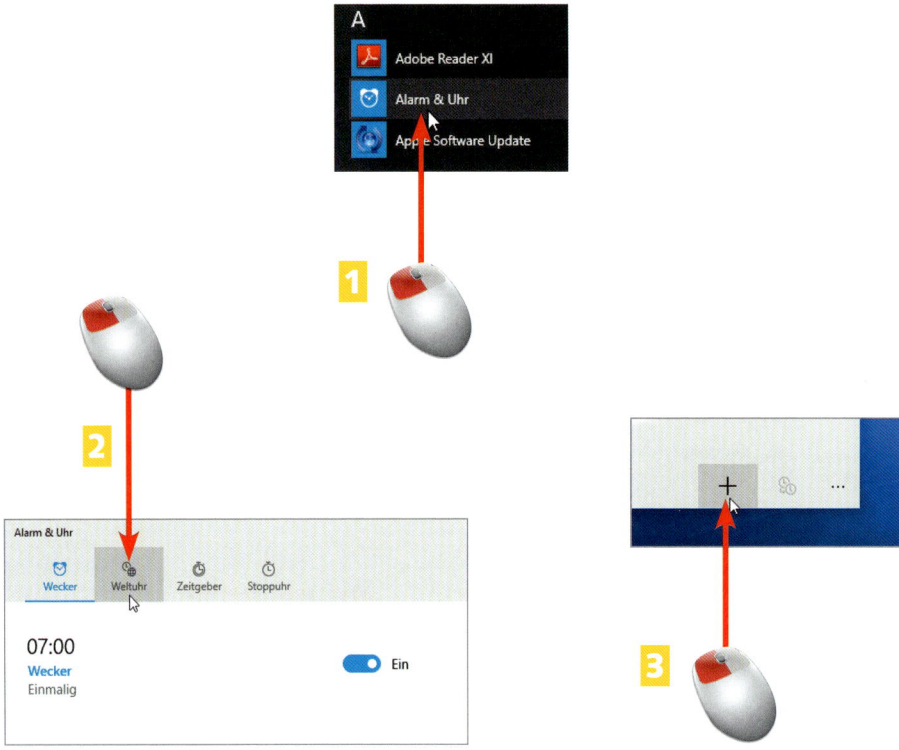

1 Entscheiden Sie sich im Startmenü unter *Alle Apps* für den Eintrag *Alarm & Uhr*.

2 Klicken Sie oben im Fenster der App *Alarm & Uhr* auf die Schaltfläche *Weltuhr*.

3 Um eine Uhr hinzuzufügen, klicken Sie rechts unten in der App auf das Plussymbol +.

In Kapitel 2 habe ich Ihnen bereits gezeigt, wie Sie dem Infobereich bis zu zwei zusätzliche Uhren hinzufügen. In der neuen App *Alarm & Uhr* lassen sich noch weitere Uhren erstellen, die Standorte auf einer Karte anzeigen sowie beliebige Uhrzeiten vergleichen.

WISSEN

12 Weitere nützliche Windows-10-Apps 283

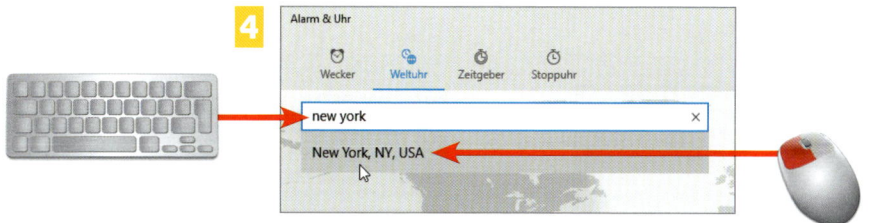

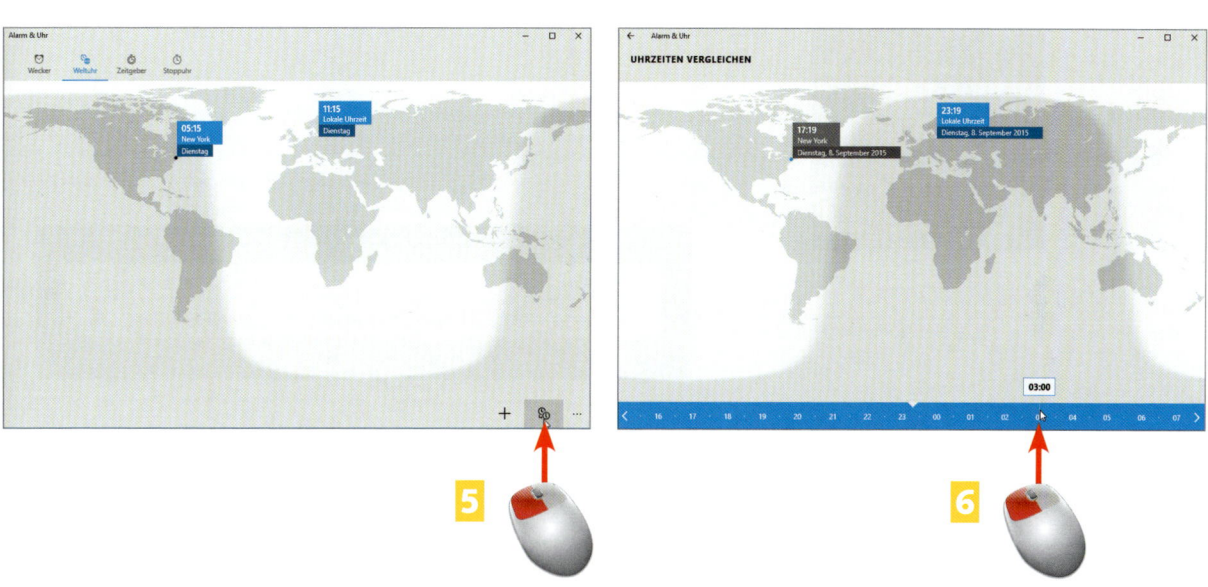

4 Geben Sie den Namen einer Großstadt ein und klicken Sie auf den gefundenen Ort.

5 Die hinzugefügten Orte werden mit der jeweils aktuellen Uhrzeit auf der Karte dargestellt. Um andere Uhrzeiten zu vergleichen, klicken Sie rechts unten auf das Symbol.

6 Es wird eine Leiste aufgerufen, in der Sie eine Uhrzeit einblenden, um den Zeitvergleich durchzuführen.

Ende

Auch ein Timer steht zur Verfügung: Klicken Sie in der App *Alarm & Uhr* auf die Schaltfläche *Zeitgeber*, um ihn einzuschalten. Das Einrichten der Timer-Zeit ist allerdings etwas fummelig.

Einen oder mehrere Wecker erstellen: Dazu klicken Sie unter der Schaltfläche *Wecker* auf das Plussymbol + und machen Ihre Angaben zur Weckzeit.

Auch eine Stoppuhr ist vorhanden. Sie starten diese in der App *Alarm & Uhr* mit der Schaltfläche *Stoppuhr*.

HINWEIS   **HINWEIS**   **WISSEN**

284 Schrittanleitungen erstellen

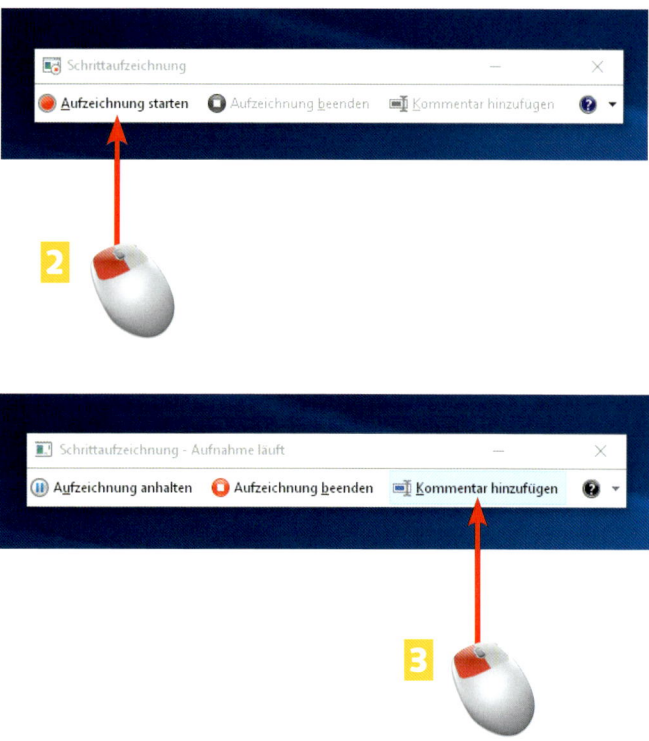

1 Klicken Sie im Startmenü unter *Alle Apps* und dort im Ordner *Windows-Zubehör* auf den Eintrag *Schrittaufzeichnung*.

2 Um mit der Schrittaufzeichnung zu beginnen, klicken Sie auf die Schaltfläche *Aufzeichnung starten*. Führen Sie anschließend einfach die gewünschten Schritte auf der Bedienoberfläche durch.

3 Möchten Sie einen Schritt mit einem Kommentar versehen? Dazu klicken Sie auf die Schaltfläche *Kommentar hinzufügen*.

Das Tool *Schrittaufzeichnung* eignet sich nicht nur dazu, eigene Probleme aufzuzeichnen, um sie anderen Personen vorzuführen, sondern auch dazu, Schrittanleitungen zu erstellen, mit denen Sie anderen Personen bei der Problemlösung behilflich sein können.

WISSEN

12 Weitere nützliche Windows-10-Apps 285

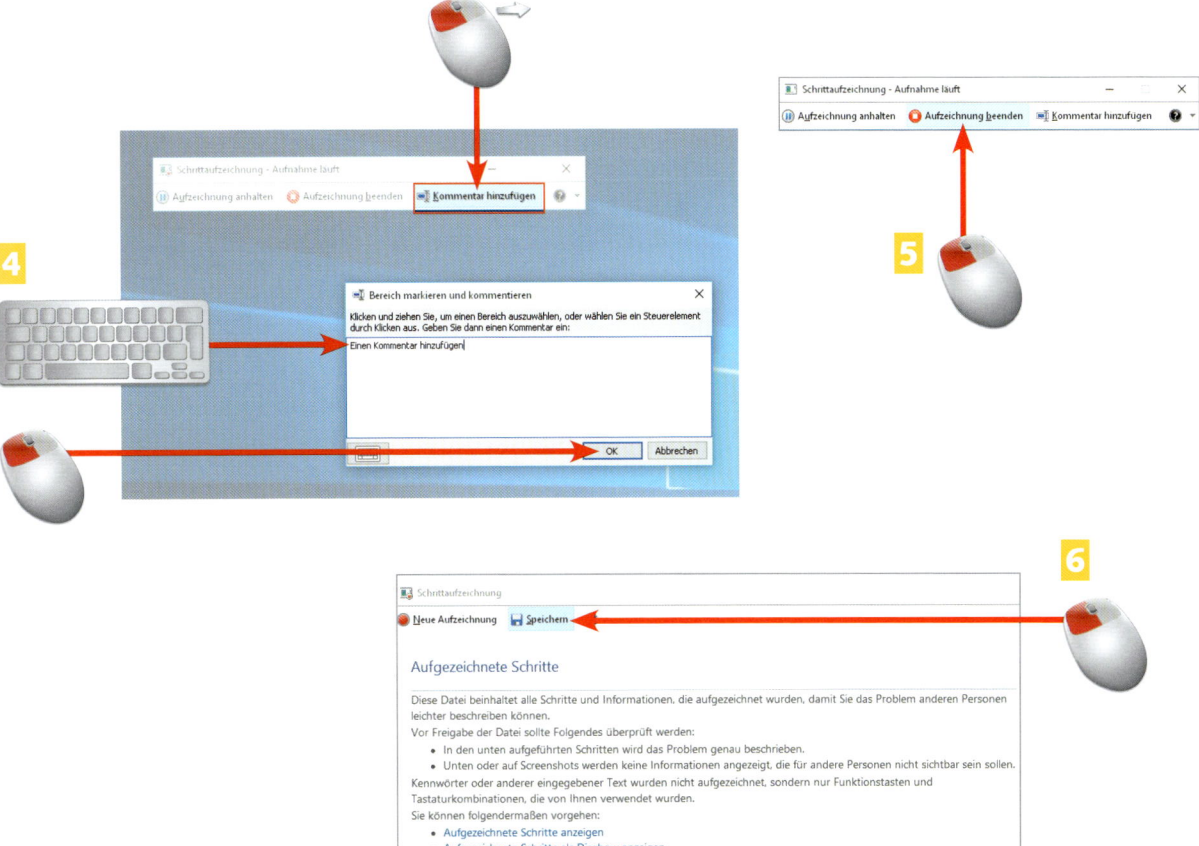

4 Markieren Sie mit der Maus den Ausschnitt, den Sie kommentieren möchten, tippen Sie Ihren Kommentar ein und bestätigen Sie mit *OK*.

5 Wenn Sie mit der Schrittaufzeichnung fertig sind, klicken Sie auf die Schaltfläche *Aufzeichnung beenden*. (Die Schrittaufzeichnung lässt sich auch pausieren.)

6 Die Schrittaufzeichnung wird Ihnen angezeigt und lässt sich auch als Diashow wiedergeben. Zum Speichern als ZIP-Archiv wählen Sie *Speichern*.

Ende

Die im ZIP-Archiv gespeicherte Datei hat übrigens das Format *.mthml*. Das ist ein Archivformat für Webseiten, das außer der Webseite auch die dazugehörenden Bilder enthält.

Die Schrittaufzeichnung mit Shortcuts steuern:
[Strg]+[U]: Aufzeichnung pausieren
[Strg]+[F]: Aufzeichnung fortsetzen
[Strg]+[K]: Kommentar hinzufügen
[Strg]+[B]: Aufzeichnung beenden
[Strg]+[S]: Aufzeichnung speichern

HINWEIS   **TIPP**

Tipps zu Pflege, Wartung und Profikonfiguration

13

In diesem Kapitel werfen Sie einen Blick „unter die Haube" von Windows 10 und lernen die besten Tipps und Tricks zu Pflege, Wartung und Profikonfiguration kennen.

Erfahren Sie etwa, wie Sie die automatische Defragmentierung von Laufwerken konfigurieren, mehreren Benutzern Kontingente der Festplatte zuweisen, in die Registry eingreifen, die Festplatte in mehrere Laufwerke partitionieren und noch vieles mehr.

Laufwerkbereinigung

Start

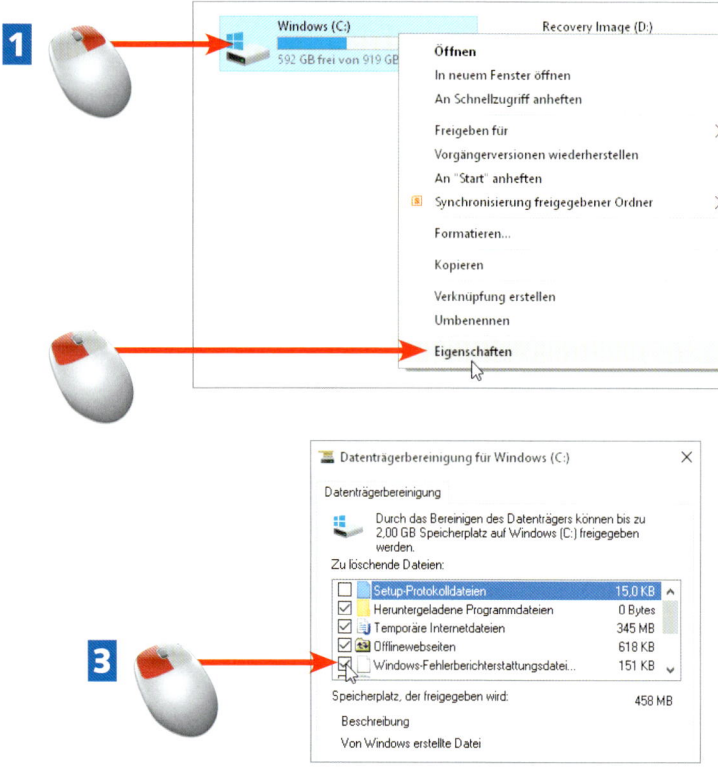
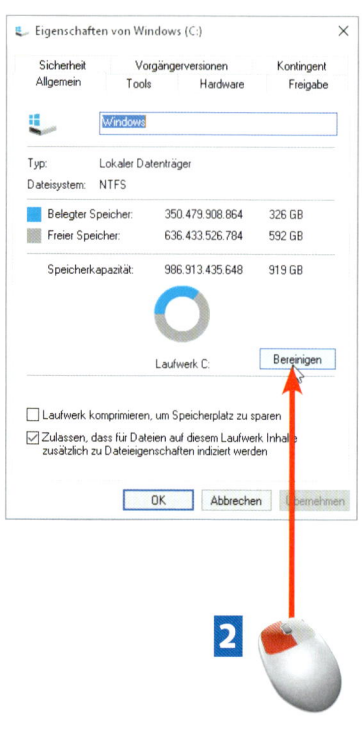

1. Klicken Sie ein Laufwerk im Explorer mit der rechten Maustaste an und entscheiden Sie sich im Kontextmenü für den Eintrag *Eigenschaften*.

2. Im sich öffnenden Fenster wird Ihnen die Speicherkapazität des Laufwerks angezeigt. Klicken Sie auf die Schaltfläche *Bereinigen*.

3. Windows prüft nun, welche Dateien gelöscht werden können. Bestimmen Sie per Kontrollkästchen, welche Dateien Sie tatsächlich löschen und welche Sie behalten möchten.

Auf der Festplatte sammelt sich im Lauf der Zeit einiges an Datenmüll an. Die gute alte Laufwerkbereinigung ist Ihnen auch unter Windows 10 beim Ausmisten behilflich.

WISSEN

13 Tipps zu Pflege, Wartung und Profikonfiguration

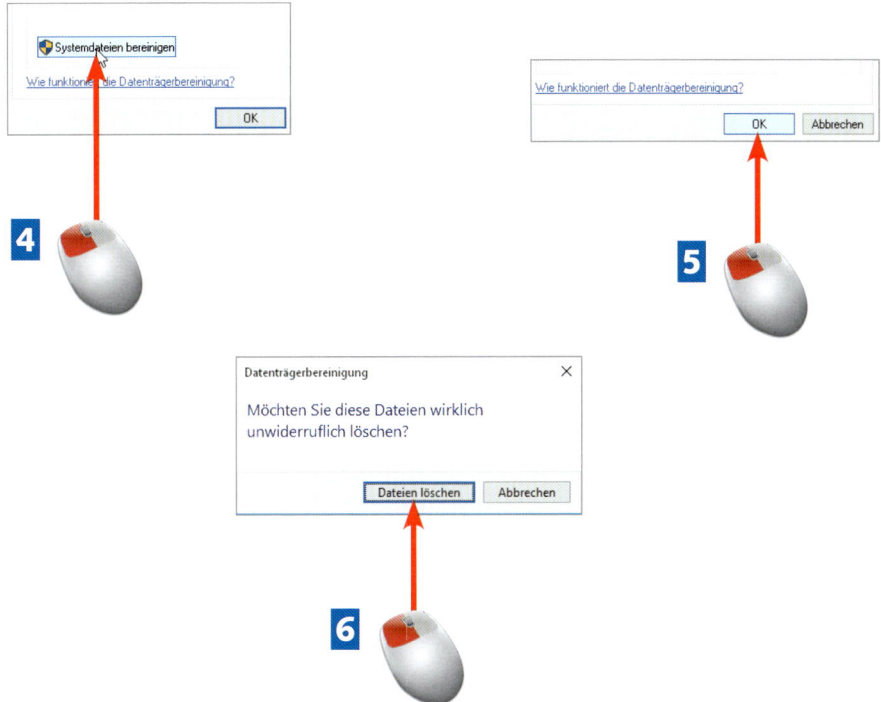

4 Sollen in der Liste auch Systemdateien (Gerätetreiberpakete etc.) zur Bereinigung angeboten werden? Dazu klicken Sie auf die Schaltfläche *Systemdateien bereinigen*.

5 Nachdem Sie Ihre Auswahl getroffen haben, bestätigen Sie mit der Schaltfläche *OK*.

6 Bestätigen Sie dann noch mit *Dateien löschen*, um die Laufwerkbereinigung durchzuführen.

Ende

HINWEIS

Falls der Speicherplatz mal knapp werden sollte: Im Eigenschaften-Fenster des Laufwerks finden Sie auch das Kontrollkästchen *Laufwerk komprimieren, um Speicherplatz zu sparen*.

TIPP

Auch frühere Wiederherstellungspunkte bis auf den letzten lassen sich bereinigen. Diese Option finden Sie, nachdem Sie *Systemdateien bereinigen* gewählt haben, unter dem Reiter *Weitere Optionen*.

Defragmentierung konfigurieren

Start

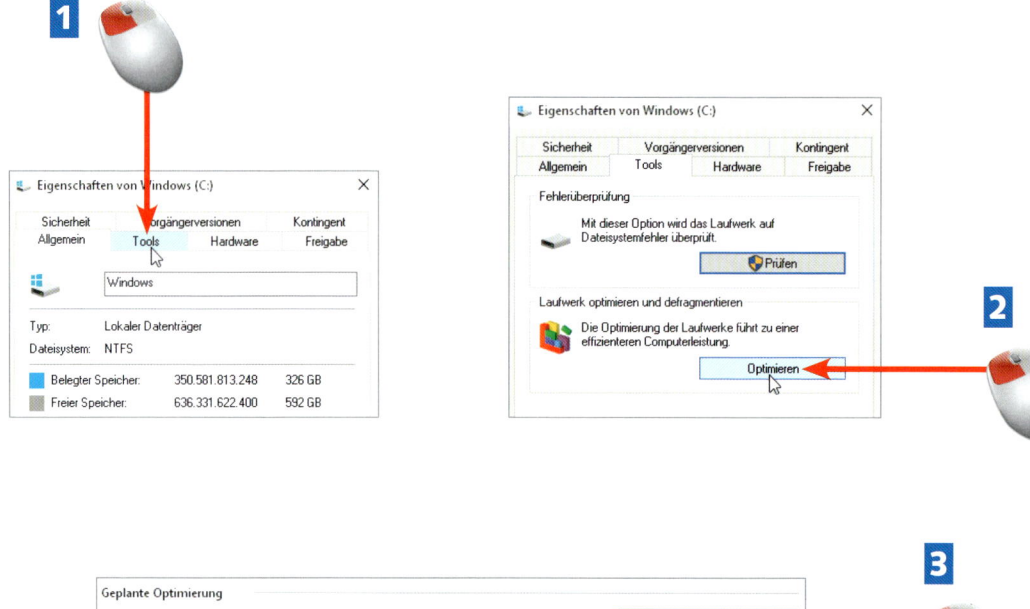

1 Entscheiden Sie sich im Eigenschaften-Fenster des Laufwerks für den Reiter *Tools*.

2 Entscheiden Sie sich im Abschnitt *Laufwerk optimieren und defragmentieren* für die Schaltfläche *Optimieren*.

3 Standardmäßig wird die Defragmentierung einmal pro Woche automatisch durchgeführt. Um eigene Einstellungen zu verwenden, klicken Sie auf *Einstellungen ändern*.

Damit zusammengehörende Daten auf Ihrem Computer nicht immer weiter auseinanderdriften und dadurch Prozesse verlangsamt werden, ist eine regelmäßige Defragmentierung erforderlich. Diese geschieht bereits in regelmäßigen Intervallen automatisch, aber vielleicht möchten Sie ja die Einstellungen anpassen.

WISSEN

13 Tipps zu Pflege, Wartung und Profikonfiguration

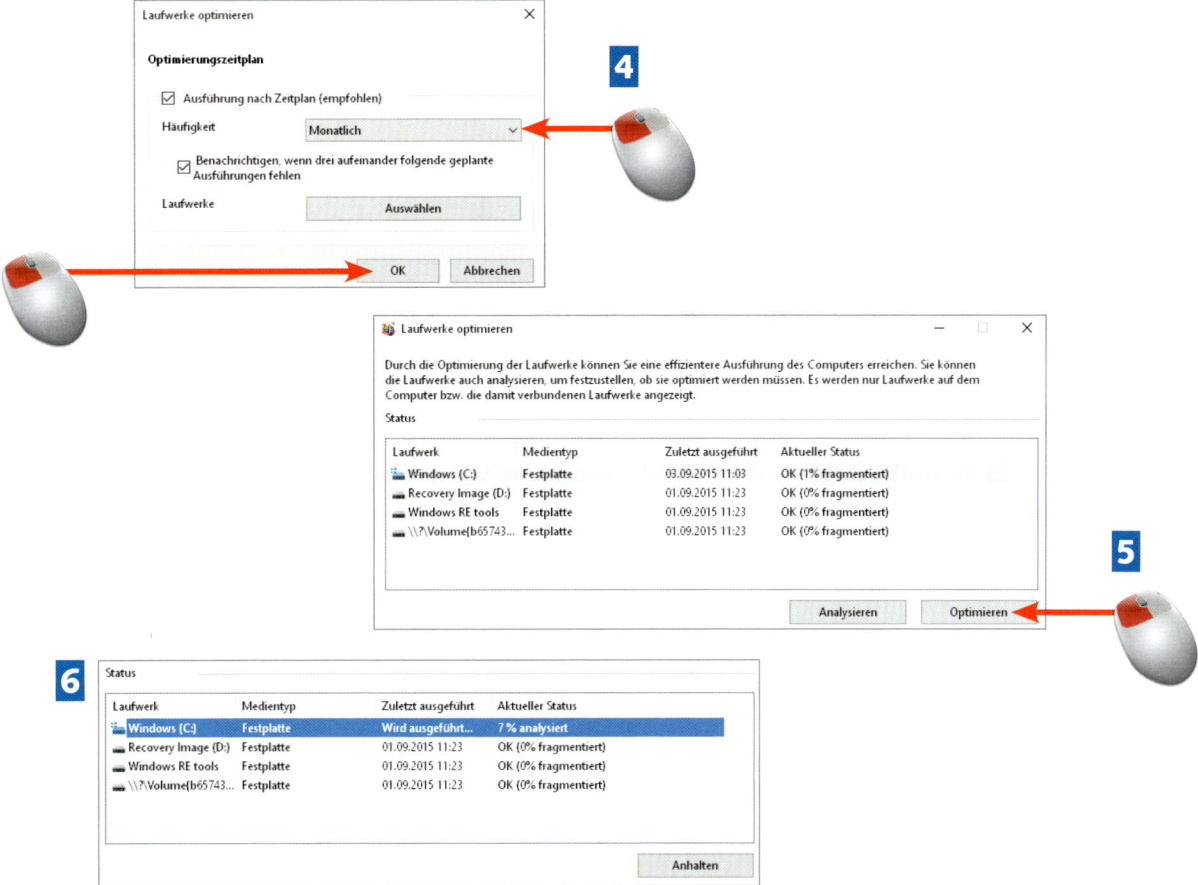

4 Bestimmen Sie, ob Sie eine automatische Defragmentierung überhaupt wünschen, und wenn ja, in welchem Intervall. Sie können die automatische Defragmentierung außerdem auf einzelne Laufwerke beschränken. Bestätigen Sie Ihre Einstellungen mit *OK*.

5 Eine Defragmentierung lässt sich jederzeit auch manuell anstoßen, indem Sie ein Laufwerk in der Liste auswählen und dann auf die Schaltfläche *Optimieren* klicken.

6 Die Analyse und Optimierung des Laufwerks dauert eine gewisse Zeit, der Prozess kann aber im Hintergrund ablaufen.

Ende

Für die Laufwerkoptimierung und Co. gibt es natürlich auch Zusatztools, ein in der Basisversion kostenloses z. B. unter der folgenden Webadresse: *www.iobit.com/de/advancedsystemcarefree.php*.

Ebenfalls unter dem Reiter *Tools* zu finden: Klicken Sie auf die Schaltfläche *Prüfen*, um das Laufwerk auf Dateisystemfehler hin zu checken.

HINWEIS **TIPP**

292 USB-Speicherstick formatieren

Start

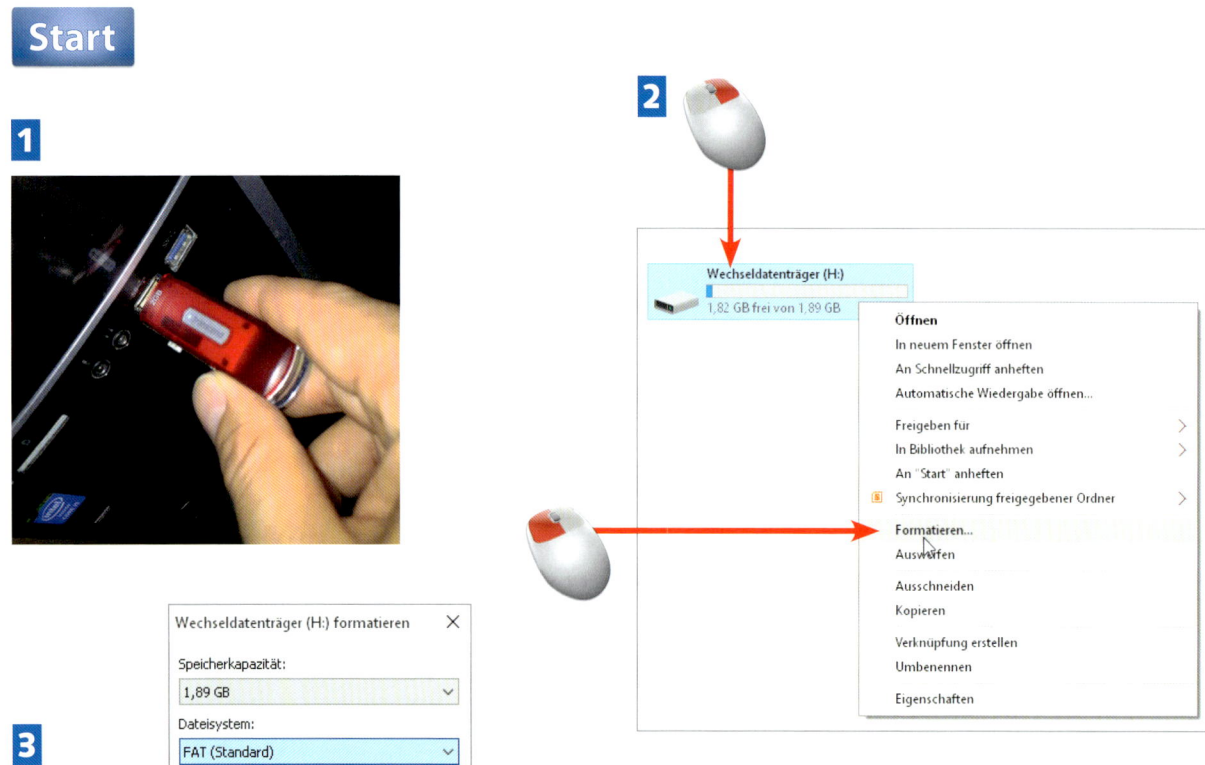

1. Verbinden Sie den USB-Speicherstick mit Ihrem Computer.

2. Klicken Sie den USB-Speicherstick (hier als *Wechseldatenträger* aufgeführt) im Explorer mit der rechten Maustaste an und wählen Sie im Kontextmenü den Eintrag *Formatieren*.

3. Bestimmen Sie per Drop-down-Menü das gewünschte Dateisystem bzw. übernehmen Sie das Standard-Dateisystem.

Sie möchten einen USB-Speicherstick von sämtlichen Daten befreien und ihn in einem bestimmten Dateisystem formatieren? Wie Sie dazu vorgehen, lesen Sie hier Schritt für Schritt.

WISSEN

13 Tipps zu Pflege, Wartung und Profikonfiguration

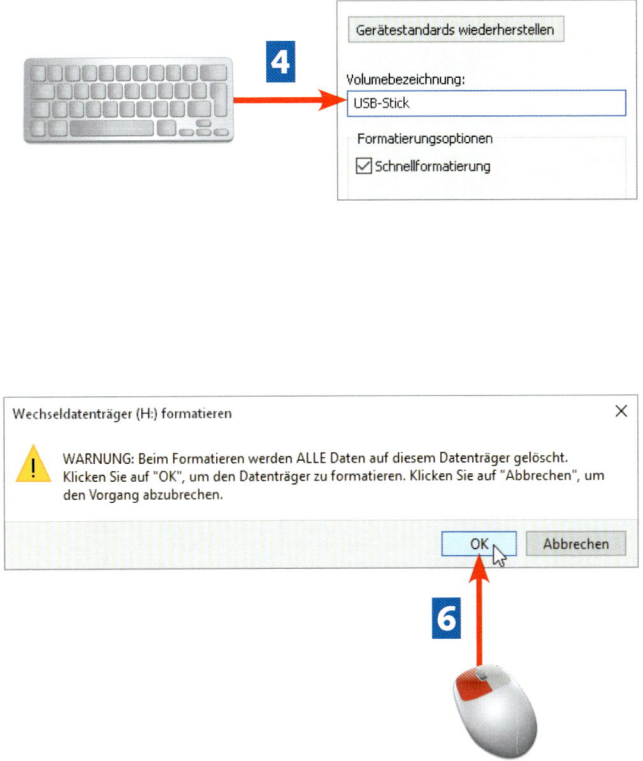

4 Geben Sie eine schlüssige Laufwerkbezeichnung ein, die dann im Explorer statt *Wechseldatenträger* zu lesen ist.

5 Bestimmen Sie per Kontrollkästchen, ob Sie eine *Schnellformatierung* wünschen oder nicht. Klicken Sie dann auf *Starten*.

6 Bestätigen Sie das Formatieren des USB-Speichersticks im folgenden Hinweisfenster mit *OK*.

Ende

Der Unterschied zwischen normaler Formatierung und Schnellformatierung: Bei der normalen wird der Datenträger auf fehlerhafte Sektoren geprüft, bei der schnellen nicht.

TIPP

Was hier für einen USB-Speicherstick geschrieben wird, gilt selbstverständlich auch für SD-Karten und andere Datenträger.

TIPP

Die Abkürzung FAT steht übrigens für **F**ile **A**llocation **T**able, ein von Microsoft bereits Ende der 1970er Jahre entwickeltes Dateisystem. Neuere Windows-Versionen verwenden das Dateisystem NTFS (**N**ew **T**echnology **F**ile **S**ystem).

FACHWORT

ReadyBoost verwenden

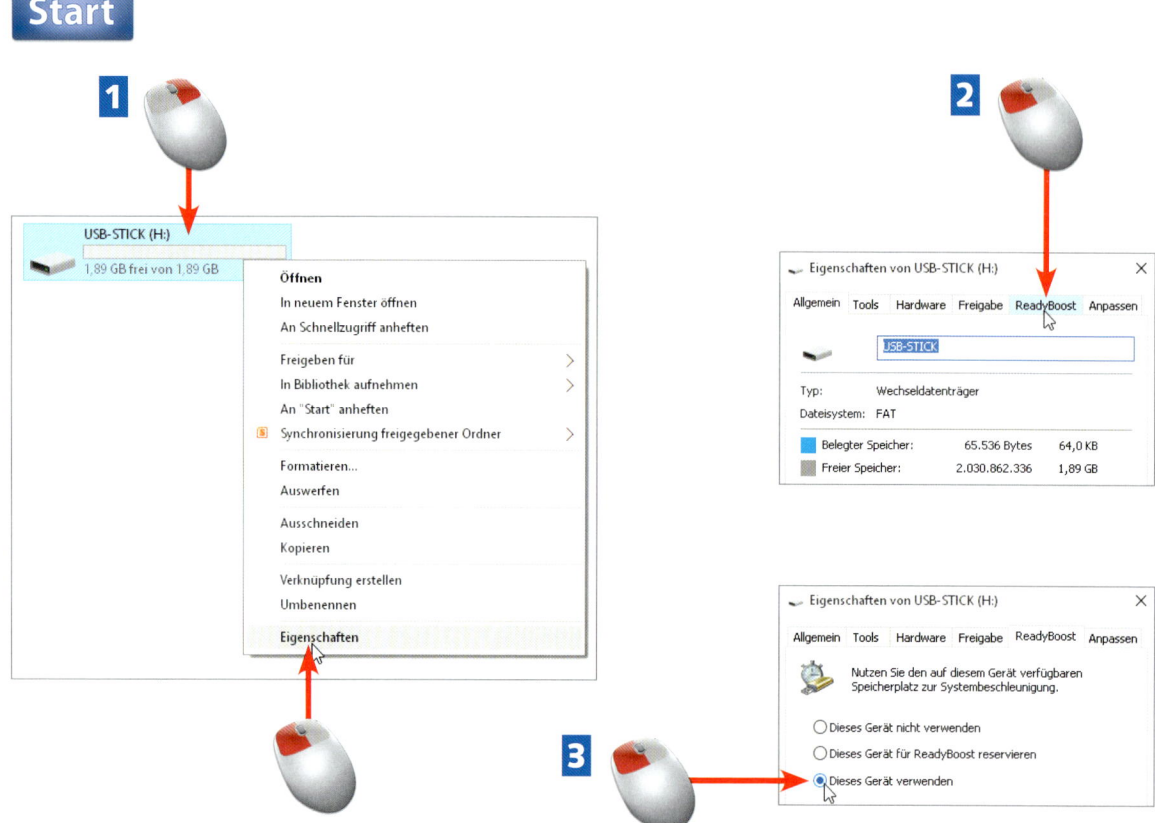

1 Klicken Sie den USB-Speicherstick im Explorer mit der rechten Maustaste an und wählen Sie im Kontextmenü den Eintrag *Eigenschaften*.

2 Klicken Sie im folgenden Fenster auf den Reiter *ReadyBoost*.

3 Aktivieren Sie den Radio-Button *Dieses Gerät verwenden*.

Ein USB-Speicherstick lässt sich nicht nur zum Speichern von Dateien verwenden, sondern auch als Flash-Speicher in das Windows-System einbinden, um die Systemleistung zu erhöhen. Die entsprechende Funktion nennt sich ReadyBoost.

WISSEN

13 Tipps zu Pflege, Wartung und Profikonfiguration

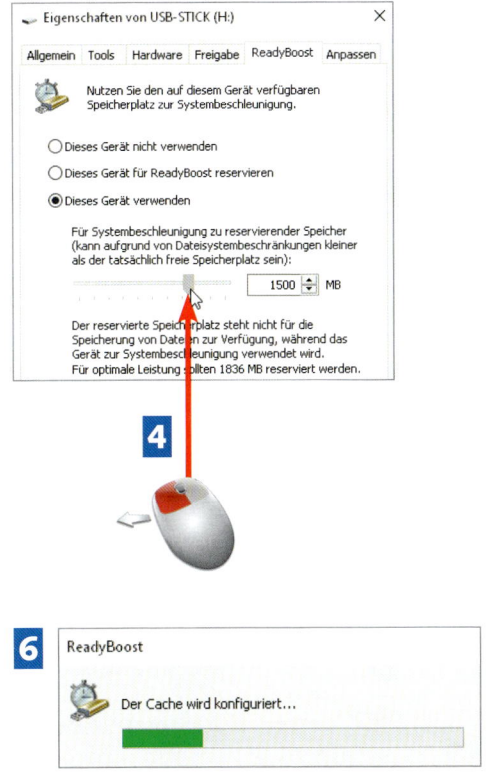

4 Bestimmen Sie anschließend per Schieberegler (oder durch Eingabe in das Feld), wie viel Speicherplatz des USB-Speichersticks für die ReadyBoost-Funktion verwendet werden soll.

5 Bestätigen Sie Ihre Einstellungen mit *OK*.

6 Windows wird anschließend entsprechend konfiguriert. Der Speicherplatz auf dem USB-Speicherplatz schrumpft entsprechend Ihrer Eingabe.

Ende

HINWEIS: Soll der komplette Speicherplatz auf dem USB-Speicherstick für ReadyBoost verwendet werden? Dann aktivieren Sie in Schritt 4 den Radio-Button *Dieses Gerät für ReadyBoost reservieren*.

HINWEIS: Auch andere Flash-Speichermedien (z. B. SD-Karten) lassen sich für die Verwendung von ReadyBoost konfigurieren.

Kontingente für neue Benutzer

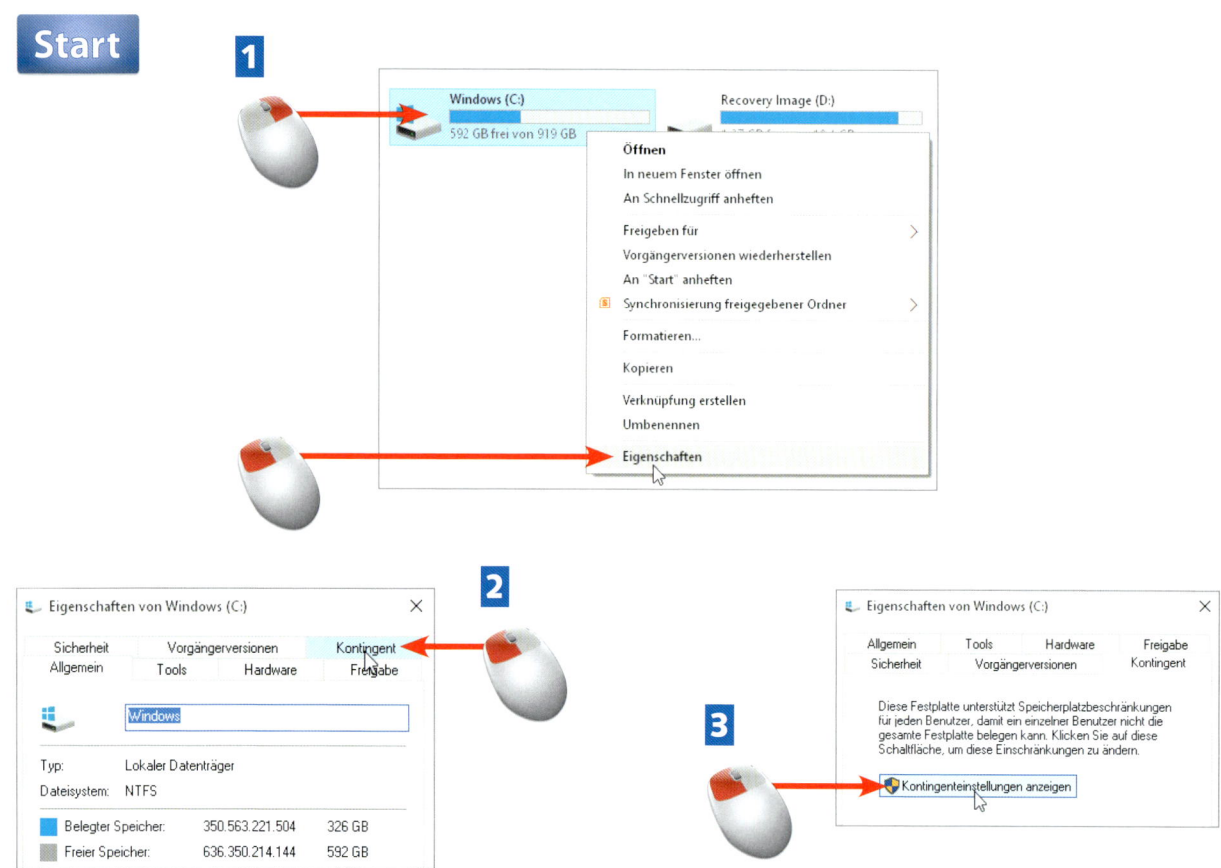

1. Klicken Sie im Explorer mit der rechten Maustaste auf das Laufwerk und wählen Sie im Kontextmenü *Eigenschaften*.

2. Klicken Sie im folgenden Fenster auf den Reiter *Kontingent*.

3. Klicken Sie als Nächstes auf die Schaltfläche *Kontingenteinstellungen anzeigen*. (Logisch: Zum Anpassen müssen Sie über Administratorrechte verfügen.)

Ein Benutzer belegt mit seinen Videos den ganzen Festplattenspeicher Ihres Computers? Durch Kontingente lässt sich das von Anfang an unterbinden – jedem neuen Benutzer wird dann eine maximale Speichergröße zugewiesen, die nicht überschritten werden darf. Das Einrichten geht ganz leicht.

WISSEN

13 Tipps zu Pflege, Wartung und Profikonfiguration

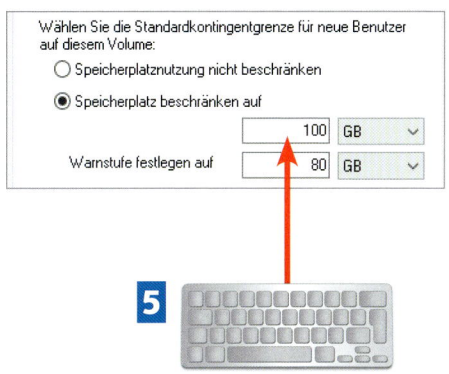

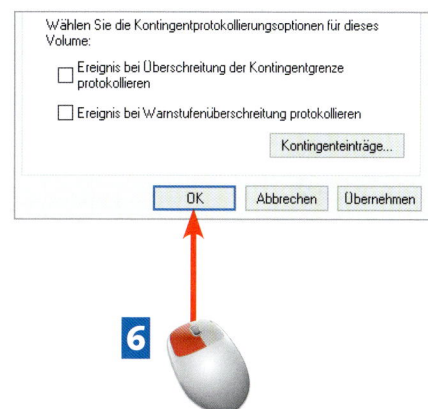

4 Aktivieren Sie das Kontrollkästchen *Kontingentverwaltung aktivieren*. Entscheiden Sie mit einem weiteren Kontrollkästchen, ob zusätzlicher Speicherplatz beim Überschreiten des Kontingents verweigert werden soll oder nicht.

5 Bestimmen Sie nun den zur Verfügung stehenden Speicherplatz und ab wann eine Warnmeldung erfolgen soll.

6 Die Protokollierung ist optional. Bestätigen Sie zum Schluss mit *OK*.

Ende

HINWEIS
Achten Sie in Schritt 5 darauf, dass Sie die richtigen Einheiten gewählt haben, meistens erfolgt die Kontingentangabe in GByte.

TIPP
Die Kontingenteinstellungen gelten nur für das jeweilige Laufwerk, müssen also gegebenenfalls mit weiteren Laufwerken wiederholt werden.

298 Kontingente für bestehende Benutzer

Start

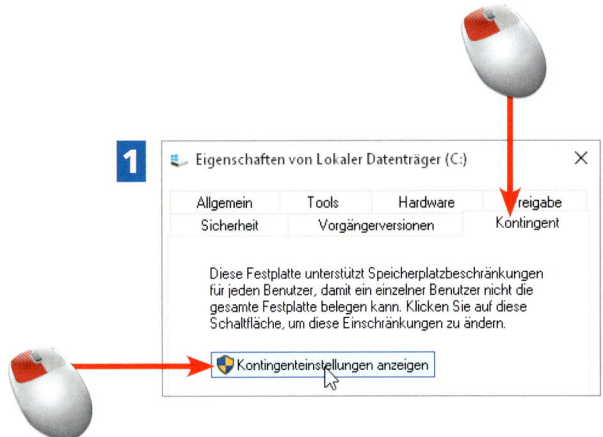

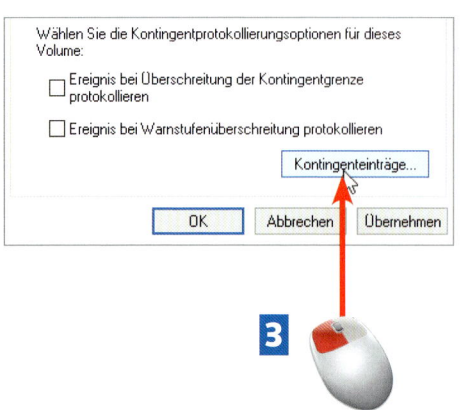

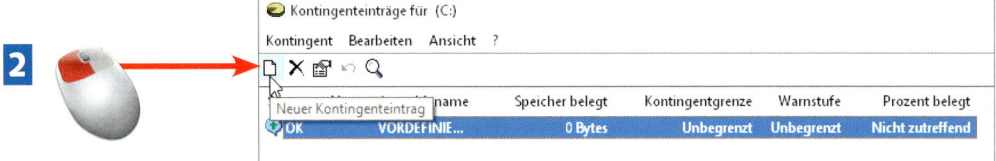

1 Entscheiden Sie sich im Eigenschaften-Fenster des Laufwerks wieder für den Reiter *Kontingent* und dann für *Kontingenteinstellungen anzeigen*.

2 Klicken Sie nun auf die Schaltfläche *Kontingenteinträge*.

3 Um einen Kontingenteintrag hinzuzufügen, klicken Sie im folgenden Fenster links oben auf das Symbol.

> Die auf der vorherigen Doppelseite geschilderte Vorgehensweise gilt nur für neue Benutzer. Wenn ein bereits bestehender Benutzer zu sorglos mit dem Speicherplatz des Computers umgeht, gehen Sie so vor, wie auf dieser Doppelseite beschrieben.

WISSEN

13 Tipps zu Pflege, Wartung und Profikonfiguration 299

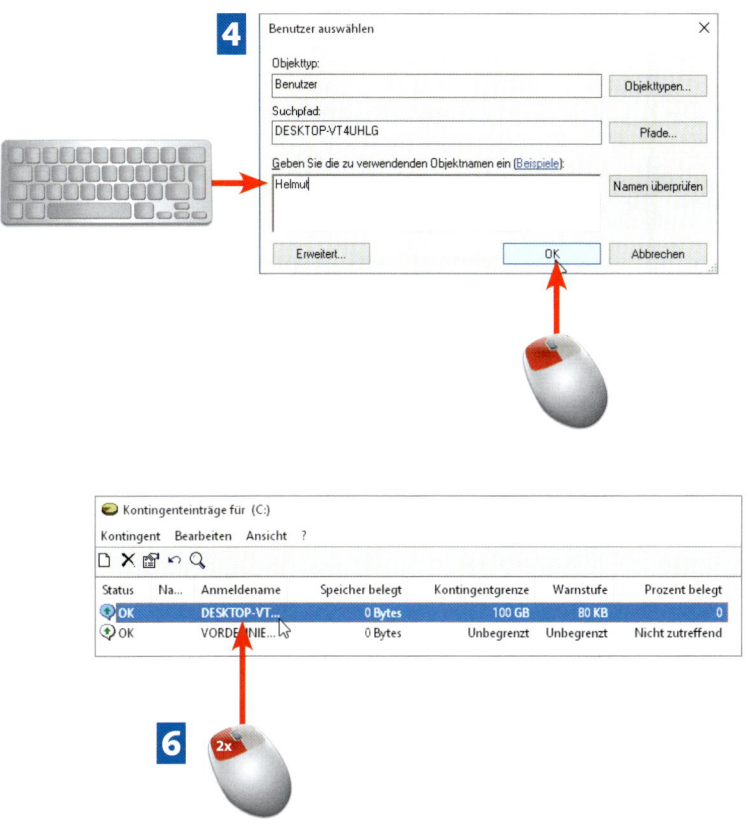
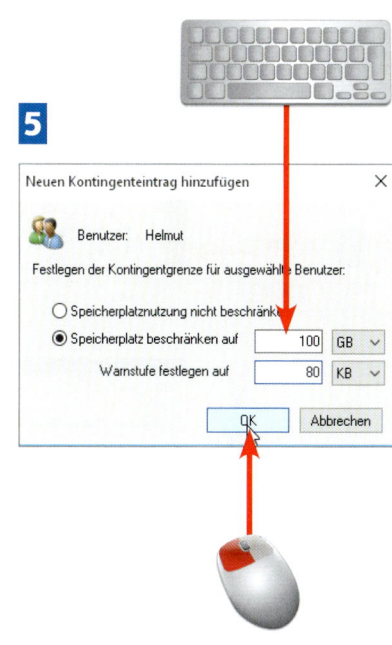

4 Geben Sie den Namen des betreffenden Benutzers ein und bestätigen Sie mit *OK*.

5 Bestimmen Sie die Speicherplatzbeschränkung sowie die Schwelle für die Warnmeldung und bestätigen Sie mit *OK*.

6 Der Kontingenteintrag wird in der Liste aufgeführt – mitsamt Informationen zum belegten Speicherplatz. Wenn Sie Änderungen am Kontingent durchführen möchten, doppelklicken Sie auf den Eintrag.

Ende

Um einen Kontingenteintrag wieder zu entfernen, klicken Sie ihn einfach an und drücken die [Entf]-Taste. Bestätigen Sie das Löschen mit *Ja*.

Sie haben bereits auf Ihrem vorherigen PC Kontingenteinträge erstellt? Wählen Sie im Fenster aus Schritt 6 *Kontingent/Exportieren*, um Einträge zu exportieren, und *Kontingent/Importieren*, um sie zu importieren.

HINWEIS   **TIPP**

300 Laufwerk partitionieren

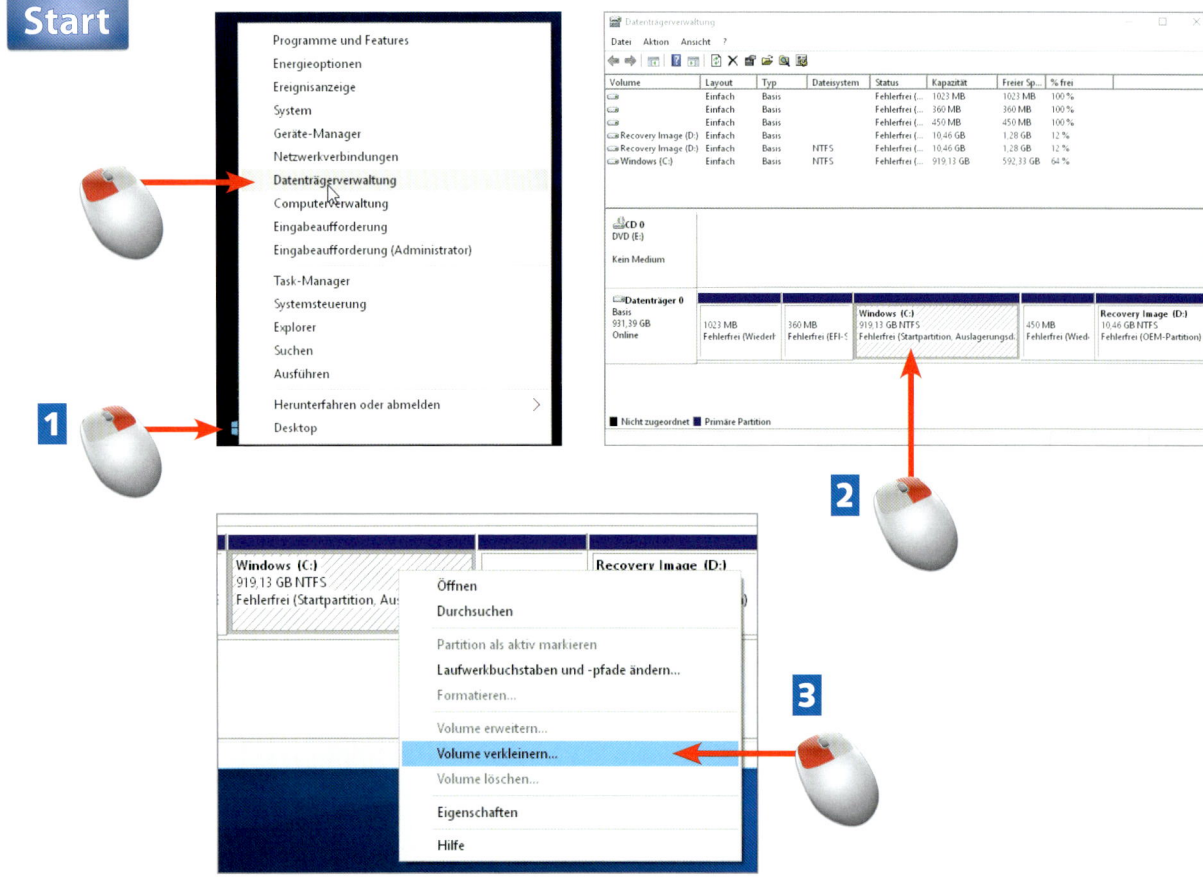

1 Klicken Sie mit der rechten Maustaste auf das Windows-Logo ⊞ und wählen Sie im Kontextmenü den Eintrag *Datenträgerverwaltung*.

2 Sie erhalten eine Übersicht der verfügbaren Laufwerke, oben in Form einer Liste, unten in einer grafischen Darstellung. Zunächst muss für die neue Partition Platz geschaffen werden. Klicken Sie das zu verkleinernde Laufwerk mit der rechten Maustaste an.

3 Entscheiden Sie sich im Kontextmenü für den Eintrag *Volume verkleinern*.
(Volume ist die englische Bezeichnung unter anderem für Laufwerk.)

Eine Festplatte kann in mehrere Teile – Partitionen – unterteilt werden. Jede Partition für sich ist ein vollwertiges Laufwerk, auf dem z. B. unterschiedliche Betriebssysteme laufen können. Wie Sie mithilfe der Datenträgerverwaltung eine neue Partition anlegen, wird hier erläutert.

WISSEN

13 Tipps zu Pflege, Wartung und Profikonfiguration 301

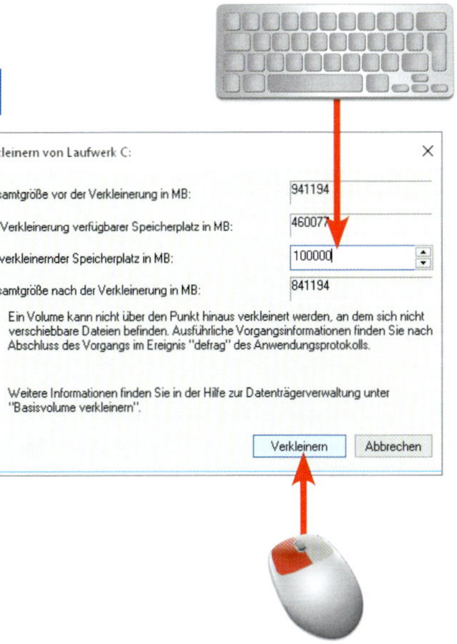

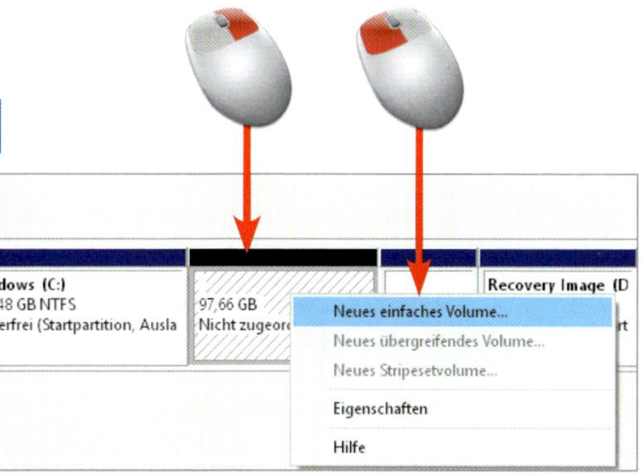

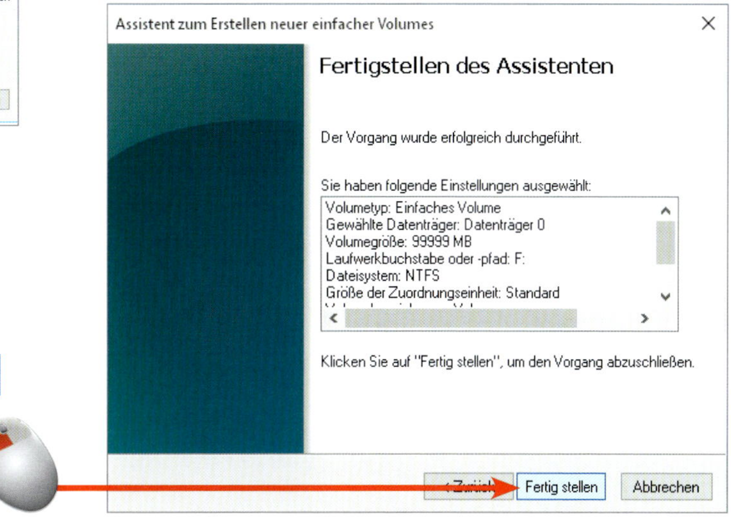

4 Bestimmen Sie, um wie viel das Laufwerk verkleinert werden soll, und bestätigen Sie mit der Schaltfläche *Verkleinern*.

5 Der abgezwackte Speicherplatz wird nun als „Nicht zugeordnet" aufgeführt. Klicken Sie den nicht zugeordneten Speicher mit der rechten Maustaste an und wählen Sie *Neues einfaches Volume*.

6 Im Assistenten legen Sie Laufwerkbuchstabe, Dateisystem etc. fest. Bestätigen Sie zum Schluss mit *Fertig stellen*, um die Partition zu erstellen.

HINWEIS
Die grafische Darstellung in der Datenträgerverwaltung lässt sich individuell anpassen. Dazu wählen Sie in der Menüleiste *Ansicht/Einstellugen*.

TIPP
Wenn Sie ein Laufwerk wieder entfernen möchten, klicken Sie es mit der rechten Maustaste an und wählen *Volume löschen*. Dann klicken Sie das verkleinerte Laufwerk an und wählen *Volume erweitern*, um es wieder auf die ursprüngliche Größe zu bringen.

Virtuelle Festplatte erstellen

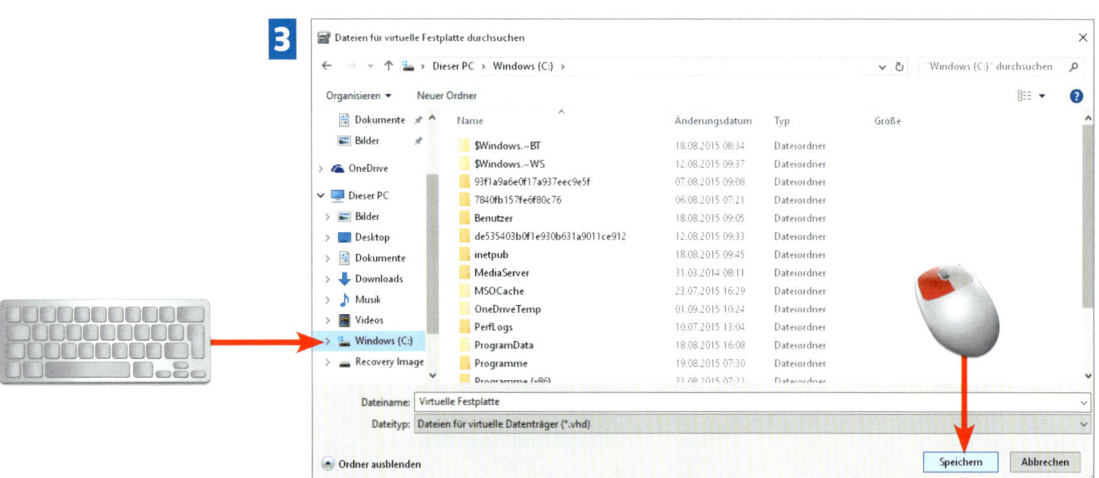

1 Entscheiden Sie sich in der Menüleiste der Datenträgerverwaltung für *Aktion/Virtuelle Festplatte erstellen*.

2 Klicken Sie im folgenden Fenster als Erstes auf die Schaltfläche *Durchsuchen*.

3 Bestimmen Sie einen Speicherort für die virtuelle Festplatte, geben Sie dieser einen Namen und bestätigen Sie mit *Speichern*.

Alternativ zu Partitionen lassen sich unter Windows 10 auch virtuelle Festplatten einrichten. Dabei handelt es sich eigentlich um Dateien, die eine Festplatte lediglich simulieren.

WISSEN

13 Tipps zu Pflege, Wartung und Profikonfiguration 303

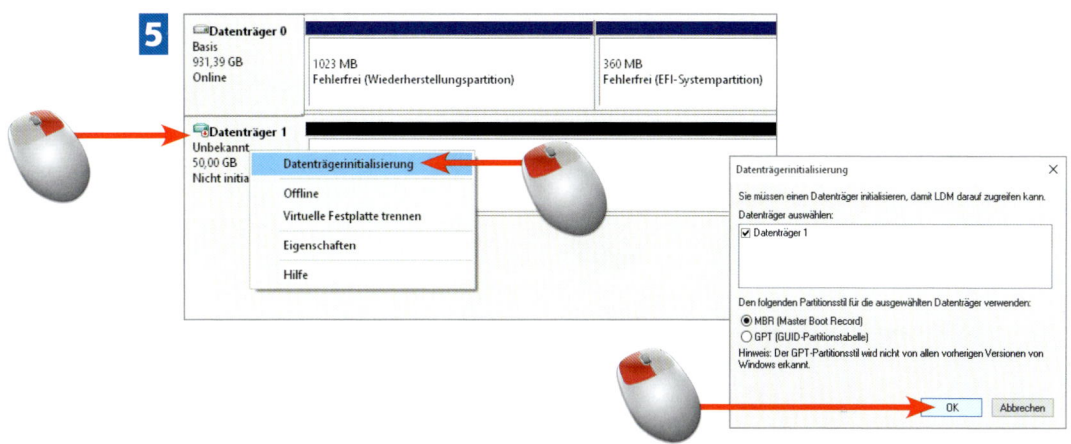

4 Bestimmen Sie die Größe der virtuellen Festplatte und bestätigen Sie mit *OK*. Das Erstellen der virtuellen Festplatte dauert anschließend einen Moment.

5 Klicken Sie mit der rechten Maustaste auf die *Datenträger*-Schaltfläche und wählen *Datenträgerinitialisierung*. Bestätigen Sie den gewünschten Partitionsstil mit *OK*.

6 Zum Schluss geht es weiter wie beim Erstellen einer Partition: Klicken Sie den nicht zugeordneten Speicherplatz mit der rechten Maustaste an, wählen Sie *Neues einfaches Volume* und machen Sie im Assistenten Ihre Angaben.

HINWEIS	TIPP	HINWEIS
Die virtuelle Festplatte wird im Explorer wie ein richtiges Laufwerk angezeigt und kann auch so verwendet werden.	Sie können auch eine bereits vorhandene virtuelle Festplatte einbinden, dazu wählen Sie im Menü aus Schritt 1 den Eintrag *Virtuelle Festplatte anfügen* und geben anschließend den Speicherpfad an.	Sie können die virtuelle Festplatte als Ganzes kopieren und dann auch auf einem anderen Windows-Computer als Laufwerk anfügen.

Windows-Installation in VirtualBox

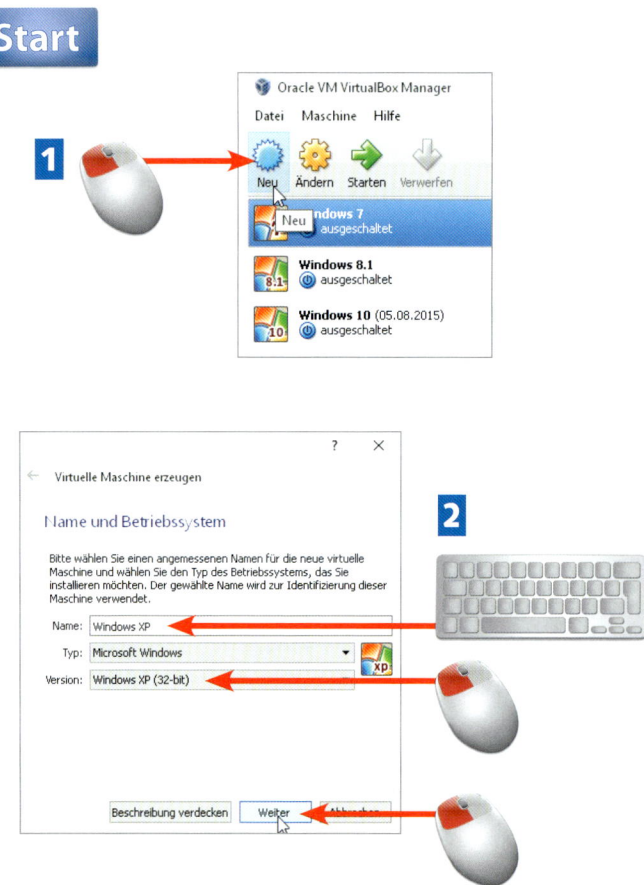

1 Um ein Betriebssystem hinzuzufügen, klicken Sie links oben in VirtualBox auf die Schaltfläche *Neu*.

2 Geben Sie der virtuellen Maschine eine schlüssige Bezeichnung, wählen Sie in den Drop-down-Menüs das entsprechende Betriebssystem aus (passende Speicherangaben werden dann automatisch vorgeschlagen) und bestätigen Sie mit *Weiter*.

3 Die Speichervorschläge können Sie übernehmen oder individuell anpassen. Bestätigen Sie Ihre Einstellungen jeweils mit *Weiter*.

Um auch andere Betriebssysteme unter Windows 10 laufen zu lassen, empfehle ich die zusätzliche Software VirtualBox, die Sie kostenlos unter der Webadresse *www.virtualbox.org* herunterladen. Auch VirtualBox arbeitet mit einer virtuellen Festplatte, von der dann direkt in VirtualBox gebootet werden kann.

WISSEN

13   Tipps zu Pflege, Wartung und Profikonfiguration

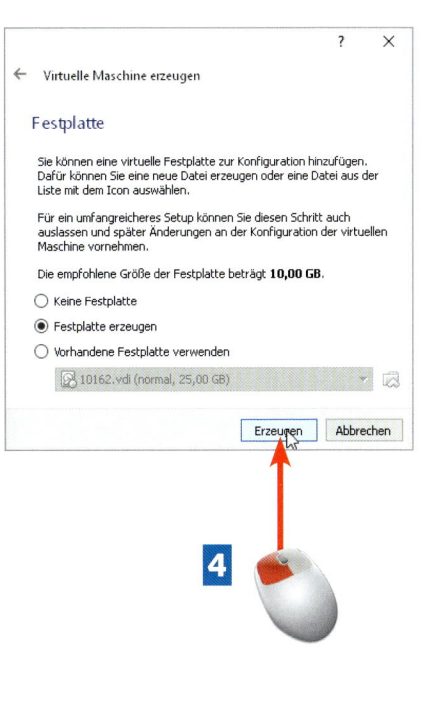
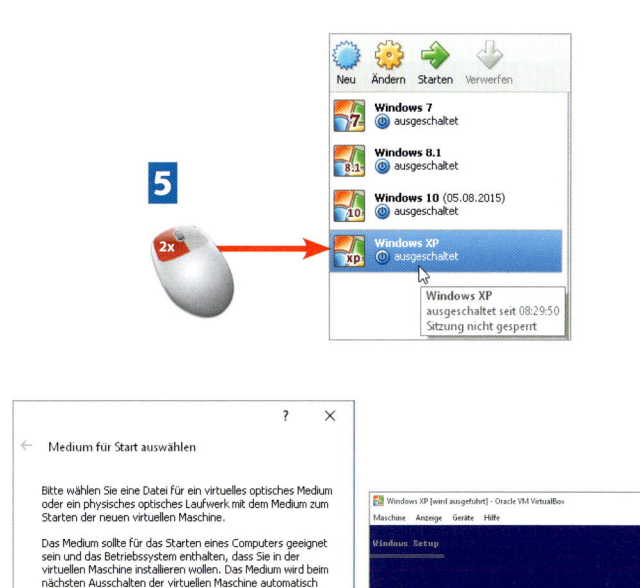

4 Auch in VirtualBox wird eine virtuelle Festplatte angelegt. Folgen Sie dazu den Anweisungen des Assistenten.

5 Nachdem Sie die virtuelle Maschine angelegt haben, doppelklicken Sie in VirtualBox darauf, um sie zu starten.

6 Installieren Sie das Betriebssystem entweder von einem Datenträger oder von einer Image-Datei, die Sie unter dem Symbol auswählen. Bestätigen Sie mit *Starten*, um die Installation durchzuführen.

Ende

Wenn Sie das Fenster einer virtuellen Maschine schließen, erhalten Sie Optionen zum Ausschalten (vergleichbar mit dem Herunterfahren) sowie zum Speichern des Zustands (vergleichbar mit dem Ruhezustand).

HINWEIS

Dem Wechsel zwischen realem und virtuellem Betriebssystem dient unter VirtualBox die [Strg]-Taste rechts auf der Windows-Tastatur.

TIPP

Unten in der virtuellen Maschine finden Sie verschiedene Optionen zum Herstellen von Netzwerkverbindungen, zum Einbinden von USB-Geräten etc.

HINWEIS

Die Registry im Überblick

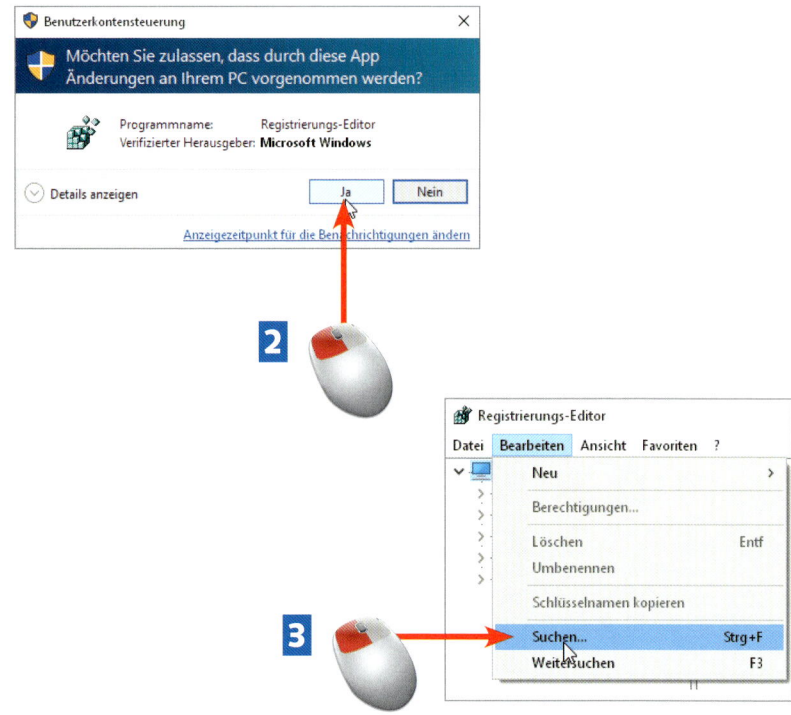

1. Führen Sie im eingebauten Suchfeld den Befehl *regedit* aus, um den Registrierungseditor zu öffnen.

2. Wenn sich die Benutzerkontensteuerung zu Wort meldet, bestätigen Sie mit *Ja*.

3. Sie können die Registry nun mit *Bearbeiten/Suchen* nach Einträgen durchforsten, etwa um bestimmten Datenballast zu beseitigen.

WISSEN

In der Registrierungsdatenbank wird die komplette Konfiguration von Windows und seinen Programmen gespeichert. Die Konfiguration lässt sich in der Registry auch ändern, das ist nur eine Frage des Gewusst-wo. Auf dieser Doppelseite verschaffe ich Ihnen einen Überblick.

13 Tipps zu Pflege, Wartung und Profikonfiguration 307

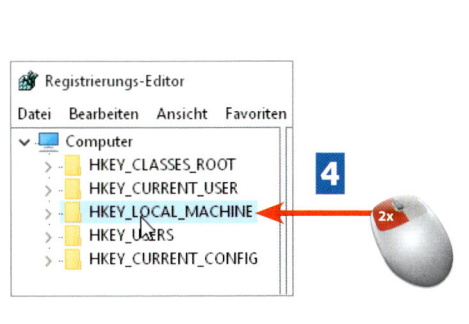

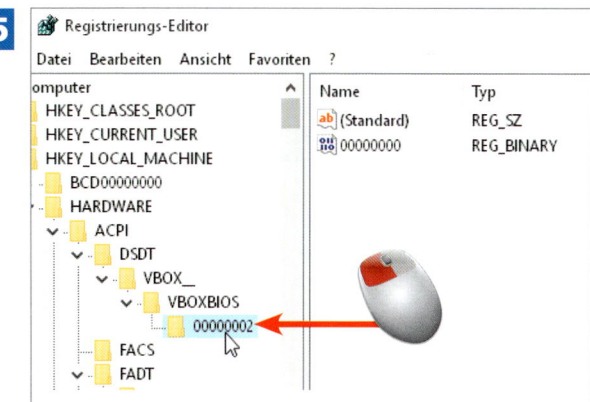

4 Oder Sie klicken sich durch die im Navigationsbereich des Registrierungseditors angezeigten Schlüssel, wobei das Öffnen entweder per Pfeilsymbol oder per Doppelklick auf einen Eintrag erfolgt.

5 Wenn Sie im Navigationsbereich einen Schlüssel (erkennbar am Symbol 📁) auswählen, werden Ihnen rechts die zugehörigen Werte (Symbol) und Daten (Symbol ab) angezeigt.

6 Auf die Daten und Werte können Sie doppelklicken, um diese zu ändern – aber grundsätzlich nur dann, wenn Sie genau wissen, was Sie da tun!

Sie finden in der Registry fünf Hauptschlüssel: HKEY_CLASSES_ROOT (Umgang mit Dateien), HKEY_CURRENT_USER (Einstellungen für den angemeldeten Benutzer), HKEY_LOCAL_MACHINE (Einstellungen für alle Benutzer), HKEY_USERS (Einstellungen für einzelne Benutzer) und HKEY_CURRENT_CONFIG (momentane Konfiguration).

Bevor Sie Änderungen an der Registry durchführen, sollten Sie die ursprüngliche Version mit *Datei/Exportieren* sichern oder einen Wiederherstellungspunkt setzen, wie es noch in Kapitel 14 beschrieben wird.

HINWEIS   **HINWEIS**

Registry-Hack: Kontextmenü erweitern

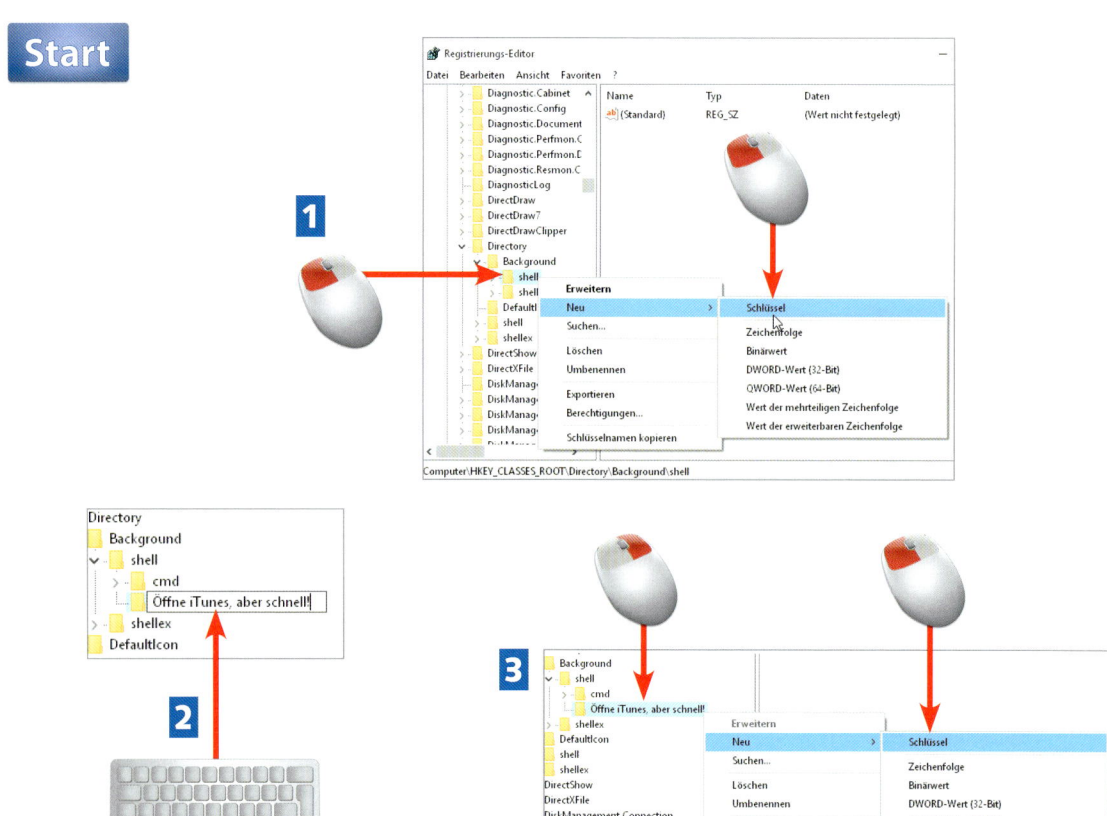

1. Suchen Sie in der Registry diesen Key heraus: *HKEY_CLASSES_ROOT/Directory/Background/Shell*. Den Eintrag *Shell* klicken Sie mit der rechten Maustaste an und wählen *Neu/Schlüssel*.

2. Geben Sie dem Schlüssel eine beliebige, aber schlüssige Bezeichnung. Der Name des Schlüssels wird später im Kontextmenü auf dem Desktop angezeigt.

3. Klicken Sie den soeben erstellten Schlüssel mit der rechten Maustaste an und wählen Sie nochmals *Neu/Schlüssel*.

In der Registry lassen sich eine Menge feiner Dinge anstellen. Auf dieser Doppelseite zeige ich Ihnen, wie Sie das Kontextmenü, das Sie per Rechtsklick auf eine freie Fläche des Desktops erhalten, um einen Eintrag zum Starten eines beliebigen Programms erweitern.

WISSEN

13 Tipps zu Pflege, Wartung und Profikonfiguration

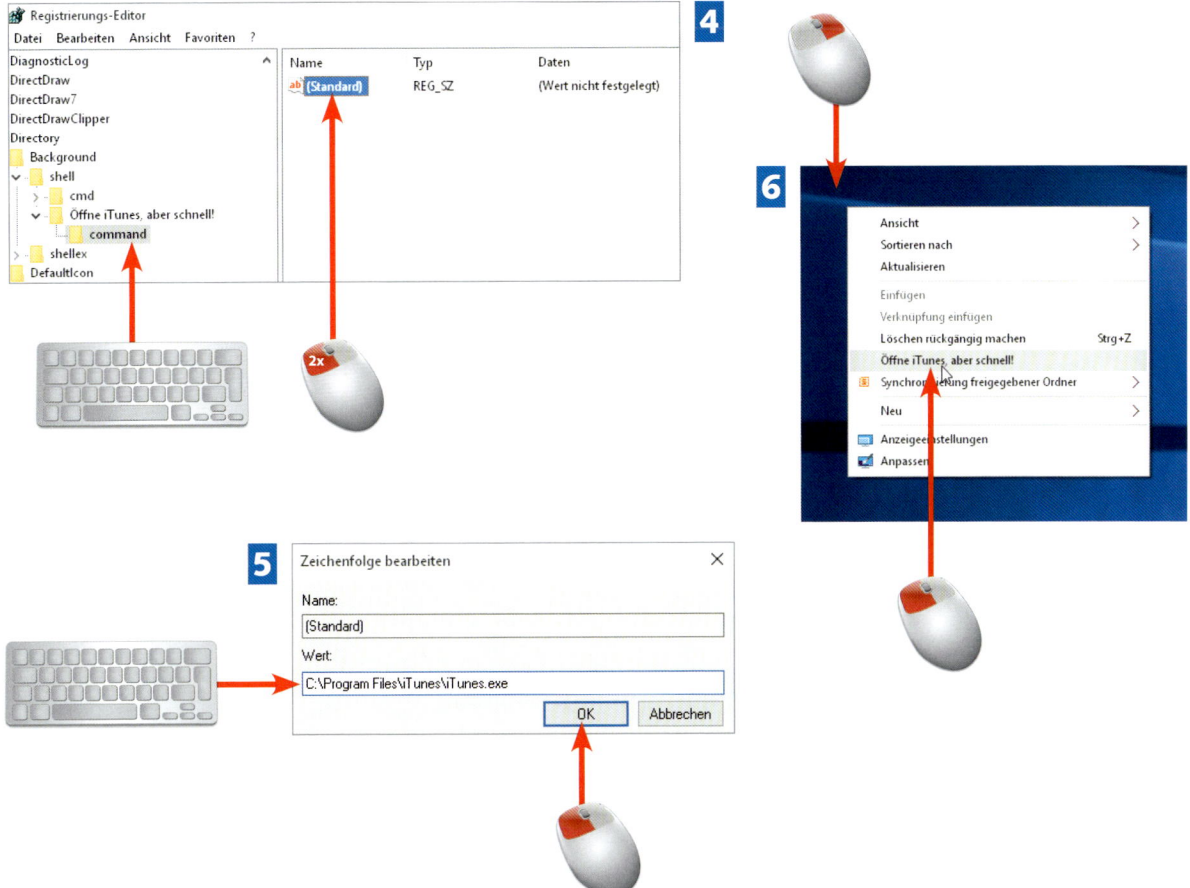

4 Nennen Sie den Schlüssel *command* und doppelklicken Sie anschließend im Anzeigebereich auf den *(Standard)*-Eintrag.

5 Geben Sie im folgenden Fenster als Wert den exakten Dateipfad ein und bestätigen Sie mit *OK*. Der Dateipfad kann auch aus der Zwischenablage in das Feld eingefügt werden.

6 Das war's schon! Klicken Sie mit der rechten Maustaste auf eine freie Fläche des Desktops, um den soeben erstellten Eintrag auswählen und das entsprechende Programm starten zu können.

Ende

Für diesen Registry-Hack muss in Schritt 5 tatsächlich der Programmpfad verwendet werden, nicht die Verknüpfung aus dem Startmenü!

HINWEIS

Das Desktop-Kontextmenü lässt sich nicht nur um einen, sondern auch um mehrere Programmeinträge erweitern.

HINWEIS

Auch die Systemsteuerung lässt sich ins Kontextmenü aufnehmen. Dazu geben Sie in Schritt 5 statt eines Dateipfads *rundll32.exe shell32.dll,Control_RunDLL* ein.

TIPP

Registry-Hack: schneller defragmentieren

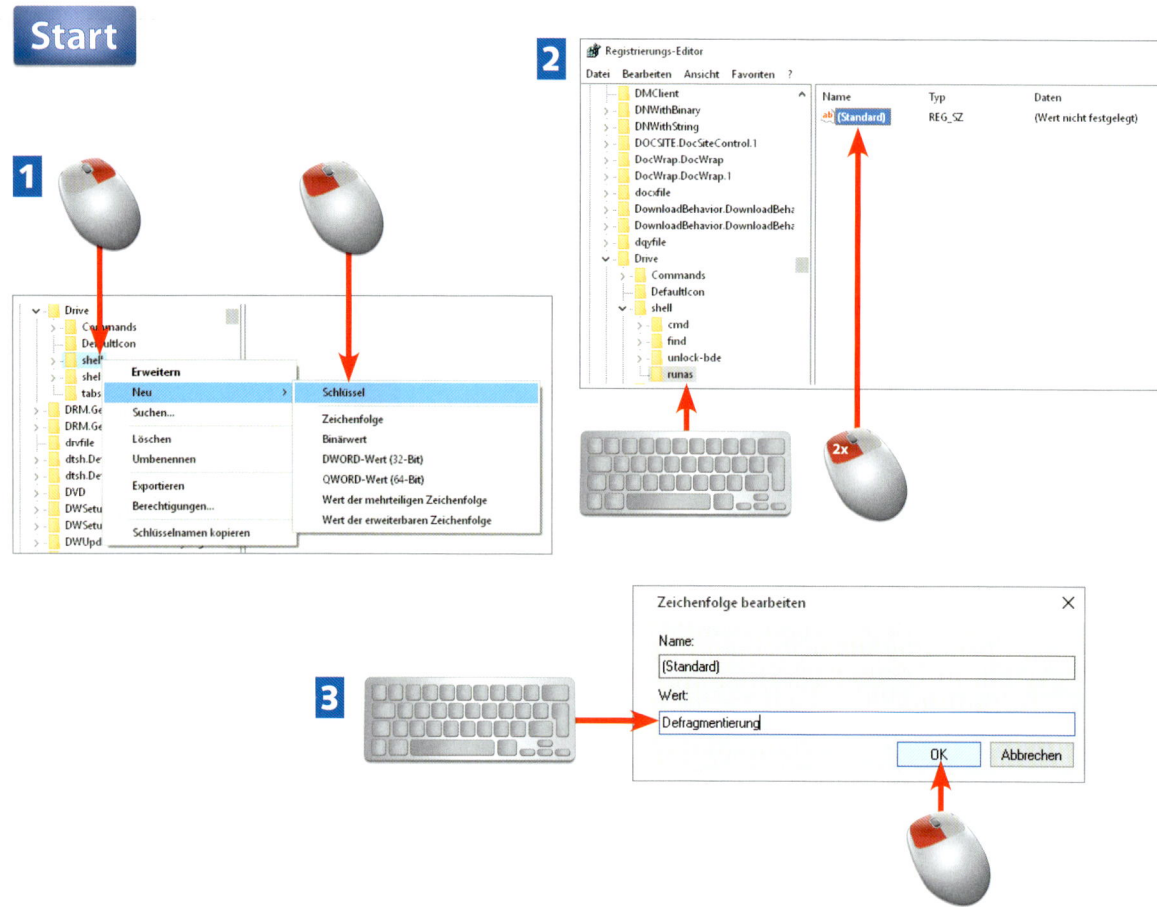

1. Öffnen Sie in der Registry den Schlüssel *HKEY_CLASSES_ROOT/Drive/shell*. Klicken Sie den Eintrag *shell* mit der rechten Maustaste an und wählen Sie *Neu/Schlüssel*.

2. Geben Sie dem neuen Schlüssel den Namen *runas* und doppelklicken Sie auf den enthaltenen *(Standard)*-Eintrag.

3. Geben Sie die Bezeichnung ein, die im Kontextmenü erscheinen soll – hier *Defragmentierung* – und bestätigen Sie mit *OK*.

In diesem Kapitel haben Sie bereits erfahren, wie Sie unter Windows 10 die automatische Defragmentierung von Laufwerken konfigurieren. Nun möchte ich Ihnen einen kleinen Registry-Hack vorstellen, mit dessen Hilfe Sie eine manuelle Defragmentierung per Eintrag im Kontextmenü starten.

WISSEN

13 Tipps zu Pflege, Wartung und Profikonfiguration

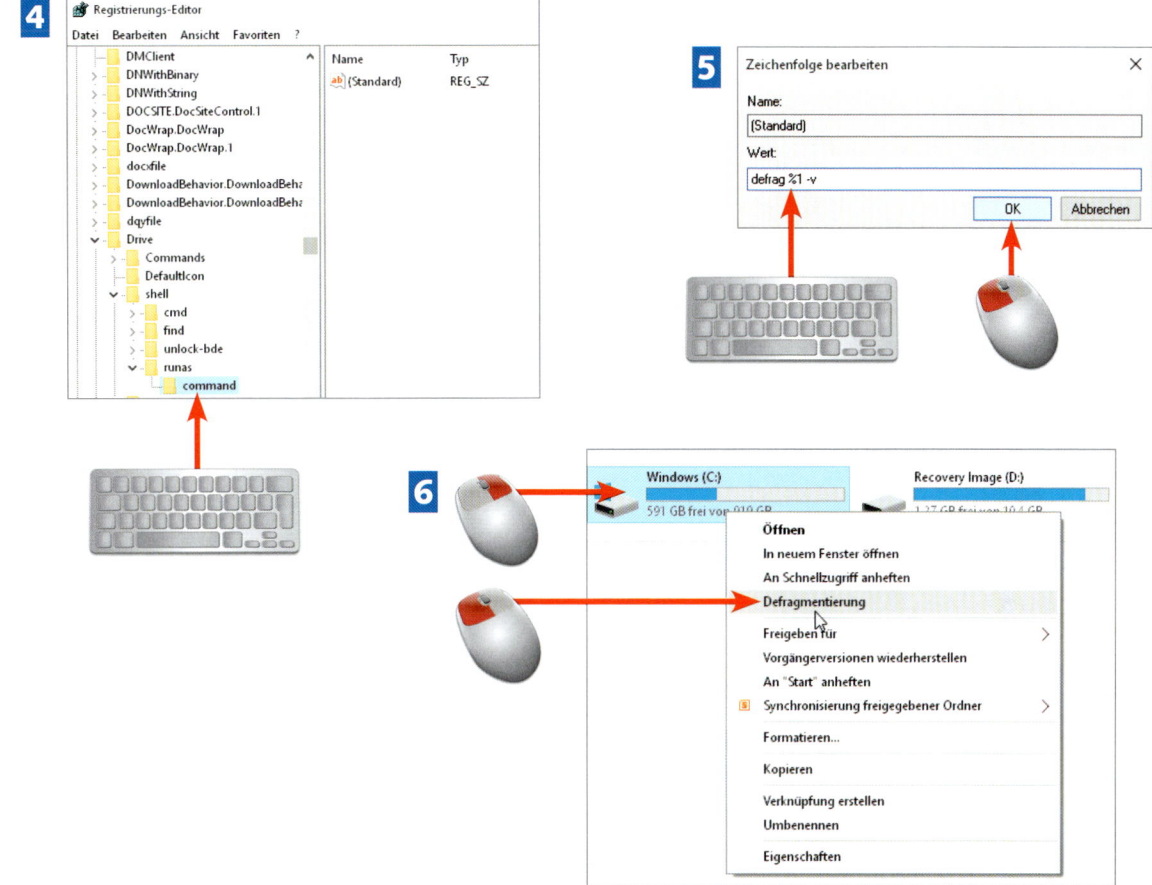

4 Erstellen Sie als Nächstes den Unterschlüssel *command* und doppelklicken Sie auch hier auf den *(Standard)*-Eintrag.

5 Geben Sie als Wert *defrag %1 -v* ein und bestätigen Sie mit *OK*. (Der Zusatz *-v* steht übrigens für den ausführlichen Verbose-Modus.)

6 Klicken Sie ein Laufwerk mit der rechten Maustaste an und wählen Sie den in der Registry erstellten Eintrag, um die Defragmentierung durchzuführen.

Ende

Die Defragmentierung lässt sich mit dem Befehl *defrag* auch in der Eingabeaufforderung (Administrator) ausführen, wobei Sie dann das *%1* durch den Laufwerkbuchstaben ersetzen. Der komplette Befehl könnte also beispielsweise lauten: *defrag c: -v*

Um eine Übersicht über die Zusätze für den Befehl *defrag* zu erhalten, führen Sie in der Eingabeaufforderung den Befehl *defrag* aus.

HINWEIS   **HINWEIS**

Registry-Hack: Systemsteuerung im Explorer

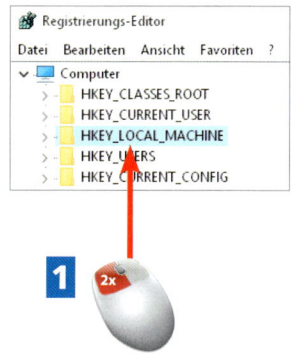
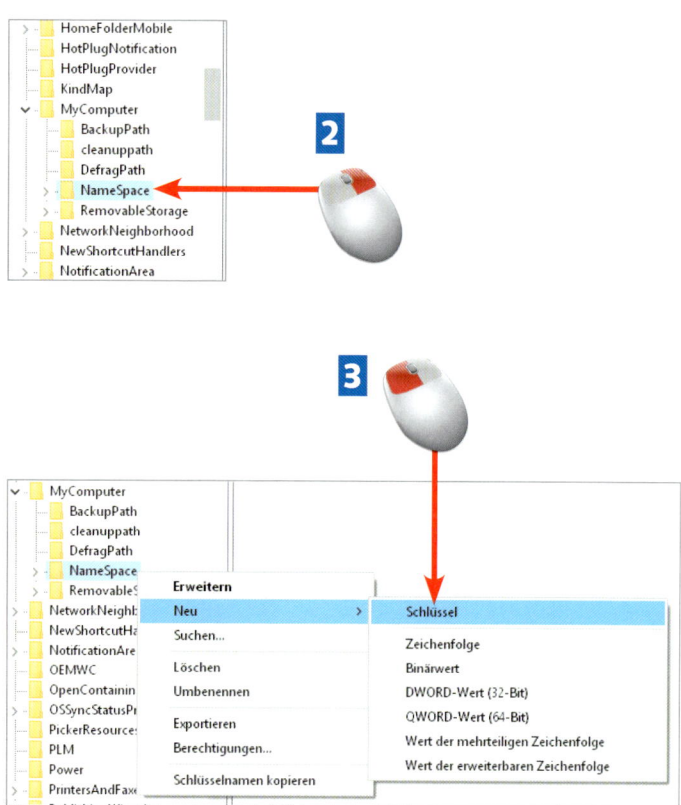

1 Öffnen Sie im Registrierungseditor den Hauptschlüssel *HKEY_LOCAL_MACHINE*.

2 Nun klicken Sie sich durch den folgenden Pfad: *SOFTWARE/Microsoft/Windows/CurrentVersion/Explorer/MyComputer*. Klicken Sie unter *MyComputer* den Schlüssel *NameSpace* mit der rechten Maustaste an.

3 Entscheiden Sie sich im Kontextmenü für das Erstellen eines neuen Schlüssels.

WISSEN

Viele Wege führen nach Rom und fast noch mehr zur Systemsteuerung. Um einen weiteren Weg zum Aufrufen der Systemsteuerung hinzuzufügen, nämlich einen Eintrag im Explorer, habe ich hier einen weiteren Registry-Hack für Sie auf Lager.

13 Tipps zu Pflege, Wartung und Profikonfiguration

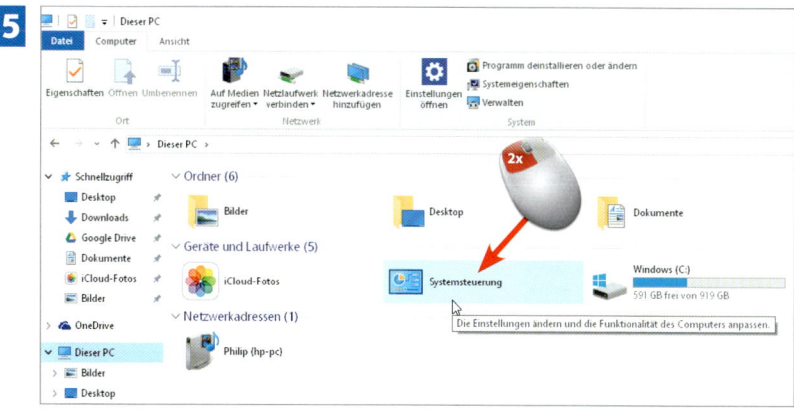

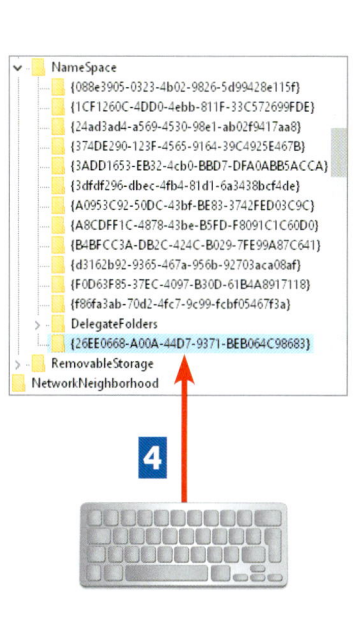

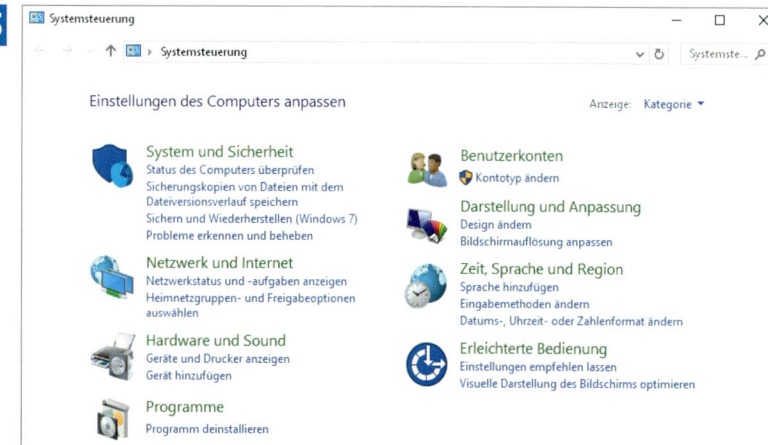

4 Geben Sie dem neuen Schlüssel die folgende Bezeichnung: *{26EE0668-A00A-44D7-9371-BEB064C98683}*.

5 Schon findet sich im Explorer unter *Dieser PC* der Eintrag *Systemsteuerung*. Doppelklicken Sie darauf, um die Systemsteuerung aufzurufen.

6 In diesem Fall wird die Systemsteuerung in der Ansicht *Kategorie* angezeigt.

Ende

HINWEIS

Soll die Systemsteuerung in der Symbolansicht aufgerufen werden? Dann geben Sie dem Schlüssel in Schritt 4 diese Bezeichnung: *{21EC2020-3AEA-1069-A2DD-08002B30309D}*.

TIPP

Die geschweiften Klammern werden auf der Windows-Tastatur übrigens mit den Shortcuts [AltGr]+[7] für { bzw. [AltGr]+[0] für } erzeugt.

Registry-Hack: »Öffnen mit« anpassen

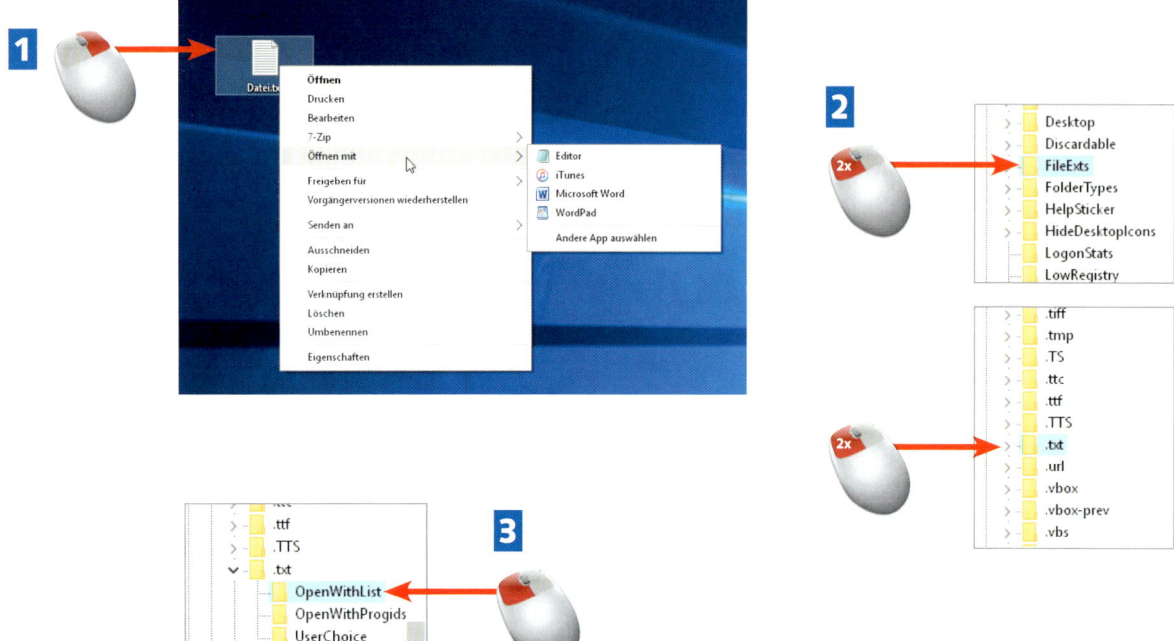

1. Klicken Sie eine Datei mit der rechten Maustaste an, bewegen Sie den Mauszeiger auf den Eintrag *Öffnen mit* und schauen Sie sich im Ausklappmenü an, welche Programme zum Öffnen der Datei angeboten werden.

2. Klicken Sie sich im Registrierungseditor durch diesen Pfad: *HKEY_CURRENT_USER/ SOFTWARE/Microsoft/Windows/CurrentVersion/Explorer/FileExts*. Doppelklicken Sie dann auf die Dateiendung, bei der Sie die Programme anpassen möchten.

3. Wählen Sie den zum Dateityp gehörenden Unterschlüssel *OpenWithList* aus.

Wenn Sie eine Datei mal nicht mit dem Standardprogramm öffnen möchten, klicken Sie sie mit der rechten Maustaste an und wählen unter *Öffnen mit* das Programm aus. Bei vielen installierten Programmen kann die Liste der vorgeschlagenen Programme aber recht übersichtlich werden. Abhilfe schafft der auf dieser Doppelseite dargestellte Registry-Hack.

WISSEN

13 Tipps zu Pflege, Wartung und Profikonfiguration

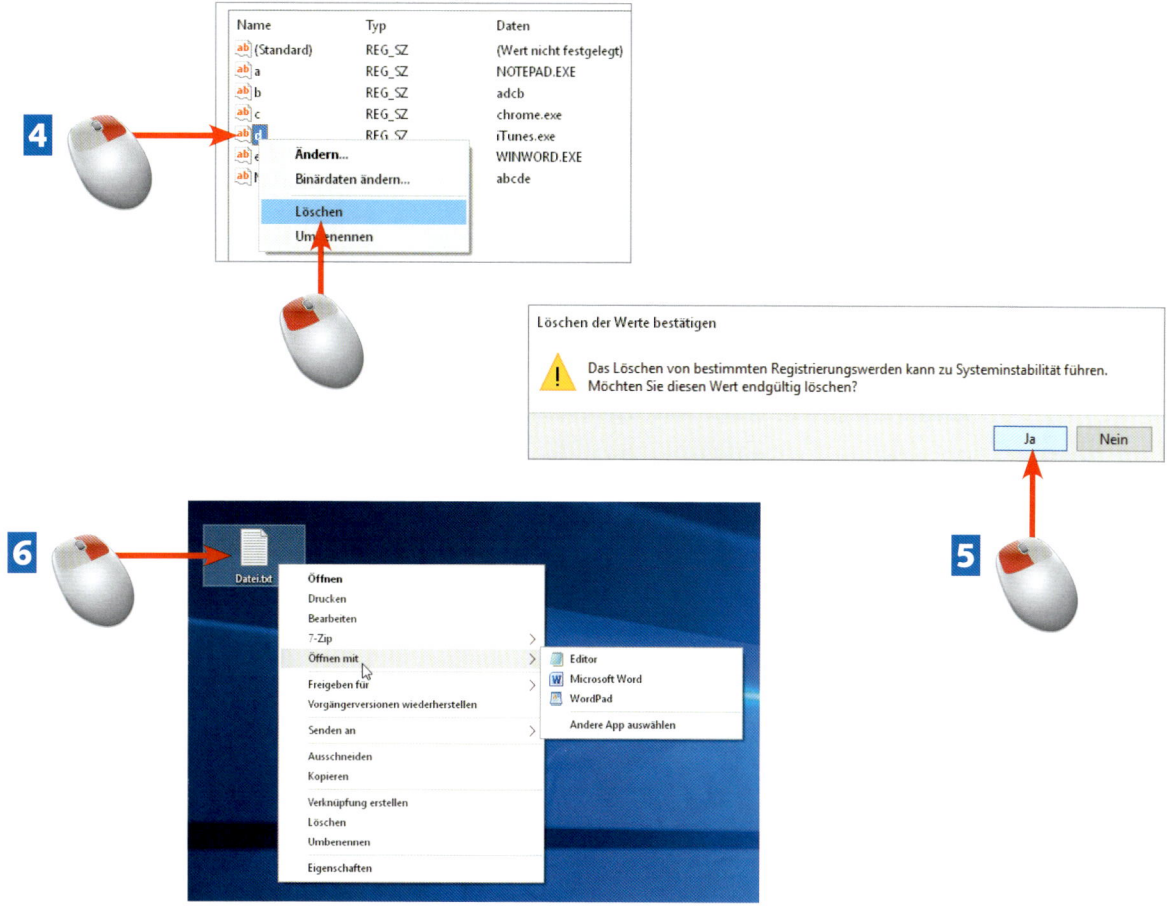

4 Klicken Sie einen Programmeintrag, den Sie nicht mehr haben möchten, mit der rechten Maustaste an und wählen Sie im Kontextmenü *Löschen*.

5 Bestätigen Sie den folgenden Warnhinweis mit *Ja*. (Sie haben ja bestimmt, wie vorhin empfohlen, eine Sicherung der Registrierungsdatenbank gespeichert bzw. einen Wiederherstellungspunkt gesetzt.)

6 Wenn Sie die Datei erneut mit der rechten Maustaste anklicken, wird das gelöschte Programm im Ausklappmenü unter *Öffnen mit* nicht mehr angezeigt.

Ende

In der Registry werden teilweise Programme aufgeführt, die Sie gar nicht mehr installiert haben. Da haben Sie zwei Möglichkeiten: entweder nicht beachten oder löschen.

HINWEIS

Zum automatischen Bereinigen der Registry bieten sich Zusatztools an. Empfehlenswert ist z. B. der kostenlose CCleaner, den Sie unter dieser Webadresse finden: *www.piriform.com/ccleaner*.

TIPP

Eingabeaufforderung/PowerShell nutzen

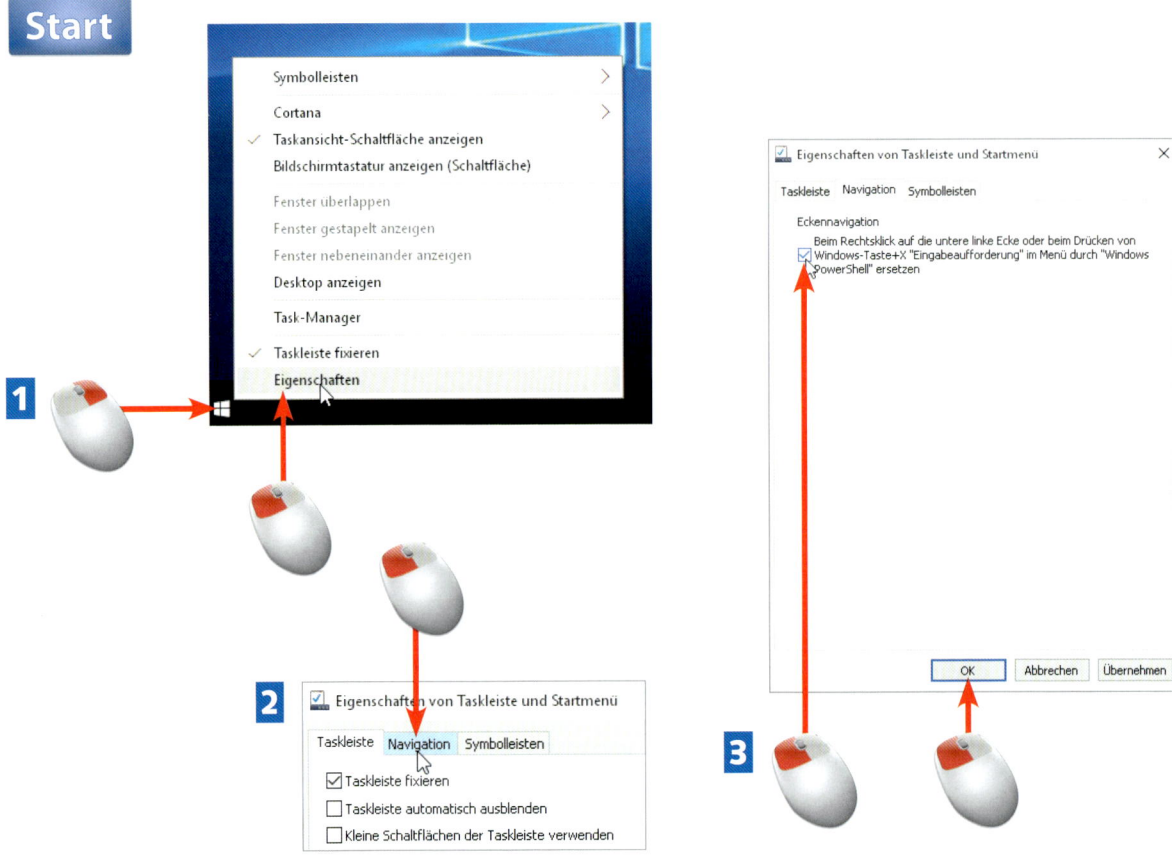

1. Im Kontextmenü des Windows-Logos ⊞ wird Ihnen standardmäßig die Eingabeaufforderung angeboten. Um stattdessen die PowerShell zu verwenden, klicken Sie mit der rechten Maustaste auf eine freie Fläche der Taskleiste und wählen *Eigenschaften*.

2. Klicken Sie im folgenden Fenster auf den Reiter *Navigation*.

3. Aktivieren Sie das PowerShell-Kontrollkästchen und bestätigen Sie Ihre Auswahl mit *OK*.

Für Aktionen in der Kommandozeile stehen Ihnen unter Windows 10 zwei Tools zur Verfügung: die Eingabeaufforderung sowie die Windows PowerShell. Wie Sie sich zunächst für eines der beiden Tools entscheiden und einen Befehl in der Kommandozeile ausführen, zeigt Ihnen diese Doppelseite.

WISSEN

13 Tipps zu Pflege, Wartung und Profikonfiguration

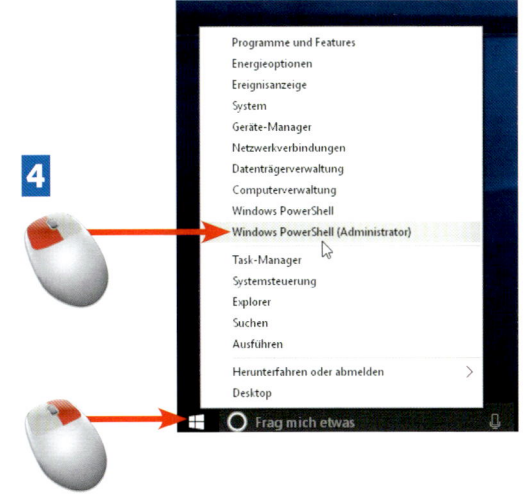

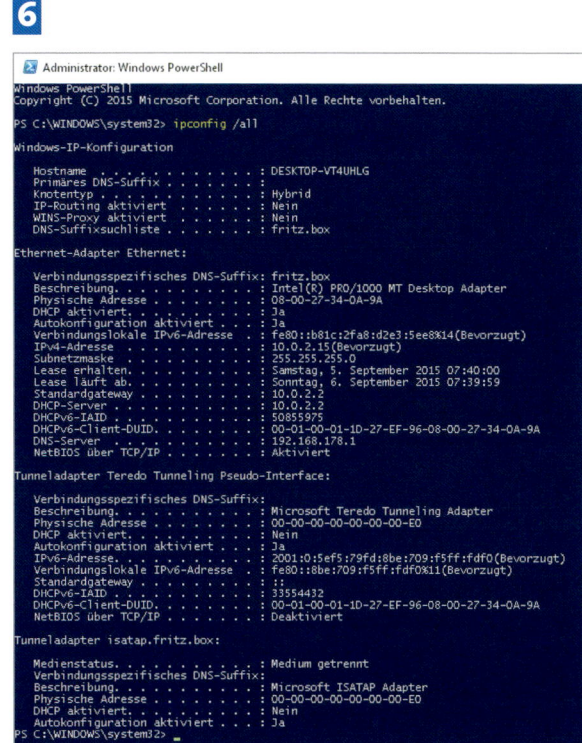

4 Um die Eingabeaufforderung oder PowerShell zu verwenden, klicken Sie mit der rechten Maustaste auf das Windows-Logo und entscheiden, ob Sie die Kommandozeile mit oder ohne Administratorrechte nutzen möchten.

5 Geben Sie Ihren Befehl ein und bestätigen Sie mit der ⏎-Taste. Hier verwende ich den Befehl *ipconfig /all*, um eine Übersicht über die Netzwerkkonfiguration zu erhalten.

6 Die entsprechende Aktion wird ausgeführt, in diesem Fall das Anzeigen der gewünschten Informationen.

Ende

Auch eine Entwicklungsumgebung für PowerShell-Scripts ist unter Windows 10 vorhanden. Um diese aufzurufen, entscheiden Sie sich im Startmenü unter *Alle Apps* und dort im Ordner *Windows PowerShell* für den Eintrag *Windows PowerShell ISE*.

TIPP

Für die meisten Aktionen reicht die klassische Eingabeaufforderung aus, nur für bestimmte Aktionen – etwa das Navigieren in der Registry – benötigen Sie die PowerShell.

HINWEIS

Sowohl Eingabeaufforderung als auch PowerShell lassen sich alternativ auch im Startmenü unter *Alle Apps* aufrufen.

HINWEIS

Tricks zum Umgang mit Windows-Problemen

14

Windows 10 ist zwar fast wartungsfrei, aber auch nur fast. Den besten Tipps und Tricks für möglicherweise auftauchende Windows-Probleme widmet sich dieses Kapitel. Wie bringen Sie ältere Programme auch unter Windows 10 zum Laufen? Wie aktualisieren Sie nicht geeignete Gerätetreiber?

Was ist zu tun, wenn Sie mal Ihr Benutzerkennwort vergessen sollten? Diese und weitere Fragen werden Ihnen auf den nächsten Seiten Schritt für Schritt beantwortet.

Performance im Blick behalten

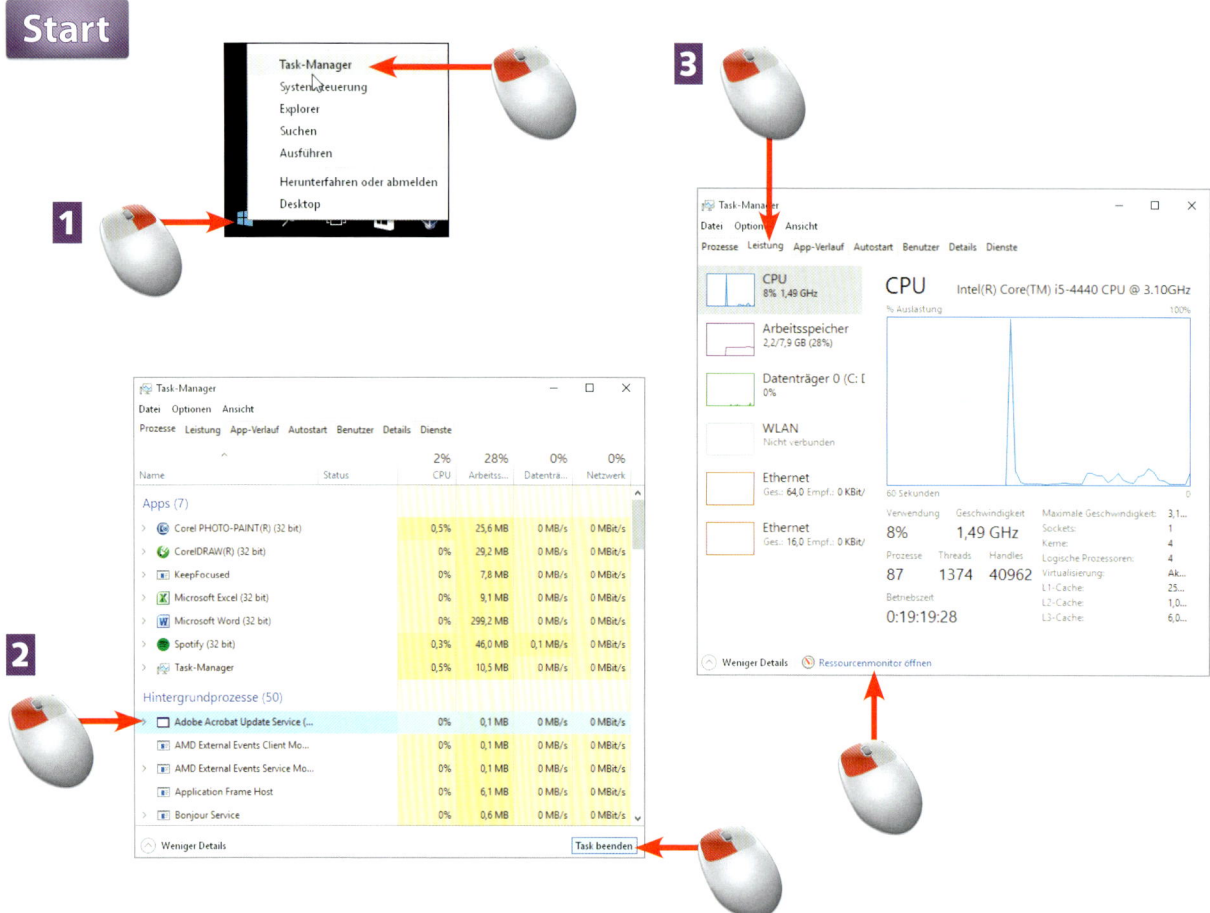

1. Klicken Sie mit der rechten Maustaste auf das Windows-Logo ⊞ und entscheiden Sie sich für den Eintrag *Task-Manager*.

2. Blenden Sie die Details ein. Um einen Prozess zu beenden, wählen Sie diesen unter dem Reiter *Prozesse* aus und klicken auf *Task beenden*.

3. Um sich über den allgemeinen Verlauf der Systemleistung zu informieren, klicken Sie im Task-Manager auf den Reiter *Leistung* und dort auf *Ressourcenmonitor öffnen*.

Der Task-Manager hilft Ihnen nicht nur dabei, ungewünschte Prozesse zu beenden, sondern auch, die Performance Ihres Computers im Blick zu behalten. Lassen Sie mich Ihnen auf dieser Doppelseite die in diesem Zusammenhang relevanten Funktionen des Task-Managers vorstellen.

WISSEN

14 Tricks zum Umgang mit Windows-Problemen 321

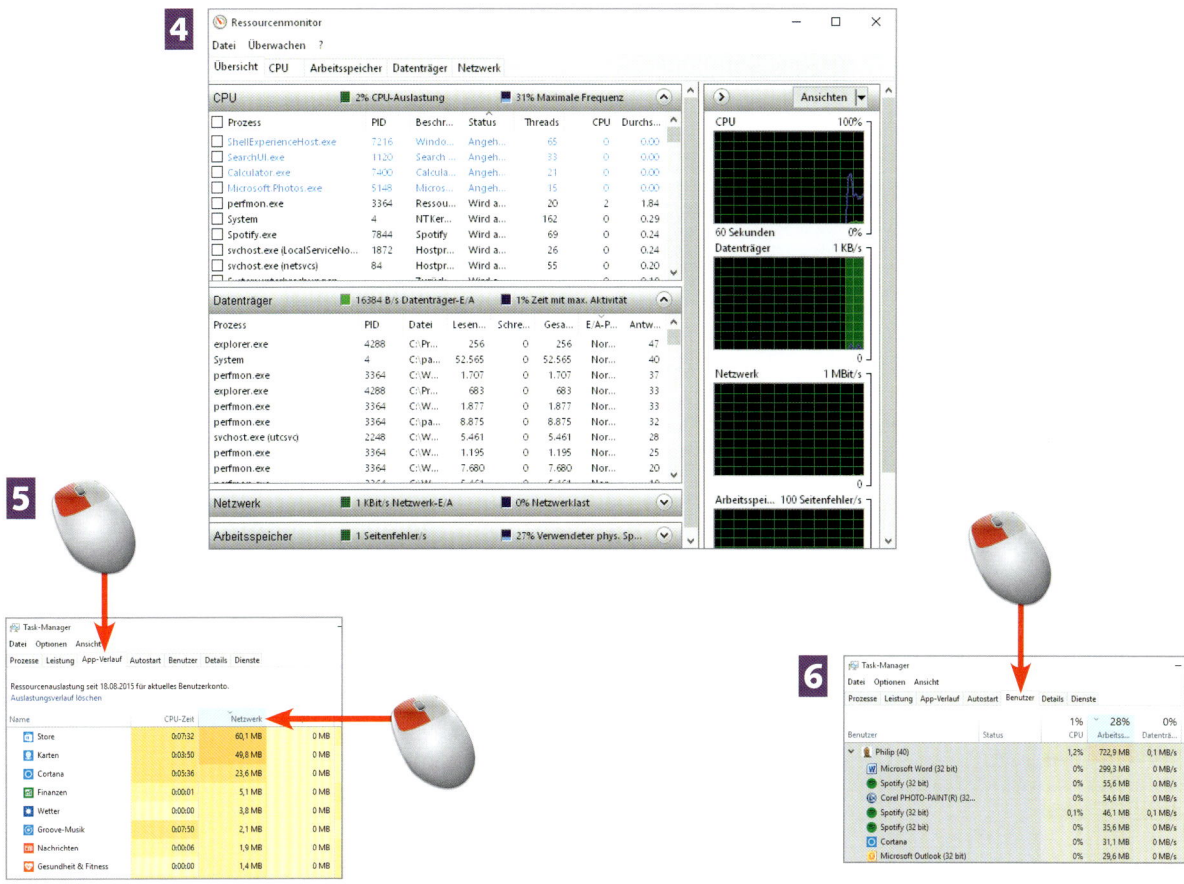

4 Der Ressourcenmonitor wird in einem extra Fenster geöffnet und dient ebenfalls dazu, CPU (Prozessor), Arbeitsspeicher, Datenträger (Festplatte) und Netzwerk im Blick zu behalten.

5 Die Systemauslastung lässt sich – im Task-Manager unter dem Reiter *App-Verlauf* – auch nach Apps aufschlüsseln, jedoch bleiben Desktop-Programme in dieser Übersicht außen vor.

6 Schließlich lässt sich die Systemauslastung – im Task-Manager unter dem Reiter *Benutzer* – auch nach den angemeldeten Benutzern aufdröseln.

Ende

HINWEIS

Den Task-Manager im Vordergrund halten: Klicken Sie dazu in der Menüleiste des Task-Managers auf *Optionen* und setzen Sie per Mausklick ein Häkchen bei *Immer im Vordergrund*.

TIPP

Einen Eintrag zum Öffnen des Task-Managers finden Sie auch im Menü, das Sie mit dem Shortcut [Strg]+[Alt]+[Entf] öffnen.

HINWEIS

Welche App funkt am meisten übers Netzwerk? Das finden Sie heraus, wenn Sie in den Einstellungen unter *Netzwerk und Internet* auf *Datennutzung* und dann auf *Nutzungsdetails* klicken.

Passwort vergessen?

Start

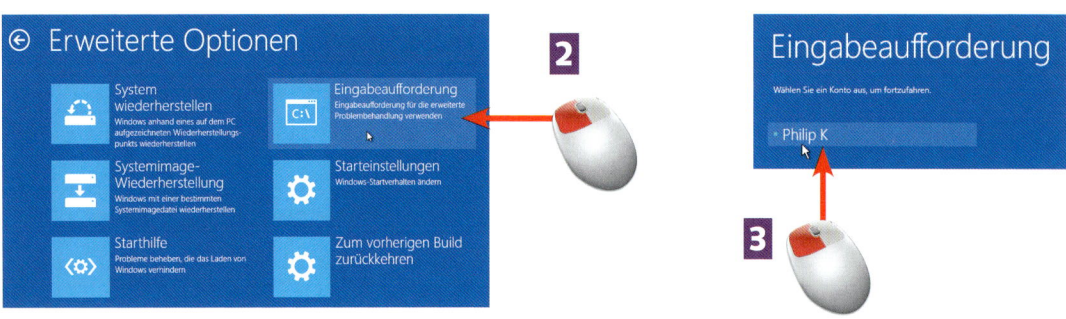

1 Sie können die Eingabeaufforderung direkt auf der Windows-10-Bedienoberfläche aufrufen, hier entscheide ich mich aber für den Weg über die erweiterten Startoptionen: Dazu wähle ich *Problembehandlung* und dann *Erweiterte Optionen*.

2 Entscheiden Sie sich für das Öffnen der *Eingabeaufforderung*.

3 In den erweiterten Startoptionen melden Sie sich mit Ihrem Administrator-Benutzerkonto an.

Wenn ein anderer Benutzer sein Passwort vergisst, lässt sich dieses entweder in der *Systemsteuerung* unter *Benutzerkonten* zurücksetzen (Option *Kennwort ändern*) oder aber in der *Eingabeaufforderung*.

WISSEN

14 Tricks zum Umgang mit Windows-Problemen 323

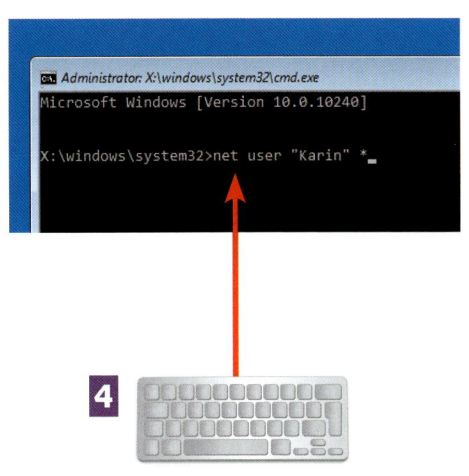
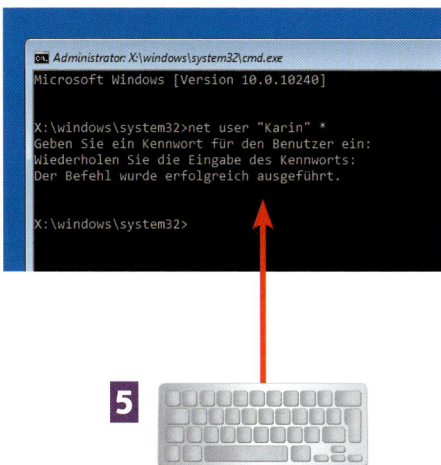
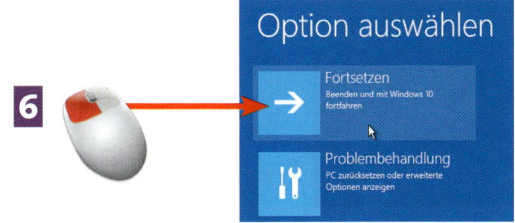

4 Zum Zurücksetzen des Passworts führen Sie nun diesen Befehl aus: *net user "Benutzer" *,* wobei Sie statt des Wortes *Benutzer* den betreffenden Benutzernamen eingeben. Beachten Sie die Anführungszeichen!

5 Sie werden zweimal zur Eingabe des neuen Passworts aufgefordert, wobei die Zeichen bei der Eingabe nicht angezeigt werden. Bestätigen Sie die Eingabe jeweils mit der ⏎-Taste.

6 Nach der Erfolgsmeldung schließen Sie die Eingabeaufforderung und klicken auf *Fortsetzen*, um zum Anmeldefenster von Windows 10 zu gelangen.

Manchmal kann er helfen: Wenn Sie bei der Anmeldung ein falsches Kennwort eingeben, wird Ihnen automatisch der beim Anlegen des Benutzerkontos angelegte Kennworthinweis angezeigt.	Bei einem Microsoft-Konto läuft das Zurücksetzen des Passworts einfach übers Internet, und zwar unter *account.live.com/password/reset*.	Ein kleiner Tipp zum Passwörter merken: Verwenden Sie die Buchstaben, Ziffern und Zeichen des Passworts in einem selbst ausgedachten Merksatz – je verrückter, desto besser!
TIPP	**HINWEIS**	**TIPP**

Kennwortrücksetzdatenträger erstellen

Start

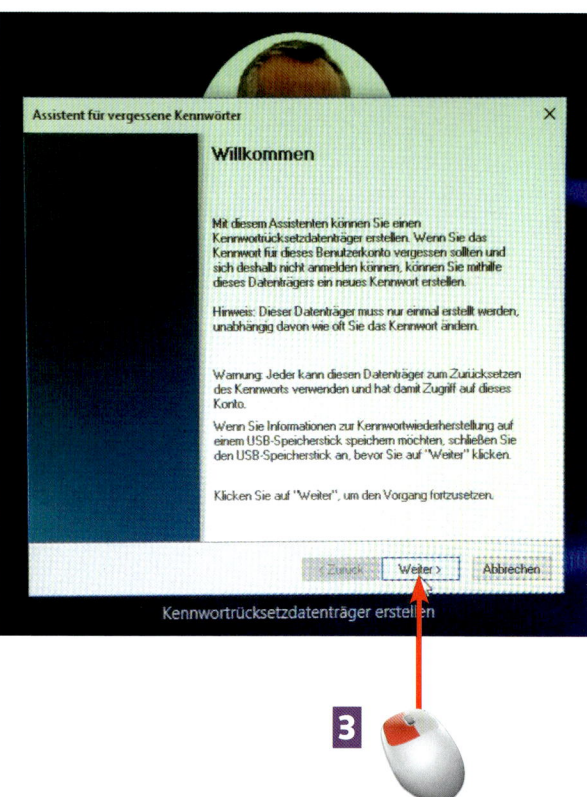

1 Drücken Sie die Tastenkombination [Strg]+[Alt]+[Entf] und wählen Sie im daraufhin angezeigten Menü den Eintrag *Kennwort ändern*.

2 Verbinden Sie einen USB-Speicherstick mit dem Computer und klicken Sie auf *Kennwortrücksetzdatenträger erstellen*.

3 Es öffnet sich ein Assistent, der Sie durch die Erstellung des Kennwortrücksetzdatenträgers führt.

Beugen Sie einem möglichen Kennwortverlust vor, indem Sie dieses auf einem Zettel notieren und in Ihren Tresor schließen – oder indem Sie einen Kennwortrücksetzdatenträger erstellen. Schwieriges Wort, aber der Vorgang ist ganz einfach.

WISSEN

14 Tricks zum Umgang mit Windows-Problemen 325

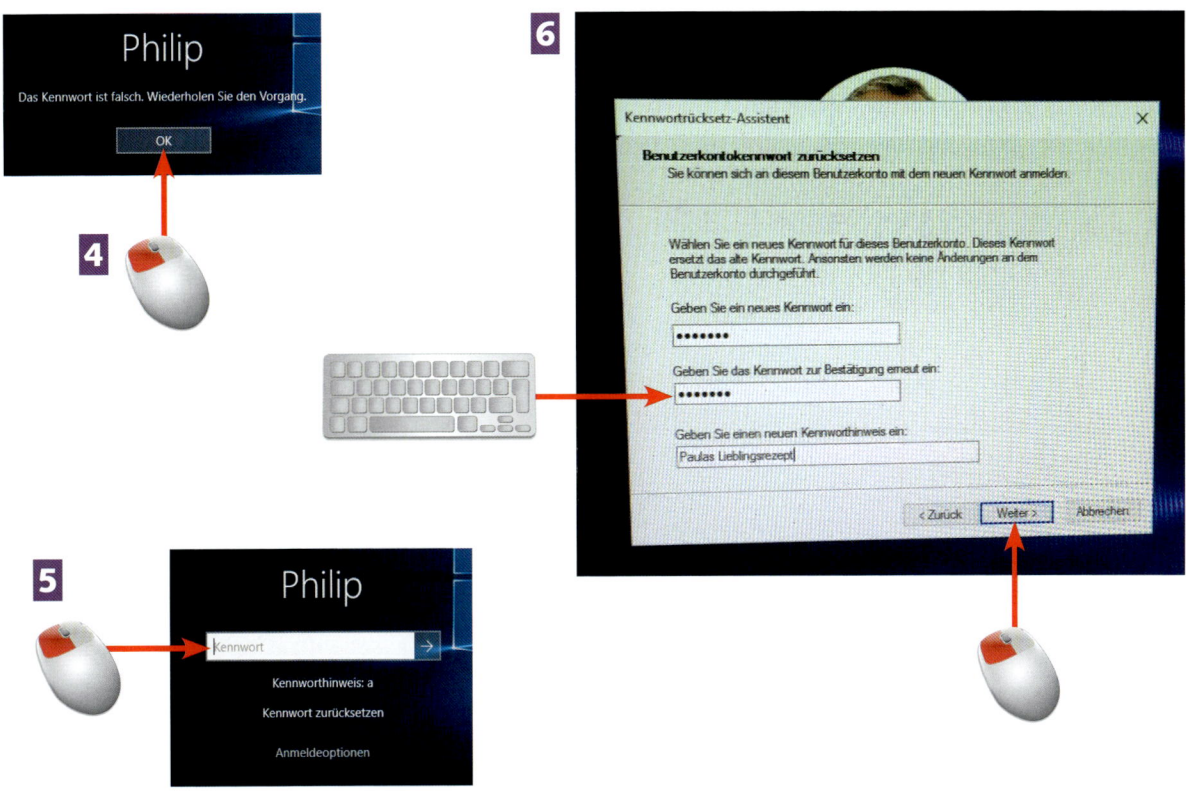

4 Wenn Sie nun bei der Anmeldung bei Windows ein falsches Kennwort eingeben, bestätigen Sie das Wiederholen des Vorgangs mit *OK*.

5 Verbinden Sie den Kennwortrücksetzdatenträger mit dem Computer und wählen Sie *Kennwort zurücksetzen*.

6 Es öffnet sich ein Assistent, der Sie beim Zurücksetzen des Kennworts begleitet.

Ende

Das Erstellen des Kennwortrücksetzdatenträgers ist nur für ein lokales Benutzerkonto möglich, nicht jedoch für ein Microsoft-Konto.

Sie finden die Option zum Erstellen eines Kennwortrücksetzdatenträgers auch in der Systemsteuerung unter *Benutzerkonten*. Klicken Sie dort links auf *Kennwortrücksetzdiskette erstellen* (auch damit ist ein USB-Speicherstick gemeint).

HINWEIS   **HINWEIS**

Passwort mit Tool zurücksetzen

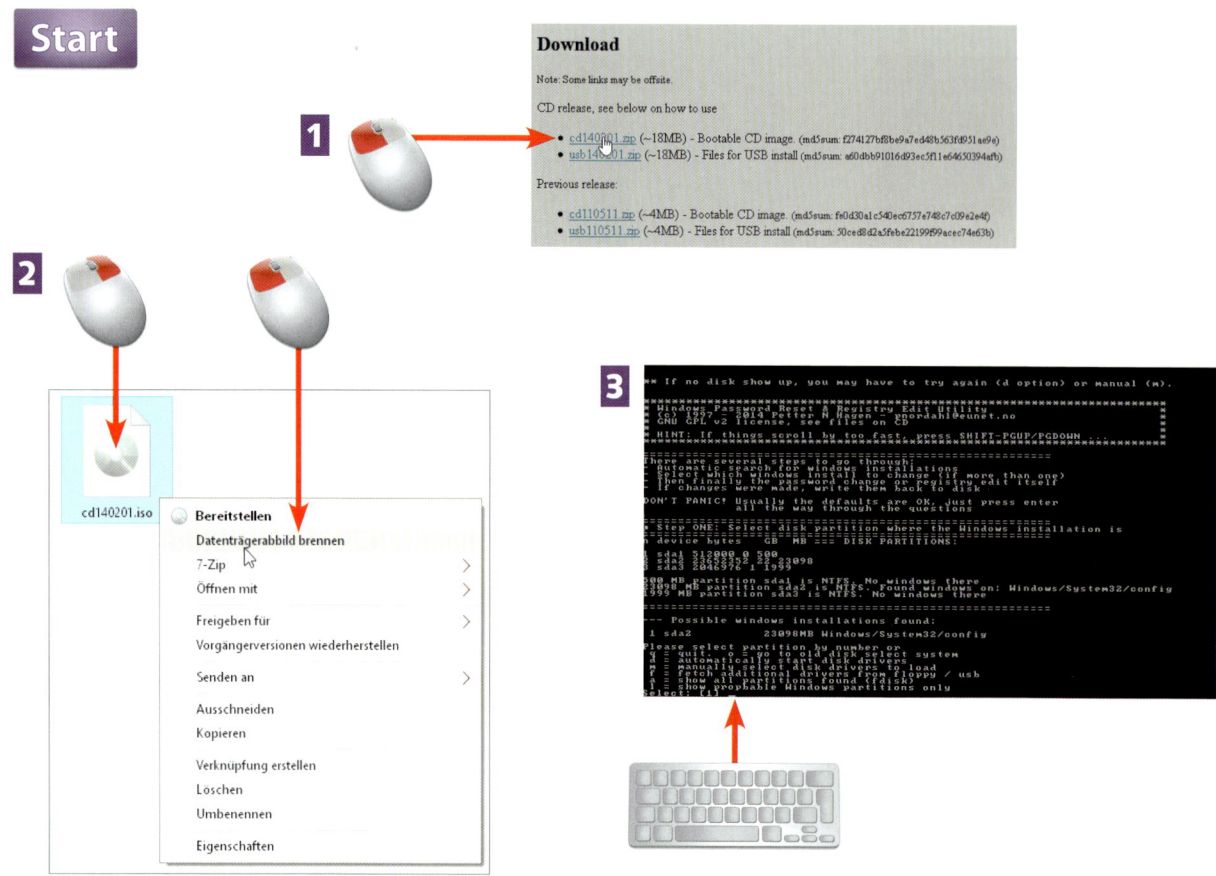

1 Laden Sie unter der Webadresse pogostick.net/~pnh/ntpasswd die aktuelle Version des *Offline NT Password & Registry Editors* herunter. Es steht eine CD- und eine USB-Variante zur Verfügung, hier wähle ich die erstere.

2 Erstellen Sie ein Bootmedium. Hier klicke ich die entpackte ISO-Datei mit der rechten Maustaste an und wähle im Kontextmenü *Datenträgerabbild brennen*.

3 Booten Sie vom Bootmedium. Wählen Sie im folgenden „Assistenten" jeweils eine der Optionen aus, wobei Sie auch oft per ⏎-Taste die Vorschläge übernehmen können.

Ein paar Englischkenntnisse vorausgesetzt, können Sie auch ein Zusatztool zum Zurücksetzen von Kennwörtern verwenden. Lassen Sie mich Ihnen auf dieser Doppelseite den kostenlosen *Offline NT Password & Registry Editor* in aller Kürze vorstellen.

WISSEN

14 Tricks zum Umgang mit Windows-Problemen

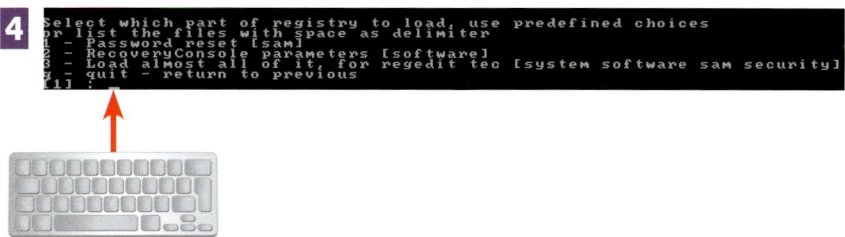

4 Auch die Option *Password reset* wird Ihnen als Vorschlag angeboten, sodass Sie lediglich mit der ⏎-Taste bestätigen müssen.

5 Stimmen Sie im nächsten Menü der Option *Edit user data and passwords* zu.

6 Um einen Benutzer auszuwählen, geben Sie die links neben dem Benutzernamen angezeigte Nummer ein und bestätigen erneut mit der ⏎-Taste. Anschließend werden Ihnen die Bearbeitungsoptionen angezeigt.

Ende

Beachten Sie: Die Software basiert auf der amerikanischen Tastatur, sodass Sie für die Eingabe eines y die Taste Z drücken müssen.	Wenn Sie mit der Bearbeitung fertig sind, drücken Sie die Tastenkombination Strg+Alt+Entf, um den Computer neu zu starten.
HINWEIS	**TIPP**

Kompatibilitätsmodus für ältere Programme

Start

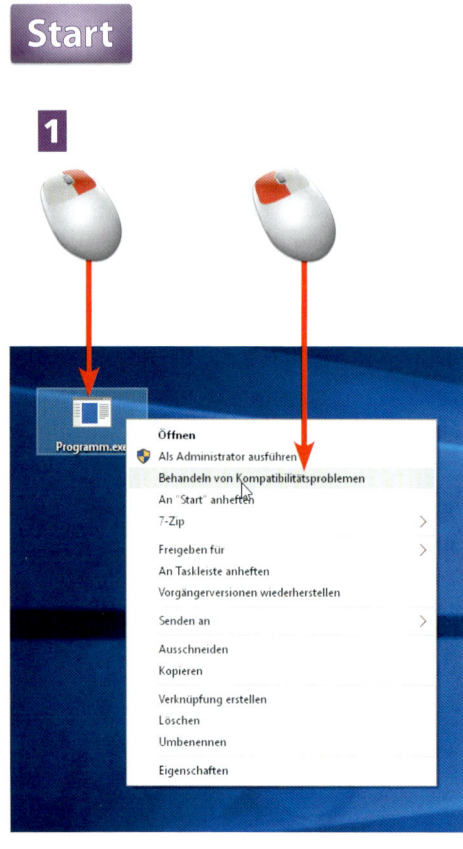
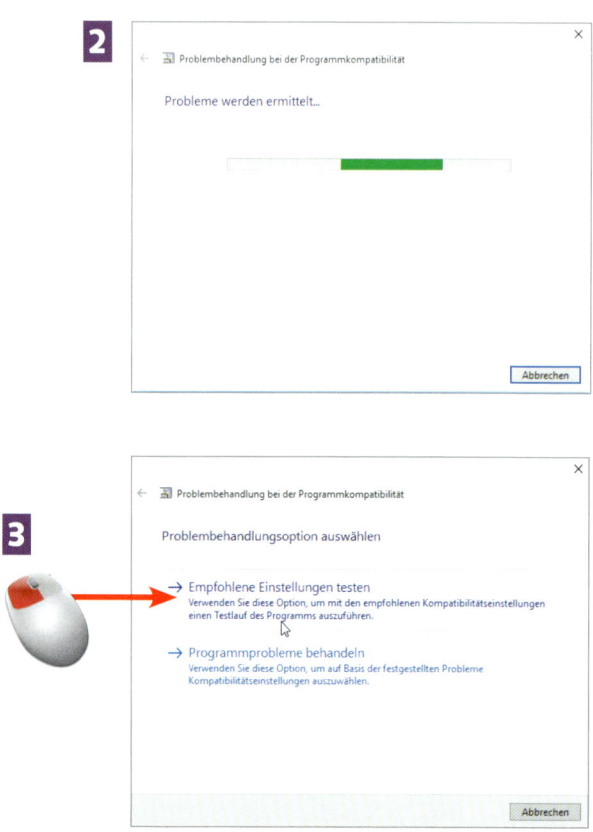

1 Möchten Sie den Problemassistenten zum Beheben von Kompatibilitätsproblemen verwenden? Dazu klicken Sie die Programmdatei mit der rechten Maustaste an und wählen im Kontextmenü *Behandeln von Kompatibilitätsproblemen*.

2 Der Assistent öffnet sich und versucht, das Problem automatisch zu ermitteln.

3 Anschließend werden Ihnen Kompatibilitätseinstellungen empfohlen, die Sie per Mausklick übernehmen können.

Wenn Sie unter Windows 10 ein älteres Programm installieren möchten, kann es in manchen Fällen passieren, dass es mit der Installation oder dem Ausführen des Programms zunächst nicht klappt. Solche Kompatibilitätsprobleme lassen sich aber in der Regel leicht beheben.

WISSEN

14 Tricks zum Umgang mit Windows-Problemen

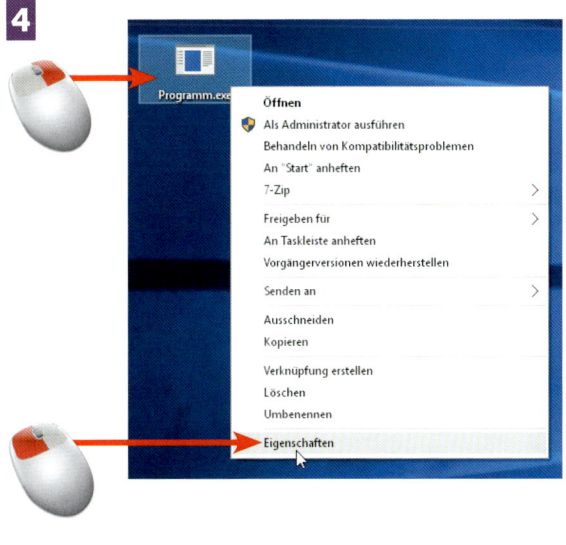

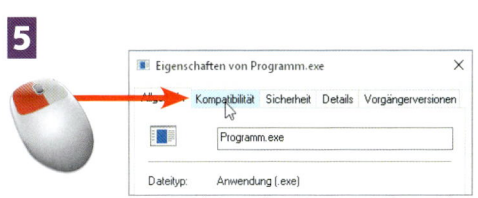

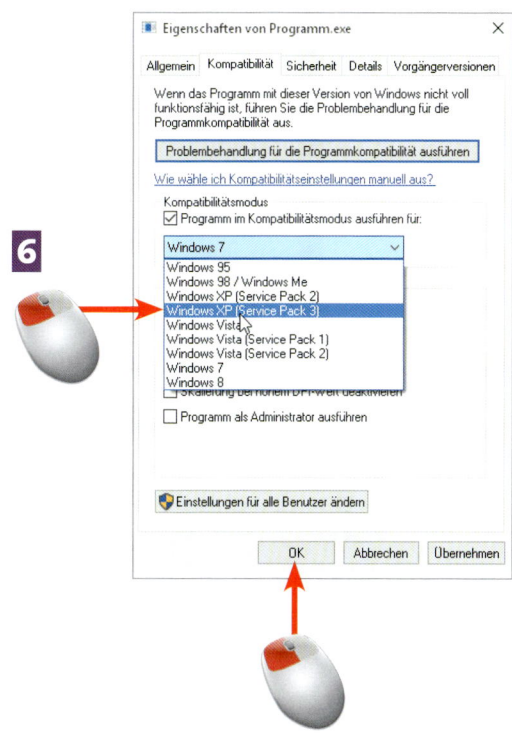

4 Wenn Sie das manuelle Beheben von Kompatibilitätsproblemen bevorzugen, klicken Sie die Programmdatei ebenfalls mit der rechten Maustaste an, wählen im Kontextmenü jedoch *Eigenschaften*.

5 Entscheiden Sie sich im folgenden Fenster für den Reiter *Kompatibilität*.

6 Aktivieren Sie nun den Kompatibilitätsmodus und wählen Sie im Drop-down-Menü das Betriebssystem für die Software aus. Bestätigen Sie Ihre Einstellungen mit *OK*.

Ende

Manchmal sind Administratorrechte erforderlich, damit ein Programm korrekt ausgeführt werden kann. Wählen Sie dann im Kontextmenü der Programmdatei *Als Administrator ausführen* bzw. aktivieren Sie im Fenster aus Schritt 6 das Kontrollkästchen *Programm als Administrator ausführen*.

HINWEIS

Für das Ausführen ganz alter Programme lassen sich im Fenster aus Schritt 6 auch noch Einstellungen zu reduzierten Farben und niedriger Bildschirmauflösung vornehmen.

TIPP

330 Gerätetreiber aktualisieren

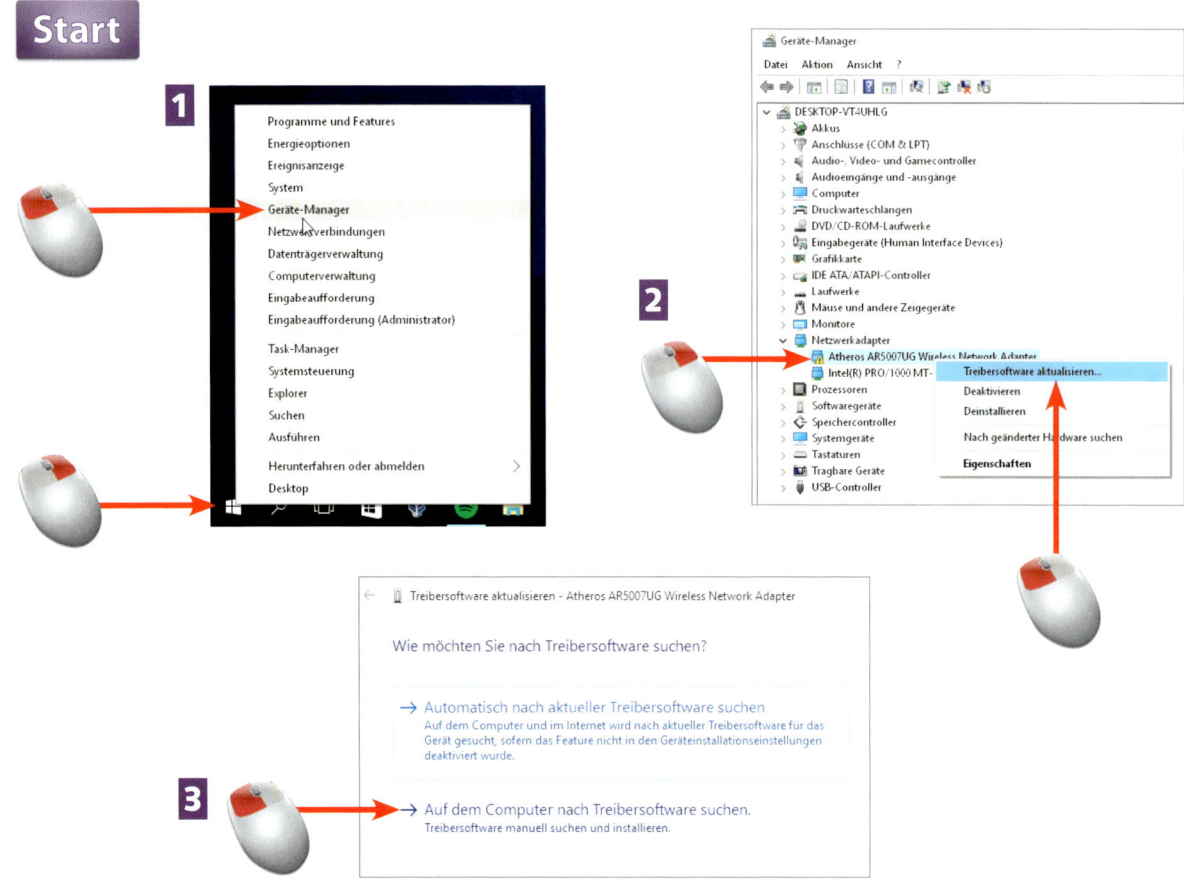

1 Klicken Sie mit der rechten Maustaste auf das Windows-Logo ⊞ und wählen Sie im Kontextmenü den Eintrag *Geräte-Manager*.

2 Nicht funktionierende Geräte werden im Geräte-Manager häufig, aber nicht immer gekennzeichnet. Klicken Sie ein nicht funktionierendes Gerät mit der rechten Maustaste an und wählen Sie *Treibersoftware aktualisieren*.

3 Die automatische Treibersuche hatte keinen Erfolg, deshalb wählen Sie im nächsten Schritt die Option *Auf dem Computer nach Treibersoftware suchen*.

Wenn ein an Windows 10 angeschlossenes Gerät nicht richtig funktioniert, liegt es häufig daran, dass der falsche Gerätetreiber installiert wurde. Hier erfahren Sie Schritt für Schritt, wie Sie einen fehlerhaften Treiber durch einen anderen ersetzen, den Sie beispielsweise von der Supportseite des Geräteherstellers heruntergeladen haben.

WISSEN

14   Tricks zum Umgang mit Windows-Problemen 331

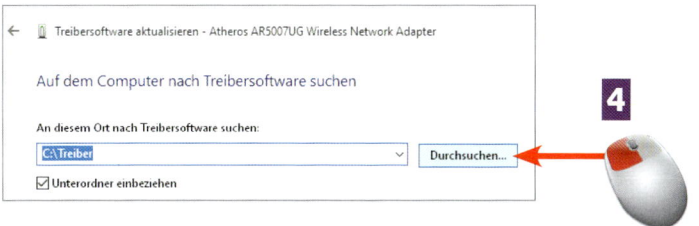

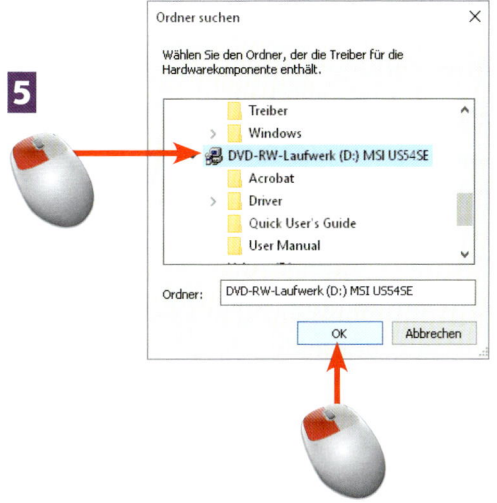

4 Klicken Sie auf die Schaltfläche *Durchsuchen*.

5 Wählen Sie den Speicherort der Gerätetreiber aus – hier eine eingelegte CD – und bestätigen Sie mit *OK*.

6 Klicken Sie auf *Weiter*, um die Treibersuche am gewählten Speicherort durchzuführen und die Treiberaktualisierung vorzunehmen.

Ende

HINWEIS

Wenn Sie ein Gerät neu installieren möchten, wählen Sie im Kontextmenü aus Schritt 2 den Eintrag *Deinstallieren*, um vorhandene Gerätetreiber zu entfernen.

TIPP

Wenn Sie im Geräte-Manager auf ein Gerät doppelklicken, erhalten Sie im jeweiligen *Eigenschaften*-Fenster Zugriff auf die Gerätedetails, erweiterte Einstellungen etc.

HINWEIS

Vermissen Sie derzeit nicht verbundene Geräte in der Liste? Dann wählen Sie in der Menüleiste des Geräte-Managers *Ansicht/Ausgeblendete Geräte anzeigen*.

Wiederherstellungspunkt erstellen

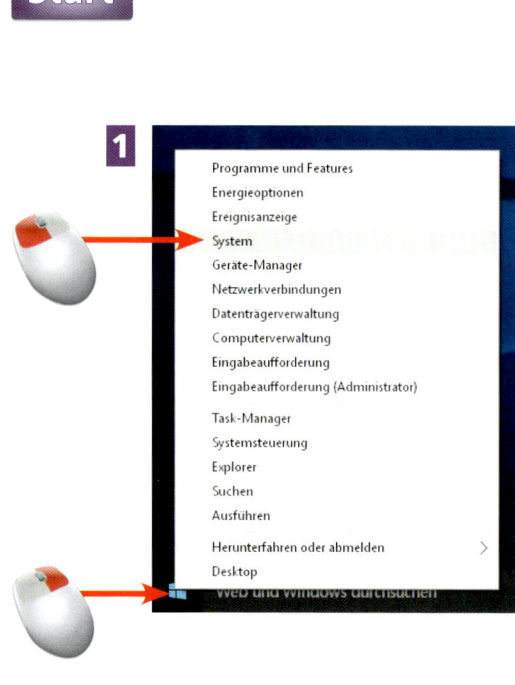
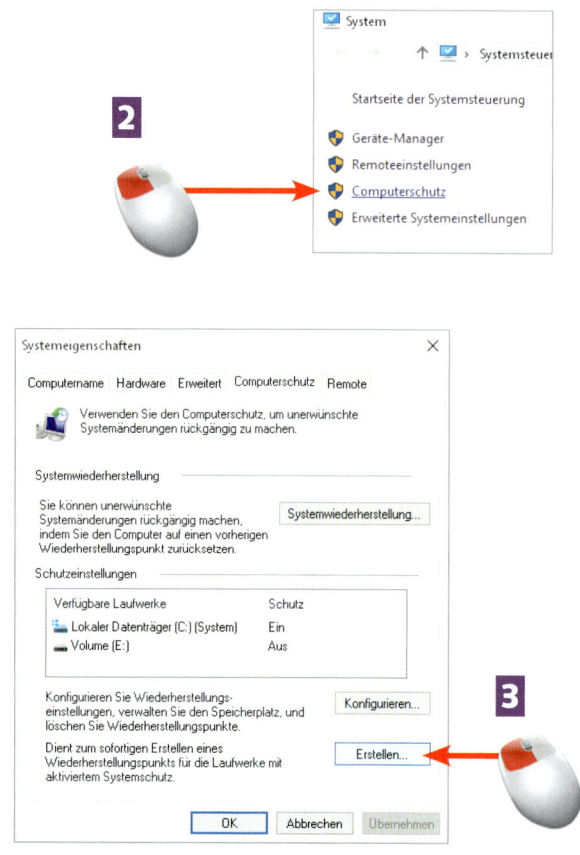

1. Klicken Sie mit der rechten Maustaste auf das Windows-Logo ⊞ und entscheiden Sie sich im Kontextmenü für den Eintrag *System*.

2. Klicken Sie im folgenden Systemsteuerungsfenster links auf den Eintrag *Computerschutz*.

3. Klicken Sie im nächsten Fenster auf die Schaltfläche *Erstellen*.

Wiederherstellungspunkte erlauben es, das Windows-System bei Bedarf auf einen früheren Stand zurückzusetzen, wobei Programme, Treiber und Co. entfernt werden, Dateien aber erhalten bleiben. Wie das manuelle Erstellen von Wiederherstellungspunkten erfolgt, wird hier erläutert.

WISSEN

14 Tricks zum Umgang mit Windows-Problemen 333

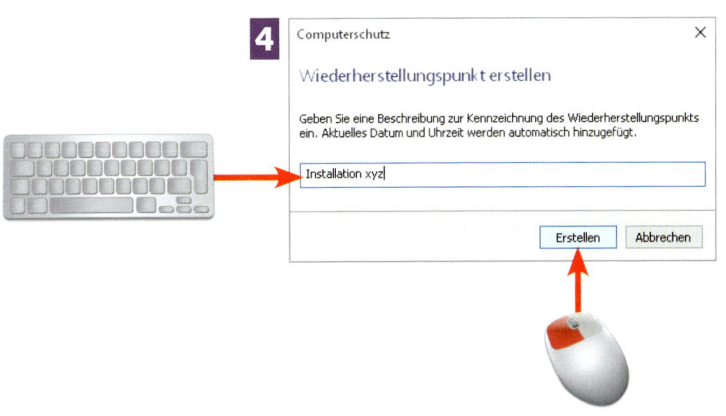

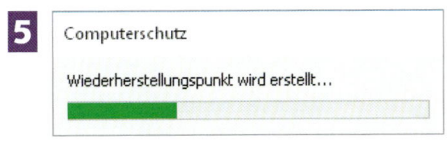

4 Geben Sie dem Wiederherstellungspunkt eine schlüssige Bezeichnung und bestätigen Sie mit *Erstellen*.

5 Der Wiederherstellungspunkt wird nun erstellt, was einen Moment dauert.

6 Bestätigen Sie das erfolgreiche Erstellen des Wiederherstellungspunkts mit *Schließen*.

Ende

Die erweiterten Systemeigenschaften lassen sich übrigens auch durch das Ausführen von *sysdm.cpl* im Suchfeld aufrufen.

TIPP

Klicken Sie im Fenster aus Schritt 3 auf *Konfigurieren*, um den Computerschutz für ein ausgewähltes Laufwerk zunächst zu aktivieren.

HINWEIS

Erstellen Sie einen Wiederherstellungspunkt am besten vor jeder Installation und jedem anderen Eingriff ins Windows-System!

TIPP

Systemwiederherstellung durchführen

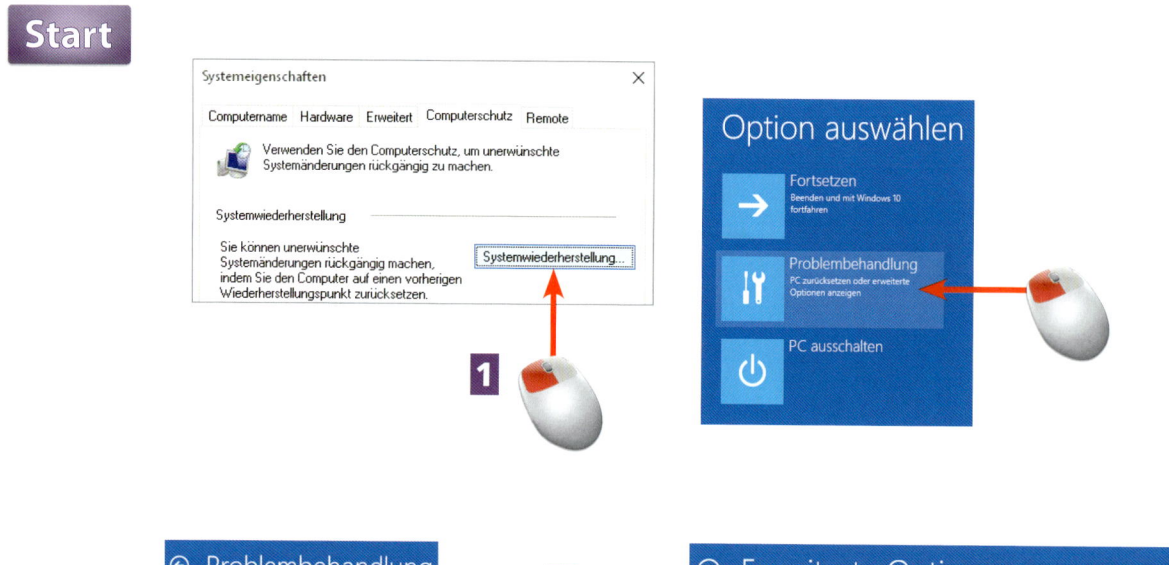

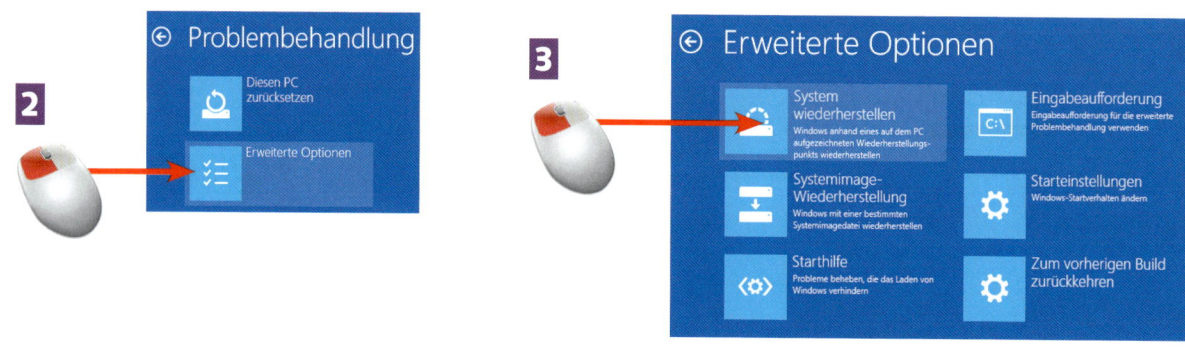

1 Die Systemwiederherstellung können Sie in den erweiterten Systemeigenschaften unter der Schaltfläche *Systemwiederherstellung* durchführen – dann geht es in Schritt 5 weiter. Oder Sie wählen in den erweiterten Startoptionen die Schaltfläche *Problembehandlung*.

2 Klicken Sie dann auf *Erweiterte Optionen*.

3 Entscheiden Sie sich anschließend für die Schaltfläche *System wiederherstellen*.

Auf der Basis eines Wiederherstellungspunktes lässt sich jederzeit eine Systemwiederherstellung durchführen. Das machen Sie z. B. dann, wenn Windows nach einer Installation plötzlich nicht mehr richtig funktioniert oder mit seltsamen Meldungen nervt.

WISSEN

14   Tricks zum Umgang mit Windows-Problemen   335

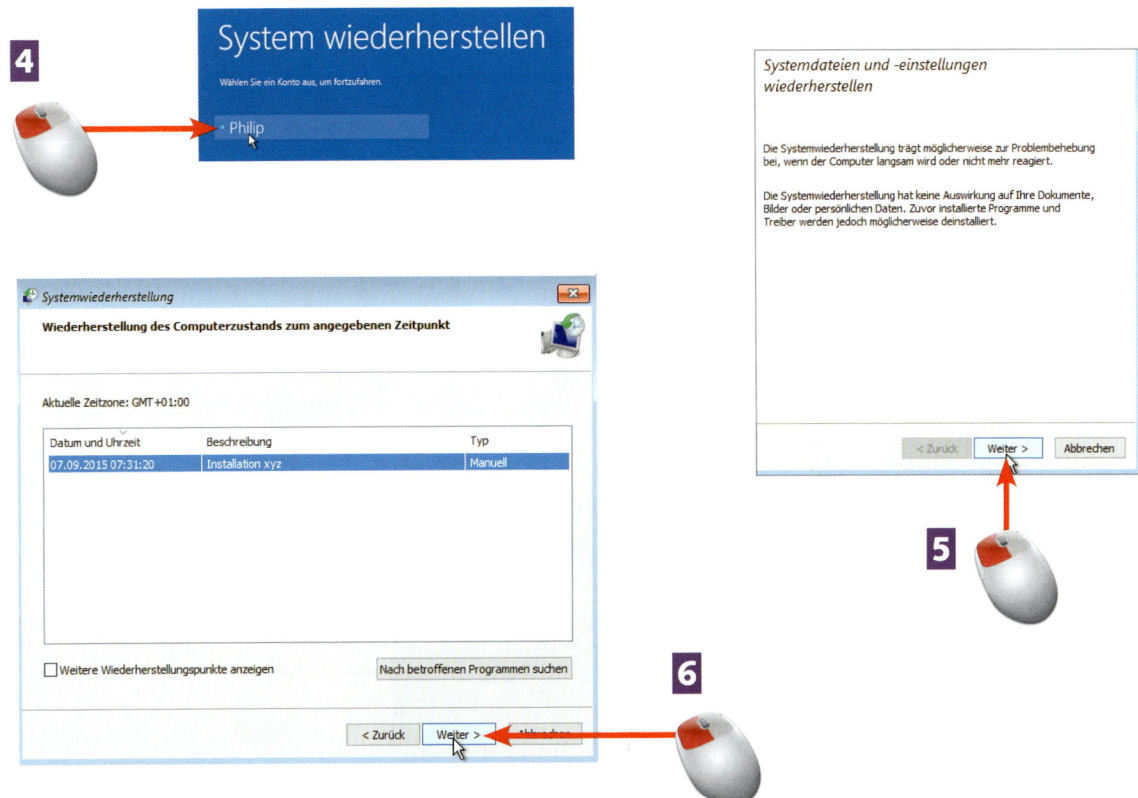

4 Melden Sie sich mit Ihrem Benutzerkonto an.

5 Nun wird die Systemwiederherstellung vorbereitet. Im Assistenten wird Ihnen zunächst noch mal versichert, dass Ihre Dateien erhalten bleiben. Bestätigen Sie mit *Weiter*.

6 Wählen Sie nun einen Wiederherstellungspunkt aus, bestätigen Sie mit *Weiter* und starten Sie die Systemwiederherstellung. Diese kann einige Zeit in Anspruch nehmen.

Falls Sie Wiederherstellungspunkte in der Liste aus Schritt 6 vermissen: Aktivieren Sie unten im Fenster das Kontrollkästchen *Weitere Wiederherstellungspunkte anzeigen*.

Welche Programme werden von der Systemwiederherstellung tangiert? Klicken Sie im Fenster aus Schritt 6 auf die Schaltfläche *Nach betroffenen Programmen suchen*, um es herauszufinden.

HINWEIS **HINWEIS**

Startprobleme beheben

Start

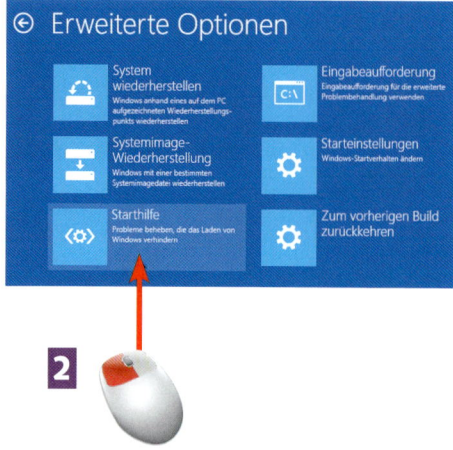

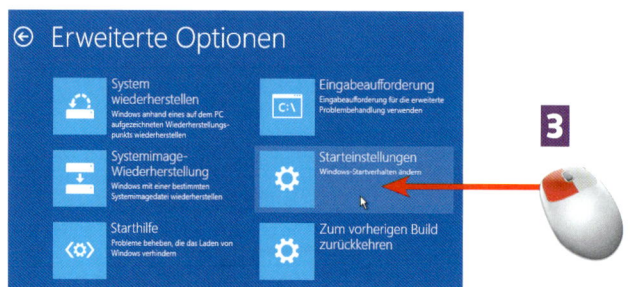

1 Entscheiden Sie sich in den erweiterten Startoptionen wieder für die *Problembehandlung* und klicken Sie auf *Erweiterte Optionen*.

2 Windows kann Startprobleme automatisch erkennen und beheben. Dazu klicken Sie auf die Schaltfläche *Starthilfe*.

3 Um weitere Startoptionen zu erhalten, etwa das Ausführen von Windows im abgesicherten Modus, klicken Sie auf die Schaltfläche *Starteinstellungen*.

> Wenn Windows nicht richtig startet oder nach dem Start nicht richtig ausgeführt wird, helfen Ihnen ganz sicher die Funktionen, die ich Ihnen auf dieser Doppelseite vorstelle, weiter, das Problem zu lösen.

WISSEN

14 Tricks zum Umgang mit Windows-Problemen

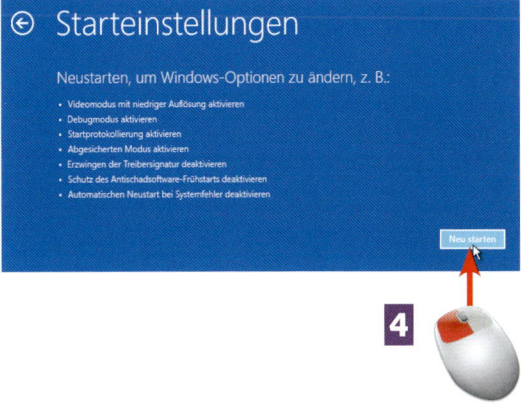

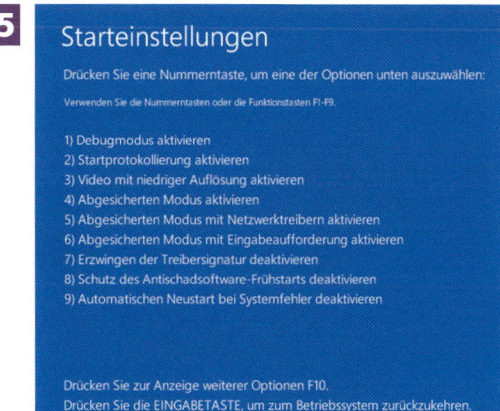

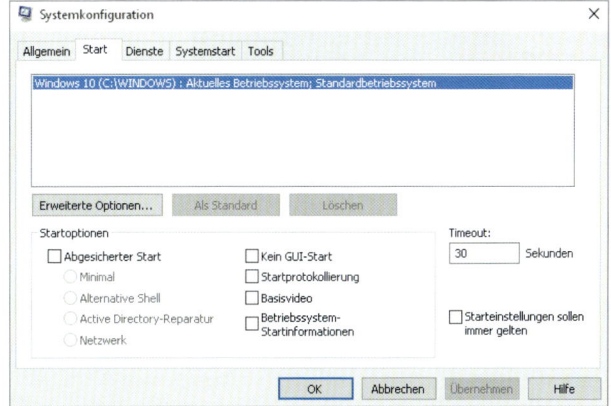

4 Als Nächstes klicken Sie auf die Schaltfläche *Neu starten*.

5 Sie erhalten eine Auflistung von Starteinstellungen. Treffen Sie eine Auswahl, indem Sie eine Taste von 1-9 oder F1-F9 drücken. Weitere Optionen erhalten Sie per F10-Taste. Wenn Sie die ⏎-Taste drücken, wird Windows normal gestartet.

6 Starteinstellungen lassen sich auch direkt auf der Windows-Bedienoberfläche konfigurieren. Dazu führen Sie im Suchfeld den Befehl *msconfig* aus. Nehmen Sie im sich öffnenden Fenster *Systemkonfiguration* Ihre Anpassungen vor.

Ende

HINWEIS

Wenn Sie Windows 10 im abgesicherten Modus starten, werden nur die tatsächlich benötigten Komponenten geladen. Ideal, um zickige Software runterzuschmeißen, die im normalen Modus Probleme bereitet.

TIPP

Wichtig bei einer Parallelinstallation mehrerer Betriebssysteme: Bestimmen Sie in der Systemkonfiguration unter *Start*, welches Betriebssystem standardmäßig geladen werden soll.

Den PC zurücksetzen

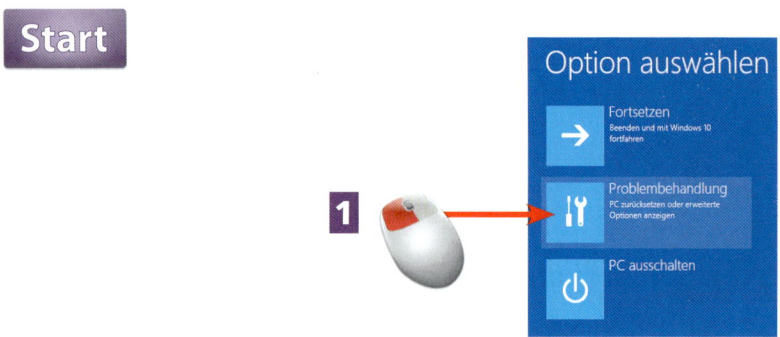

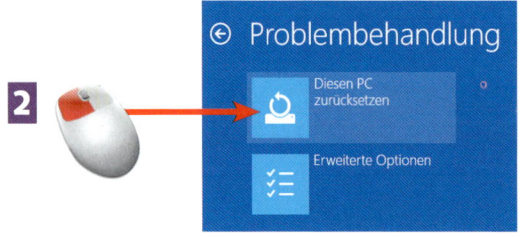

1 Klicken Sie in den erweiterten Startoptionen wieder auf die Schaltfläche *Problembehandlung*.

2 Diesmal entscheiden Sie sich für *Diesen PC zurücksetzen*.

3 Legen Sie fest, ob Sie die eigenen Dateien behalten oder alles entfernen möchten.

Wenn auf Ihrem Windows-PC schon alles Mögliche durcheinandergeraten ist und Sie neu starten möchten oder wenn Sie Ihren Computer an andere Personen weiterreichen möchten: Setzen Sie Windows mit ein paar Handgriffen – und viel Zeit – zurück. Wie Sie hierzu vorgehen, stellt diese Doppelseite dar.

WISSEN

14 Tricks zum Umgang mit Windows-Problemen 339

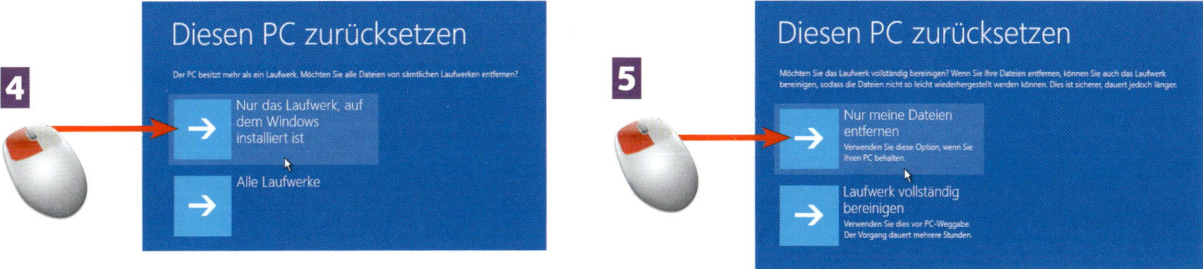

4 Bei mehreren Laufwerken bestimmen Sie anschließend, ob das Zurücksetzen nur für das Systemlaufwerk oder für alle Laufwerke gelten soll.

5 Reicht das Löschen der Dateien oder wünschen Sie eine vollständige Bereinigung des Laufwerks? Letztere dauert länger und ist besonders beim Weiterreichen des PCs zu empfehlen.

6 Bestätigen Sie zum Schluss mit *Zurücksetzen*, um den Vorgang durchzuführen. Dieser dauert ziemlich lange, und Sie können den PC währenddessen nicht verwenden.

HINWEIS	TIPP
Wenn Sie auf Windows 10 upgraden, lässt sich das Upgrade innerhalb eines Monats nach dem Upgrade in den Einstellungen unter *Update & Sicherheit* und dort unter *Wiederherstellung* rückgängig machen.	Die Optionen zum Zurücksetzen des PCs finden Sie auch in den Einstellungen unter *Update & Sicherheit* und dort unter *Wiederherstellung*.

Anhang

Die besten Tastenkombinationen für die Nutzung von Windows 10 und seiner Apps erhalten Sie im Anhang dieses Buches. Gerne schlage ich Ihnen außerdem besonders empfehlenswerte Windows-Apps vor, die Sie aus dem Store herunterladen. Haben Sie viel Freude bei der weiteren Nutzung von Windows 10!

Die besten Shortcuts

Mit Shortcuts (Tastenkombinationen) lässt sich Windows bei vielen Aktionen schneller bedienen als mit der Maus. Voraussetzung ist natürlich, dass man die Shortcuts beherrscht und nicht erst nachschlagen muss. Lernen Sie in den folgenden Tabellen die besten Shortcuts für Windows 10 kennen und erlernen Sie diese einen nach dem anderen.

Shortcuts für die Bedienoberfläche

Shortcut	Funktion
⊞	Öffnet bzw. schließt das Startmenü.
⊞+D	Blendet den Desktop ein; wenn der Desktop eingeblendet wurde, blendet erneutes Drücken die ausgeblendeten Fenster wieder ein.
⊞+,	Blendet den Desktop ein, jedoch nur so lange, wie die ⊞-Taste gedrückt gehalten wird.
⊞+M	Minimiert alle geöffneten Fenster in die Taskleiste.
⊞+Strg+D	Erzeugt einen weiteren Desktop.
⊞+Strg+←	Wechselt zum nächsten Desktop links.
⊞+Strg+→	Wechselt zum nächsten Desktop rechts.
⊞+Strg+F4	Schließt den gerade aktiven Desktop; die auf diesem Desktop geöffneten Fenster bleiben aber geöffnet.
⊞+Tab	Zeigt die Taskansicht mit den auf dem aktiven Desktop geöffneten Fenstern an; die Auswahl eines Fensters kann außer per Mausklick auch per Pfeiltasten und ↵-Taste erfolgen.
Alt+Tab	Blendet eine Fensterauswahl ein.
Alt+Esc	Wechselt zwischen den geöffneten Fenstern.
⊞+C	Lässt die Sprachsteuerung Cortana zuhören.
⊞+I	Öffnet die Einstellungen.
⊞+K	Öffnet rechts auf dem Bildschirm die Geräte-Anzeige zur jeweils aktiven App.
⊞+H	Öffnet rechts auf dem Bildschirm die Teilen-Anzeige zur jeweils aktiven App.
⊞+P	Öffnet rechts auf dem Bildschirm die Projizieren-Anzeige.
⊞+S	Aktiviert das Suchfeld und öffnet gleichzeitig das Suchfenster.

Shortcut	Funktion
⊞+T	Blättert durch die in der Taskleiste verfügbaren Apps.
⊞+L	Sperrt den Bildschirm.
⊞+U	Öffnet das Center für erleichterte Bedienung.
⊞+R	Öffnet das Fenster *Ausführen*.
⊞+←	Positioniert das aktive Fenster in der linken Bildschirmhälfte.
⊞+→	Positioniert das aktive Fenster in der rechten Bildschirmhälfte.
⊞+↑	Positioniert das aktive Fenster in der oberen Bildschirmhälfte bzw. links oder rechts oben.
⊞+↓	Positioniert das aktive Fenster in der unteren Bildschirmhälfte bzw. links oder rechts unten.
Alt+F4	Schließt die aktive App; ist der Desktop aktiv, wird ein Dialogfenster zum Herunterfahren, Neustarten oder Abmelden geöffnet.
Strg+⇧+Esc	Öffnet den Task-Manager.
⊞+Pause	Zeigt die Systemeigenschaften an.
Druck	Speichert ein Bildschirmfoto in der Zwischenablage.
Alt+Druck	Speicher ein Bildschirmfoto des gerade aktiven Fensters in der Zwischenablage.
⊞+Druck	Speichert ein Bildschirmfoto im Ordner *Screenshots* im Benutzerordner *Bilder*.
⇧ + Neustart	Halten Sie die ⇧-Taste gedrückt, wenn Sie *Neu starten* wählen, dann werden die erweiterten Startoptionen angezeigt.

Shortcuts für die allgemeine Bedienung

Shortcut	Funktion
F5	Aktualisiert das aktive Fenster.
F6	Wechselt zum nächsten Bereich innerhalb eines Fensters.
F10	Aktiviert, sofern vorhanden, die Menüleiste.
F11	Aktiviert, sofern verfügbar, den Vollbildmodus.

Shortcut	Funktion
Strg + Klick	Wählt mehrere Elemente in einem Fenster aus.
⇧ + Klick	Wählt mehrere Elemente in einer Reihe aus.
Strg+A	Wählt alle Elemente in einem Fenster aus.
Strg+C	Kopiert ausgewählte Elemente in die Zwischenablage.
Strg+X	Schneidet ausgewählte Elemente in die Zwischenablage aus.
Strg+V	Fügt in die Zwischenablage kopierte oder ausgeschnittene Elemente ein.
Strg+Y	Wiederholt eine Aktion.
Strg+Z	Macht eine Aktion rückgängig.
Strg+N	Öffnet ein neues Fenster der aktiven App.
Pos 1	Wechselt zum ersten Element in einem Fenster.
Ende	Wechselt zum letzten Element in einem Fenster.

Shortcuts für den Explorer

Shortcut	Funktion
⊞+E	Startet den Explorer.
Strg+F	Aktiviert das eingebaute Suchfeld.
Alt+P	Blendet Vorschaufenster ein bzw. wieder aus.
Alt+⇧+P	Blendet Detailbereich ein bzw. wieder aus.
Alt+←	Wechselt zum vorherigen Ordner.
Alt+→	Wechselt zum nächsten Ordner.
Alt+↑	Wechselt zum Hauptordner.
Strg+⇧+N	Erstellt neuen Ordner.
F2	Ausgewähltes Element umbenennen.
Alt+↵	Zeigt die Eigenschaften eines ausgewählten Elements an.
Entf	Löscht ein markiertes Element.
⇧+Entf	Löscht ein markiertes Element ohne Umweg über den Papierkorb.

Shortcuts für Microsoft Edge

Shortcuts	Funktion
F4	Aktiviert das Adressfeld und markiert die aktuelle Webadresse.
F7	Aktiviert die Tastaturnavigation.
Strg+ +	Vergrößert die Ansicht.
Strg+ -	Verkleinert die Ansicht.
Strg+0	Stellt normale Ansichtsgröße wieder her.
Strg+R	Aktualisiert eine Webseite (Alternative zu F5).
Strg+⇧+R	Zeigt eine Webseite in der Leseansicht an
⇧ + Klick	Öffnet Link in neuem Fenster.
Strg + Klick	Öffnet Link in neuem Tab.
Strg+T	Erstellt neuen leeren Tab.
Strg+K	Dupliziert den aktiven Tab.
Strg+↹	Die geöffneten Tabs durchblättern.
Strg+D	Fügt eine geöffnete Webseite den Favoriten hinzu.
Strg+I	Blendet die Favoriten ein.
Strg+⇧+B	Blendet die Favoritenleiste ein bzw. aus.
Strg+G	Blendet die Leseliste ein.
Strg+H	Blendet den Verlauf ein.
Strg+J	Blendet die Downloads ein.
Strg+E	Startet eine Websuche.
Strg+F	Suche auf der geöffneten Webseite.
Strg+P	Druckt die geöffnete Webseite.
Strg+W	Schließt den aktiven Tab bzw. das Fenster.
F12	Öffnet die Entwicklertools.
Alt+←	Blättert zurück.
Alt+→	Blättert vor.
Alt+Pos 1	Öffnet die Startseite.
Strg+⇧+P	Öffnet neues InPrivate-Fenster.

Die besten Windows-Apps

Sie sind auf der Suche nach Windows-Apps, deren Download aus dem Store sich wirklich lohnt. In der folgenden Tabelle habe ich 25 App-Vorschläge für Sie zusammengestellt. Die Mischung ist thematisch bunt, aber die Apps sind alphabetisch sortiert. Alle Apps waren bei Redaktionsschluss kostenlos erhältlich, wobei einige der Apps optionale In-App-Käufe anboten.

Name der App	Symbol	Kurzbeschreibung
Adobe Photoshop Express		Wenn Ihnen die bereits verfügbare App *Fotos* für die Bildbearbeitung nicht zusagt, können Sie als Alternative die App *Adobe Photoshop Express* verwenden, die ebenfalls rudimentäre Bildbearbeitungsfunktionen bietet.
Adobe Reader Touch		Die App-Variante des Adobe Readers ist schlank und übersichtlich und für die Anzeige von PDF-Dateien bestens geeignet. Per Rechtsklick in ein Dokument werden Ihnen die App-Optionen (Drucken, Durchsuchen, Kommentieren, Anzeigemodus) angezeigt.
Asphalt 8: Airborne		Lust auf ein Autorennen? Fahren Sie mit dieser Game-App einen heißen Schlitten und kurven Sie durch schöne Orte der Welt, z. B. Rom oder Dubai. Die App unterstützt den Mehrspielermodus. Falls Sie In-App-Käufe tätigen möchten, können Sie in dieser App allerdings viele Euros loswerden.
Audiobooks from Audible		Audible ist ein bekannter Hörbuchanbieter, der 2008 von Amazon aufgekauft wurde. Mit dieser App können Sie auf die gekauften Hörbücher zugreifen und diese wiedergeben. Gut zu wissen: für den Abschluss eines Test-Abos gab es bei Redaktionsschluss ein Hörbuch gratis, auch wenn man das Abo anschließend gleich wieder beendet hat.

Anhang 347

Name der App	Symbol	Kurzbeschreibung
eBay		Wer bei eBay kauft oder verkauft, kann dies auch mit der Windows-App tun. Beispielsweise lassen sich damit auch Artikel als Live-Kachel ans Startmenü anheften und dadurch auf einfache Weise beobachten.
Evernote Touch		Diese App bietet eine ausgezeichnete Notizen-Alternative zu OneNote. Sie zeichnet sich nicht nur durch durchdachte Notizfunktionen aus, sondern auch durch die vielfältigen Synchronisierungsmöglichkeiten mit anderen Plattformen.
kaufDa Navigator		Diese App bietet Ihnen Werbeprospekte in elektronischer Form. Um Ihren Standort festzulegen, klicken Sie auf das Optionssymbol links oben in der App, wählen *Einstellungen* und dann *Standort*. Wählen Sie in der App anschließend einen Werbeprospekt aus, um diesen nach Schnäppchen zu durchstöbern.
Kindle		E-Books am PC zu lesen, ist nicht gerade der Hit, aber es geht. Wenn Sie beispielsweise E-Books bei Amazon kaufen, verwenden Sie die App *Kindle*, um diese dann am Computer lesen zu können.
Kino.de		Wie wär's mal wieder mit Kino? In dieser App des bekannten Onlinemagazins holen Sie sich die passenden Anregungen für einen erholsamen Filmabend. Übrigens lassen sich auch Filmtrailer direkt in der App wiedergeben.
Microsoft Minesweeper		Der Spieleklassiker Minesweeper ist schon seit Windows 8 nicht mehr an Bord, lässt sich aber per App nachrüsten. Räumen Sie mithilfe Ihres logischen Denkens die gefährlichen Minen aus dem Weg!

Die besten Windows-Apps

Name der App	Symbol	Kurzbeschreibung
Netzkino		Verwenden Sie die App *Netzkino*, um kostenlos – und selbstverständlich völlig legal – Spielfilme übers Internet zu streamen. Nach Angaben des Herstellers stehen in der Gratis-Videothek 1.500 Filme zur Verfügung.
Pinball FX2		Microsofts kostenlose Flipper-App sollten Sie sich auf keinen Fall entgehen lassen. Mit dieser App verwandeln Sie Ihren PC in einen Flippertisch aus der guten alten Zeit, und Sie brauchen nicht mal ständig Münzen nachzuwerfen.
PONS Online-Wörterbuch		Das Online-Wörterbuch von PONS kann als Windows-App dazu genutzt werden, um – nach Angaben des Herstellers – zwölf Millionen Vokabeln in 13 Sprachen nachzuschlagen. Wenn Sie mit der rechten Maustaste in die App klicken, erhalten Sie Optionen zur Sprachausgabe.
richtig-tanken.de		Beim Tanken kann man ganz schön Geld sparen – wenn man nur weiß, wo das Benzin gerade am billigsten ist. Diese App hilft Ihnen beim Aufspüren der besten Diesel- und Super-Angebote.
Seven – 7 Minute Workout Challenge		Wer nach einem effizienten Körpertraining Ausschau hält, sollte diese App ausprobieren. In nur sieben Minuten trainieren Sie Ihren ganzen Körper und kommen dabei ganz schön ins Keuchen.
Shazam		Shazam ist ein echter App-Klassiker, der Ihnen dabei hilft, Musikstücke zu erkennen. Hören Sie im Radio ein Lied, das Ihnen gefällt, lassen Sie Shazam übers Mikrofon zuhören und bekommen dann in den meisten Fällen den richtigen Titel angezeigt.

Name der App	Symbol	Kurzbeschreibung
Speed Checker		Mit dieser simplen App messen Sie die Internetgeschwindigkeit, die Ihnen für Down- und Uploads zur Verfügung steht. Während der Test läuft, können Sie sich den Werbebanner ansehen, mit dem die App wohl finanziert wird.
Sway		Microsofts neues Präsentationstool Sway habe ich bereits kurz im Zusammenhang mit der Office-Nutzung auf OneDrive erwähnt. Sway lässt sich auch kostenlos aus dem Store herunterladen.
Tube Downloader MP3-MP4		Mit dieser App lassen sich YouTube-Videos nicht nur betrachten, sondern auch auf den Computer downloaden. Störend ist lediglich die viele Werbung. Bei manchen Funktionen ist die App außerdem etwas hakelig. Doch sie erfüllt ihren Zweck.
TuneIn Radio		Eine exzellente App, um Webradio aus der ganzen Welt zum empfangen. Die Sendersuche ist etwas fummelig, aber gefundene Sender lassen sich dann entweder den Favoriten hinzufügen oder direkt ans Startmenü anheften.
TV Movie		Das aktuelle TV-Programm als kostenlose App! Der wichtigste Vorteil gegenüber der Programmzeitschrift aus Papier besteht darin, dass Sie Ihre Sender (nach einem Rechtsklick in die App) selbst festlegen können und nur die passenden Sendungen angezeigt bekommen.
Übersetzer		Wenn Sie Ihren Computer Texte automatisch übersetzen lassen, würde ein Sprachlehrer wahrscheinlich die Hände über dem Kopf zusammenschlagen. Aber immerhin helfen die automatischen Übersetzungen dieser Microsoft-App – aus und in mehr als 40 Sprachen – beim Textverständnis.

Die besten Windows-Apps

Name der App	Symbol	Kurzbeschreibung
Wunderlist		Für die Aufgabenplanung perfekt geeignet: Erstellen und verwalten Sie Ihre To-dos mit der App *Wunderlist*. Ihre To-do-Listen lassen sich auf einfache Weise mit anderen Geräten synchronisieren.
Zattoo Live TV		Mit der App *Zattoo* sehen Sie übers Internet fern. Zwar ist in Deutschland die Programmauswahl in der kostenlosen Variante ziemlich begrenzt, aber ARD, ZDF, ARTE, die Dritten und viele weitere kleinere Sender sind verfügbar.
ZDFmediathek		In der ZDFmediathek finden Sie Sendungen zum nachträglichen Anschauen, aber auch Live-Streams von ZDF, zdf.kultur, zdf info sowie 3sat. Diese App haben Sie über Ihre Haushaltsabgabe indirekt bereits bezahlt.

Stichwortverzeichnis

A

Abgesicherter Modus	337
about-Befehle	209
Adaptereinstellungen	55
Administrator	19
Administratorrechte	329
Adressen	246
Aktivitätsberichte	168
Alarm & Uhr	282
Albuminformationen	264
Altersstufe	169
AND NOT	91
Andocken	107
Anfügen	239
Anmeldeinformationsverwaltung	219
Anmeldeoptionen	162
An Startmenü anheften	34
Anzeigeeinstellungen	38
App-Ordner	124
Apps	346
Apps & Features	126
App-Verlauf	321
Arbeitsspeicher	321
Assistentin	195
Audio-CDs	
brennen	262
importieren	260
Audioqualität	261
Aufgabenplanung	118, 350
Aufnahme	197
Ausblenden	84
Ausführen	95
Ausgehende Regeln	174
Ausschneiden	75
Auswählen	74
Auswerfen	99
Automatische Wiedergabe	253
Autostart	115
deaktivieren	117
verwalten	116

B

Bedienoberfläche	22
Bedienungshilfen	17, 66, 68
Begleiter für Telefon	147
Benachrichtigungen	22, 42
Benachrichtigungssymbole	40
Benutzeranzahl	135
Benutzerkontensteuerung	176
Benutzerkonto	18
mit Jugendschutz	168
mit zugewiesenem Zugriff	170
Benutzerordner	36
Berechtigungsebene	133
Bereinigen	288
Bereitstellen	99
Bibliotheken	80
Bildbearbeitung	256
Bildcode	162
Bilder	252
in E-Mail einfügen	238
optimieren	256
Bildquellen	253
Bildschirmauflösung	39
Bildschirmausrichtung	39
Bildschirmausschnitte	278
Bildschirmhelligkeit	55
Bildschirmlupe	68

Bildschirmschoner 33
Bildschirm sperren 33
Bildschirmtastatur 50
Bing 220
BitLocker 192
Bitrate 261
Booten 15
Bootmedium 326
Brennen 262
Brennen, ISO-Datei 99
Browser 207
Browserdaten 217
Browserverlauf 216

C

Center für erleichterte Bedienung 67
Chat 244
ClearType-Text 56
Click-to-Call 243
Cloud 129
Cloudspeicher 148
Computername 63
Computerschutz 332
Computerverwaltung 117
Computerzeit 169
Control Panel 63
Cookies 217
Copy-and-paste 75
Cortana 195
    Befehle 202
    Erinnerung 204
    Karten 200
    personalisieren 198
    Stimme erlernen 199
Cortana-Symbol 94
CPU 321

D

Dateieigenschaften 86
Dateien 73
    ausblenden 84
    löschen 96
    sortieren 82
Datei-Explorer 73
Dateinamenerweiterungen 85
Dateipfad 112
Datei, Schreibschutz 85
Dateisuche 90
Dateisystem 292
Dateisystemfehler 291
Dateityp 111
Datei- und Druckerfreigabe 130
Dateiversionsverlauf 186
Daten 307
Datennutzung 321
Datenschutz 161, 180
Datensicherung 184
Datensicherung in der Cloud 189
Datenträger 321
Datenträgerabbild 99
Datenträgerverwaltung 300
defrag 311
Defragmentieren 290
Defragmentierung per Kontextmenü 310
Design 28
Design, eigenes erstellen 30
Desktop 22
    Hintergrund 26
    neuer Desktop 108
    Symbole 36
    Verknüpfung 102
Details 82
Diashow 254
    als Hintergrund 26
    Bildwechsel 27

Dienste 117
Dieser PC 36
Digitalkamera 252
Dokumente 103
Downloaden 151
Drag-and-drop 74
Drucken als Datei 122
Druckereigenschaften 139
Drucker freigeben 138
Druckertreiber 140

E

E-Books 347
Echtzeitschutz 178
Edge 207
Eigenschaften 86
Ein-/Ausschalter 71
Einbinden 155
Einfügen 75
Eingabeaufforderung 316
Einkaufsverlauf 169
Einrichten 16
Einrichten von Windows 53
Einstellungen 26
Einstellungen synchronisieren 146
E-Mail-Anhang 239
E-Mail-Konto 232
E-Mail-Signatur 234
Emoticons 245
Emulation 226
Energieoptionen 70
Energiesparmodus 71
Energiesparplan 70
Entwicklertools 226
Ereignis 248
Erinnerung 204
Erleichterte Bedienung 68

Erweiterter Start 190
EXE-Dateien 125
Explorer 73
   Ansicht 83
   Diashow 254
   Startansicht 100
   Systemsteuerung hinzufügen 312
Express-Einstellungen 16

F

F12-Entwicklertools 226
Familieneinstellungen 168
Familienmitglied 166
Farbkalibrierung 54
Farbverwaltung 55
FAT 293
Favoriten 210
Favoritenleiste 212
Feed abonnieren 229
Feedback 181
Fenster positionieren 106
Festplatte 321
Filme & Fernsehsendungen 268
Filteroptionen 95
Firewall 172
Firmenrechner 17
Flash-Speicher 294
Flipper 348
Fonts 60
Formatieren 292
Formatvorlagen 237
Formulareinträge 219
Fotoalben 154
Fotogalerie 253
Fotos 252
Freigabeeinstellungen 130
Freigabelink 153

Freigeben 132
   Drucker 138
   erweiterte Freigabe 134
   erweiterte Sicherheit 136
   Internetverbindung 144
   kennwortgeschützt 133
   Mediathek 266

G

Gast-Benutzerkonto 171
Geheimzahl 163
Geolocation 227
Geräte-Manager 330
Gerätetreiber 330
Geräte und Drucker 123
Geschäftsadresse 199
Google Cloud Print 141
Google Now 197
Groove-Musik 258
Große Symbole 38
Gruppieren 83

H

Hauptschlüssel 307
HD 269
Heimnetzgruppe 142
Heimnetzwerk 129
Hey Cortana 197
Hintergrund 26
Hintergrund-Apps 181
Hochladen 151
Hotspot 145
HTML-Code 155
Hub 211

I

Icon 37
Identitätsprüfungs-App 165
IMAP4 233
Importieren 252
Indizierte Orte 93
Infobereich 22
Infobereich anpassen 40
Info-Center 22
Info-Center einrichten 42
InPrivate 217
Installationsdatenträger 14
Interessen 183, 198
Internet Explorer 121, 228
Internetgeschwindigkeit 349
Internetzeit 45
Internetzugriff 267
IP-Adresse 217
ipconfig 317
ISO-Datei brennen 98

J

Jugendschutz 166

K

Kachel anheften 34
Kachelblock 35
Kalender 248
Kamera 252
Karten 272
Karten, Favoriten 274
Kennwort 19
Kennwort ändern 322
Kennwörter verwalten 218
Kennwortrücksetzdatenträger 324
Kind hinzufügen 166
Kommandozeile 316

Stichwortverzeichnis

Kommunikation 231
Kompatibilitätsprobleme 328
Kontakte 246
Kontextmenü erweitern 308
Kontingente 296
Kontingenteinträge 298
Kontosicherheit 164
Konverter 281
Kopieren 75

L

LAN 130
Laufwerk
    defragmentieren 290
    komprimieren 289
    partitionieren 300
    prüfen 291
Laufwerkbereinigung 288
Laufwerkverschlüsselung 192
Leistung 62, 320
Leseansicht 214
Leseliste 210
Link 223
Link abrufen 153
Live-CD 98
Live-Kachel 23
Löschen 96
Luftbild 273
Lupe 69

M

Mail 232
    Bilder einfügen 238
    E-Mails formatieren 236
    Link einfügen 239
    Tabellen einfügen 240

Malware 179
Maßeinheiten 281
Mausoptionen 58
Maustasten 113
Medienstreaming 266
Menüband einblenden 77
Menüleiste 77
Microsoft Edge 121, 207
    F12-Entwicklertools 226
    Kennwörter speichern 218
    Suchanbieter hinzufügen 220
    Tabs 222
    Zoomfunktion 215
Microsoft-Konto 20
    Datenschutz 182
    löschen 183
    Prüfung in zwei Schritten 164
Microsoft Office 156
Microsoft Print to PDF 122
Mikrofoneinstellungen 197
Miniaturansichten 89
MP3-Dateien 260
Multitasking 107
Musik 258

N

Nachrichten 276
Navigationsbereich 80
net user 323
Netzschalter 71
Netzwerk 36, 129, 321
Netzwerkerkennung 130
Netzwerk, Mediathek freigeben 266
Netzwerk- und Freigabecenter 130
Neuinstallation 15
News 276
NTFS 293

O

Öffentlicher Ordner 130
Office-Apps 156
Offline NT Password & Registry Editor 326
Öffnen durch einfachen Klick 101
Öffnen mit 111
Öffnen mit, anpassen 314
OneDrive 148
    Dateien hochladen 150
    Diashow 255
    Fotoalben anlegen 154
    Office nutzen 156
    Ordner freigeben 152
    Skype nutzen 155
    Speicher erweitern 158
OneNote 225
Onlinefotoalben 154
Onlinenews 276
Onlinewörterbuch 348
OpenSearch 221
Operatoren 90
Optimieren 290
OR 91
Ordner
    anpassen 88
    an Taskleiste anheften 48
Ordnerpfad 103
Ordner- und Suchoptionen 85
Organisation 231
Ort 103

P

Papierkorb 36, 96
Partition 300
Passwortklau 164
Passwort vergessen 322
PayPal 269
PDF-Format 122
Performance 320
Personalisierungsinfos 180
PIN 163
POP3 233
Positionieren 106
Postausgangsserver 233
Posteingangsserver 233
PowerPoint Online 157
PowerShell 316
PowerShell-Scripts 317
Prinzipal auswählen 136
Privatadresse 198
Privat-PC 17
Problembehandlung 190, 322
Programme und Features 120
Programmverknüpfung 114
Prozesse 320
Prozessor 321

R

ReadyBoost 294
Rechner 280
Rechtschreibprüfung 241
Registrierungsdatenbank 306
Registry 306
Remotesteuerung 267
Reparaturdatenträger 189
Route 275
Router 131
RSS-Abonnements 228
Rückgängig 237
Ruhezeiten 43
Ruhezustand 71

S

Satellitenbilder	272
Schlüssel	307
Schnelle Aktionen	43
Schnellformatierung	293
Schnellzugriff	78
Schreibschutz	85
Schriftarten	60
Schrittaufzeichnung	284
Screenshot	278
SD	269
SD-Karten	293
Sehprobleme	66
Seitenvorhersage	16
Senden an	102
Serientermine	248
Serverdaten	233
Shortcuts	342
Shortcuts erstellen	112
Sicherheit	161
Sicherheitsinfos	21
Sicherung	184
Signatur	234
Siri	197
Skype	242
auf OneDrive nutzen	155
Datei senden	245
SmartScreen	177
Smileys	51, 245
SMS	165
Snipping Tool	278
Social-Media-Apps	247
Songs	258
Sortieren	82
Sound	197
Soundeinstellungen	30
Speicherort	95
Speicherplatzbeschränkung	299
Speicher verwalten	126
Sperrbildschirm	32
Sperren des Bildschirms	33
Sprachausgabe	66
Sprachbedienung	197
Spracheinstellungen	51
Sprungliste	48
Spyware	178
Standard-Apps	110
Standarddrucker festlegen	123
Standardprogramme	111
Standort anzeigen	273
Startmenü	22
anpassen	34
vergrößern	35
Startoptionen	190
Startprobleme	336
Startseite	208
Statusinfos	32
Stoppuhr	283
Store	346
Straßenansicht	272
Strom sparen	70
Suchanbieter	220
Suche	90
Suchfeld	22, 94
Suchordner	92
Suchsymbol	94
Suchtools	90
Suchvorschläge	221
Sway	157
Symbol	37
Symbolleiste für den Schnellzugriff	76
Symbolleisten	48
Synchronisieren	146
Systemabbild-Sicherung	188
Systemdateien	85, 289
Systemeigenschaften	62

Stichwortverzeichnis

Systemeigenschaften, erweiterte 333
Systemkonfiguration 337
Systemleistung.. 320
Systemprüfung 179
Systemsteuerung 36
   im Explorer 312
   Verknüpfung auf Desktop............................. 64
Systemwiederherstellung 334

T

Tabbed Browsing.. 222
Tabellen.. 240
Tabletmodus... 22
Taskansicht.. 108
Task beenden 320
Taskleiste... 22
   anpassen 46
   Ordner anheften... 48
Task-Manager 116, 320
Tastatur 113
Tastenkombinationen 341
Tastenkombination erstellen...........................112
Teilen... 153
Telefonieren... 243
Temporäre Dateien...127
Termin erstellen... 248
Textoptimierung 56
Timer.. 283
Titelinfos 264
To-do-Liste 350
Touchscreen 22
TPM 193
Treibersoftware.. 330
Trigger..119
TV-Programm 349
Twitter.. 159

U

UAC 177
Übersetzer... 349
Uhr.. 44
Umrechnen.. 281
Unterschrift 234
Upgrade 14
USB-Speicherstick 292

V

Vererbung...137
Vergrößern 38, 215
Vergrößerungsstufe 69
Verkehr.. 273
Verknüpfung.. 75, 102
Verlauf 186, 216
Verschlüsselung 192
Versteckt 85
Videothek.. 268
Virenscanner... 178
VirtualBox 304
Virtuelle Festplatte 302
Vollbildlupe 69
Volltonfarbe 27
Volume.. 300
Vorgängerversionen....................................... 187
Vorlesen lassen... 66

W

Wartungscenter... 177
WAV-Format.. 30
Webbrowser.. 207
Webradio 349
Webseite
   ans Startmenü anheften 213
   blockieren... 169

Stichwortverzeichnis

Webseitennotizen 224
Web Slices 229
Wechseldatenträger 292
Wecker 283
Wegbeschreibung 275
Weltzeit 282
Werbe-ID 16
Werbung 180
Werte 307
Wiedergabeliste 258
Wiederherstellen 187
Wiederherstellung 339
Wiederherstellungspunkt 332
Wiederherstellungsschlüssel 193
Wiederholen 237
Wildcard 91
Windows Defender 178
Windows-Design 28
Windows Essentials 121
Windows-Explorer 73
Windows-Firewall 172
   mit erweiterter Sicherheit 174
Windows-Funktionen 120
Windows Hello 163
Windows Media Center 15
Windows Media Player 260
   Mediathek freigeben 266
Windows PowerShell 316

Windows-Probleme 319
Windows-Uhr 45
WLAN 131
WLAN-Hotspot 145
Word Online 156
Wörterbuch 348

X

XPS-Format 123

Y

YouTube 349

Z

Zahlungsmethode 268
ZDFmediathek 350
Zeiger 59
Zeitgeber 283
Zeitzonen 44
Zoomfunktion 215
Zugangsdaten 218
Zugewiesener Zugriff 170
Zugriffsrechte 125
Zurücksetzen 338

Das ist neu in Windows 10

Verschaffen Sie sich einen schnellen und umfassenden Überblick über die Neuerungen von Windows 10.

Neuheiten und bewährte zentrale Features werden kompakt und anschaulich aufbereitet, sodass Sie mit Windows 10 schnell vertraut sind.

Windows 10 – Die Neuheiten
Christian Immler
160 Seiten
ISBN 978-3-945384-63-3
€ 8,95(D) | € 9,20(A)
www.mut.de/8463

www.mut.de

SMART SECURITY

Mehrfach ausgezeichnete Technologie. Schnell. Präzise.

90 Tage kostenlos und unverbindlich testen!

- ✓ Antivirus
- ✓ Anti-Phishing
- ✓ Personal Firewall
- ✓ Antispam
- ✓ Kindersicherung

Ihr Aktivierungscode:

DEAS-W337-45JA-AMKC-P29P

Hier downloaden: www.ESET.de/WIN-10-SEHEN

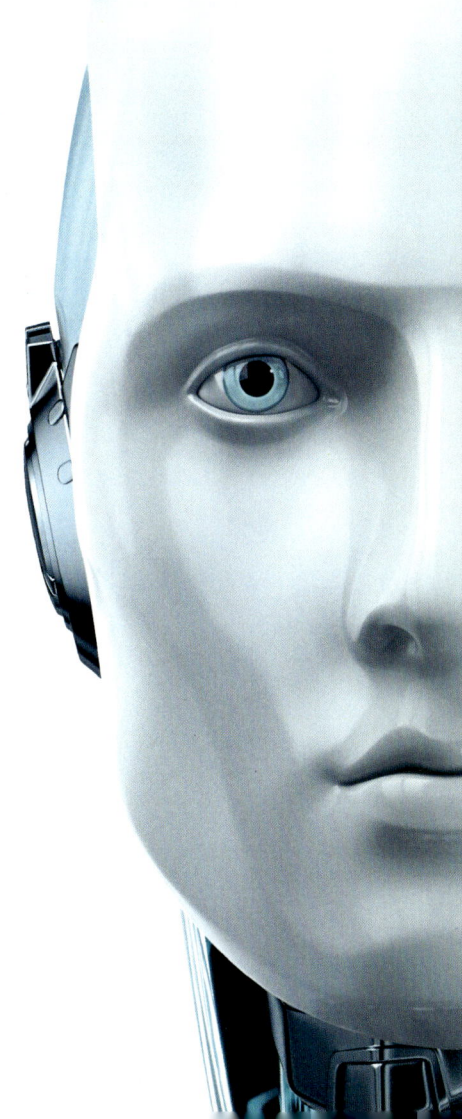